Thamm • Drachen bedrohen die Welt

Drachen bedrohen die Welt

Chinesische Organisierte Kriminalität (Triaden)

von

Berndt Georg Thamm

VERLAG DEUTSCHE POLIZEILITERATUR
GMBH

Die Deutsche Bibliothek – CIP-Einheitsaufnahme

Thamm, Berndt Georg:
Drachen bedrohen die Welt: Chinesische Organisierte Kriminalität (Triaden) / von Berndt Georg Thamm. - Hilden/Rhld.: Verl. Dt. Polizeiliteratur, 1996
(VDP-Sachbuch)
ISBN 3-8011-0323-4

Der Inhalt dieses Werkes
wurde auf chlor- und säurefreiem
Papier gedruckt.

Satz: VDP GmbH, Hilden
Belichtung: Conzepke, Langenfeld
Druck und Bindung: Theissen Druck, Monheim
Printed in Germany
ISBN 3-8011-0323-4

Er folgte dem Ruf seiner Ahnen am 8. April 1995,
dabei hätten wir uns gerne zusammen noch
Hongkong angesehen.
Dieses Buch ist meinem geliebten Vater gewidmet.
Wilhelm Thamm war ein Mann,
der überall zu Hause war.

Vorwort

Uralt ist der Drache. Als Hüter ungeheurer Schätze und sagenumwobener Geheimnisse ist das Schuppentier das Symbol einer unerbittlichen, schwindelerregenden Macht. Die Menschen aller Zeiten haben den Drachen mit einer Mischung aus Furcht, Verehrung und seltsamer Komplizenschaft betrachtet. In chinesischen Überlieferungen ist der Drache das Zeichen, welches Glück und Wahrheit in Besitz hält. Kein Wunder, daß der Drache zum Symbol der Kaiser von China wurde. Mit Menschen, die im Reich der Mitte im Zeichen des Drachen geboren werden, ist nach der chinesischen Astrologie nicht zu spaßen. Die Drachen sind, so heißt es, von ihrer Unfehlbarkeit so überzeugt, daß sie sich widerwärtig benehmen, jedenfalls in den Augen derer, die nicht bereit sind, sie ein für allemal so hinzunehmen, wie sie sind. Intolerant und abrupt treffen sie ihre Entscheidungen viel zu schnell und haben ziemliche Schwierigkeiten, ihr Unrecht einzusehen. Sie hören kaum auf das, was man ihnen sagt, lieben es aber, wenn man sie bewundert und ihnen schmeichelt. Sie stellen ein Ultimatum, sobald man ihnen etwas verwehrt, und gehen keinen Schritt zurück.

Rückschritt ist auch den in geheimen Gesellschaften – den Hung Mun oder Hung Men – zusammengeschlossenen organisierten chinesischen Verbrechern unbekannt. Auch sie, die Mitglieder der sogenannten Triaden, nennen sich „Drachen“. Als Synonym steht die Triade heute für die Gesamtheit der organisierten chinesischen Kriminalität, so wie der Begriff „Mafia“ für die Gesamtheit der italienischen organisierten Kriminalität steht. Um Einfluß und damit verbundene Macht kämpften die unterschiedlichsten Geheimbünde auch außerhalb des chinesischen Sprachraumes selbst in den Ländern der weißen „fremden Teufel“.

So zogen sich in den Chinatowns der großen Städte an der West- und Ostküste der USA die großen „Tong-Kriege“ bis Mitte der 1920er Jahre hin. In der britischen Kronkolonie Hongkong kam es nach Gründung der Volksrepublik China 1949 Anfang der 50er Jahre zwischen etablierten Gesellschaften in Hongkong und zugewanderten Bünden vom Festland zum Triaden-Krieg. Und Anfang der 70er Jahre trugen in der niederländischen Hauptstadt rivalisierende Triaden ihre Streitigkeiten aus, die im Amsterdamer Chinatown als „Schrotflintenkrieg“ Verbrechensgeschichte schrieben.

Gut zehn Jahre später.

Die VR China und das Vereinigte Königreich unterzeichneten am 19. Dezember 1984 ein Übereinkommen, das die Rückgabe der Kolonie der britischen Krone zum 1. Juli 1997 an China regelt. Nach diesem Basisabkommen über Hongkong vereinbarte wenig später die Regierung Portugals mit der VR China die Übergabe von Macao zum 20. Dezember 1999.

Mit diesen „dead lines" vor Augen setzte ein Exodus der „Drachen" und ihres Kapitals ein. Dieser ist überall auf der Welt zu spüren und hält bis zum heutigen Tage an. Schon Mitte der 80er Jahre schlugen dementsprechend Strafverfolger in aller Welt „Triaden-Alarm". Deutliche Worte fand in den USA der Generalstaatsanwalt in Kalifornien 1985: *„Das kommunistische China wird die kriminelle Tätigkeit dieser Organisationen nicht dulden. Es steht zu erwarten, daß Triadenmitglieder in kalifornische Großstädte mit starkem asiatischen Bevölkerungsanteil auswandern werden."* Zwei Jahre später war die Generalstaatsanwaltschaft in diesem US-Bundesstaat schon der Meinung, daß asiatische Banden bereits stärker als die italo-amerikanische La Cosa Nostra geworden waren. Ein Jahr zuvor hatte das FBI zugegeben, daß die Hongkong-Triaden ein schwerwiegendes Problem seien und die USA sich außerordentlich gefährlichen Konsequenzen gegenüber sähen, wenn die Triaden sich zur Zusammenarbeit mit dem traditionell organisierten Verbrechen in Amerika entschlössen. Ende desselben Jahres 1986 hatte der Nachbar Kanada Triaden-Alarm geschlagen. Die Polizei hatte in Verbindung mit der organisierten Kriminalität im Lande bereits elf chinesische Syndikate ausgemacht. Doch nicht nur in Nordamerika, auch in Westeuropa wurden die Bewegungen aus Fernost notiert. In der Bundesrepublik Deutschland wies das BKA 1985 darauf hin, daß das Heroin im Lande nicht mehr aus dem Mittleren Osten, sondern nun vornehmlich aus Südostasien stammte. Der chinesische Drache des Verbrechens hat, so wußten es Insider, seinen Schwanz in den Hügeln des Goldenen Dreiecks. In Großbritannien schätzte Scotland Yard 1986, daß auf der Insel die „Wo Group" die Nummer eins der chinesischen Syndikate war, dicht gefolgt von den Triaden „14 K", „Sun Yee On" und „Shui Fong". In den Niederlanden wurde 1987 ein weiterer Bericht über die Triaden im Königreich bekannt. Er bestätigte, daß chinesische Verbrechergruppen noch immer die organisierte Kriminalität, insbesondere den Handel mit Heroin im Lande beherrschen.

Mitten in den „Drachen-Exodus“ fiel das Ende des sogenannten Kalten Krieges. In der Folge interessierte man sich nicht mehr nur für die Standorte Australien, Nordamerika und Westeuropa, sondern zunehmend auch für osteuropäische Reformländer und die Gemeinschaft unabhängiger Staaten (GUS) als Nachfolger der UdSSR. Dementsprechend klagte in Ungarn schon 1992 die Budapester Polizei, daß ihr die „Chinese Connection“ zu schaffen macht. Und Moskau als Hauptstadt der Russischen Föderation wurde für auf Menschenschmuggel spezialisierte chinesische „Schlangenköpfe“ zum idealen Ausgangspunkt von Schleusungen nach Europa und via Europa nach Amerika. Allein in die USA, so Schätzungen Mitte der 90er Jahre, werden jährlich über 100.000 Chinesen illegal verbracht; ein Milliardengeschäft für Triaden. Doch auch Europa ist zum begehrten geopolitischen Ziel chinesischer Immigranten geworden. Bis Ende der 90er Jahre werden allein nach Großbritannien legal fast eine Viertelmillion Hongkong-Chinesen einwandern. Illegal tun dies schon 10.000 Jahr für Jahr. Bis zu 300.000 Macao-Chinesen könnte es zum Ende dieser Dekade nach Portugal ziehen – ganz legal, hat doch die Regierung in Lissabon den meisten die portugiesische Staatsangehörigkeit zuerkannt. Die daraus resultierenden Freizügigkeiten, die Bürger der Europäischen Union haben, nutzen aber auch Tausende mitgereister Drachen diverser mächtiger Bünde, die derzeit noch ihre Hauptquartiere in Hongkong, aber auch auf Taiwan und in anderen ost- und südostasiatischen Metropolen haben.

Ian Seabourn, Superintendent der Royal Hongkong Police und Leiter der Special Duty Squads, eben der Einsatztruppen mit Spezialauftrag gegen das organisierte Verbrechen, weiß, was auf seine Kollegen in Europa zukommt: *„Verglichen mit den Triaden backen Mafia, Camorra und Cosa Nostra kleine Brötchen.“* Wie die Polizeien der „weißen Teufel“ den bald ausgebauten Brückenköpfen der sogenannten Gelben Mafia beikommen wollen, ist noch ungewiß. Gewiß hingegen ist, daß fernöstliche Triaden sich so abgeschottet haben, daß den deutschen Ermittlern nur selten ein Einblick in ihre Strukturen gelingt. Das war jedenfalls die Meinung von Experten auf der zwölften Sicherheitstagung des Bayerischen Verbandes für Sicherheit und Wirtschaft im März 1995 in München. Das Ausmaß der Bedrohung kann nur geschätzt werden.

Mit diesem Sachbuch hofft der Verfasser deutschen Ermittlern und anderen Interessierten einen kleinen Einblick in die Entstehungsgeschichte der geheimen chinesischen Gesellschaften und ihren Wandel vom politischen Bund zum Verbrechersyndikat sowie einen kleinen Überblick zu den geopolitischen Aktionszentren in Asien, Australien, Amerika und Europa (einschließlich Deutschland) und den wichtigsten Bereichen chinesischer Triaden-Kriminalität geben zu können.

Berndt Georg Thamm   Berlin, im Januar 1996

Inhaltsverzeichnis

Seite

Abkürzungsverzeichnis

ABC	–	American-born Chinese
AOC	–	Asian Organized Crime
BKA	–	Bundeskriminalamt
BND	–	Bundesnachrichtendienst
CCB	–	Commercial Crime Bureau
CIA	–	Central Intelligence Agency
COC	–	Chinese Organized Crime
CRI	–	Centrale Recherche Informatie
DEA	–	Drug Enforcement Administration
DP's	–	Displaced Persons
EIC	–	East India Company
EU	–	Europäische Union
FBI	–	Federal Bureau of Investigation
HK	–	Hongkong
HQ	–	Headquarter
ICAC	–	Independent Commission Against Corruption
II's	–	Illegal Immigrants
INS	–	Immigration and Naturalization Service
IOK	–	Italienische Organisierte Kriminalität
KMT	–	Kuo-min-tang
KP	–	Kommunistische Partei
KPCH	–	Kommunistische Partei China
LCN	–	La Cosa Nostra
L.A.	–	Los Angeles
MI	–	Military Intelligence
NRW	–	Nordrhein-Westfalen
N.Y.	–	New York
OC	–	Organized Crime
OK	–	Organisierte Kriminalität
PCOC	–	President's Commission on Organized Crime
PKS	–	Polizeiliche Kriminalstatistik
RHKP	–	Royal Hongkong Police
SAR	–	Special Administrative Region
SB	–	Special Branch
SDECE	–	Service de Documentation Extérieure et de Contre-Espionage
SIS	–	Secret Intelligence Service
Soko	–	Sonderkommission
UK	–	United Kingdom
US	–	United States
VR	–	Volksrepublik

Verzeichnis der lexikalischen Stichwortkästen

1 Secret Societies

Vom Polit-Bund zur geheimen Verbrechergesellschaft

- Geheime Bünde gegen fremde Teufel
- Gesellschaft der Drei-in-Einem (Triade)
- Vom Verlust politischer Ziele – Der Weg ins Gangstertum

Lange bevor „fremde Teufel“ nach China kamen, war das Reich der Mitte ein mehr bäuerliches, nach innen gekehrtes Land mit uralten gesellschaftlichen Einrichtungen. Eine allmächtige Beamtenkaste, patriarchalische Großsippen und feudale Grundherren knechteten die Bevölkerung. Insbesondere die kaiserlichen Beamten mit ihrer starren Bürokratie und unbeugsamen Ideologie, dem Konfuzianismus, waren zur Sicherung ihrer Despotie an keiner gesellschaftlichen Änderung interessiert. Schließlich standen sie als Beamten-Gelehrte an erster Stelle der viergliedrigen konfuzianischen Hierarchie, gefolgt von den Bauern, Handwerkern und an

Konfuzianismus:
Gesellschafts-, Staats- und Weltlehre, die dem mythischen KONG FUZI, jesuitisch latinisiert zu KONFUZIUS, (551 - 479 v. Chr.) zugeschrieben wird, wahrscheinlich aber älter ist. Zu seiner endgültigen Form entwickelte sich der K. zwischen dem 1. und 12. Jahrhundert. Die Konfuzianer lehrten, der gesamte Kosmos mit all seinen Gestirnen bilde eine harmonische, in sich geschlossene Einheit, die sich nach unwandelbaren Gesetzen bewegt. Im Mittelpunkt des Kosmos steht die von Menschen (= Chinesen) bewohnte Welt. Die Gesellschaft der Menschen ist ein Spiegelbild der kosmischen Ordnung. Daher muß die menschliche Gesellschaft nach festen, „harmonischen“, eben in der „Natur“ begründeten Regeln geordnet sein, wie der Lauf der Planeten. Dem Menschen ist von seiner Geburt an ein bestimmter Platz in der Gesellschaft gewiesen. Er ist einem der vier anerkannten Stände – Gelehrte (Beamte), Bauern, Handwerker, Händler – zugeordnet. Der Verkehr der Gesellschaftsmitglieder läuft ebenfalls in festen Bahnen. Seine Grundlagen sind die „Fünf gegenseitigen Beziehungen“: zwischen Herrscher und Untertan, Vater und Kindern, älterem und jüngerem Bruder, Mann und Frau, Freund und Freund. Die Diener des Staates haben dafür zu sorgen, daß die „himmlische Ordnung“ verwirklicht wird; doch ist nicht jedermann zu Sittlichkeit und Tugend und damit zum Verwaltungsdienst fähig. Wer Bildung und Tugend besaß, d.h. wer sich Ausbildung und Studium leisten konnte, war zur Herrschaft berufen. Er gehörte zu den wenigen „Edlen“, die der Masse der „Gemeinen“ gegenüberstanden.

letzter Stelle den Händlern. Noch tiefer standen nur Soldaten und Vagabunden, Gaukler und Briganten. An der Spitze des Staates stand als „Sohn des Himmels“ und Garant der „himmlischen Ordnung“ der Kaiser. Doch war dieser austauschbar. Kam Unordnung in die „Ordnung des Himmels“, kam es im Lande zu Aufständen, von den Mandarinen[1)] gemein „Unordnung“ oder „Turbulenzen“ genannt, und immer wieder zum Sturz des Kaisers. Ein neuer Kaiser, oft der Führer der Aufständischen, bestieg den Thron. Der alte Kaiser hingegen hatte das „Mandat des Himmels“ verwirkt, weil er es nicht verstanden hatte, den Willen des Himmels zu deuten und die rechte Ordnung im Lande zu bewahren. Daher war das Mandat auf seinen Rivalen übergegangen und dementsprechend stellte sich diesem die Beamtenschaft zur Verfügung. Schlug jedoch eine Erhebung fehl, dann war die Lage anders: „Unruhen“, von Banditen und anderem „Abschaum der Gesellschaft“ angezettelt, die sich der himmlischen Ordnung nicht fügen wollten, mußten erbarmungslos zur Ruhe gebracht werden.

Der Konfuzianismus duldete Volksreligionen, die seine Stellung als Staatsideologie nicht gefährdeten. Dazu zählten die uralte „Lehre vom Weg“, der Taoismus, und der von Indien nach China gekommene Buddhismus. Da beide Religionen ihre Gläubigen aufforderten, sich mehr um ihr Seelenheil und weniger um die Welt (und damit auch die Politik) zu kümmern, hatte der Konfuzianismus wenig von ihnen zu befürchten.[2)]

Taoismus:
Eine vom chinesischen Philosophen LI PO-YANG (604 - um 520 v. Chr.), Ehrenname „der alte Meister“ (LAO-TSE), dem die Verfasserschaft des Tao-te-king (des kanonischen Buches von Tao und Te) zugeschrieben wird, begründete „Lehre vom Weg“. In dieser uralten Volksreligion soll der Mensch durch Selbstentsagung und Meditation mit dem Kosmos in Einklang gebracht werden und zur höchsten Vollkommenheit, zur „Befreiung von der Welt“, geführt werden. Durch spätere Aufnahme schamanistischer Bestandteile (Magie etc.) und Angleichung an den Buddhismus artete der T. zu verworrener Mystik und wüstem Aberglaube aus. Vertreter waren YANG TSCHU und TSCHUANG-TSE (um 370 - 286 v. Chr.).

Buddhismus:
von GAUTAMA, auch GOTAMA (um 560 - 480 v. Chr.), dem „Erleuchteten“ (= Buddha), verkündete Heilslehre, die in den ersten drei Jahrhunderten n. Chr. von Indien nach China eindrang, dort teilweise mit einheimischen Religionen verschmolz und sich schnell ausbreitete. Zeitweise wurden die Anhänger der Lehre verfolgt. Der B. lehrt Verzicht, moralische Vollendung, Seelenwanderung und endliche Befreiung des Erleuchteten im Nirwana (= sanskr.: „Erlöschen“ – Zustand der Erlösung, der nach Eintritt des Todes eine Wiedergeburt unmöglich macht).

Den konfuzianischen Beamten gelang es allerdings nie, China in ihrem Sinn zu befrieden. Überall in den riesigen ländlichen Provinzen, unter den Kulis in den Städten, unter den stellungslosen Anwärtern auf die Beamtenstellen, bei den Transportarbeitern und Flußschiffern, im fahrenden Volk und unter den Schmugglern gärte es, waren andere Religionen und unkonfuzianische Ansichten über die Treue zum Kaiser verbreitet.

Da gegen die konfuzianische Oberschicht mit ihren Staatsbeamten niemand legal opponieren konnte, jede Abweichung kriminell war, konnten Unzufriedene, Geknechtete und Ausgebeutete nur im Untergrund wirken. Diese Illegalität prägte von Anfang an Programme und Arbeitsweisen von im geheimen operierenden Gesellschaften, deren Anfänge in China bis zur Dynastie der Han (206 v.Chr. bis 220 n.Chr.) zurückreichen. Für soziale Gerechtigkeit, gegen Willkür und Korruption und aus anderen mehr oder weniger hehren Gründen kämpften die Hung Mun (Geheimgesellschaften), deren Mitglieder zwei großen Gruppen zuzuordnen waren. Zum einen war es die Gruppe armer Bauern, zum anderen die Gruppe sozial geächteter, deklassierter ländlicher und städtischer Schichten, zu denen beispielsweise Lastenträger (Kulis), Vagabunden, Geschichtenerzähler, wandernde Handwerker, Schiffer, Schmuggler, Wunderheiler, Wandermönche, Kräuter- und Zaubertrankhändler gehörten.

Dynastien, chinesische:

Xia (Hsia)	21.Jh. - 16.Jh.v.Chr.	– Chen (Ch'en)	557 - 589
Shang	16.Jh. - 11.Jh.	– Nördliche Wei	386 - 534
Westl.Zhou (Chou)	11.Jh. - 771	– Östliche Wei	534 - 550
Frühlings- und		– Westliche Wei	535 - 556
Herbstperoide	770 - 476	– Nördliche Qi (Ch'i)	550 - 577
Streitenden Reiche	475 - 221	– Nördliche Zhou (Chou)	557 - 581
Qin (Ch'in)	220 - 207	Sui	581 - 618
Han	206.v.Chr. - 220.n.Chr.	Tang (T'ang)	618 - 907
– Westl. Han	206 v.Chr. - 24.n.Chr.	Fünf Dynastien	907 - 960
– Östliche Han	25 - 220	– Spätere Liang	907 - 923
Drei Reiche	220 - 265	– Spätere Tang (T'ang)	923 - 936
– Wei	220 - 265	– Spätere Jin (Chin)	936 - 946
– Shu	220 - 265	– Spätere Han	947 - 950
– Wu	221 - 265	– Spätere Zhou (Chou)	951 - 960
Jin (Chin)	265 - 420	Liao	916 - 1125
– Westliche Jin (Chin)	265 - 420	Nördl. Song (Sung)	960 - 1127
– Östliche Jin (Chin)	317 - 420	Jin (Chin)	1115 - 1234
Südl. u. Nördl. Dynastien	420 - 581	Südliche Song (Sung)	1127 - 1279
– Song (Sung)	420 - 479	Yuan (Yüan)	1271 - 1368
– Qi (Ch'i)	479 - 502	Ming	1368 - 1644
– Liang	502 - 557	Qing (Ch'ing)	1644 - 1911

(In Klammern sind die Namen der Dynastien in der bis vor kurzem gebräuchlichen Wade-Giles-Umschrift angegeben)

1.1 Geheime Bünde gegen „fremde Teufel“

Geheime Bünde gab es in China seit Menschengedenken. Unzählige müssen es gewesen sein. Allein namentlich sind in der Geschichte des Landes etwa 200 Geheimgesellschaften bekannt geworden.[3] Nicht wenige von ihnen, die im 19. und auch noch im 20. Jahrhundert bestanden, hatten eine jahrhundertelange Geschichte, beispielsweise der „Weiße Lotus“, der schon im 12. Jahrhundert an Aufständen beteiligt war. Im 13. und 14. Jahrhundert spielte dieser Bund in den Volkskämpfen gegen die Mongolen eine wichtige

Weißer Lotus (Bailian-Hui):
Gelegentlich auch „Weiße Seerose“ genannt; eine der ältesten Geheimgesellschaften Chinas, die bereits im 12. Jahrhundert (wahrscheinlich 1133 gegründet) existierte. Sie hatte eine Mischreligion, die aus buddhistischen und taoistischen Elementen bestand. Die Mitglieder, angeblich nur Vegetarier, wurden auf eine Art Dämonenkult eingeschworen. Politisch kämpfte der W.L. durch Aufstände gegen die Fremdherrschaft von Nichtchinesen (Mongolen). Nach dem Scheitern zweier großer Aufstände am Ende des 18. Jh. wurde der W.L. von den tungusischen Mandschus grausam verfolgt. Er war aber auch im 19. Jh. unter anderem Namen weiter aktiv. Die „Fünf Banner“ (rot, weiß, schwarz, gelb und grün) des W.L. waren autonom. Von 1861 bis 1863 stand das „Schwarze Banner“ hinter einem großen Bauernaufstand in den Provinzen Shandong und Henan.

Rolle. Aus einem vom Weißen Lotus unterstützten Bauernaufstand gegen diese fremden Teufel ging Chinas vorletzte Dynastie der Ming (1368 bis 1644) hervor.[4] Nach der Eroberung des Reiches durch die Mandschus Mitte des 17. Jahrhunderts organisierten die Anhänger des Bundes immer wieder Aufstände. Die wichtigsten in den Jahren 1774 und 1794 bis 1803 scheiterten. Danach wurde der Weiße Lotus grausam verfolgt, war aber weiterhin im 19. Jahrhundert unter anderem Namen aktiv. Das tungusische Nachbarvolk der Chinesen, eben die Mandschus, das als Ching-Dynastie (1644 bis 1911) das Kaiserreich regierte, wurde von vielen Han-Chinesen als barbarische, „unter ihnen stehende“ fremde Rasse betrachtet. Ihre Verjagung und die Wiedereinsetzung der chinesischen Ming war über Jahrhunderte erklärtes politisches Ziel vieler geheimer Bünde.

Im China des 19. Jahrhunderts gab es zwei große Systeme von Geheimgesellschaften: Im Norden den Weißen Lotus, im Süden die „Triade“. In jener Zeit wurden Geheimgesellschaften mit mehreren Rebellionen in Verbindung gebracht, von denen der Aufstand gegen die Mandschus durch das „Himmlische Reich des Großen Friedens“, Taiping Tianguo (kurz Taiping)[5], der größte war. Wohl verwahrten sich die Taiping gegen eine Verschwisterung mit geheimen Gesellschaften, arbeiteten jedoch gegen die barbarischen Mandschus mit den Triaden „Chang Choa" und „T'ien Fang" zusammen. Als Volksbewegung, deren Führung 1851 eine neue Dynastie ausrief, schlugen die Taiping zwar einen anderen Weg ein, hatten jedoch mit den Geheimgesellschaften nie völlig gebrochen. Beispielsweise unterstützten sie den Aufstand der „Goldgeldgesellschaft" von 1862/63 in der Provinz Zhejiang und adsorbierten nach seinem Scheitern die Überlebenden.

Taiping (T'ai- p'ing)-Erhebung:
In den Jahren 1844 bis 1850 „bekehrte" der christliche Kantonese und Dorfschullehrer Hung Hsiu-Ch'uan (Hung Hsiu Ch'üan) zusammen mit einem Mitstreiter namens Feng Yun-Shan ganze Gemeinden im Süden Kwangsis zu einer Art Pseudochristentum. Der charismatische Mann verschmolz archaische chinesische Religionen des Volkes und christliche Elemente in bizarrer Weise und brach mit dem Konfuzianismus völlig. Er nannte sein Wirken T'ai-p'ing tao = Der Weg des großen Friedens. Damit entstand um 1850 zunächst in Zentralchina eine mächtige Aufstandsbewegung. 1851 nahmen die T. Nanking ein und riefen eine neue Dynastie, die T'ai-p'ing t'ien kuo (Taiping Tianguo) – das „Himmlische Reich des Großen Friedens (The Heavenly Kingdom of the Great Peace)" – aus. Hung wurde unter dem Namen Tian-Wang (Himmlischer König) zum Herrscher ausgerufen und erklärte sich selbst zum „jüngeren Bruder Christus". Die T. setzten den Unmut des Volkes über die seit dem Opiumkrieg (1839 - 1842) sichtbar gewordene Schwäche der Mandschu-Regierung um und erhoben sich gegen die Regierung des Kaisers I-Chu (Hsien-Feng). Damit wurde seine Rebellion auch attraktiv für Gesetzlose und Briganten, selbst für Piraten. An siegreichen Aufständen waren auch Geheimgesellschaften beteiligt, namentlich die Triaden „Chang Choa" und „T'ien Fang". Wenn China überleben soll, so Hung, müßten alle Mandschus sterben. Auf über 2 Millionen Mann wurde die T.-Armee Mitte des 19. Jahrhunderts geschätzt, die über Jahre Stadt für Stadt eroberte. In diesen wurde dann ein eigenes Regierungssystem begründet, welches von einem „hoch offiziellen Himmlischen Gericht" beraten wurde. In Hungs „Reich des Großen Friedens" waren antimandschurische, offenbarungschristliche und sozialrevolutionäre Tendenzen auszumachen. Ziele waren: kein Privateigentum, gemeinsame Landbestellung, Gleichberechtigung der Frau mit Zulassung zu allen Ämtern, Verbot des Einbindens der Füße, Verbot des Opium- und Alkoholgenusses, Ablehnung aller von den Mandschu-Kaisern unter ausländischem Druck geschlossenen Verträge. Die T. wurden temporär von britischen, französischen und amerikanischen Händlern (die T. erhoben keine Steuern in den eroberten Städten und verbrannten mit Hilfe der Triaden seinerzeit die Zollhäuser in Amoy, Nanking, Kanton und Shanghai) unterstützt. Da die Europäer jedoch mehr an der Erhaltung der unfähigen Mandschu-Dynastie und weniger an einer Erneuerung Chinas interessiert waren, schlugen sie (mit anglo-amerikanischen Führern wie Ward und „Chinese" Gordon) an der Seite der Kaiserlichen 1861/62 den T.-Aufstand nieder. Hung begang mit vergiftetem Wein Selbstmord. Bilanz: u.a. über 20 Mio. Tote und 600 zerstörte Städte. Größere Auswanderungsbewegungen von T.-Mitgliedern in die USA und die Südsee.

1.1.1 Die nördlichen Geheimgesellschaften – das System des Weißen Lotus

Im Norden des Landes hatte sich im 19. Jahrhundert als System von Geheimgesellschaften der Weiße Lotus entwickelt. Zu diesem gehörten beispielsweise die „Acht Diagramme“, die „Sekte des Himmlischen Prinzips“, die „Sekte für die Beachtung der Prinzipien“ und die „Fäuste der Gerechtigkeit und Eintracht“, die um 1900 als „Boxer“ weltweit bekannt wurden. Die Geheimgesellschaft der

Boxer; auch „Gesellschaft der langen Messer“:
Geheimgesellschaft, die seit dem frühen 19. Jh. als Ableger des „Weißen Lotus“ bekannt war. Ihr ursprünglicher Name war „Yihe-Quan“ (Fäuste der Gerechtigkeit und Eintracht). Dieser Name erinnerte daran, daß bei ihnen die kultische Kampfgymnastik „Kung-fu“ besonders wichtig war (was zum Namen „Boxer“ führte). Er zeigte außerdem an, daß sie bemüht waren, sich auf die Autorität der traditionellen chinesischen Ethik zu berufen. Die Bewegung war zunächst (wie andere Geheimbünde auch) tief religiös. Ihre Religion war aus Elementen verschiedenster Volksreligionen zusammengesetzt. Das kultische „Boxen“ nahm einen wichtigen Platz ein; es diente sowohl zur körperlichen als auch zur geistigen Ertüchtigung, ebenso die Befragung von Medien. Zauber, Wahrsagerei, magische Rezepte, welche die Unverwundbarkeit der Gläubigen und ihrer Führer garantieren und die Militärmacht des Feindes zerstören sollten, versprachen die Kontrolle über die Natur. Die Boxerbewegung stützte sich vorwiegend auf die armen nordchinesischen Bauern. Sie hatte aber auch einen starken Anhang unter den Schiffern und entlassenen Soldaten. Parallel zu den Männereinheiten arbeiteten Spezialeinheiten aus Mädchen von 12 bis 18 Jahren, die „Roten“ und die „Blauen Laternen“. Ihnen stand eine „Heilige Mutter vom Gelben Lotus“ vor, der unermeßliche magische Kräfte zugeschrieben wurden. Um 1898/99 verschmolzen die Yihe-Quan mehr und mehr mit den Milizen (tuan) in den Dörfern, die es mit Zustimmung der Behörden schon lange gab. Seither wurden sie „Korps der Gerechtigkeit und Einheit“ (Yihe-tuan) genannt. Von 1897 bis 1900 spielten sie in der chinesischen Politik eine führende Rolle, zumal sie von 1898 an die Mandschus unterstützten. 1900 belagerten sie das Gesandschaftsviertel in Peking. Die Niederschlagung dieses „Boxeraufstandes“ führte 1901 zu dem sog. Boxer-Protokoll, in welchem die „Sühneleistungen“ Chinas festgelegt wurden.

Boxer war faktisch eine archaische Bewegung. In Relation zu anderen Bünden hatte sie keine klaren innenpolitischen Ziele. Als nationalistische Bewegung wandte sie sich jedoch zum Ende des Jahrhunderts militant gegen die „Teufel mit den blauen Augen“, deren in China eingeführte technische Einrichtungen und insbesondere gegen deren Religion, was sie in einem Angriff auf christliche Missionare 1899 überdeutlich machten. Ihre militärische Strategie war dementsprechend einfach und hieß: *„Wir müssen die Boxkunst (Kung-fu) erlernen, um die Teufel ohne Mühe austreiben zu können; die Eisenbahnen müssen zerstört und ihre Schiffe zerschlagen werden. Das wird die Franzosen erschrecken und den Engländern und*

Kung-fu:
In der Zeit der Wei-Dynastie wurde 527 in der heutigen Provinz Henan in dem Dorf Shaolin am Fuß des heiligen Berges Song Shan das Kloster Shaolin („Kloster im Wald von Shao") begründet. Der Sage nach wurde es 495 für den indischen Mönch TUO BA erbaut, der Ende des 5. Jahrhunderts für die Konzentration der Meditation der Mönche körperliche Übungen einführte, die neben Kampf Körperertüchtigung, Meditation, Heilung, Musik und Atemtechnik beinhalteten. Diese Lebensauffassung wurde als kultische Kampfgymnastik Shaolin-Boxen (Kung-fu) bekannt. Das Kampfverhalten bestimmter Tiere wurde im Shaolin-Stil imitiert. Es ist überliefert, daß der taoistische Mönch SHEK FAR ZEE einen Zyklus aus vier Tierstellungen schuf. Jede Tierfigur hat ihre Eigenheit. So dient die „Tiger-Stellung" (Fu Kuen) dem Knochentraining, macht die Hüfte geschmeidig und gibt einen festen Stand. Die „Leoparden-Stellung" (Pow Kuen) umfaßt blitzschnelle Bewegungen; die „Schlangen-Stellung" (S'air Kuen) sorgt dafür, daß Arme und Hände wie ein Schlangenkopf peitschenartig hin- und herfedern. Die „Kranich-Stellung" (Hok Kuen) fördert die allgemeine Wachsamkeit des Kämpfers. Zu diesen Tierstellungen kamen im Lauf der Verfeinerung des Shaolin-Stils weitere Übungen hinzu, z.B. die Technik „tit sar chi" (Eisen-Sand-Finger), die Hände „widerstandsfähig wie ein Brett und gefährlich wie Krallen" macht. Auch die unterschiedlichen Handstellungen erhielten Tiernamen. Die Hände werden zu Krallen eines Drachen (long), eines Tigers (fu) u. eines Leoparden (pow). Im Kung-fu waren auch viele Mitglieder von Geheimgesellschaften bewandert, insbesondere der Bund der „Yihe-Quan" (Fäuste der Gerechtigkeit und Einheit), dessen Mitglieder deswegen auch „Boxer" genannt wurden und die „Roten Speere" (Hongqiang-Hui). Während der Kulturrevolution (1966-1976) hatten die „Roten Garden" einen großen Teil des Shaolin-Tempels zerstört. In dem Klosten leben heute (1993) nur noch 57 Mönche, die ihren Unterhalt u.a. durch Kung-fu-Vorführungen in anderen Provinzen, 1995 auch außerhalb der VR China, z.B. in Deutschland finanzieren. Das Dorf Shaolin ist mit dem Kloster zusammen mittlerweile zum Zentrum eines regelrechten Kung-fu-Tourismus geworden.

den Russen den Mut nehmen. Man muß die Teufel vertreiben, damit das Mandschu-Reich Einheit und Frieden genießt."[6] Kein Wunder, daß die „Teufel" vor diesen Boxern in das Gesandschafts-viertel in Peking flüchteten, das daraufhin von den Boxern in der von ihnen besetzten Stadt belagert wurde. Als „Boxeraufstand" wurde dies 1900 in der ganzen Welt bekannt.

Boxeraufstand:
Dieser Aufstand begann Anfang 1900 damit an, daß Boxer und andere Geheime Bünde, unterstützt von Prinz TUAN und von Teilen der Armee, Missionsstationen niederbrannten und danach das Pekinger Legationsviertel belagerten. In einem 60tägigen Barrikadenkampf, dessen Beginn die Ermordung des deutschen Gesandten Baron VON KETTLER markierte, verteidigten sich etliche hundert Diplomaten, Missionare und Handelsleute zusammen mit einem internationalen Detachment von etwa 400 Soldaten gegen rund 40.000 Chinesen (Boxer und reguläre Einheiten der kaiserlichen Armee), hinter denen die zwei Mio. Einwohner Pekings standen. Erst ein Hilfskorps der westlichen Mächte brachte am 15. August 1900 Befreiung. Nach dem Sieg der Alliierten wurde der kaiserliche Palast geplündert, der Hof floh nach Jehol. Erst die sog. Boxerprotokolle 1901, in welchem China zu Reparationen u.a.m. gezwungen wurde, legte diesen Konflikt bei.

Dieser Aufstand war jedoch mehr: Er wurde vom Mandschu-Adel, von Teilen der kaiserlichen Armee und einer Reihe anderer Geheimgesellschaften wie den Weißen Lotus, „Gesellschaft vom großen Schwert“ und die „Pflaumenblütenfäuste“ unterstützt. Es gärte schon lange in der chinesischen Bevölkerung wegen der Reformfeindlichkeit der Regierung. Doch war es Hofkreisen gelungen, mit Hilfe der Boxer den explosiven Unmut im Volk zur Fremdenfeindlichkeit umzufunktionieren. Nachdem es während der Belagerung des Legationsviertels zur Ermordung des deutschen Gesandten und des Kanzlers der japanischen Gesandtschaft kam, schickten die westlichen Mächte „gegen die gelben Affen“, die es gewagt hatten, die Privilegien des weißen Mannes anzutasten, als Strafexpedition ein internationales Entsatzkorps aus europäischen, amerikanischen und japanischen Soldaten.[7)] Ein Hilfskorps brachte den Eingeschlossenen, die sich eines hundertfach stärkeren Gegners erwehren mußten, im August 1900 Befreiung. 1901 zwangen die Sieger China einen Vertrag (bekannt als Boxerprotokoll) auf, welcher die Zahlung einer riesigen Reparation[8)] und weitere für die Mächte vorteilhafte Regelungen vorsah. Die Boxerbewegung hatte ihr großes Ziel nicht erreicht. Sie war auf den Norden des Landes, auf bestimmte Volksschichten beschränkt und völlig rückwärtsgerichtet geblieben. Die Abhängigkeit des Landes von den fremden, Quasi-Kolonialmächten war nur größer geworden.

Neben den Boxern zählte zu den Ablegern des Weißen Lotus auch die Gesellschaft des Großen Schwertes (Dadao-Hui), die über das ganze 19. Jahrhundert in den Provinzen Shandong und Henan tätig war.[9)] Einer der wichtigsten Lotus-Zweige war die Gesellschaft der Acht Diagramme (Ba-Gua). Ihre Mitglieder versuchten bereits

Die Acht Diagramme (Ba-Gua):
In diesem wichtigen Zweig des Weißen Lotus war der Einfluß des Taoismus besonders stark. Die Diagramme (oder auch Trigramme) der Gesellschaft waren geometrische Figuren, die von Taoisten zum Wahrsagen verwendet wurden. Die Mitglieder der A.D. beriefen sich (wie auch die Mitglieder des Weißen Lotus bzw. der Weißen Seerose) auf die „Alte Mutter, die nie geschaffen wurde“ (eine Mutter ohne Anfang oder Mutterschöpferin des Himmels und der Erde). Ein Medium (ming-yan, klarsichtiges Auge) spielte eine wichtige Rolle in ihren Zeremonien, die immer nur nachts stattfanden. Die Gläubigen brachten zum Gottesdienst entsprechend ihrem Einkommen festgesetzte Geldsummen mit, in der Regel 100 bis 200 Qian (= kupferne Geldstücke), an den vier großen Festen (Tag- und Nachtgleichen, Sonnenwenden) bis zu 1.500 Qian. Das Geld ging an die Würdenträger der Sekte. Die Ba-Gua war strikt vegetarisch und verbot ihren Mitgliedern Alkohol, Tabak und Opium.

1813 einen Überraschungsangriff auf den Kaiserpalast in Peking, der mit einer Erhebung in den Provinzen einherging.[10] Mit den Acht Diagrammen und dem Weißen Lotus wurde auch eine bäuerliche Organisation namens „Nian“ in Verbindung gebracht, die in Nordchina in den Jahren 1850 bis 1868 zu großer Macht kam.[11]

Auch die „Sekte für die Beachtung der Prinzipien“ (Zaili-Hui)[12] gehörte zum Lotus-System. Sie wurde bekannt, als sie 1891 einen großen Aufstand in der Mandschurei gegen die kaiserliche Regierung anzettelte. Hier im Kernland der Mandschus bildete sich in jener Zeit auch die Gruppe der „Roten Bärte“ (Hong Hu-Zi). Als aus Rußland zaristischen Truppen Ende des 19. Jahrhunderts in die Mandschurei einfielen, leisteten die Roten Bärte starken Widerstand und sabotierten insbesondere die Eisenbahnlinien.[13]

Die Roten Bärte (HongHu-Zi) :
Diese entstanden Ende des 19. Jh. in der Mandschurei und waren auch unter dem Namen „Pferdediebe“ bekannt. Sie waren auf Straßenraub spezialisiert. Organisiert waren sie in Banden, die sie „Berg“ nannten. Ihr Anführer trug den Ehrennamen „Lebendiger Tiger“ (huo-hu).

Ebenfalls Ende des 19. Jahrhunderts trat erstmals die Gesellschaft „Der Immer Gleiche Weg“ (Yiguan-Dao)[14] auf. Als 1920 in Nordchina eine schwere Hungersnot herrschte, kündigte sie den baldigen Weltuntergang und die Apokalypse an. Im selben Jahr entstand in der nordchinesischen Ebene (Henan, westliches Shandong, südliches Hebei) die Gesellschaft der „Roten Speere“ (Hongqiang-Hui)[15], deren Mitglieder sich im kultischen Boxen (Kung-fu) übten und Unverwundbarkeitsamulette trugen wie auch die Boxer, die mit den Nian zusammen alle aus dieser Gegend Nordchinas stammten. Alle Geheimgesellschaften, die sich letztlich gegen die „Himmlische Ordnung“ wandten, wurden von den Hütern dieser Ordnung, den Mandarinen, wenig schmeichelhaft als „lasterhafte Sekten“ (xie-jiao), „obzöne Sekten“ (yin-jiao), „Pseudoreligionen“ (wei-jiao), „perverse Sekten“ (yao-jiao), „Räubersekten“ (jiao-fei) oder „Banditenvereine“ (hui-fei) bezeichnet. Dazu zählten natürlich auch die geheimen Gesellschaften im Süden des Landes.

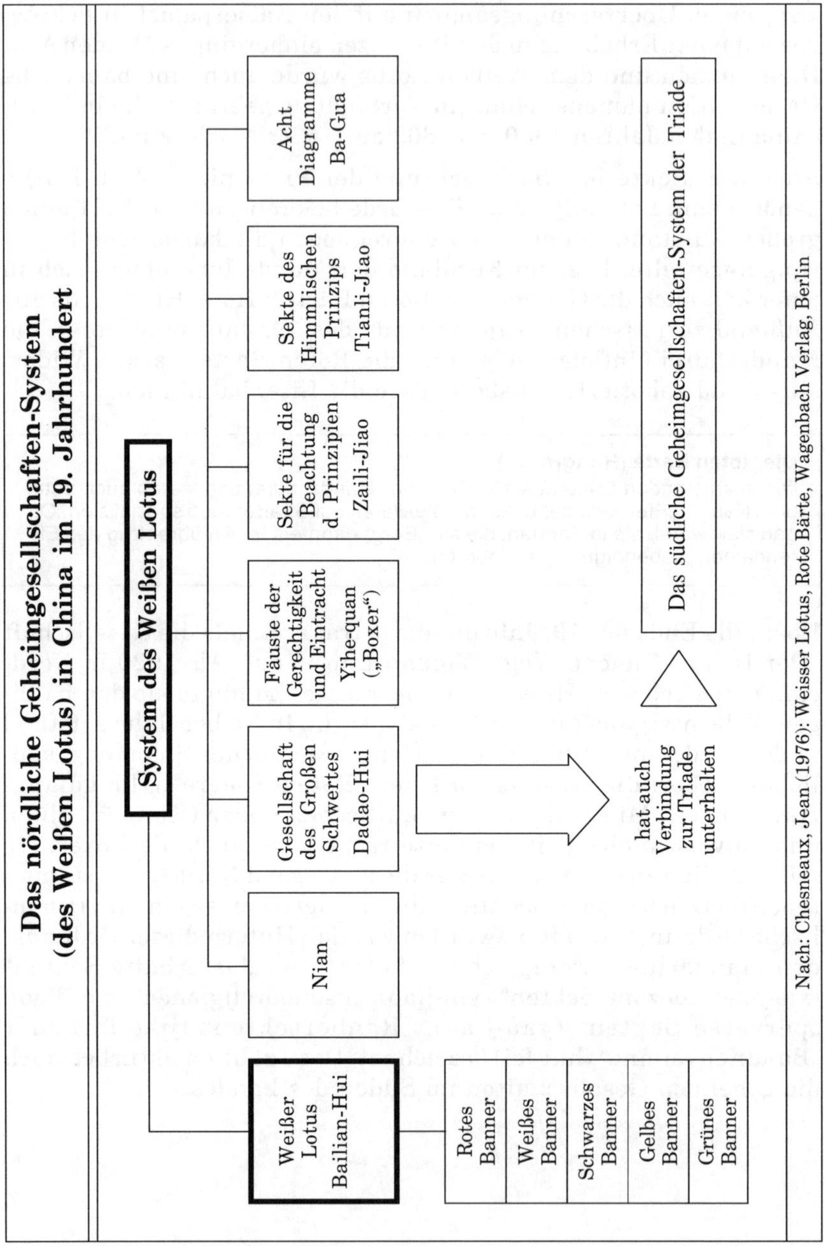

Nach: Chesneaux, Jean (1976): Weisser Lotus, Rote Bärte, Wagenbach Verlag, Berlin

1.1.2 Die südlichen Geheimgesellschaften – das System der Triade

Unter deutscher Beteiligung war 1900 der Boxeraufstand niedergeschlagen worden. Danach erschienen im Kaiserreich Deutschland einige voluminöse Bücher über China[16], beispielsweise die „Illustrierte Geschichte des Reiches und seiner Wirren" von Dr. phil. Emil Wilhelmy. In dieser hieß es 1903: „. . . *Auf Empörung und Verschwörung steht die Todesstrafe, das Vermögen des Rebellen wird eingezogen, und das Los seiner Frau und seiner Kinder ist die Leibeigenschaft. Diese gesetzlichen Bestimmungen kommen besonders oft zur Anwendung, denn China ist von alters her das Land des Aufruhrs und der gefährlichen Aufstände, die in engem Zusammenhange mit den im Reiche der Mitte herrschenden geheimen Gesellschaften stehen. Eine der furchtbarsten und verbreitesten dieser Brüderschaften ist die San-ho-hway, auch Tien-ti-hway, Himmel- und Erde-Gesellschaft oder Dolch-Gesellschaft genannt. Diese Verbindung entstand im Jahre 1674 in der Provinz Fo-kien mit dem ausgesprochenen Zwecke, die von den Mandschu entthronte Ming-Dynastie wieder auf den Thron zurückzuführen. Die Mitglieder dieser Verbindung zerstreuten sich über das ganze Reich, behielten aber gewisse geheime Zeichen bei, woran sie sich gegenseitig erkennen konnten. Sie hielten nächtliche Versammlungen unter besonderem Zeremoniell ab, und die neuen Mitglieder hatten bei ihrer Aufnahme furchtbare Eide zu schwören und Gelübde zu übernehmen. . . . Das eigentliche Gelübde wird unter dem mystischen Symbole des Bluttrinkens abgelegt . . . Diese Bruderschaft spricht es unumwunden aus, daß sie sich vom höchsten Wesen dazu berufen hält, den furchtbaren Kontrast zwischen Reichtum und Armut aufzuheben.*[17] *. . . Das Vereinssiegel dieser Bruderschaft des Himmels und der Erde ist mit Schriftzeichen bedeckt und fünfeckig zur Bezeichnung der fünf Hauptglückseligkeiten, nach chinesischer Denkweise: Weisheit, Gerechtigkeit, Nachkommenschaft, Ehre und Reichtum. Diesen fünf Glückselig-keiten entsprechen ihre fünf Elemente: Erde, Holz, Wasser, Metall und Feuer, deren Charaktere an den fünf Ecken des Siegels angebracht sind. Unmittelbar unter ihnen sieht man fünf andere Schriftzeichen des Sinnes: Kräftige, unerschrockene Führer, chinesische Helden stehen fest zusammen, unerschütterlich . . .*"

Und in der 1905 erschienenen Gesamtdarstellung „Die geheimen Gesellschaften, Verbindungen und Orden", die mit großem Fleiß Dr. Georg Schuster, seinerzeit Archivrat am Königl. Preuss. Haus-

Das südliche Geheimgesellschaften-System (der Triade) in China im 19. Jahrhundert

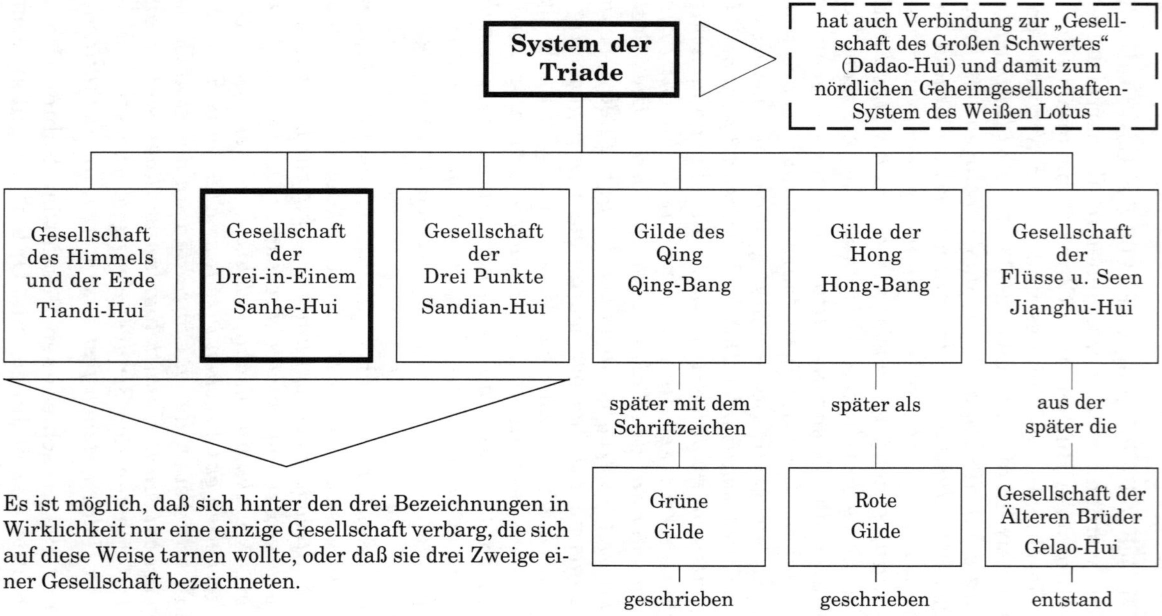

Nach: Chesneaux, Jean (1976): Weisser Lotus, Rote Bärte, Wagenbach Verlag, Berlin archiv, verfaßt hatte, hieß es u.a.: „... *Die mächtigsten der gegenwärtig bestehenden geheimen Verbindungen*[18] *sind die Freiheitsgesellschaft (Tien-ti-hui d.i. Himmel, Erde, Mensch) und die Dolchgesellschaft oder Hungfamilie. Ihre Mitglieder, die nach Millionen zählen, nennen sich Brüder, bedienen sich geheimer Erkennungszeichen und Passwörter, schwören den Führern unbedingten Gehorsam und erkennen keine andere Gerichtsbarkeit als die ihrer Gesellschaft an. Ihr Zweck ist ein politischer. Sie erstrebt die Beseitigung der heutigen, der Tsing-Dynastie. Daher ihr Wahlspruch: 'Nieder mit den Tsing, hoch mit den Ming!'*. . ."

In diesen über neunzig Jahre alten Berichten über diesen mächtigen Bund fehlt die Geschichte der Gründung, um die sich Legenden ranken.

1.1.2.1 Die Gründungslegende

Noch vor Mitte des 17. Jahrhunderts ergriffen die Mandschus die Macht und errichteten ihre Qing-Dynastie. Bald hatten sie zwei Drittel Nordchinas im Griff. Doch kam es im Norden immer wieder zu Aufständen. Nach der Überlieferung boten Mönche des buddhistischen Klosters von Shaolin in der Provinz Fujian dem ersten Mandschu-Kaiser ihre Dienste gegen die Eleuten, einen rebellischen zentralasiatischen Stamm an. Die Kampfmönche, in Kungfu-Techniken geschult, erregten jedoch die Mißgunst eines Höflings. So wurde ihr Kloster auf kaiserlichen Befehl geschleift[19] und in Brand gesteckt. Nur fünf Mönche überlebten und konnten fliehen. Nach einer Reihe von Abenteuern[20] offenbarte sich ihnen in einer Vision der Wahlspruch „Fan Qing Fu Ming – Nieder mit den Qing – hoch die Ming". Sie flohen nach Myang, der „Stadt der Weiden", und gründeten dort, auf dem „Markt des Großen Friedens" (Taiping), eine geheime Vereinigung, die Triade.[21]

Diese Gründungslegende der Triade hat ihren Niederschlag auch in der Aufnahmezeremonie gefunden. Die neuen Mitglieder unternahmen eine mystische Reise, bei der sie die „Leidensgeschichte" der fünf Gründer nacherlebten. Danach tranken sie eine Mixtur aus Blut und Wein. Die Zeremonie bestand darin, daß zwei Würdenträger der Triade, der „Meister" und der „Wächter", einen rituellen Dialog sprachen:

Aufnahmezeremonie (mit religiösem Charakter) in die Triade (Triad Society) im 19. Jahrhundert

Die neuen Mitglieder unternahmen eine mystische Reise, bei der sie die „Leidengeschichte“ der fünf Gründer nacherlebten. Die Zeremonie bestand darin, daß zwei Würdenträger der Triade, der „Meister“ und der „Wächter“, einen rituellen Dialog sprachen. In ihm findet sich neben der Gründungslegende immer wieder die religiöse Symbolik des Taoismus und des Buddhismus.

Frage: *Was willst du hier?*
Antwort: *Ich bringe dir zahllose neue Soldaten; sie sind tapfer und haben ein eisernes Herz; sie möchten in die Gesellschaft des Himmels und der Erde aufgenommen werden.*
F: *Womit willst du das beweisen?*
A: *Mit einem Vers.*
F: *Wie lautet er?*
A: *Der Gang der Dinge ist wieder klar; Sonne und Mond in Harmonie; die Erde dehnt sich bis zu den Vier Meeren und empfängt die Drei Flüsse. Wir haben uns verschworen, den Thron der Zhu zu schützen.*
F: *Warum wollen sie in die Gesellschaft des Himmels und der Erde aufgenommen werden?*
A: *Weil sie das Haus Qing stürzen und das Haus Ming wieder einsetzen wollen.*
F: *Womit willst du das beweisen?*
A: *Mit einem Vers.*
F: *Wie lautet er?*
A: *Wir haben uns auf den Ursprung besonnen, die Quellen ergründet und die alten Lieder geprüft: das Volk der Qing nahm uns unser Erbe. Jetzt werden wir das Reich neu errichten, indem wir unserem Führer gehorchen; unter diesem hellen Mond werden wir uns erheben und das Banner der Vaterlandsliebe aufpflanzen.*
F: *Wie und wo hast du die Kriegskunst erlernt?*
A: *Im Kloster Shaolin.*
F: *Was hast du zuerst gelernt?*
A: *Die Boxkunst der Hong-Brüder.*
F: *Womit willst du das beweisen?*
A: *Mit einem Vers.*
F: *Wie lautet er?*
A: *Die Fäuste der tapferen und mutigen Hong kennt man auf der ganzen Welt; seit der Zeit des Klosters Shaolin wurde die Boxkunst weitergegeben. Überall nennt man uns „Brüder der Hong“; dem Prinzen der Ming werden wir dienen.*
F: *Wie viele von euch sind hierher gekommen?*
A: *Drei Männer.*
F: *Warum bist du dann jetzt allein?*

A: *Die jüngeren Brüder gingen vor mir; die adoptierten Brüder gingen hinter mir; ich ging in der Mitte. Ich fragte noch nach tapferen Kämpfern; darum kam ich später an.*
F: *Womit willst du das beweisen?*
A: *Mit einem Vers.*
F: *Wie lautet er?*
A: *Ich hielt einen roten Schirm in der Hand, drum hatte ich keine Angst auf der Straße zu den Toren der Loge.*
Die adoptierten Brüder fragten, wohin ich ginge – die jüngeren Brüder gingen früher, ich aber später.
F: *Warum kamst du so spät an, wo du doch so zeitig aufgebrochen bist?*
A: *Ich fragte noch nach tapferen Kämpfern.*
F: *Wer begleitete dich?*
A: *Die Hong-Brüder.*
F: *Wo sind sie jetzt?*
A: *Sie sind ganz nah und ganz fern; sie irren durch die Welt; sie sind nirgends daheim. Darum kam ich allein.*
F: *Kamst du auf dem Wasser oder auf dem Land?*
A: *Zuerst über Land, dann im Boot.*
F: *Wie viele Straßen gab's?*
A: *Drei.*
F: *Auf welcher kamst du?*
A: *Auf der mittleren.*
F: *Welche war am breitesten?*
A: *Die mittlere.*
F: *Womit willst du das beweisen?*
A: *Mit einem Vers.*
F: *Wie lautet er?*
A: *Als ich vor die Tür trat, sah ich drei Straßen; ich nahm die mittlere, nach tapferen Kämpfern fragte ich.Ich sammelte die Söhne der Hong, durch Eide verbunden, den Sturz der Qing zu betreiben, den Ming die Treue zu halten.*

Die „tapferen Kämpfer" reisen weiter und machen an etlichen Tempeln halt. Es folgt eine Seereise auf einem mystischen Schiff, das 21 Decks unter und 21 Decks über Wasser,72 Planken und 108 Nägel hat; außerdem ist die Göttin Guan-yin mit an Bord. Sie kommen in einen Hafen, wandern zu einem Berg, wo sie 108 heilige Pflanzen sammeln. Sie reisen weiter und kommen schließlich zum „Markt des Großen Friedens", zu dem eine Brücke führt, die aus zwei Bohlen besteht. Sie erinnert an eine Brücke, welche die fünf Gründer auf ihrer Flucht passierten. Neben der Brücke stehen zwei Bäume, ein Pflaumen- und ein Pfirsichbaum; der eine trägt 36, der andere 72 Früchte. Die „tapferen Kämpfer" müssen aus Respekt vor den fünf Gründern unter der Brücke durch zum Markt gehen. Anschließend durchschreiten sie das „Tor der Hong", das von Generälen bewacht wird, die den Ming ergeben sind, betreten den „Tempel der Treue" und gelangen schließlich in den „Kreis des Himmels und der Erde."

F: *Welcher Ort lag im Kreis des Himmels und der Erde?*

A: Die Stadt der Weiden, der Sitz des Großen Friedens.
F: Hast du sie betreten?
A: Ja.
F: Wer gründete die Stadt der Weiden? Wer baute sie wieder auf?
A: Ein Prinz der Tang hat sie gegründet, und Wang Yun-long baute sie wieder auf.
F: Wie hoch ist die Stadt der Weiden?
A: So hoch das Auge reicht.
F: Wie groß ist sie?
A: So groß wie die beiden Hauptstädte und die dreizehn Provinzen.
F: Wie viele Doppelmauern ziehen sich um die Stadt der Weiden?
A: Fünf.
F: Womit willst du das beweisen?
A: Mit einem Vers.
F: Wie lautet er?
A: Die Weidenstadt hat fünf Doppelmauern:
darin die verschworenen Brüder.
Schilde und Speere türmen sich zur Sonne, zum Mond:
bei Sonne und Mond haben wir geschworen,
den Namen der Hong anzunehmen.
F: Was war auf diesen Mauern?
A: Auf jeder Mauer standen vier große Schriftzeichen.
F: Welche Zeichen standen auf der ersten Mauer?
A: Teilhabe am Himmel, Verwandlung zum Großen.
F: Welche Zeichen standen auf der zweiten Mauer?
A: Gehorche dem Himmel, handle gerecht.
F: Welche Zeichen standen auf der dritten Mauer?
A: Stürzt die Qing, setzt die Ming wieder ein.
F: Welche Zeichen standen auf der vierten Mauer?
A: Himmlischer Hof, Vorbild des Reichs.
F: Welche Zeichen standen auf der fünften Mauer?
A: Freund Wolke hilft weithin.
F: Womit willst du das beweisen?
A: Mit einem Vers.
F: Wie lautet er?
A: Eine Freundwolke steigt rein und weiß empor als glückliches Omen:
der alte Thron des Hauses Zhu wird wieder erstehen.
Die Söhne der Hong, ob fern oder nah, sollen kommen; die Usurpatoren vernichten, den Fluß überschreiten, den Prinz der Ming wieder einsetzen.
F: Wer hielt Wacht vor der Weidenstadt?
A: Die Vier Großen Treuen.
F: Womit willst du das beweisen?
A: Mit einem Vers.
F: Wie lautet er?
A: Han Fang wacht am Osttor;
Han Fu wie ein Berg am Westtor;
Jing Tian wie das Meer am Südtor,
Chang Guo wacht gegen die Barbaren am Nordtor.

F: Was sahst du sonst noch?
A: Drei große Straßen.
F: Welche war am breitesten?
A: Die mittlere.
F: Wie viele Läden gab es da?
A: 108.
F: Wie hießen sie?
A: „Einheit und Friede", „Einheit und Vaterlandsliebe", „Einheit der Myriaden", . . . In den zwei Hauptstädten und dreizehn Provinzen gibt es sie alle ohne Zahl.
F: Was verkaufen sie?
A: Der Laden „Einheit und Friede": fünffarbigen Stoff für Baumwolljacken. Der Laden „Einheit und Patriotismus": alle Arten von Früchten und Nahrung. Der Laden „Einheit der Myriaden": fünffarbigen Seidenfaden, Kokonseide, Seidenstoffe, Sarsenett, goldene Blumen, Glanztaft, rote Seidentaschentücher, weiße Fächer, große und kleine Scheren, Nadeln, Knöpfe, Meßstäbe, Spiegel, Papier und Pinsel, Tusche und Tuschsteine. Dort gibt es alles und die Läden öffnen bei Tagesanbruch.

Dann kommen die Tempel, Teiche, Pflaumen- und Pfirsichgärten und die 72 Felder der Weidenstadt an die Reihe. Es folgen Fragen nach den Symbolen der Triade: der Lampe, den Fünf Bannern, dem mit Blut vermischten Wein. Das Ritual endet mit den beiden letzten Etappen der mystischen Reise, dem Vulkan und als Höhepunkt, dem Roten Pavillon, in dem „alle Helden der Hong zwischen den Vier Meeren" versammelt sind.

Der Meister sagt nun:
Ich habe dich genau geprüft; es gibt keinen Zweifel, daß du Tian-yu-Hong bist. Steh auf und wirf dich dreimal vor unserem Wahren Herrn zu Boden. Ich habe ein wertvolles Schwert und einen Befehl für dich. Alle neuen Mitglieder, die wirklich aufrichtig und ergeben sind, magst du hierher bringen, damit sie den Eid leisten. Aber die Ungläubigen und Verräter sollst du vor die Tore bringen, enthaupten und ihre Köpfe zur Schau stellen .

Quelle: Schlegel, G. (1866): Thian ti Hwui, The Hung League, Batavia, hier. Auszüge über „the Triads Initiation Ritual", op.cit.
Zitiert in: Chesneaux, Jean (1976): Weisser Lotus, Rote Bärte, Wagenbach, Berlin, S. 30-35.

In einer anderen Geschichte wird berichtet, daß die in Nordchina herrschenden Mandschus mit Aufruhr im Süden des Landes konfrontiert wurden. Dort entwickelte sich zum Sammelbecken der antimandschrischen Bewegung das Kloster Foochow, wo 128 kriegerische Mönche Widerstandsgruppen in der Bevölkerung ins Leben riefen. Im Jahr 1674, dem dreizehnten Jahr der Regierung des Kaisers K'ANG HSI, dem zweiten Herrscher der Qing-Dynastie, hatten die Mandschus ihre Herrschaft im Norden so gefestigt, daß sie sich stark genug fühlten, eine große Streitmacht durch die unruhigen Südprovinzen zum aufrüherischen Kloster zu entsenden. Der Legende nach hielten die Kampfmönche fast drei Wochen lang dem Angriff der Mandschus stand. Erst durch Verrat aus den Reihen der Mönche konnten die Belagerer in das geweihte Gebiet des Klosters eindringen. Dem Überfall und den Bränden entkamen nur achtzehn Mönche, von denen die Mandschus nochmals dreizehn aufspürten und töteten. Den letzten fünf Mönchen wird die Gründung der Triade nachgesagt.

Inspiriert zur Triadengründung wurden die Kampfmönche wohl von einem einst radikalbuddhistischen Glaubensbruder namens CHU YUAN CHANG. Dieser fand sich zu seiner Zeit nicht mit der Yuan-Dynastie der fremden Mongolen ab, die China von 1271 bis 1368 beherrschten. So zog er seine Mönchskutte aus und zog mit Mitstreitern gegen die mongolischen Overlords. Zu seinen Gefährten gehörte ein mächtiger Piraten-Führer namens FANG KUO-CHEN und

Piraten, chinesische:
Das Piratentum scheint beinahe ununterbrochen die ganze Geschichte hindurch von allen Küstenvölkern Ostasiens ausgeübt worden zu sein: Bewohnern von Sumatra, Java usw., Malaien, Vietnamesen, Koreanern und Chinesen der tausende Kilometen langen Küstenregionen. Die P., insbesondere die von Ende des 14. bis Anfang des 16. Jh. dominierenden japanischen P., wurden als „Wokou" (wo = Zwerg, war ein alter Name für Japaner) bezeichnet. Ein Wokou-Anführer Mitte des 16. Jh. war ein aus Anhui gebürtiger Chinese namens WANG ZHI. Er residierte auf den südlichen Kyushu-Inseln und war so gefürchtet, daß man ihm den Spitznamen „König, der die Meere säubert" (jinghaiwang) gab. Er wurde 1557 hingerichtet. P. wurden aber auch einfache Leute, z.B. kleine Schmuggler, Kommandanten von chinesischen und ausländischen Hochseeschiffen, Schiffer und Seeleute (chuanmin), die zwischen der Küste und den beinahe unbewohnten Inseln (zu denen auch Hongkong gehörte) hin-und herpendelten. Die Inseln dienten ihnen als Relaistationen, Warenlager oder Schlupfwinkel. Darüber hinaus verfügten die P., die eng mit dem Schmuggelhandel in Verbindung standen, über zahlreiche Komplizen auf dem Festland: Schiffseigentümer, Kaufleute, selbst Beamte der kaiserliche Verwaltung. Ende des 14. Jh. war das P.tum vor allen mit dem Kampf des Gründers der Ming HUNG WU gegen seine Rivalen verbunden. Eine zweifelhafte Rolle spielte hier der P.-König FANG GUOZHEN (1319 - 1374), der gleichzeitig auf die mongolischen Eroberer und den Widerstand der kommenden Ming setzte. FANGS Truppen bestanden aus Schmugglern u. P. der Küste von Zhejiang. Im Laufe der ersten Jahrzehnte des 15. Jh. konnten die P.angriffe eingedämmt werden. Mit dem Aufschwung des Seehandels griff im 16. Jh. das P.tum in nie gewesenem Maß um sich. Von sämtlichen Handelsverbindungen, die sich in jener Epoche in den ostasiatischen Meeren intensivierten, waren die wichtigsten wohl diejenigen zwischen Japan u. der chines. Küste, wo man hauptsächlich mit Gold, Silber, Kupfer u. Seide handelte. Soziale Not in China trieb viele Menschen den P. zu. Diese drangen in der reichen, dichtbesiedelten Gegend südlich des Yangtse bis nach Nanking vor und richteten große Verwüstungen, z.B. das Massaker von 1553-1555 an. Im 17. Jh. flammt das P. erneut auf. Von 1650 an beherrschte die Küsten Fujians der P.führer ZHENG CHENGGONG (1624-1662). Die Hol-

> länder, die er 1661 mit einer Flotte von 900 Kriegsdschunken und 25.000 Mann auf Taiwan angriff und von dort vertrieb, nannten ihn Coxinga. Dessen Sohn hielt die Insel, bis die Mandschus seinem Reich 1683 ein Ende setzten und Taiwan China einverleibten.
>
> zitiert nach: Gernet, Jacques (1985): Die chinesische Welt, Insel, Frankfurt/M.

weitere Rebellen-Chefs, die zusammen als „Fünf Tiger Generale" (Five Tiger Generals) bekannt wurden und siegreich waren. So begründete Chu die Ming-Dynastie (1368 bis 1644), deren erster Kaiser er wohl wurde. Er führte als Herrscher den Titel „Hung-Wu". Und „Hung" ist dasselbe Wort, das als „Hung Mun" – was schlechthin für Geheimgesellschaft steht – verwendet wird und von den Triadenbegründern wohl in Erinnerung an den ersten Ming-Kaiser bewußt gewählt wurde. Ob diese Geschichte oder jene Legende, es waren wohl Kampfmönche, die die Triade mit der Intention, die Mandschus vom Thron zu verjagen und die Ming zu restaurieren, in der zweiten Hälfte des 17. Jahrhunderts gegründet haben. In über zwei Jahrhunderten breitete sich die Triaden-Gesellschaft rasch in den südlichen Provinzen des Landes aus.

1.1.2.2 Die Provinz-Logen der Triade und ihre Organisation

In der ersten Hälfte des 19. Jahrhunderts nahmen die Unruhen unter den Bauern kein Ende.[22] In beinahe allen Provinzen und zum ersten Mal auch in Südchina kam es zu Erhebungen. Diese Lage war für die Ausbreitung des Banditenwesens und insbesondere die Entwicklung der Geheimgesellschaften günstig. Unter diesen setzte sich das System der Triade mit zahlreichen Zweiggesellschaften in Südchina fest und organisierte sich in den dortigen Provinzen im Osten, Südosten, Westen, Süden und in der Mitte. Ab 1845 ging eine neue Aufstandswelle durch das Land, die den Bestand der Mandschuregierung schwer bedrohte.[23] So nahmen Triadenmitglie-der 1853 die Städte Haidian, Changzhou und Amoy für sechs Monate ein. In jener chaotischen Zeit wuchs die Zahl deklassierter, ihres Ackerlandes oder ihrer sonstigen Möglichkeiten der Arbeit beraubter Menschen immer stärker an. Zu den wichtigsten Gründen, weshalb die Gesellschaften in dieser Zeit gewaltigen Zulauf hatten, gehörten nach Chesneaux 1976:

„1. Der Ausrottungskrieg gegen die Tai-ping:
Weite Gebiete wurden von den kaiserlichen Truppen regelrecht entvölkert und von Bauern aus anderen Gegenden des Reichs neu be-

siedelt. Die Neusiedler wurden von der überlebenden ansässigen Bevölkerung feindselig aufgenommen und suchten deshalb bei den Geheimgesellschaften Schutz, die sie gerne aufnahmen.

2. Der Boom in den Küstenstädten:
Die Konzessionsstädte entwickelten sich explosionsartig – die Ärmsten der Armen hofften, dort Arbeit zu finden. Weil sie ohne jede Unterstützung durch den Familienverband waren und sich in der fremden Umgebung, dem Slum, der Fabrik usw. nicht zurechtfanden, überdies unterschiedliche Dialekte sprachen, schlossen sie sich den Bang-Hui an, einfachen Gruppen zur gegenseitigen Hilfe auf landsmannschaftlicher Basis.

Konzessionsstädte:
Nach dem ersten verlorenen Opium-Krieg (1839-1842) mußte China einen ersten „ungleichen Vertrag" am 29. August 1842 in der Kaiserstadt Nanking schließen. Dieser sah u.a. die Öffnung von fünf Häfen für den Handel mit dem Ausland vor. So wurden Kanton (Guangschou), Shanghai (als „Tor zum Yangtse-Tal"), Hsiamen, Fudschou und Ningpo zu sog. Konzessionsstädten. In einem Zusatzvertrag vom 22. Juli 1843, den „Allgemeinen Regelungen für den Handel mit England in den fünf Häfen", wurde im Artikel 13 (Konsularische Jurisdiktion) geregelt, daß für Verbrechen von britischen Tätern in China britisches, und nicht chinesisches Recht galt. In einem weiteren „ungleichen Vertrag" mußte China nach dem verlorenen zweiten Opium-Krieg (1857-1860) am 26. März 1860 in Tien-tsin bei Peking zustimmen, daß u.a. für den Handel mit den Europäern weitere fünf Häfen (als K.städte) geöffnet werden; auch die freie Schiffahrt auf dem Yang-tse-kiang mußten die Mandschus den Siegermächten zugestehen.

3. Die Entlassung von Soldaten:
Sie waren zur Niederschlagung der Aufstände nach Bedarf ausgehoben, in weit entfernte Provinzen verschickt und, wenn der Krieg gewonnen war, schlicht und ergreifend dort entlassen worden, wo sie sich gerade befanden.

4. Der Niedergang der Flußschiffahrt:
Entlang der Küste breitete sich der Dampfschiffverkehr aus und ruinierte den herkömmlichen Schiffsverkehr von Nord nach Süd. Hunderttausende von Matrosen und Flußschiffern wurden brotlos und wandten sich der Piraterie und dem Schmuggel und nicht zuletzt auch den Geheimgesellschaften zu."

Auf entlassene Soldaten setzte auch die Triade. Als um 1860 deutlich wurde, daß die Taiping-Revolution nicht mehr siegen würde, beschlossen nach einer Überlieferung die Führer der Triade, die den Widerstand aktiv unterstützt hatten, in Zukunft die siegreiche kaiserliche Armee zu unterwandern. Zu diesem Zweck gründeten sie die „Gesellschaft der Älteren Brüder" (Gelao-Hui)[24]. Diese sollte die Soldaten der Regierung anziehen und auf die Seite der anti-mandschurischen Geheimgesellschaften bringen. Die „Älteren Brüder" tauchten, als die Kraft des Taiping-Aufstandes zurückging, im mittleren Yangtse-Tal auf. Die Gesellschaft, gewissermaßen eine politische Kampforganisation der Triaden gegen die Mandschus, war in der Armee äußerst erfolgreich[25] und gewann so an Macht.

Die Gesellschaft der Älteren Brüder (Gelao-Hui):
Mit dem Niedergang des Taiping-Aufstandes von Triadenführern nach 1860 gegründete politische, gegen die Mandschus gerichtete Kampf-Organisation. Die Organisationsstruktur (unabhängige Logen) und ihre Rangabzeichen zeigten große Ähnlichkeit mit der Triade. Auf die Religion legten sie weniger Wert als das nördliche geheime „Weiße-Lotus-System" (z.B. die Boxer). Dennoch teilten sie an ihre Mitglieder Amulette und andere Zaubermittel aus, z.B. kleine Stoffstücke mit magischer Wirkung, die mit Anti-Mandschu-Parolen beschrieben waren. Besonders wichtig war, daß diese Zaubermittel unter keinen Umständen in die Hände der Polizei fallen durften. Wurde ein Mitglied der „Älteren Brüder" festgenommen, verschluckte es sie.

Sie konnte sich in zwei Untergruppen aufteilen: In die „Gilde der Hong" (Hong-Bang), später „Rote Gilde", und die „Gilde des Qing" (Qing-Bang), später „Grüne Gilde" genannt. Letztere wurde einst als Gesellschaft für Getreidekulis[26] gegründet, die Korn vom Yangtse-Becken auf dem Großen Kanal nach Peking verschifften (Schiffergilde).[27] Als man ab Anfang des 20. Jahrhunderts begann, das Getreide über das Meer zu transportieren, sahen die Mitglieder der Grünen Gilde ihre Gesellschaft und ihre Tradition vom Verschwinden bedroht. Deshalb vergrößerten sie die Organisation der Bang[28], nahmen nun nicht mehr nur Getreidekulis auf. Der Einfluß der Vereinigung dehnte sich nach Norden und Süden aus, die Zahl der Mitglieder stieg sprunghaft an. Gleichzeitig wandelte sich ihr Betätigungsfeld. Ihre früheren sozialen Züge verloren sich und sie wurde zu einer zunehmend politischen Vereinigung[29], in den

Die Grüne Gilde, früher auch Gilde des Qing (Qing-Bang):
Nach einer Überlieferung wurde sie von einem Mann namens TANG QING gegründet, der der Gesellschaft der Älteren Brüder angehörte und den Einfluß seiner Bewegung unter den nordchinesischen Flußschiffern auszubreiten versuchte, deshalb auch der Name Gilde der Qing. Durch eine einfache graphische Veränderung wurde aus dem Schriftzeichen Qing, mit dem der Name des Gründers geschrieben wurde, das Schriftzeichen mit der Bedeutung „grün", deshalb der spätere Name Grüne Gilde.

Großer Kanal:
Die längste von Menschen gebaute Wasserstraße der Welt, die sich über 1794 Kilometer erstreckt. Das erste Wasserstraßensystem, das von den Geschichtsschreibern als Großer Kanal bezeichnet worden ist, wurde zu Anfang des 7. Jahrhundert n.Chr. unter dem Sui-Kaiser YANGDI von einem gewaltigen Fronarbeiterheer angelegt. Dieses System kreuzte das Flußtal des Huai, besaß darüber hinaus einen südlichen Arm und noch eine Nord-Ost-Verlängerung zur Versorgung der Armeen an der Grenze. Die Anlage wurde um 1300 vollendet. Sie verband das fruchtbare Huai-Tal im Süden mit der Hauptstadt des Yuan-Reichs an der Stelle des heutigen Peking. Bis zum Ausbau des Eisenbahnnetzes im 20. Jahrhundert bildete er die wichtigste Verkehrsader Chinas in Nord-Süd-Richtung.

1920er Jahren insbesondere in Shanghai auch zu einer großen kriminellen Vereinigung.[30]

Das Triaden-System bekämpfte jedoch nicht nur die Mandschus. Es hatte letztlich mit der gesamten herrschenden Ordnung gebrochen. Politische Opposition und Verachtung für die Gesetze und die gesellschaftliche Ordnung waren zwei untrennbare Aspekte ihrer Tätigkeiten. Schon 1838 beklagte sich ein Mandarin beim Kaiser, daß die Triade Reiche entführe und Kaufleute festsetze, um Lösegeld von ihnen zu erpressen; ferner, daß sie Warentransporte auf dem Wasser oder auf der Straße angriffe; und daß sich Mitglieder der Triade als Polizisten verkleideten und Feuer legten. Ihre Opfer würden gezwungen, Mitglieder zu werden und wagten nicht, sich dagegen zu wehren.[31] Auch die Briten hatten mit diesem System der Geheimgesellschaften im Süden Probleme. Ihre Behörden in Singapur beispielsweise schrieben die Kriminalität in ihrer Kolonie der Triade zu. In der Folge verboten sie die Gesellschaft im Jahr 1890. Die Briten waren es auch, die der Gesellschaft einen Namen gaben, der noch heute – über einhundert Jahre später – schlechthin für die chinesische Geheimgesellschaft steht: Triad (Triade). Er entstand in Anspielung auf deren Symbole heaven (Himmel), earth (Erde) und man (Mensch), die sich im chinesischen Eigennamen Tin (Himmel) – Tei (Erde) – Wui (Mensch/Gesellschaft)[32], oder auch Tiandi-Hui (Gesellschaft des Himmels und der Erde/ Association of Heaven and Earth) fanden. Die Gesellschaft hatte aber auch

Das Emblem der Geheimgesellschaft, ein Dreieck, symbolisiert die Basiskräfte des chinesischen Kosmos

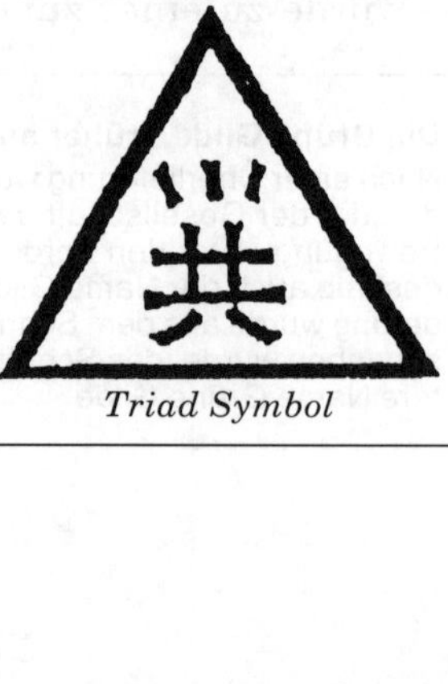

Triad Symbol

andere Namen[33], wobei einige eine Anspielung auf die Ming enthielten.[34]

Das Triaden-System scheint keine zentrale Führung gehabt zu haben. Nach der Überlieferung der Triade sollen die örtlichen Logen aus jeweils fünf Großlogen und Kleinlogen bestanden haben.[35] Jede örtliche Loge war autonom. Sie hatte ihre eigenen Würdenträger, den Meister der Loge (shan-zhu, „Meister des Bergs"), den Stellvertreter des Meisters (fushan-zhu), den „Weihrauchmeister" (xiang-zhu) und den „Wächter" (xian-feng). Die unteren Ränge wurden als „Rote Stäbe" (Assistenten der Würdenträger), „Weiße Fächer" (Ratgeber), „Strohsandale" (Bote) und „49" (einfache Mitglieder) bezeichnet. Jede Loge hatte ihren besonderen Namen, vielmehr gleich vier: den „Namen des Bergs" (shan), den „Namen der Loge" (dang), den „Namen des Flusses" (shui) und den „Namen des Dufts" (xiang).

Die Groß- und Kleinlogen entsprachen jeweils einer Provinz. So waren die frühen Logen für die Provinzen Fukien (Fujian), Kwangtung, Yunnan, Hunan und Chekiang zuständig. Später war die 1. Loge für

Triaden-Logen und ihre Zuständigkeiten in den Provinzen Südchinas

Zitiert nach Fei-Ling Davis (1977): Primitive Revolutionaries of China, Heinemann Educational Books (Asia) Ltd., p. 60.

Tabellarische Übersicht der Symbole der Triaden-Logen
(Symbolic Charts of Triad Lodges)

Former Lodge 前房	Former Ancestor 前祖	After Lodge 後房	After Ancestor 後祖	Flags and Seals	DISTINCTIONS					Bases (ti) 底
					Animal	Rank	Cosmos	Season	Elements	
First Fukien	Ts'ai Te-chung 蔡德忠	Kansu	Wu T'ien-ch'eng 吴天成	Black: rhombic 'River' chiang 江 'Glorious Ornament' piao [illegible]	Dragon [illegible]	Duke [illegible]	Yin [illegible]	Spring [illegible]	Metal [illegible]	一七 'one-seven' Green Lotus Hall Phoenices Prefecture
Second Kwangtung	Fang Ta-hung 方大洪	Kwangsi	Hung T'ai-sui 洪太歲	Red triangle 'Flood' hung 洪 'Long Life' shou [illegible]	Tiger [illegible]	Marquis [illegible]	Yang [illegible]	Summer [illegible]	Wood [illegible]	十二 'ten-two' Hung Obedience Hall Golden Lotus Prefecture
Third Yunnan	Ma Chao-hsing 馬超興	Szechwan	T'ao Pi-ta 陶必達	Carnation or Vermilion square 'Flowing water' lui 泪 'union' ho [illegible]	Tortoise [illegible]	Earl [illegible]	Union [illegible]	Autumn [illegible]	Water [illegible]	九 'nine' Empress Hall Lotus Glory Prefecture
Fourth Hunan	Hu Teh-ti 胡德帝	Hupei	Li Shih-ti 李式弟	White rectangle 'tributary' Ch'i [illegible] 'Harmony' ho [illegible]	Serpent [illegible]	Viscount [illegible]	Change [illegible]	Winter [illegible]	Fire [illegible]	兩九 'double-nine' Great Assembly Hall Embroidered Gallery Prefecture
Fifth Chekiang Kiangsi	Li Shih-k'ai 李式開	Honan	Lin Yung-chao 林永超	Green circle 'Assemble' ts'ou [illegible] 'Together' t'ung [illegible]	Assemble [illegible]	Baron [illegible]	Complete [illegible]	Seasons [illegible]	Earth [illegible]	四七 'four-seven' Metamorphosis Hall Prosperity Prefecture

Zitiert nach Fei-Ling Davis (1977): Primitive Revolutionaries of China, Heinemann Educational Books (Asia) Ltd., p. 65

Kansu (Gansu), die einzige nicht-südchinesische Provinz zuständig; die 2. Loge für Kwangsi; die 3. Loge für Szechwan; die 4. Loge für Hupei (Hubei) und die 5. Loge für Kiangsi (Jiangxi).

Südchina war bis zum Einbruch der modernen Ökonomie, durch den sich der Schwerpunkt der chinesischen Wirtschaft nach Norden verlagerte, sowohl ökonomisch als auch kulturell am weitesten fortgeschritten. Und hier im Süden verbreitete sich die Triade insbesondere im 19. Jahrhundert, begünstigt durch die immer stärker werdende Korruption und den Gesichtsverlust der Mandschu-Dynastie, die Beraubung der Rechte von Millionen Menschen und nicht zuletzt durch das Wachstum des eigenen Ansehens. Die Mandschu-Herrscher zerstörten die traditionelle Lebensweise der Chinesen, und das ländliche China wimmelte geradezu von wurzellosen Bürgern wie ehemaligen Soldaten, Landstreichern, Kleinkriminellen, politisch Verfolgten, Studenten, verarmten Bauern und anderen Ziellosen. Den Wünschen der großen Zahl verschiedenartigster Bewerber entsprechend wurden viele neue Triads gegründet. Diese neuen Gesellschaften wurden zum Hauptinstrument, durch das Millionen verzweifelter Arbeiter und Bauern ihren gesellschaftlichen und politischen Unmut zum Ausdruck bringen konnten. Im Laufe der Zeit warfen sich Triaden zu Richtern über Schuld und Unschuld bei Verbrechen in ihren Einflußbereichen auf und verhängten Strafen.[36)] Im ganzen Lande schlichteten sie auch Fehden und Streitigkeiten. So eigneten sich Triaden viele Verwaltungsrechte der Mandschus an und wurden dadurch zu inoffiziellen „Provinzregierungen“. Ein Sprichwort im damaligen China belegte diese Situation: *„Armeen schützen den Herrscher. Geheimgesellschaften schützen das Volk.“*

1.1.2.3 Geheime Erkennungszeichen

Die Mitgliederzahlen der Geheimgesellschaften im 19. Jahrhundert waren riesig.[37)] Während kleinere Bünde „nur“ einige Tausend Mitglieder zählten, waren in den großen Gesellschaften wohl Hunderttausende organisiert. Die Anzahl der Mitglieder des Systems der Triade gar wurde „nach Millionen“ gezählt.[38)] Bei diesen hohen Mitgliedzahlen wurde es notwendig, zum Erkennen und Verständigen eigenständige Kommunikationsformen zu entwickeln, die für Nichteingeweihte unverständlich blieben. Das Triaden-System war zwar vornehmlich im Süden Chinas vertreten, doch wurde es durch seine Mitglieder darüber hinaus weiter verbreitet. So waren viele

Südchinesen in der Hoffnung auf ein besseres Leben, was sie Triadenmitglieder hatte werden lassen, auch in die europäischen Kolonien Südostasiens mit ihren Häfen, Bergwerken und Plantagen ausgewandert: nach Hongkong und Singapur (britischer Einfluß), in den Süden Vietnams (französischer Einfluß) und nach Indonesien und Malaya (holländischer Einfluß). In Malaya z.B. war im 19. Jahrhundert als Triaden-Ableger die „Kian-Tek-(Tugendstärkungs)-Gesellschaft" tätig. Die abgesprochene Gesten und Erkennungszeichen ihrer Mitglieder wurden schon früher bekannt:

Abgesprochene Gesten und Erkennungszeichen zur Verständigung von Mitgliedern der Geheimgesellschaften (im 19. Jahrhundert)

Die dargestellten Erkennungszeichen wurden in einem Ableger der Triade in Malaya im 19. Jahrhundert, der Kian-Tek-Gesellschaft (Tugendstärkungsgesellschaft) gebraucht.

Wie man eine Pfeife anbietet:
Es gibt eine bestimmte Weise, wie die Pfeife angeboten werden muß: Ich halte die Pfeife zwischen meinen beiden Daumen und Zeigefingern; die beiden Daumen müssen nach oben zeigen. Du nimmst sie in derselben Art, aber Du preßt Deine Daumen gegen meine, und wenn Du zur Gesellschaft gehörst, dem Blumengarten, dann wirst Du die Pfeife vor dem Anzünden mit den Zähnen berühren.

Wie man Tee anbietet:
Stelle duftenden Tee auf den Tisch und wenn Du ihn anbietest, halte die Tasse am oberen Rand zwischen Daumen und Zeigefinger; der Mittelfinger berührt den Boden der Tasse.

Wie man ein Mitglied bei einem Gastmahl erkennt:
Man bietet Schnaps genauso an wie den Tee; wenn der Gast zu unserer Gesellschaft gehört, wird auch er die Tasse mit drei Fingern anbieten.

Wie man Reis anbietet:
Strecke Deine Finger aus und lege die Eßstäbchen quer darüber; biete sie so dem Fremden an, der seinen Napf wegschieben wird, wenn er ein Mitglied ist.

Zeichen, die man im Kampf und beim Streit macht:
Wenn sich zwei Leute treffen und ein Wort das andere gibt, wird ein Mitglied eine Faust machen und den Arm heben; der Daumen soll dabei nach oben zeigen. Der andere wird sich freuen und sich sofort entschuldigen, wenn er ein Mitglied ist.

Wie man den anderen bedeutet, den Kampf wieder aufzunehmen:
Wenn Mitglieder bei einem Streit nicht zufriedengestellt werden und wei-

terkämpfen wollen, muß man zwei- oder dreimal in die Hände klatschen, und die Mitglieder werden kommen und ohne Pause weiterkämpfen.

Wie man sich Genugtuung für Beleidigungen verschafft:
Wenn ein Mitglied beleidigt wurde und Genugtuung verlangt, wendet es sich an seinen Mitbruder, wobei es die Finger an die Nase hält; jener wird sodann zu dem Beleidigten kommen und fragen, worum es geht; seine eigenen Angelegenheiten läßt er im Stich.

Wie man Verstärkung herbeiruft:
Wenn Du einen Bruder triffst, dann halte Deine Hände über den Kopf und klatsche. Fragt man nach dem Grund für Dein Kommen, wirst Du sagen: „Seong und Pek* brauchen Hilfe".

Wie man in den Kampf geht, und wie man sich zurückzieht:
Wir brauchen keine Zeichen zu geben, wenn wir uns mit unseren Kämpfern treffen; man binde sich nur etwas um den Kopf. Sollen sie sich zurückziehen, sagst Du „soo laing" *(fertig);* willst Du die Kämpfer ermutigen, sagst Du „tan koh" *(vorwärts).*

Wie man sich im Dunkeln trifft und berührt:
Wenn Ihr Euch in tiefer Nacht trefft und einer den anderen an sich zieht, sprichst Du in zwei verschiedenen Stimmlagen. Wenn Du ihn an Dich ziehst, in der einen, wenn Du ihn losläßt, in der anderen. Merke genau auf die Stimmen.

Wie man entkommt, wenn man einen Mord begangen hat:
Hat einer einen Mord begangen, wird er sich verstecken, ein wenig Haar abschneiden und um den rechten Arm binden. Wenn er dann Zuflucht bei seinen Brüdern sucht, wird er sich das linke Auge reiben, und die Bruderschaft wird ihm Geld geben und ihm eine Möglichkeit zur Flucht verschaffen.

Wie man sich an den Handbewegungen erkennt:
Halte die Finger Deiner rechten Hand über die Augenbrauen, als ob Du sie zurechtstreichen wolltest; das wird Freude hervorrufen. Tong (Sommer), Qing (grün), Xiong (Casuarineen) und Pek (Arum) sind unsere Leute. Lege Deinen Zeigefinger zwischen die Lippen und schließe sie leicht.

* Tamariskenartige Sträucher

Quelle: Comber, L.F. (1959): Chinese Secret Societies in Malaya, New York, p. 284-286
Zitiert in: Chesneaux, Jean (1976): Weisser Lotus, Rote Bärte, Wagenbach Verlag, Berlin, S. 41-44

Zusätzlich zu diesen Gesten verwandten die Mitglieder der Triade eine Geheimsprache. Ein Beamter hieß „Feind", Polizei „Luftzug", die kaiserlichen Truppen „Sturm". Die Kasse der Gesellschaft war der „Bruder der Nacht", ihre Statuten die „Kleider". Einer Loge angehören war „geboren werden". Der Ausdruck für Straßenraub war „Rebhühner schießen", ein Überfall auf ein Schiff hieß „Enten essen", und „einen langen Spaziergang machen" war die Bezeichnung für einen Überfall auf ein Dorf zwecks Erpressung von Lösegeld. Ein schweres Kampfschwert hieß „Brückenplanke" und „sich die Ohren waschen" bezeichnete das Töten. Die Geheimgesellschaft und andere Bünde hatten außerdem noch eine Geheimschrift. Sie stellten gebräuchliche Schriftzeichen zu neuen Zeichen zusammen, die es in der normalen Schrift nicht gab. Archivrat SCHUSTER[39] berichtete über eine geheime und gefürchtete Verbindung namens „Sam-Tien". Über sie schrieb er: „*. . . Fast die Hälfte der Küstenbevölkerung gehört ihr an. Die meisten Mitglieder sind allerdings friedliche Kaufleute und Landbesitzer, die jährlich eine bestimmte Summe zahlen, um unbelästigt ihrem Berufe nachgehen zu dürfen. Die aktiven Mitglieder sind Seeräuber, Diebe und andere Missethäter, die unter dem Befehl eines Oberanführers stehen, der absolute Macht über die ganze Gesellschaft hat . . . Zur Zeit des Neu- und Vollmondes finden nachts an entlegenen Orten sehr sorgfältig bewachte Versammlungen statt, und obgleich manchmal 4.000 bis 5.000 Mann daran teilnehmen, ist es fast unmöglich, sie zu überraschen. Die Versammlungen werden den Mitgliedern durch Baumzweige angezeigt, die auf die Felder gepflanzt werden, und die Eingeweihten erkennen den Ort an der Art, wie die Zweige geknickt sind. Der Sam-Tien hat eine eigene Geheimsprache und Schrift . . .*"

Von allen nonverbalen Erkennungszeichen waren (und sind) wohl Greifzeichen der Hände die geheimsten und kompliziertesten. Gesellschaften wie die Triaden entwickelten ein regelrechtes System von „Finger-Codes", die sich über Generationen bis in die heutige Zeit hinein hielten.

Handhaltungen und Fingerzeichen gaben Aufschluß über den Rang eines Mitgliedes in der Gesellschaft, waren Symbole für ein Banner und damit gegenseitige Erkennungszeichen, und last not least gaben sie Auskunft über bestimmte (kriminelle) Handlungen, beziehungsweise über deren erfolgreichen Abschluß.

Diese „identifizierende" und die „legitimierende" geheime Zeichensprache der Gesellschaften war auch Vorbild dafür, andere verbotene Handlungen, beispielsweise das Rauchen von Opium (Chandu)[40], durch bestimmte Zeichen und Paßworte für nicht Eingeweihte unkenntlich zu machen.[41]

Wie die Geheimkommunikation entwickelten sich über lange Jahre auch Aufnahmeriten, in denen Ahnenverehrung und Sternenkult, Teile der buddhistischen und taoistischen Lehren, alles mit Mythologie vermischt, verbunden wurde. Ein kompliziertes System geheimer Riten, Schwüre, Losungen und einer Art Blutvermischungszeremonie band die ersten Mitglieder der Triade aneinander.

Chandu (auch Tschandu) oder Tschandoe, Chandoo (Tschandoo) oder Tjandoe: Bezeichnungen für sog. Rauchopium. Geschichte: Mit der Ausbreitung des Tabaks (in China ab 1505) wurde auch die bis dahin unbekannte Applikationsart des Rauchens bekannt. Vielleicht führten die ersten Tabak-Verbote in China zum Ende der Ming-Dynastie 1628 bis 1644 zur Entwicklung von Herstellungsverfahren, um das noch nicht verbotene Opium (ein völliges Opiumverbot erfolgte erst durch die Mandschus 1729) in eine rauchbare Form zu bringen. Wann im 17. Jh. und wo in Asien (Java, Formosa, Assam oder China) dieses Verfahren entwickelt wurde, ist bis heute unbekannt. Herstellung: Opium wird aus dem Milchsaft der Kapseln des Schlafmohns gewonnen. Der Saft nimmt beim Trocknen an der Luft eine bräunliche Farbe an. Dieses Rohopium wird zu sog. Opiumkuchen u. Opiumbroten geformt, welche in Spezialküchen verbracht werden. Sofort nach ihrer Ankunft werden diese Brote/Kuchen in drei Teile zerschnitten und in (Kupfer)-Kesseln erhitzt, wo die Masse schmilzt und eindickt. Das ist das „Impastieren“ (empâtage). Darauf folgt das Auswalken (refoulage), wobei der Teig geschlagen wird und Fladen daraus geformt, die einer hohen Temperatur ausgesetzt werden. Es folgen die „Mazeration“ in kaltem Wasser, um die löslichen Stoffe auszuziehen; das „Dekantieren“; das Filtrieren; das Auslaugen der Rückstände (lessivage); das Eindampfen, das einen sehr dickflüssigen Sirup ergibt; und schließlich das Durchschlagen, das eine Maschine mit kalter Luftzufuhr ausführt, wodurch eine Oxydation herbeigeführt wird, die das Aroma entwickelt. Der Teig ruht dann für 4 bis 5 Monate in Trögen. Dort, unter der Einwirkung eines mikroskopisch kleinen Pilzes (Aspergillus niger), erfolgt die Fermentierung, die den rauchfertigen C. ergibt, der nun gehaltvoller an Morphin ist, dafür weniger andere Alkaloide enthält. Ehe er zum Verkauf ausgeliefert wird, wird der C. in Messingkästen unterschiedlicher Gewichte verpackt, die luftdicht verschlossen und pateurisiert werden, um die Hefepilze abzutöten. Am Ende dieser Prozeduren hat das Opium 40 bis 50 % seines Gewichts verloren. Diese Art der Zubereitung ist seit den Verboten im 20. Jahrhundert in Verfall geraten.
(nach PAUL GIDE, L'Opium, Paris 1910)

1.1.2.4 Die Eide auf die „Familien“ der „Großen Brüder“

Die Geheimgesellschaft verstand sich als „Familie“. Absolute Familienoberhaupter waren die „Daih-Lo“, die „Großen Brüder“. Familiären Charakter hatte dementsprechend die ritualisierte Aufnahme in die Bruderschaft, über die der Ritual- oder Zeremonien-Meister wachte. In der „Dolchgesellschaft“[42], auch „Bund der Hung“ genannt, mußten die Neulinge, wenn sie den „Familiennamen“ Hung annehmen wollten, versichern, sich *„wie Brüder umeinander zu kümmern, gegenseitig zu helfen, einander zu schützen und mit ganzer Kraft und festen Willen bis zum letzten unterstützen, wie leibliche Brüder es tun würden.“* Später bezog sich diese Fürsorge auch auf Familienangehörige der „neuen Brüder“. Die Aufnahme in den Bund erfolgte in einem Tempel (beziehungsweise Tempelbezirk). Über diese Zeremonie wurde schon relativ früh berichtet. Ob des Ärgers mit den Gesellschaften begannen die Kolonialver-

Hand-Haltungen und Finger-Zeichen			
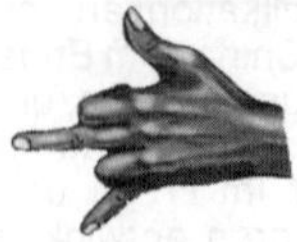	Erkennungszeichen eines Triaden-Führers stets mit der linken Hand gezeigt		Greifzeichen für den „Drachen" als Symbol für die 1. Provinz-Loge (Fukien)
	Greifzeichen des hohen Rangs „Bergspitze"		Greifzeichen für den „Tiger" als Symbol für die 2. Provinz-Loge (Kwangtung)
	Greifzeichen eines „426"-Rangs		Greifzeichen für die „Schildkröte" als Symbol für die 3. Provinz-Loge (Yünnan)
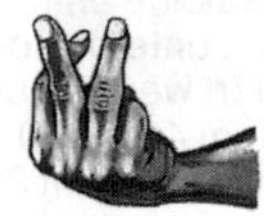	Greifzeichen eines „432"-Rangs		Greifzeichen für die „Schlange" als Symbol für die 4. Provinz-Loge (Hunnan)
	Banner-Symbol „Lange Zeit" (hohes Alter) steht zugleich für den Ahnen Hung Tai Shui		Greifzeichen „Einheit" als gegenseitiges Erkennungszeichen
	Banner-Symbol „Ruhmreich" steht zugleich für den Ahnen Ng Tin Shing		Greifzeichen „Gemeinsamkeit" als gegenseitiges Erkennungszeichen
	Banner-Symbol „Harmonisch" steht zugleich für den Ahnen Lee Shik Tai		Handzeichen „Kai" und „Ch'ing", bedeutet zusammen: Schulden bezahlt

Zitiert nach: Chesneaux, Jean (1976): Weisser Lotus, Rote Bärte, Wagenbach Verlag, Berlin, und Bökemeier, Rolf (1989): Hongkong unter der Hand, GEO Nr. 2/1989, S. 86-108 waltungen der Europäer in Ostasien, Dossiers über die Bünde anzulegen. Seit Mitte des 19. Jahrhunderts gab es dementsprechend Beschreibungen aus erster Hand, beispielsweise in The Chinese Repository, Nr. 6 von Juni 1849. In dem Artikel „Oath taken by members of the Triad society and notices of its origin" war über die Zeremonie dort nachzulesen:[43] *„Nun bringen wir die Schar der Neulinge, die in die Vereinigung des Himmels und der Erde eintreten wollen; sie nehmen den Familiennamen Hong (groß, bedeutend, erhaben) an, gehören von nun an dem Land Jinlan (Goldene Orchidee) und gehören der Halle Hongshun (Treue zu den Hong) an. Wir werden uns wie Brüder umeinander kümmern und uns gegenseitig helfen und ... wie leibliche Brüder es tun würden ... Wir verehren*

1. *den Himmel als unseren Vater*
2. *die Erde als unsere Mutter*
3. *die Sonne als unseren Bruder*
4. *den Mond als unsere Schwägerin*
5. *den Altar der fünf Ahnen*
6. *WAN YUN LONG als Gründer unserer Bruderschaft*
7. *alle übrigen Mitglieder als unsere aufrichtigen Brüder*
8. *die ganze Familie der Hong als angesehene Blutsverwandte.*

Vor dem weißsilbernen Dreifuß kniend, leisten wir reinen Herzens den Eid, wir stechen uns in die Finger, trinken das Blut und schwören, daß wir zusammen leben und sterben wollen. Wir geloben, daß wir uns für das Wohl des Landes Jinlan einsetzen wollen. Wir schwören, daß wir unsere Verbindung zur Bruderschaft weder durch unbedachte Worte noch durch Handbewegungen verraten werden. In Anbetracht, daß jetzt ein Prinz am Hofe ist, der kein Prinz ist, und Minister, die keine Minister sind, muß Entschlossenheit herrschen, die Ming wieder auf den Thron zu heben. Nachdem wir die besonderen Befehle unseres Weihrauchgottes erhalten hatten, haben wir den Pavillon der Roten Blume errichtet, die Brücke geschlagen, den Markt eröffnet und in einer günstigen Stunde Schauspiele aufgeführt. Wir, die wir den Willen haben, betreten gemeinsam die Stadt der Weiden und leisten einen Eid, der so unveränderlich ist wie die Berge und das Meer, daß wir im Gehorsam gegen den Himmel handeln werden, daß jeder seinen Teil beitragen wird, wie die Ode sagt: 'Wer dem Himmel gehorcht, dem geht es gut; wer dem Himmel trotzt, wird untergehen'. Als Erstes wollen wir das alte Reich wiedererrichten und uns damit für das Unrecht rächen, das uns angetan wurde, als sie damals die Mönche im Kloster Shaolin verbrannten;

Ahnentafel (Genealogical Table) der Triade

KAO CHI TEMPLE

溪 廟 高

GREAT FOUNDING ANCESTORS

祖 始 太

先 祖 朱 太

鋒 洪 近

天 秉 英 萬 南

祐 正 啟 雲 先

洪 奸 除 勝 龍 生

毋 祖

ANCESTRESSES

倬 金 庇

氏 氏 氏

GOLDEN LOTUS HALL

蘭金

堂上歷代宗親神位

MAN T'AO HALL

陶滿

堂上歷代宗親祖位

祖 五

FIVE ANCESTORS

李 馬 蔡 方 胡

色 超 德 大 德

開 興 忠 洪 帝

FIVE TIGER GENERALS

虎 將 五

林 姚 吳 洪 李

永 必 天 太 色

超 達 成 歲 智

賢 忠 大 四

FOUR GREAT LOYAL WORTHIES

昌 韓 韓 鄭

國 朋 福 田

Zitiert nach Fei-Ling Davis (1977): Primitive revolutionaries of China, Heinemann Educational Books (Asia) Ltd., p. 59

Übersichtstafel eines Triaden(Logen)-Tempels (City of Willows) zur Aufnahme-Zeremonie (Ritual)

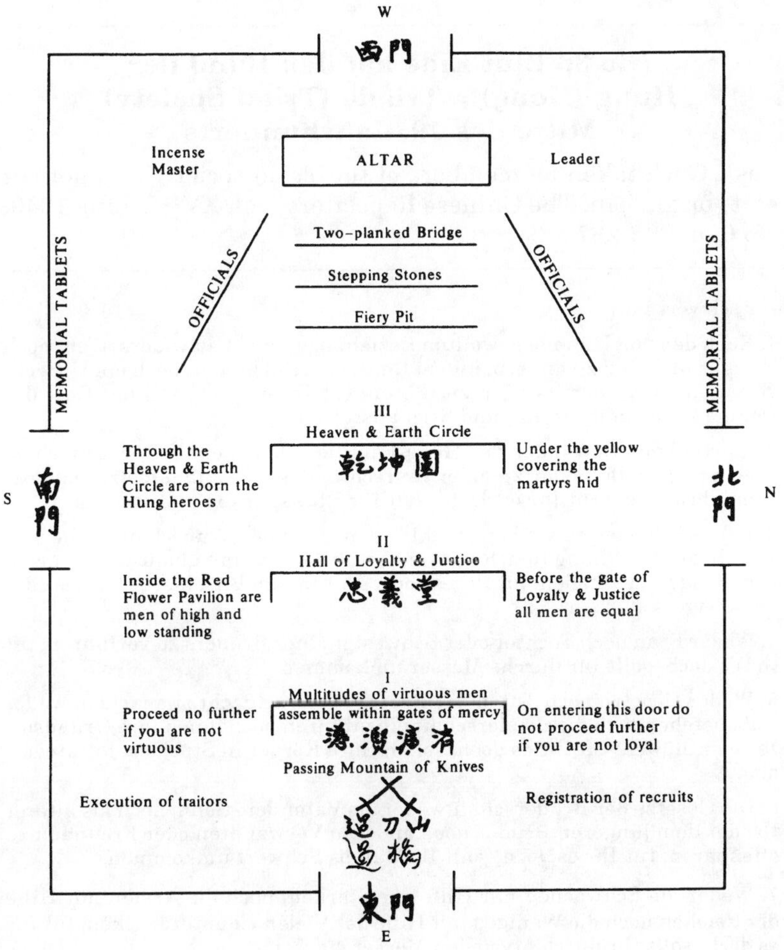

Zitiert nach Fei-Ling Davis (1977): Primitive revolutionaries of China, Heinemann Educational Books (Asia) Ltd., p. 130

als Zweites wollen wir uns für die Niederlage unserer Ahnen auf dem Schlachtfeld rächen; mit der Wiedererrichtung der Ming-Dynastie wird sich das ganze Land zur Großen Bruderschaft bekehren."

Nach diesem Vorspann mußten die Neulinge die nachstehenden 36 Blut-Eide auf die Triaden-Gesellschaft schwören:

Die 36 Blut-Eide auf den Bund der Hung (Hong) = Triade (Triad Society) Mitte des 19. Jahrhunderts

aus „Oath taken by members of the Triad societiy and notices of its origin", in: The Chinese Repository, vol. XVIII, June 1849, No 6, p. 282-287

Ihr schwört nun

1. Euch den von Himmel gewollten Beziehungen nicht zu widersetzen, noch Euren Entschluß zu ändern, indem Ihr diesen Eid brecht, noch ein Unrecht gegen einen Bruder im Sinn zu führen; tut Ihr es doch, soll der Gott des Donners Euch mit Stumpf und Stiel ausrotten.

2. Gürtel oder Gewänder der Hong-Familie weder heimlich wegzugeben, noch zu verkaufen oder zu einer (unrechtmäßigen) Aufnahme(zeremonie) zu mißbrauchen; tut Ihr es doch, sollt Ihr Blut spucken und sterben.

3. Keine Spionage zu treiben, weil Ihr den geheimen Wunsch habt, die versprochene Belohnung (der Regierung) zu erhalten und damit auch nur einem Bruder zu schaden; tut Ihr es doch, sollt Ihr am Biß einer Schlange oder eines Tigers sterben.

4. Weder Frau noch Tochter oder Schwester eines Bruders zu verführen; tut Ihr es doch, sollt Ihr durchs Messer umkommen.

5. Weder Gesetze noch Taten der Bruderschaft schlecht zu machen, weder Außenstehende in die Bruderschaft einzuführen noch ihnen ihre Grundsätze zu enthüllen; tut Ihr es doch, sollen Eure Körper in Stücke gehackt werden.

6. Die Gesetze der Bruderschaft weder als Vater dem Sohn, noch als älterer Bruder dem jüngeren Bruder noch anderen Verwandten oder Freunden zu offenbaren; tut Ihr es doch, sollt Ihr durchs Schwert umkommen.

7. Weder die Schwachen mit Hilfe der Starken, noch die Armen mit Hilfe der Reichen noch die Wenigen mit Hilfe der Vielen zu unterdrücken; tut Ihr es doch, sollt Ihr durch Myriaden Messer sterben.

8. Einen jeden, den Ihr als ein Mitglied der Bruderschaft erkannt habt, ob Ihr in den beiden Hauptstädten oder den dreizehn Provinzen lebt, zu empfangen, zu beherbergen, zu beköstigen und zu verabschieden; tut Ihr es nicht, sollt Ihr durchs Schwert umkommen.

9. Einen Bruder, der in schwere Not geraten ist, aufrichtig und selbstlos zu retten; tut Ihr es nicht, sollt Ihr mit Tausenden von Schwertern in Myriaden Stücke zerhackt werden.

10. Die Eltern eines Bruders als Eure eigenen Eltern zu betrachten; und wenn ein Bruder seine Frau oder seinen Sohn in Eure Obhut gibt, sie als Schwägerin oder Neffen anzusehen; tut Ihr es nicht, soll Euch der Himmel vernichten.

11. Euch keine neuen Feinde mehr zu machen, noch Euch der alten zu erinnern; tut Ihr es doch, sollt Ihr Blut spucken und sterben.

12. Geld oder Sachen, die Euch ein Bruder anvertraut, dorthin zu bringen, wohin er sie haben will und sie nicht zu unterschlagen; tut Ihr es doch, soll Euch der Gott des Donners mit Stumpf und Stiel ausrotten.

13. Für Verstöße mit dem eigenen Körper, dem eigenen Leben einzustehen, keinen Bruder hineinzuziehen oder Geld von ihm zu erpressen; tut Ihr es doch, sollt Ihr Blut spucken und sterben.

14. Keinen Plan auszuhecken, um einem Bruder zu schaden oder sich auf seine Kosten zu bereichern; tut Ihr es doch, sollt Ihr mit dem Schwert umgebracht werden.

15. Wenn Ihr Schreiber oder Ordnunghüter in Regierungsdiensten seid, einem in Schwierigkeiten geratenen Bruder aufrichtig und überlegt zu helfen; wenn Ihr aber in einer solchen Stellung schlaue Pläne ausheckt, soll Euch der Gott des Donners mit Stumpf und Stiel ausrotten.

16. Keinen Bruder zu zwingen, an Euch auf Kredit zu verkaufen, noch Euch Geld zu leihen, noch einen Bruder auf der Straße zu berauben; tut Ihr es doch, sollt Ihr Blut spucken und sterben.

17. Wenn Ihr in Staatsdiensten steht, keinem Bruder zu schaden, um so zu einer Beförderung zu kommen; tut Ihr es doch, sollt Ihr am Biß eines Tigers oder einer Schlange sterben.

18. Euch keinem reichgewordenem Bruder in den Weg zu stellen, um ihm etwas abzunötigen; tut Ihr es doch, sollt Ihr durchs Schwert sterben.

19. Keine Schwägerin (weibliches Mitglied) über einen Vermittler zur Frau zu nehmen, noch verbotene sexuelle Beziehungen aufzunehmen; tut Ihr es doch, sollt Ihr durchs Schwert umkommen.

20. Wenn die Brüderschaft zahlreich wird, einen Bruder in ein Spielhaus zu locken, um ihm sein Eigentum abzuknöpfen; tut Ihr es doch, soll Euch der Gott des Donners zerschmettern.

21. Wenn Ihr irrtümlich einen Bruder beraubt, ihm sein Eigentum zurückzugeben, sobald Ihr erfahrt, daß er ein Bruder ist; tut Ihr es nicht; sollt Ihr Blut spucken und sterben.

22. Wenn Ihr seht, daß ein Bruder mit jemand anderem kämpft, Euch zu erkundigen, ob er im Recht ist; wenn ja, ihm zu helfen, wenn nicht, ihn zurückzuhalten; keinem Außenstehenden zu helfen und damit einem Bruder zu schaden; tut Ihr es doch, soll Euch der Gott des Donners zerschmettern.

23. Eure privaten Fehden nicht unter dem Vorwand auszutragen, sie seien von allgemeinem Interesse, und damit insgeheim einem Bruder schaden zu wollen; tut Ihr es doch, sollt Ihr von einem Tiger zerrissen werden, wenn Ihr einen Hügel ersteigt; sollt Ihr ertrinken, wenn Ihr ins Wasser geht.

24. Die Wohltaten, die Ihr von einem Bruder empfangt, weder mit Bösem zu vergelten, noch ihn aus Gewinnsucht oder Streben nach Reichtum zu verletzen; tut Ihr es doch, soll Euch der Donner töten oder das Feuer zerstören.

25. Wenn eine Umlage erhoben wird, um einem Bruder zu helfen, der in Not geraten ist, dieses Geld nicht für Euch selbst zu verbrauchen; tut Ihr es doch, sollt Ihr in Stücke gehackt werden.

26. Zurückzugeben, was Ihr von einem Bruder geborgt habt und keine Lüge zu gebrauchen, um ihn zu täuschen, weil ein jeder seinen gerechten Teil erhält; tut Ihr es doch, sollt Ihr Blut spucken und sterben.

27. Keinen falschen Gerüchten zu glauben, die das Gefühl der Brüderlichkeit zerstören sollen; tut Ihr es doch, sollt Ihr durchs Schwert sterben.

28. Eurem leiblichen Bruder nicht heimlich zu helfen, wenn er mit einem aus der Bruderschaft kämpft, sondern die beiden aufzufordern, den Kampf zu beenden; tut Ihr es nicht, sollt Ihr Blut spucken und sterben.

29. Einem Bruder, der von einem Außenstehenden unterdrückt oder beleidigt wird, tapfer zu helfen und Euch nicht aus Angst zurückzuhalten; tut Ihr es doch, soll Euch der Donner töten oder das Feuer zerstören.

30. Keinen teuflischen Menschen ins Haus eines Bruders einzuführen noch zu seinem Schaden Euch mit Außenstehenden zusammenzutun; tut Ihr es doch, sollt Ihr durchs Schwert umkommen.

31. Aufträge, die Ihr von einem Bruder erhaltet, aufrecht und sorgfältig zu erledigen und ihn weder zu hintergehen noch zu täuschen. Tut Ihr es doch, sollt Ihr durchs Schwert umkommen.

32. Im Umgang mit Euren Brüdern nicht so zu tun, als ob Ihr mit Ihnen einer Meinung wärt, aber insgeheim gegen sie zu sein; tut Ihr es doch, sollt Ihr Blut spucken und sterben.

33. Nicht heimlich abzuschwören: wenn Ihr Euch so selbst aus dem Eid entlaßt, sollt Ihr zur Hölle fahren und Eure Seele soll nie mehr wandern.

34. Mit Euren Brüdern harmonisch zu leben, Hilfe zu geben und anzunehmen; tut Ihr es nicht, soll Euch der Gott des Donners erschlagen.

35. Drei Jahre für einen Bruder zu trauern; und wenn einer in der Brüderschaft zu Ehren kommt und die Urkunden und Gewänder erhält, ihn als „Weihrauchmeister“ anzuerkennen; wenn Ihr Eure Brüder täuscht, soll Euch der Gott des Donners zerschmettern.

36. Alle Ihr neuen Brüder, die Ihr heute abend geschworen habt, müßt vom Ersten bis zum Letzten vereint bleiben; wenn Ihr diesen Eid aufrichtig und rechtschaffen einhaltet, wird sich das Glück in der Bruderschaft ausbreiten .

Zitiert in: Chesneaux, J. (1976): Weisser Lotus, Rote Bärte, Wagenbach, Berlin, S. 37-41

Den Treueid auf die Familie mußte der Eleve bekräftigen, indem er einige Tropfen Blut, die er seinem Schwurfinger entnahm, trank. Im Anschluß hieran schlug er einem weißen Hahn den Kopf vom Rumpf, zum Zeichen dafür, daß er ein ähnliches Schicksal für den Fall der Untreue und des Verrats erleiden würde. Die Regeln sahen vor, daß bei Eidbruch die Strafe des Todes durch „fünf Blitzschläge“ oder „Myriaden von Schwertern“ drohte.[44)] So oder ähnlich verlief die Leistung des Blut-Eides auch bei anderen Gesellschaften.[45)] Bei der Triade bekam, so SCHUSTER 1905, der Aufgenommene ein Diplom, zwei Dolche (daher auch der Name „Dolchgesellschaft“) und ein Buch, das die Satzungen und die geheimen Zeichen des Bundes enthielt.

Triaden-Mitgliedskarte (membership ticket)
Ende 19. Jahrhundert

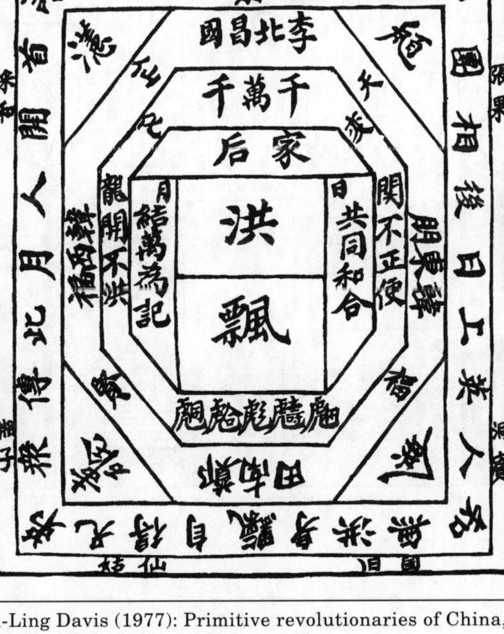

Zitiert nach Fei-Ling Davis (1977): Primitive revolutionaries of China, Heinemann Educational Books (Asia) Ltd., p. 138

Mitgliedskarte des Dreifaltigkeitsbundes (Triade) um 1900

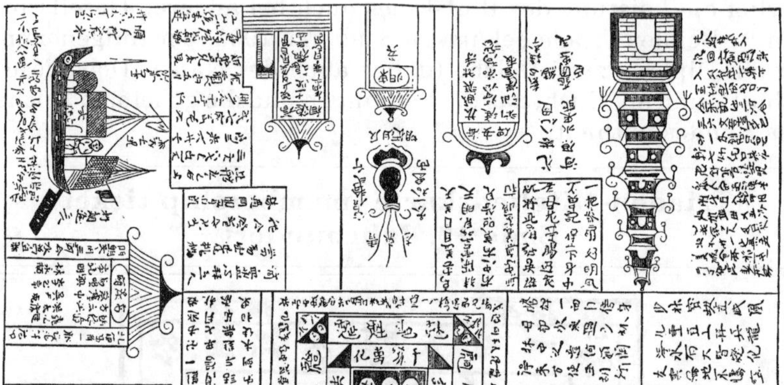

Mitgliedskarte des Dreifaltigkeitsbundes.

Zitiert nach Wilhelmy, Emil (1903): China Land und Leute, Verlagsdruckerei Merkur, Berlin, S. 288

Die Eide auf die Gesellschaft machten die außerordentliche Solidarität innerhalb der Triade deutlich: Solidarität im Widerstand gegen die Staatsorgane (Art. 3 des Eides); gegenseitige Hilfe (Art. 8); Respektierung des Eigentums anderer Mitglieder (Art. 12, 16, 18, 19, 21) und nicht zuletzt die Verpflichtung, eine Stellung bei den Behörden nicht zum Schaden anderer Mitglieder auszunutzen (Art. 15, 17). Damit bildete der Bund eine Gegengesellschaft zur bestehenden Ordnung. Ihre Riten, Geheimnisse, Aufnahmeschwüre und geheimen Schriftzeichen waren ein tragender Teil ihrer autonomen Ordnung. Die Disziplin war sehr streng.[46)] Die „Großen Brüder“ besaßen als Anführer eine fast grenzenlose Autorität, die nie angezweifelt wurde. Sie verfügten über eine gleichsam patriarchalische Macht, die sich darin symbolisierte, daß die Mitglieder häufig in fiktive Generationen eingeteilt wurden. Dieser patriarchalische Charakter der Gesellschaft wurde zusätzlich dadurch verstärkt, daß ihnen oft ganze Familien angehörten und die Geheimnisse des Bundes so vom Vater auf den Sohn übergingen. Die Großen Brüder lebten von den manchmal drückenden Beiträgen der einfachen Mitglieder. Diese teilweise recht hohen Mitgliedsbeiträge akkumulierten sich zu ansehnlichen Werten, so daß mit Fug und Recht angenommen werden darf, daß in der inneren Struktur der Geheimgesellschaften das Geld einen wichtigen Platz einnahm. Eine von der Triade unterstützte Gesellschaft gab sich gar nach dem Geld ihren Namen: Goldgeldgesellschaft (Jinqian-Hui).

In ihr waren um die Mitte des 19. Jahrhunderts viele gewöhnliche Verbrecher organisiert, die vom „Großen Bruder“ Zhao, einem Boxer und Ringer, geführt wurde und durch einen Aufstand 1862/63 in der Provinz Zhejiang bekannt wurde. Der „Große Bruder“ hatte von den neuen Brüdern bedingungslosen Gehorsam und absolute Loyalität erwartet. Dieses Erbe der Gesellschaften hat bis in unsere Tage Gültigkeit.

Goldgeldgesellschaft (Jinqian-Hui):
Um die Mitte des 19. Jh. unterhielt im Dorf Qiancang (Bezirk Pingy) ein in Kampfkünsten (Boxen u. Ringen) bewanderter Wirt namens Zhao Qi eine Eßstube, in der viele Boxer u.a. Athleten verkehrten. Kamen seine Freunde in Not, half ihnen der Wirt mit Geld oder machte ihnen Geschenke. So wurde sein Name in Nord und Süd bis an die Grenze der Provinz Fujian bekannt. Viele gewöhnliche Verbrecher gesellten sich Zhao bei, um in den Genuß seiner Protektion zu kommen. Auch der Rat des „Großen Bruders“ Zhao war gefragt. Ein gewisser Mu Yuan ließ sich von ihm 1858 einen Traum deuten, den Zhao religiös deutete, was die Männer zu Freunden werden ließ. Zu ihnen stießen sechs weitere Männer. Die acht

schlossen sich zum Bund einer heiligen Bruderschaft zusammen, die sie „Jinqian"-Gesellschaft nannten. Auf diesen Namen waren sie durch eine Oper gekommen, die zu jener Zeit im Tempel von Qiancang aufgeführt wurde. Die acht Brüder nahmen sechzehn Münzen (aus der Zeit des Kaisers KANG-XI), legten sie jeweils mit der Seite, die das Schriftzeichen „Hand" trug, zusammen und befestigten sie in ihren Kleidern. Jedes Jahr zur gleichen Zeit hielten sie ein großes Fest und führten, zum Gefallen der Leute, Theaterstücke auf. Sie scharten immer mehr Vagabunden und Vogelfreie, aber auch Leute, die zwar reich, aber machtlos waren, um sich. Ihre Macht potenzierte sich durch viele Überfälle auf Dörfer. Die Mandarine bekämpften sie als „Räubersekte" (jiao-fei) bzw. „Banditenverein" (hui-fei). Nach der Niederschlagung eines Aufstandes in der Provinz Zhejiang 1862/63 gingen viele Überlebende der Goldgeldgesellschaft in die von Triaden unterstützte Taiping-Bewegung, deren Scheitern zu dieser Zeit auch schon absehbar war.

1.1.2.5 Tradition des Geheimen – das Erbe der Triade

Auch heute, in der letzten Dekade des 20. Jahrhunderts, stellt die „Familie" als Gesellschaft eine unauflösliche Lebensgemeinschaft dar, die den Mitgliedern Schutz und Fürsorge bis zum Lebensende gewährt. Die Triad-Societies zählen heute zwar nicht mehr über eine Million Mitglieder wie vor hundert und mehr Jahren. Doch sagt man den großen Geheimgesellschaften in Hongkong beispielsweise doch noch einige Zehntausend Mitglieder nach. In der Tradition des Triaden-Systems des 19. Jahrhunderts sind Einführungsriten, Eide, geheime Handzeichen und codierte Triaden-Ränge übernommen worden – teils komplett, oft aber auch modifiziert. Zählten beispielsweise im letzten Jahrhundert zu den oberen Rängen im Triaden-System die Würdenträger und zu den unteren Rängen die Assistenten der Würdenträger („Rote Stäbe"), Ratgeber („Weiße Fächer") und Boten („Strohsandalen"), so zählen heute die „Grass-Sandale" als Geschäftsträger der Gesellschaft, der „Rote Pfahl" als Führer von Bandenkriegen und der „Weiße Papier-Fächer" als Zuständiger für Verwaltung und innere Organisation zu den höheren Rängen in der Geheimgesellschaft, zum Beispiel der 14 K.[47)]

Die Einführungsriten in die Gesellschaft sind heute verkürzt. Eine Tage dauernde Zeremonie würde gegenüber den Strafverfolgungsbehörden ein zu großes Risiko darstellen. Wie stark jedoch auch die verkürzte Zeremonie an das länger dauernde alte Vorbild heranreicht, wird durch die Darstellung eines „Roten Pfahls" (Red Pole-Enforcer), einem der „Warlords of Crime" in Hongkong in den 1980er Jahren deutlich, die von GERALD L. POSNER 1988 veröffentlicht wurde:

Einführungsriten in die Triaden-Gesellschaft „14 K“ Mitte der 1980er Jahre

nach Angaben eines Red Pole-Enforcer (Roter Pfahl bzw. Roter Mast) Triaden-Rang 426

„...Er möchte wissen, ob Sie die Einführungsriten aus der alten Zeit oder die von heute meinen.“ Ich sagte Benny, daß ich an beiden interessiert sei. Benny gab meine Frage weiter, und der Triadenführer beantwortete sie rasch.
„Er sagt, Sie müssen bedenken, daß die meisten Einführungsriten stark verkürzt wurden. Denn das alte Zeremoniell dauerte tagelang. Das wäre wegen der Polizei ein zu großes Risiko. Es ist einfach nicht mehr praktisch. Hongkong ist übervölkert. Selbst wenn man wollte, könnte man das Zeremoniell nicht mehr im alten Stil weiterführen. Er sagt, die heutigen Zeremonien sind sehr einfach und können fast überall abgehalten werden. Viele Riten finden in Macao statt (diese portugiesische Kolonie ist von Hongkong mit dem Luftkissenboot in vierzig Minuten zu erreichen). Dort gibt es kaum Probleme mit der Polizei.“
„Bitten Sie ihn, eine der traditionellen Einführungsriten in allen Einzelheiten zu beschreiben! Und fragen Sie ihn dann, ob er im Vergleich dazu berichten will, was heute vor sich geht!“
„Er sagt, daß er das alles von den höherrangigen Führern der Gesellschaft erfahren hat. Das Zeremoniell, es war von Stadt zu Stadt etwas anders, aber das, was er Ihnen schildern will, war eins der gebräuchlichsten. In den alten Zeiten hatte jede Triade ihr eigenes Hauptquartier. Das war immer ein großes Gebäude. Jeder Kandidat brauchte einen Führer der Gesellschaft als Sponsor – normale Mitglieder konnten nicht Sponsor werden, nur Führer. Das ist heute fast genauso. Die Kandidaten zogen Seidenroben an und betraten das Hauptquartier durch die Vorderseite. Dabei schritten sie unter Schriftbändern hindurch, einem für die neuen Kandidaten, einem für die Triadenführer und einem, das die Verräter darstellte. Also gingen die neuen Mitglieder durch mehrere Säle an anderen Triadenmitgliedern vorbei, die sich an den Seiten in Reih und Glied aufgestellt hatten, und so kamen sie in einen hinteren Raum, in dem ein Altar stand.“
„Ein Altar?“
„Ja. Er sagt, Sie müssen bedenken, daß es in der alten Zeit äußerst farbenprächtig zuging, und die Aufnahme als Mitglied in einer Triade war genauso wie bei Ihnen im Westen die Aufnahme eines Mönchs im Kloster oder die Priesterweihe. Es war auch alles sehr feierlich. Über der Tür zum letzten Saal hingen Schriftbänder, auf denen stand : ‘Keiner trete hier ein, der nicht zur äußersten Treue entschlossen ist.’ Mehrere Triadenmitglieder kreuzten ihre Schwerter über den Köpfen der Neuen und zwangen sie, auf allen vieren zu kriechen. Das nannte man den ‘Marsch durch den Berg der Messer’. Der Altar stand gewöhnlich in der Mitte des Saals. Hinter ihm und rundherum hingen Spruchbänder, auf denen die Heldentaten der fünf Mönche, der Gründer der Gesellschaften, verherrlicht wurden.
Meistens wurden hier den Kandidaten die Gesichter gewaschen, als Symbol dafür, daß sie gereinigt ein neues Leben begannen, wie bei einer Wiedergeburt.
An einer Seite dieses Hauptsaals saßen die Führer der Triade, und nahe beim Altar saß das Mitglied, das der ‘Meister des Weihrauchs’ genannt wurde.

Jeder Kandidat mußte seinen Namen auf einen kleinen Zettel schreiben und ihn dem Meister des Weihrauchs übergeben. Dann erzählte ihnen 489 (der oberste Führer der Triade) die Geschichte der Triaden. Heutzutage kümmert sich keiner mehr einen Scheißdreck darum. Sie wollen alle nur noch wissen, was heute los ist, und nicht, was vor hundert Jahren geschehen ist. Na ja, das ist im Augenblick nicht so wichtig. Lassen Sie ihn weitererzählen!" . . .

„Er sagt, wenn der Führer seine Ansprache beendet hatte, übernahm der Meister des Weihrauchs das weitere Zeremoniell. Er entzündete große Weihrauchbüschel und rief zu Treue und Stärke auf. Dann ging er zum Altar und betete für jene Mitglieder, die ihr Leben für die Gesellschaft geopfert hatten. Danach legten die Offiziere ihre zeremoniellen Gewänder an und ließen die Kandidaten in einer Reihe niederknien.

In der Nähe waren drei ausgestopfte Strohpuppen aufgebaut, die ebenfalls knieten. Die Schilder, die sie um den Hals hängen hatten, entlarvten sie als die drei traditionellen Verräter der Triaden. Ein hoher Offizier ergriff ein langes Schwert, schlug den Strohpuppen die Köpfe ab und erklärte den Kandidaten, daß dies das Schicksal von jedem Verräter sei. Danach betete der Meister des Weihrauchs abermals vor dem Altar, sprach über die Treue und sagte: 'Wenn ein Kandidat als neues Mitglied anerkannt ist, gibt es kein Zurück mehr. Niemand darf dann noch anderen Sinnes werden. Wer eintritt, ist lebenslang daran gebunden.'"

... „O ja. Dann ließ der Meister des Weihrauchs einen Kämpfer der Triade nacheinander an jeden Kandidaten herantreten. Der Kämpfer setzte dem Knienden die scharfe Spitze seines Schwertes an die Brust und fragte jeden einzelnen: 'Was ist stärker, die Schneide des Schwertes oder dein Herz?' Und die Kandidaten antworteten einer nach dem anderen: 'Mein Herz.' Das sollte bedeuten, daß sie selbst angesichts des Todes ihre Brüder nicht verraten würden.

Dann las ihnen der Meister des Weihrauchs die sechsunddreißig Eide vor, und die Kandidaten sprachen sie nach. Die Eide waren das Kernstück der Riten. Sie besagen, daß man durch eine 'Myriade von Schwertern' getötet wird, wenn man die Gesellschaft in irgendeiner Weise verrät. Jeder Kandidat mußte ein kleines brennendes Stück Papier nehmen und die Flammen mit den Händen auslöschen. Dazu beschwor er, daß er für jede Untreue ebenso ausgelöscht werden wollte. Dann mußte ein Kandidat nach dem anderen unter einem gelben Schriftband hindurchgehen, auf dem stand, daß der Tod alle Verräter ereilt. Nachdem alle unter dem gelben Spruchbanner hindurchgegangen waren, wurde es ebenfalls verbrannt, um ihnen nochmals vor Augen zu führen, was ihnen geschehen könnte.

Dann mußten die neuen Mitglieder in einem unregelmäßig errichteten Bambuskreis niederknien. Jemand setzte ihnen ein Schwert an die Brust. Sie mußten aufstehen und dabei einen Treueeid schwören. Der Bambus war so aufgestellt, daß es schwer war, darin zu stehen, ohne umzufallen. Wenn das neue Mitglied nach vorn fiel, konnte es in das Schwert stürzen und sterben. Auf diese Weise sortierte man die schlechten Kandidaten aus. Manche Mitglieder waren des Glaubens, daß Kandidaten, die eines Tages untreu geworden wären, so schon vorher ausgesondert würden. Heute macht man das nirgends mehr."

„Hat er mal jemanden auf diese Weise sterben sehen?" 426 antwortete, indem er zweimal unwillig brummte.

„Nein“, übersetzte Benny. “Er hat von einigen solchen Todesfällen gehört, aber selber keinen gesehen.“ ...
„Nach der Schwerterprobe mußten die Kandidaten um die ‘Feuergrube’ marschieren. Eigentlich war es keine richtige Grube, sagt er, sondern nur eine Menge Papier und Holzstücke auf dem Boden, die alle brannten, und die Kandidaten mußten durch das Feuer gehen. Auch dieser Teil der Zeremonie ist heute fast untergegangen.
Dann kniete jeder Kandidat wieder vor dem Altar nieder, und diesmal wurde ein Hahn vor ihn gehalten, dem der Meister des Weihrauchs mit einem Schwertstreich den Kopf abschlug. Er sagte den Kandidaten, so würden auch sie eines Tages sterben, wenn sie je die Gesellschaft verrieten. Der abgeschlagene Kopf wurde in eine Schale voll Wein gelegt, den man mit dem Blut des Hühnerkörpers mischte. Diese Schale brachte man jedem Kandidaten. Der ritzte daraufhin mit einer langen Nadel den Mittelfinger der linken Hand an und ließ ein paar Blutstropfen in die Schüssel fallen. Dazu sagte er, wenn er je die Geheimnisse der Gesellschaft verriete, würde ihm das Blut aus den fünf Körperöffnungen fließen.“
„Was verstehen Sie unter den fünf Körperöffnungen?“
„Das tritt in Kraft, wenn jemand zuviel sieht, zuviel hört und zuviel redet. Dann bekam er je eine Kugel in die Augen, die Ohren und den Mund, als Warnung für andere, ihre Brüder nicht zu verraten. Sobald jeder sein Blut in die Schüssel getropft hatte, verbrannte der Meister des Weihrauchs das Papier mit den sechsunddreißig Eiden. Die Asche schüttete er in die Schüssel und mischte sie mit dem Blut des Hahns und dem Blut der Kandidaten. Jeder Kandidat mußte aus dieser Schüssel trinken.
Wenn das alles vorbei war, entließ man sie. Drei Tage später mußten sie wiederkommen, neue Eide schwören und das Weihrauchgebet sprechen. Dann endlich erlaubte man ihnen, einen Beitrag zu spenden, woraufhin sie der Triade beitreten durften.“
Mich beeindruckte die Macht einer Gesellschaft, die so groß war, daß Menschen sich tagelang entwürdigenden Riten unterwarfen, den möglichen Tod in Kauf nahmen und schließlich für das Vergnügen, diese Prüfungen erduldet zu haben, auch noch Geld zahlten...
„Wenn das Geld erst einmal gezahlt war, wich die Spannung von allen, und gewöhnlich folgte ein großes Fest. Er sagt, daß er versteht, warum dieses Zeremoniell heutzutage nicht mehr aufrechterhalten werden kann. Wer hat denn noch die Räumlichkeiten und die Zeit, um so etwas zu veranstalten? Er sagt, er findet die Veränderung nicht gut, aber er sagt auch, daß es nun mal so ist. Heute wird alles an einem Tag erledigt, manchmal in einer Stunde. Das Kernstück ist das Schwören der sechsunddreißig Eide nebst der dauernd wiederholten Warnung, daß alle Verräter der Tod ereilt. Fast immer spenden die Kandidaten Blut, das mit Wein oder irgendwas anderem vermischt wird. Das müssen sie dann trinken. Man trägt keine Roben mehr, und die Leute, die die Zeremonie abhalten, wollen den Kandidaten lediglich einhämmern, daß es für ein neues Triadenmitglied nur zwei Möglichkeiten gibt – Treue oder Tod. Über die Geschichte der Vergangenheit hören sie nichts mehr...“

Quelle: Posner, Gerald L. (1988): Warlords of Crime, McCraw-Hill Book Company, New York.
Zitiert nach: Posner, Gerald L. (1991): Die Chinesische Mafia, Lübbe, Bergisch-Gladbach, Seiten 84-91

Nummern-Positionen der Triaden-Gesellschaft „14 K“ mit Finger-Code (Greifzeichen) Mitte der 1980er Jahre

nach Superintendent Ian Seabourn (Royal Hong Kong Police) 1989 und President's Commission on Organized Crime (PCOC) 1986

Nummer Rang	Bezeichnungen			Verantwortlichkeit Zuständigkeit	Greifzeichen Finger-Code
	Deutsch	Englisch	Kantonesisch (Mandarin)		
36	Rekrut	Recruit			
49	Mitglied	Member		Gewöhnlicher Logenbruder	
415	Weißer Papier-Fächer	White Paper Fan-Advisor	Pak Tsz Sin	Verwaltung und innere Organisation	
426	Roter Pfahl bzw. Roter Mast	Red Pole-Enforcer	Hung Kwan (Hung Kun)	„Starker Arm“ für interne und externe Bestrafungsaktionen, sowie für die Führung von Bandenkriegen	
432	Grass-Sandale	Grass Sandal-Messenger	Cho Hai (Tsao Hsieh)	Verbindungsoffizier und Geschäftsträger seiner Gesellschaft	
438	Weihrauch-meister	Incense Burner Vanguard Leader Deputy–Second Brother	Xiang-zhu	Bevollmächtigter und stellvertretender Vorsitzender seiner Gesellschaft	
489	Bergspitze Meister des Bergs	Leader – Elder Brother	Shan-zhu	Ritual-„Meister“ für die Aufnahme-zeremonie Meister der Loge	

Zitiert nach: FBI (1987): Asian Organized Crime (AOC) in the United States, FBI Organized Crime Section/Criminal Investigative Division, U.S. Department of Justice, Washington, p. 13 und Bökemeier, Rolf (1989): Hongkong unter der Hand, GEO Nr. 2/1989, Seiten 98 und 100

Bis heute leisten die Neulinge auf die Gesellschaften Eide, bei einigen „Blood Brotherhood Societies" auch Blut-Eide. Zu den letzteren zählt auch die 14 K. Nach alter Tradition nehmen bis heute hier die Neulinge, wenn sie in die Gesellschaft eintreten, den Familien-Namen „Hong (Hung)" an. Die heutigen 36 Blut-Eide weichen von denen, die auf die Triade vor fast einhundertfünfzig Jahren (s. S. 52-54) geschworen wurden, nicht wesentlich ab:

Die 36 Blut-Eide auf die Triaden-Gesellschaft (Triad society) „14 K" Mitte der 1980er Jahre

Neulinge nehmen nach alter Tradition den Familiennamen Hong (Hung) an, was soviel wie „groß, bedeutende, erhaben" heißt.

1. Nachdem ich das Hung-Tor (synonym für Aufnahmeritual) durchschritten habe, muß ich die Eltern und Verwandten meiner Schwurbrüder wie mein eigen Fleisch und Blut behandeln.
2. Ich soll meine Schwurbrüder bei der Bestattung ihrer Eltern und Brüder finanziell und körperlich unterstützen.
3. Wenn Hung-Brüder (Hung für Logenmitglieder) Gast in meinem Haus sind, soll ich ihnen Kost und Logis geben.
4. Ich werde mich meiner Hung-Brüder stets annehmen, wenn sie sich zu erkennen geben.
5. Ich darf nicht die Geheimnisse der Hung-Familie enthüllen, nicht mal meinen Eltern, Brüdern oder meiner Ehefrau. Ich darf die Geheimnisse niemals gegen Geld aufdecken.
6. Ich darf niemals meine Schwurbrüder verraten. Falls ich, durch ein Mißverständnis, eines Bruders Haft verschulde, muß ich ihn sofort herausholen.
7. Ich werde Schwurbrüdern, die in Schwierigkeiten sind, mit Geld zur Ausreise verhelfen.
8. Ich darf meinen Schwurbrüdern oder dem Zeremonienmeister niemals Schaden oder Ärger zufügen.
9. Ich darf mich den Frauen, Schwestern oder Töchtern meiner Schwurbrüder niemals unsittlich nähern.
10. Ich soll niemals Geld oder Eigentum meiner Schwurbrüder veruntreuen.
11. Ich werde für die Frauen und Kinder meiner Schwurbrüder verläßlich sorgen.
12. Wenn ich zum Zweck meiner Aufnahme in die Hung-Familie falsches Zeugnis über mich abgelegt habe, soll ich getötet werden.
13. Wenn ich meinen Sinn ändere und meine Mitgliedschaft in der Hung-Familie leugne, soll ich getötet werden.

14. Wenn ich einen Schwurbruder beraube oder einem Außenseiter dabei helfe, soll ich getötet werden.

15. Wenn ich einen Schwurbruder übervorteile oder zu einem unfairen Geschäft zwinge, soll ich getötet werden.

16. Wenn ich wissentlich meines Schwurbruders Geld oder Eigentum unterschlage, soll ich getötet werden.

17. Wenn ich unrechtmäßig eines Schwurbruders Geld oder Beute während eines Raubes genommen habe, muß ich es zurückgeben.

18. Wenn ich nach einer Straftat verhaftet werde, soll ich meine Strafe auf mich nehmen und nicht die Schuld auf einen Schwurbruder schieben.

19. Wenn einer meiner Schwurbrüder getötet oder inhaftiert wird oder den Ort wechseln muß, werde ich seine Frau und seine Kinder unterstützen.

20. Wenn einer meiner Schwurbrüder bedroht oder beschuldigt wird, muß ich ihm helfen, wenn er recht hat, oder ihm raten einzulenken, wenn er unrecht hat. Wenn er wiederholt belästigt wird, soll ich meine anderen Brüder informieren, damit sie ihm helfen.

21. Wenn ich erfahre, daß die Behörde einen meiner Schwurbrüder sucht, der aus Übersee oder einer anderen Provinz kommt, soll ich ihn sofort unterrichten, damit er fliehen kann.

22. Ich darf nicht mit Außenseitern konspirieren, um meine Schwurbrüder beim Glücksspiel zu betrügen.

23. Ich soll durch falsche Darstellung keine Zwietracht unter meinen Schwurbrüdern säen.

24. Ich soll mich nicht unautorisiert zum Zeremonienmeister machen. Wer drei Jahre lang nach dem Passieren des Hung-Tors loyal und zuverlässig war, mag durch den Meister und mit Hilfe der Brüder befördert werden.

25. Wenn meine leiblichen Brüder in einen Streit mit meinen Schwurbrüdern verwickelt sind, darf ich keiner Partei helfen, sondern soll den Fall freundschaftlich zu regeln suchen.

26. Nach dem Passieren des Hung-Tors muß ich jeden Groll, den ich gegen meine Schwurbrüder vorher hegte, vergessen.

27. Ich darf das Gebiet meiner Schwurbrüder nicht unbefugt betreten.

28. Ich darf den Besitz oder das Geld meiner Schwurbrüder weder begehren noch Beteiligung daran suchen.

29. Ich darf weder die Adresse, wo meine Schwurbrüder ihren Besitz haben, verraten, noch darf ich von meinem Wissen unrechten Gebrauch machen.

30. Ich darf keinen Außenseiter unterstützen, falls sich dies gegen die Interessen eines meiner Schwurbrüder richtet.

31. Ich darf die Hung-Bruderschaft nicht mißbrauchen, um gewaltsam oder unvernünftig von anderen Vorteil zu erpressen. Ich soll bescheiden und ehrlich sein.

32. Ich soll getötet werden, wenn ich mich unsittlich gegenüber den kleinen Kindern in den Familien meiner Schwurbrüder verhalte.

33. Wenn einer meiner Schwurbrüder eine schwere Straftat begangen hat, darf ich ihn nicht anzeigen, um an die Belohnung zu kommen. 34. Ich darf weder die Frauen oder Konkubinen meiner Schwurbrüder zu mir nehmen noch Ehebruch mit ihnen treiben. 35. Ich darf nie Hung-Geheimnisse oder -zeichen fahrlässig im Gespräch mit Außenseitern verraten. 36. Nachdem ich durch das Hung-Tor geschritten bin, soll ich loyal und zuverlässig sein und mich anstrengen, die Mandschu-Dynastie zu vernichten und die Ming-Dynastie wiedereinzusetzen, indem ich mich gemeinsam mit meinen Brüdern bemühe, auch wenn sie nicht denselben Beruf haben.
Zitiert nach: Bökemeier, Rolf: Hongkong unter der Hand, GEO Nr. 2/1989, S. 108

Gleiches gilt für die „identifizierende“ und „legitimierende“ geheime Zeichensprache, insbesondere für geheime Haltungen der Hand und Finger-Zeichen. Der Code dieser Griffzeichen ist zu Teilen entschlüsselt und findet sich in einschlägigen Handbüchern über Geheimgesellschaften, beispielsweise „Triad Societies in Hong Kong“ von W. P. MORGAN, das 1960 erstmalig in „The Government Printer at the Government Press“ in Hongkong veröffentlicht und 1982 nachgedruckt wurde (s. S. 66 f.).

Und analog zum 19. Jahrhundert werden auch heute zu den Gesten zusätzlich Geheimsprachen verwandt:[48] „Die Welt ist wie ein Schachspiel, das sich bei jedem Zug ändert“ ist die Bezeichnung für „Planung“. „Wenn kleine Beträge nicht gezahlt werden, bleiben große aus“ steht für „Bestechung“. „Ich bin Fisch und Fleisch, die anderen sind Messer und Opferstein“ meint „Unterdrückung“. „Betrittst du ein Land, frage nach den Tabus; betrittst du ein Dorf, frage nach den Bräuchen“ ist ein lange Bezeichnung für „Achtung“. „Staub im Topf, Fisch in der Pfanne“ steht für „Armut“. „Die Karte wurde ausgerollt, und heraus kommt der Dolch“ bezeichnet den „Verrat“. „Das Kaninchen frißt nicht dicht am Bau“ meint die „Vorsicht“. „Auch Leute im selben Bett haben verschiedene Träume“ ist eine Bezeichnung für „Meinungsfreiheit“. „Man kann in der östlichen Familie essen und zugleich in der westlichen schlafen“ bezeichnet die „Gier“, und „Wer wollte im eigenen Haushalt zum Speer greifen?“ steht im Triaden-Chinesisch für „Familienbande“. In der heutigen Geheimsprache heißt die Polizei „Luftstrom“; wer sie benachrichtigt, „setzt den Luftstrom in Bewegung“; die Forderung nach Schutzgeld wird mit „kein Wasser unter den Füßen“ bezeichnet. „Die Ohren waschen“ ist die Redewendung dafür, wenn das Leben aufs Spiel gesetzt wird.

Das Leben aufs Spiel setzten Mitglieder des Triaden-Systems auch im Jahrhundert zuvor, wo einige von ihnen manchmal Briganten wurden und in modern anmutenden Kriminalitätsbereichen wie Entführung und Lösegelderpressung, Überfall auf Warentransporte, Straßenraub und Brandstiftung tätig waren. Auch wenn diese kriminellen Aktivitäten in der Regel die Reichen stärker als die Armen traf[49)], waren die „edlen Räuber" doch schlicht und einfach Gangster.

Hand-Haltungen und Finger-Zeichen (Code) I nach W.P. MORGAN 1960 (1982)

Identification Signs of Senior Triad Officials

These signs are formed with the left hand which is then held in the centre of the chest.

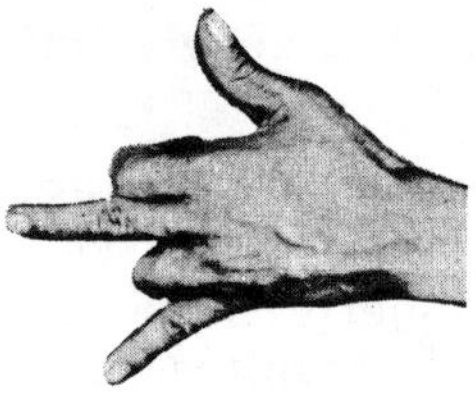

Leader of the Society.

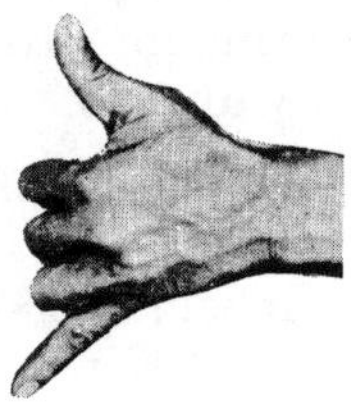

489 Official.

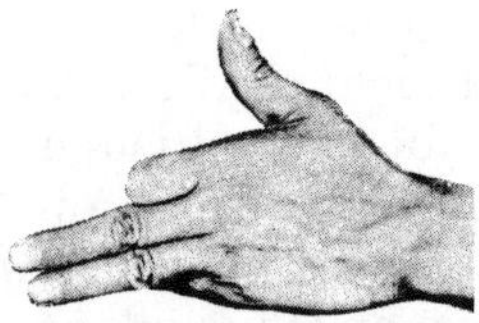

438 Official. Used by an official of this rank who has committed some serious crime on behalf of the society or who has been imprisoned for triad activities.

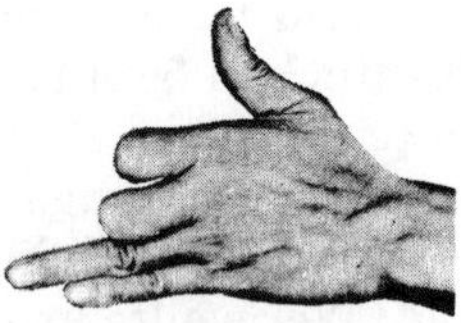

438 Official. (Ordinary)

Zitiert nach Morgan, W.P. (1960): Triad Societies in Hong Kong, The Government Printer at the Government Press, Hong Kong, p. 165

Hand-Haltungen und Finger-Zeichen (Code) II nach W.P. MORGAN 1960 (1982)

Identification Signs of Triad Officials & Members

Given with the left hand held in the centre of the chest.

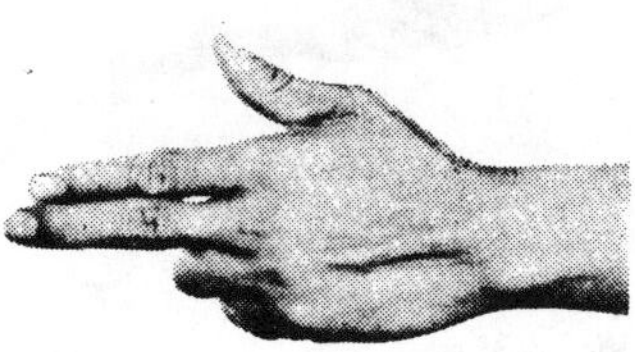

426 Official.

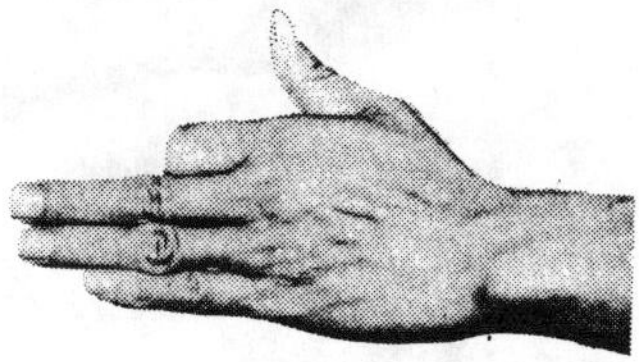

415 Official.

432 Official.

Member.

Zitiert nach Morgan, W.P. (1960): Triad Societies in Hong Kong, The Government Printer at the Government Press, Hong Kong, p. 166

Hand-Haltungen und Finger-Zeichen (Code) III nach W.P. MORGAN 1960 (1982)

Hand Signs of Rank used when Giving or Receiving Objects

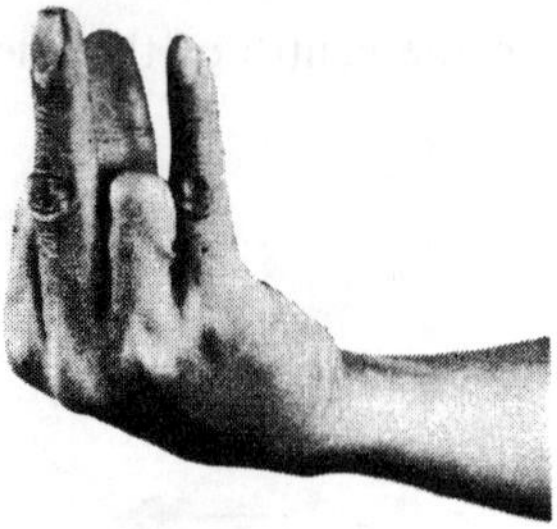

Leader, 489 & 438 Officials.

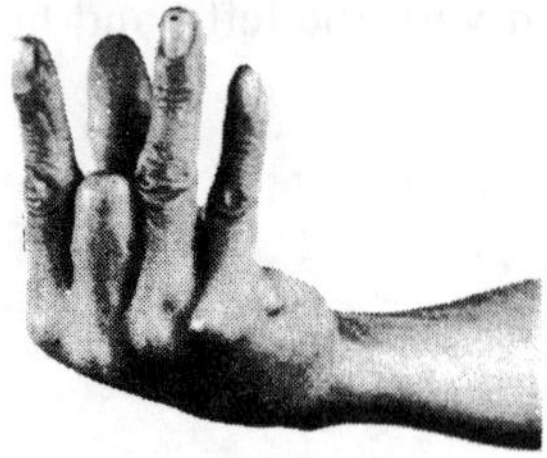

426 Official.

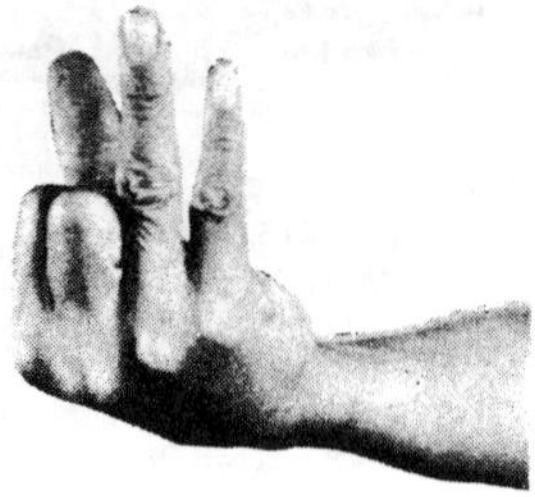

415 Official.

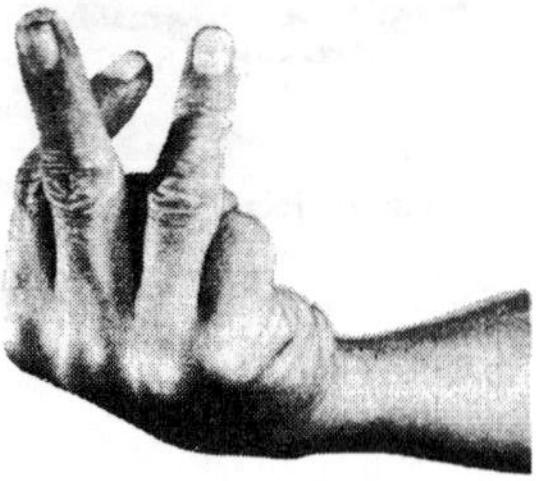

432 Official.

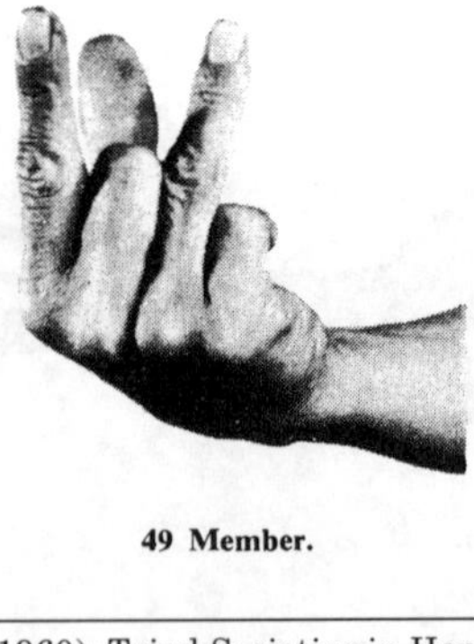

49 Member.

Zitiert nach Morgan, W.P. (1960): Triad Societies in Hong Kong,
The Government Printer at the Government Press, Hong Kong, p. 168

Hand-Haltungen und Finger-Zeichen (Code) IV nach W.P. MORGAN 1960 (1982)

Hand Signs for Banner Characters of First Five Ancestors

All given with the left hand which is held away from body. Also indicates the First Five Ancestors themselves.

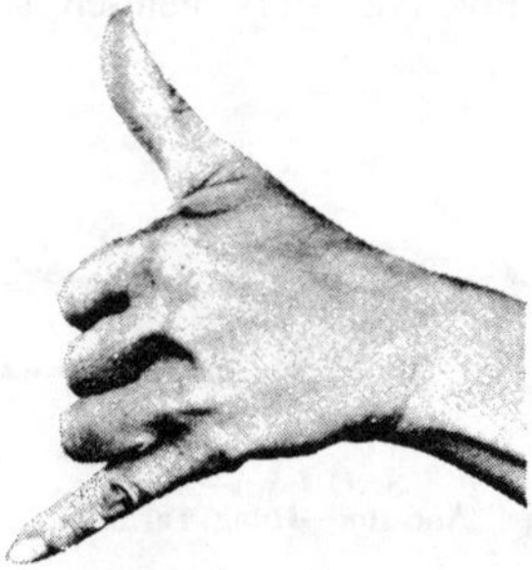

LUNG (龍)—Dragon.
Ancestor—Tsoi Tak Chung.
When the hand is held in the centre of the chest this sign becomes that of the Leader.

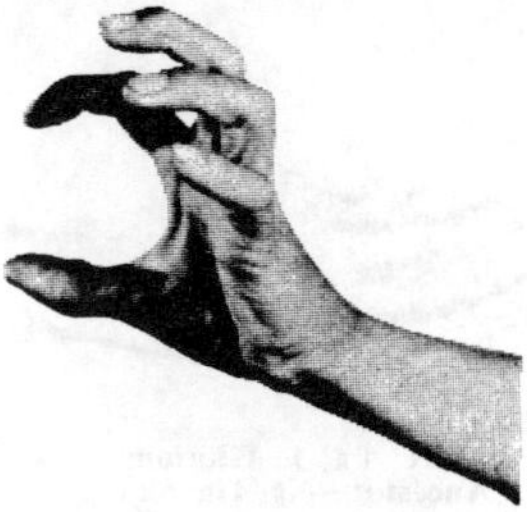

FU (虎)—Tiger.
Ancestor—Fong Tai Hung.

KWAI (龜)—Tortoise.
Ancestor—Ma Chiu Hing.

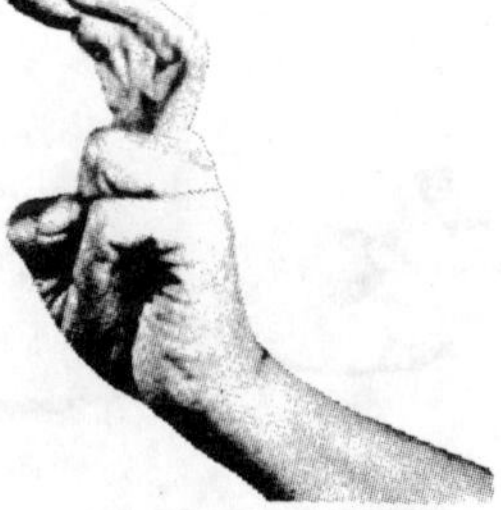

SH'E (蛇)—Snake.
Ancestor—Wu Tak Tai.

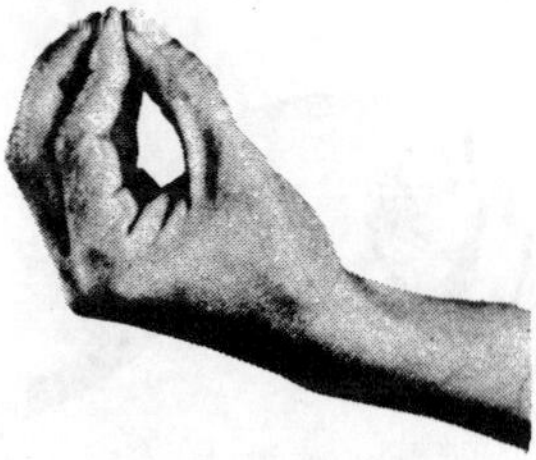

WUI (为)—Assemble.
Ancestor—Lee Shik Hoi.

Zitiert nach Morgan, W.P. (1960): Triad Societies in Hong Kong, The Government Printer at the Government Press, Hong Kong, p. 173

Hand-Haltungen und Finger-Zeichen (Code) V nach W.P. Morgan 1960 (1982)

Hand Signs for Banner Characters of Second Five Ancestors

All given with the right hand which is held away from the body. In addition to indicating the banner characters, these signals also indicate the Second Five Ancestors themselves.

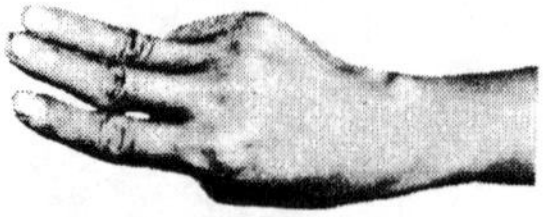

PIU (彪)—Glorious.
Ancestor—Ng Tin Shing.

SAU (壽)—Ages.
Ancestor—Hung Tai Shui.

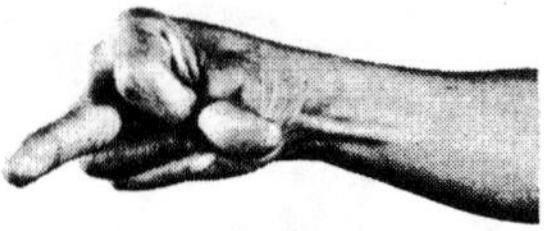

HOP (合)—United.
Ancestor—To Pit Tat.

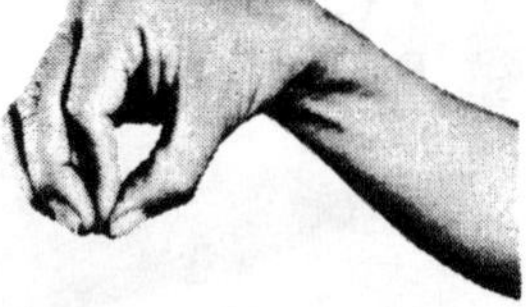

WO (和)—Harmonious.
Ancestor—Lee Shik Tai.

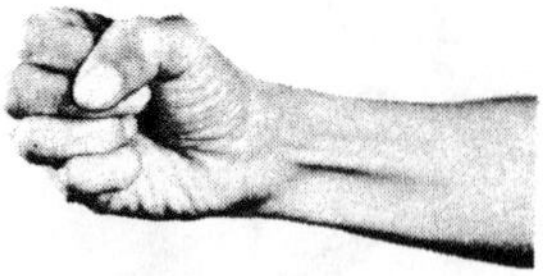

TUNG (同)—Together.
Ancestor—Lam Wing Chiu.

Zitiert nach Morgan, W.P. (1960): Triad Societies in Hong Kong,
The Government Printer at the Government Press, Hong Kong, p. 174

Hand-Haltungen und Finger-Zeichen (Code) VI nach W.P. Morgan 1960 (1982)

Signs used when visiting a Lodge other than that to which the Member belongs

All four signs must be correctly given by the visiting member. He can establish his Triad membership by other means but unless he knows these signs he will have to pay an entrance fee before admittance is authorised to any ceremony being performed in the Lodge.

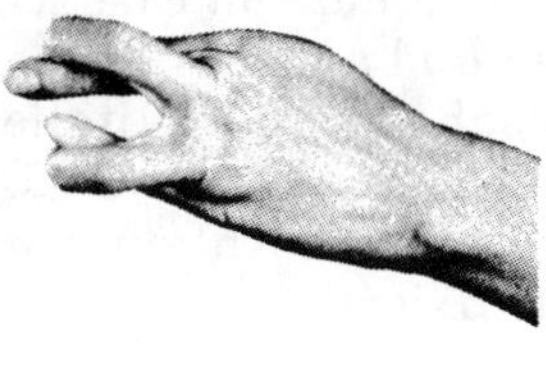

KAI (解).

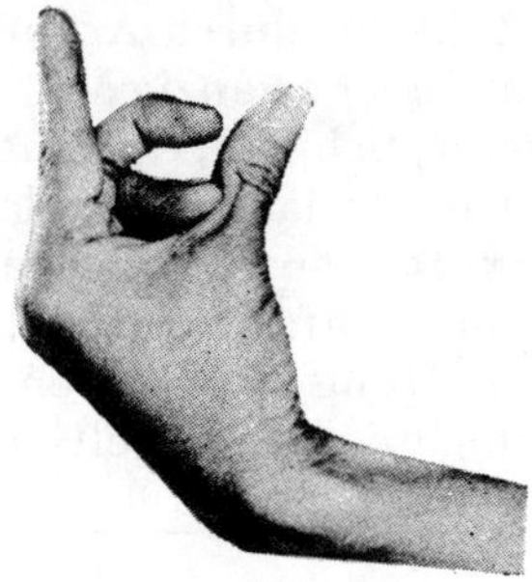

CH'ING (清).

These two characters when used together indicate that a fee of some sort has been 'correctly paid'.

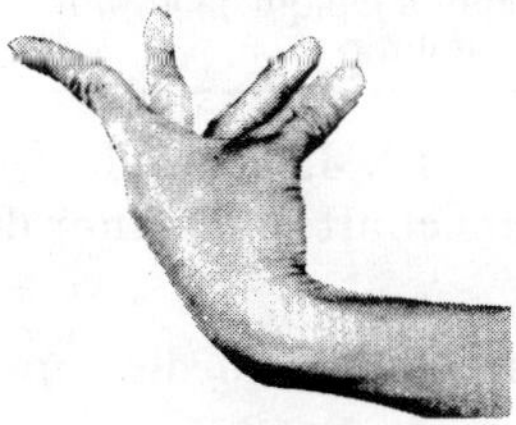

SAU (收).

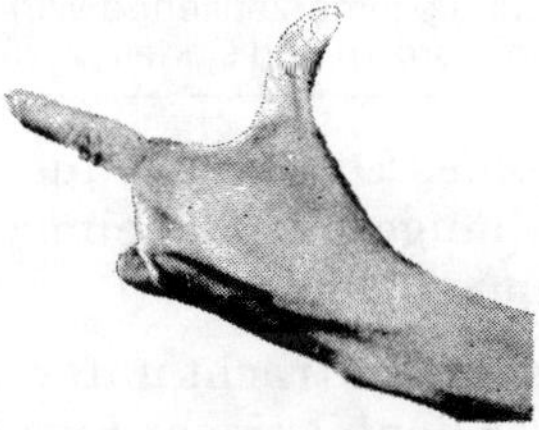

CHUK (足).

These two characters when used together indicate that a fee of some sort has been 'correctly received'.

Zitiert nach Morgan, W.P. (1960): Triad Societies in Hong Kong,
The Government Printer at the Government Press, Hong Kong, p. 175

1.2 Vom Verlust politischer Ziele – der Weg ins Gangstertum

Nach dem niedergeschlagenen Boxer-Aufstand durch die „weißen Barbaren“ (Fan Kuai Lo) und die folgenden festgelegten, drückenden „Sühneleistungen“ hatte das entmachtete Reich einer „Politik der offenen Tür“ der Invasoren nichts mehr entgegenzusetzen. Die wirtschaftliche Durchdringung des Landes durch die „fremden Teufel“ (Gwei-Lo) hatte schon in der zweiten Hälfte des 19. Jahrhunderts China quasi zerfallen lassen. Billige Industriewaren zerstörten Handwerk und Gewerbe. In den wachsenden Konzessionsstädten mit ihren Häfen bildete sich ein immer größer werdendes Proletariat; und ungezählte Millionen waren dem Opium verfallen.[50)] Die Zahl der durch Armut und Arbeitslosigkeit Entwurzelten wuchs auf über zwanzig Millionen. Umherwandernde Handwerker, Hausierer, Schiffer, Schmuggler, Opfer von Überschwemmungen und Dürre, entlassene Soldaten und andere Gruppen am Rande einer zerrütteten Gesellschaft sahen in der Mitgliedschaft in Geheimgesellschaften wenigstens einen schmalen Hoffnungshorizont. Die Hung Mun waren allerdings nicht eindeutig auf die unteren Schichten der Gesellschaft fixiert.

> **Opium:**
> Es wird aus dem Milchsaft der Kapseln des Schlafmohns (Papaver somniferum) gewonnen. Der aus den angeritzten Kapseln heraustretende Saft nimmt an der Luft eine bräunliche Farbe an. Von der Kapsel abgeschabt wird der Saft (grch. Opos. davon „Opium“ abgeleitet) Rohopium genannt. Er enthält bis zu 25 Alkaloide. Als Hauptalkaloide gelten Morphin (6-20 %), Narcotin (2-10 %), Codein (0,2-3 %), Papaverin (0,5-3 %} Thebain (0,2-3 %) und Narcein (0,1-6,7 %). Die narkotisierende und schmerzstillende Wirkung des Opium ist im wesentlichen auf den Gehalt an Morphin und Codein zurückzuführen.

Ein chinesisches Dokument aus dem 19. Jahrhundert behauptet, daß viele Anhänger der Geheimgesellschaften zu einer der fünf folgenden Gruppen gehörten:[51)]

1. Leute, die die Eintracht unter den Klassen fördern und sich eine politische Klientel sichern wollen.
2. Leute, die dem persönlichen Ruhm nachjagen, eine Garantie für gegenseitige Hilfe gegen Feinde suchen, auf den persönlichen Vorteil aus sind.
3. Leute ohne festen Beruf, die nur vom Vergnügen reden, Opium rauchen und spielen.

4. Leute, die immer die stärksten sein wollen, vom Morgen bis zum Abend ihr Messer wetzen, einen Streit nach den anderen vom Zaun brechen, die Maulhelden des Dorfes sind.
5. Leute, die vom Stehlen leben.

Wegen dieser Zusammensetzung waren die Geheimgesellschaften so leicht von Ausbeutern und Ehrgeizlingen zu lenken gewesen. Reiche Kaufleute in den Städten sahen die Möglichkeiten, sich mit Hilfen der „Black Societies" auf illegale, aber dafür leichte Weise zu bereichern. Dafür nahmen sie auch an Überfällen und Raubzügen teil oder waren als Hehler tätig. Arme Küstenfischer, wie die Tanka der Provinz Guangdong, Schiffer und Seeleute der Chiu-Chau-Bevölkerung der Swatow-Region Südchinas waren in Gesellschaften des Triaden-Systems organisiert oder gründeten um die Jahrhundertwende eigene Gesellschaften. Schmuggler unterhielten Verbindungen zu den Gesellschaften oder suchten um Mitgliedschaft nach.

Tanka, auch Hoklo:
Ein Eingeborenenstamm von Fischern, der seine Heimat in den oberen Küstengebieten hatte, aber auch das Delta des Perlflusses vor Guanzhou (Kanton) bewohnte. Die Tanka (Hoklo) lebten auf „schwimmenden Dörfern", wie ihre bewohnten Boote (= Sampans) genannt wurden. Deswegen nannte man sie auch „chuanmin" (Schiffsvolk). Diese abergläubischen „Nomaden des Wassers" waren nicht nur als Perlenfischer berühmt. Die Qing-Dynastie fürchtete einige von ihnen als Piraten, mit denen auch Shang Kexi, den die Mandschus als ersten Militärgouverneur in die Südprovinz Guangdong geschickt hatten, zu tun bekam. Ihr antimandschurisches Wirken unterstützte indirekt die Widerstandsbewegung der südlichen Ming. Unter verschiedenen Gesellschaftsnamen waren sie später organisiert; im Ostdistrikt zum Beispiel als „San Yee Hing", die um 1900 begründet wurde. Als Haupt-Hoklo-Gesellschaft zählte ab den 1950er Jahren die „Fuk Yoo Hing", damals um die 10.000 Mitglieder.

Chiu Chau (Tschiu Tschau), auch Chao Zhou:
Ursprünglich der Name für die meist seefahrende Bevölkerung der Swatow-Region Südchinas, die im Reich der Mitte zu den frühen Seefahrern und damit auch Forschungsreisenden gehörten. Nicht wenige von ihnen blieben in den bereisten Städten, vornehmlich in Südostasien. Auch in der Ferne wurde enger Kontakt zu den eigenen Leuten gehalten. Chiu Chau waren Mitglieder im Triaden-System, z.B. der „Roten Gilde", und bildeten eigene Gesellschaften. In der Hafenstadt Hongkong beispielsweise waren 10.000 von ihnen in der „Yee On Commercial and Industrial Guild" (kurz „Yee On") organisiert, die als „San Yee On" heute (1993) mit geschätzten 40.000 Mitgliedern nicht nur die „main society of chiu chau residents", sondern die mitgliederstärkste Triade Hongkongs ist.

In der ersten Dekade des 20. Jahrhunderts war durch den zunehmenden Macht- und Gesichtsverlust der Mandschu-Regierung, die Potenz diverser antimandschurischen Bewegungen – nicht zuletzt die der Geheimgesellschaften – und den zutiefst desolaten Zustand eines in Nord und Süd geteilten Reiches, der Untergang der Qing-Dynastie absehbar. Im Februar 1912 mußte der „letzte Kaiser", der erst sechsjährige HSÜAN TUNG, unter dem Druck der ersten chinesischen Revolution abdanken.[52)] Damit war ein Ziel der nördlichen Geheimgesellschaften des Weißen Lotus und der südlichen der Triade, die Mandschus zu entthronen, zwar erreicht. Doch das ebenso wichtige Ziel, den han-chinesischen Ming wieder auf den Thron zu helfen, war durch die Revolution und die sich anschließenden jahrzehntelangen Bürgerkriege nicht mehr zu realisieren und ging in den Wirren jener Zeit verloren.

1.2.1 Republikanische Verschwörer und Geheimgesellschaften

Als der Kindkaiser 1908 der Thron bestieg, hatten in dem riesigen Reich mit seinen weit über 400 Millionen Menschen in der Wirtschaft schon längst die wenigen Ausländer das Sagen. In ihren fremden Händen lagen 84 Prozent der für China lebenswichtigen Schifffahrt, 93 Prozent der Eisenbahnen, die das Hinterland des Reiches erschlossen und 100 Prozent der Eisenindustrie. Auch waren zu Beginn des 20. Jahrhunderts die ersten modernen Universitäten eröffnet worden. Viele junge chinesische Intellektuelle gingen aber auch zum Studium nach Hongkong oder Japan. Politische Ideen und Ideale in diesen Außenwelten beeinflußten immer stärker diese chinesische Intelligenz. Insbesondere breitete sich der Funke eines revolutionären Nationalismus immer weiter aus.

Er personifizierte sich in einem Bauernsohn aus einem Dorf bei Macao namens SUN WEN. SUN, der Bruder eines chinesischen Pflanzers in Honolulu, hatte in Hongkong Medizin studiert und nannte sich nun SUN YAT-SEN. Mit seinem Freund und Mitarbeiter ZHENG SHI-LIANG gründete er bereits ein halbes Jahrzehnt vor dem Boxeraufstand die „Vereinigung für die Erneuerung Chinas" (Xingzhong-Hui), die durch kleinere Aufstände[53)] öffentlich wurde und sich mit gleichgesinnten Gruppen zehn Jahre später zur „Vereinigten Liga" (Tongmen-Hui) zusammenschloß. Diese Liga hatte in China und unter den emigrierten Chinesen in Übersee schon bald zahlreiche Sektionen und Schwestervereinigungen. Diese Verbreitung lag auch an den Zielen, die die Liga als „Volksprinzipien“ verfolgte: eine nationale Erhebung gegen die Mandschus (= Unabhängigkeit); eine demokratische Reform mit dem Ziel der Volksherrschaft (= Souveränität) und eine soziale Revolution gegen Landlords und Kapitalisten (= Wohlfahrt). Die Geheimgesellschaften waren eine wesentliche Stütze für die Vereinigte Liga, aber auch die übrigen antimandschurischen-republikanischen Gruppen. Hatten sie doch im Kampf gegen die kaiserlichen Truppen die längsten Erfahrungen; und sie besaßen Einfluß sowohl bei den Bauern als auch in den städtischen Unterschichten. In vielen Fällen kamen die Gründer und die Aktivisten der republikanischen Gruppen aus Geheimgesellschaften oder gehörten ihnen früher einmal an.[54)] Führer der Gesellschaften sollen 1907 an der Gründung der „Gesellschaft für gemeinsamen Fortschritt“ (Gongjin-Hui), einem abweichlerischen Ableger der Vereinigten Liga[55)] teilgenommen haben. In einigen Provinzen, zum Beispiel Guizhou, arbeiteten Geheimgesellschaften und Republikaner über Unterabteilungen und Satellitenorgani-sationen sogar zusammen. Doch insgesamt waren die Geheimgesellschaften gesellschaftlich und ideologisch zu komplex, als daß sie eine wirklich fortschrittliche Rolle in der republikanischen Revolution hätten spielen können. Sie arbeiteten zwar mit den entschiedenen Republikanern zusammen, aber sie scheinen auch zu deren erbittersten Gegnern, den Anhängern einer konstitutionellen Monarchie, Verbindungen gehabt zu haben, konnten auf Sympathie der alten Oberschicht (Gentry) zählen. Bis 1911 unterstützten sie die Republikaner aktiv in deren Versuchen, Anschläge auf die kaiserliche Regierung zu verüben. An mißlungenen Anschlägen zählten die Republikaner bis Sommer 1911 zehn. Der elfte und letzte führte im Oktober desselben Jahres zum Ziel. Der Streit um eine Eisenbahnkonzession führte zu einer Massenerhebung in Sichuan, der sich auch lokale Truppeneinheiten anschlossen. Vergebens rief der Gouverneur ausländische Kanonenboote zu Hilfe. Binnen sechs Wochen solidarisierten sich fünfzehn Provinzen und damit zwei Drittel des Reiches mit der Revolution. Im Herbst 1911 übernahmen die Revolutionäre die Macht. SUN YAT-SEN war zum provisorischen Präsidenten der chinesischen Republik gewählt worden.[56)] Doch Chinas erster Revolutionär amtierte nur 44 Tage – vom 1. Januar bis zum 13. Februar 1912. Die Mandschus dachten noch nicht an Aufgabe. Anfang 1912 wurde SUN, der zur Vermeidung eines Bürgerkrieges auf das Präsidentenamt verzichtete, abgesetzt. An seine Stelle trat YUAN SHI-KAI, Oberbefehlshaber und Mandarin.[57)]

Am 12. Februar 1912 dankte der letzte Manschu-Herrscher, die 25. Kaiserdynastie nach 268 Jahren Regierungsmacht ab. Bereits einen Monat später wurde General YUAN am 10. März offiziell Präsident der Republik.[58] Als Militär konnte YUAN mit der Republik wenig anfangen und beschloß, selbst Kaiser von China zu werden. Als Datum seiner Thronbesteigung setzte er den 1. Januar 1916 fest. Dieser Verrat an der „Republik der Republikaner" und die Zugeständnisse an das Ausland[59] führten zum Widerstand. SUN, der seine Anhänger in eine neue „nationale Volkspartei", der Kuo-min-tang (KMT) organisiert hatte, inszenierte 1916 einen Aufstand in Shanghai, der sich schnell zum allgemeinen Bürgerkrieg auswuchs.[60] Als im selben Jahr YUAN starb, begannen Kämpfe rivalisierender Militärhaber, Abenteurer und Bandenführer, der „Warlords". Über ein Jahrzehnt (1916-1928) terrorisierten Bandengeneräle, Garnisonskommandanten und Banditen-Häuptlinge das Volk, verheerten weite Landesteile bei ihren Feldzügen gegeneinander, verbreiteten Angst und Schrecken durch Plünderungen, Brandschatzungen, willkürliche Steuern, Zwangseinziehungen zum Soldatendienst, Mord und Totschlag. Das aller Autorität beraubte Riesenreich verfiel in eine Periode des Chaos.

Kuo-min-tang (KMT) - Nationale Volkspartei, auch Guomin-Dang: 1895 gründete SUN YAT-SEN (1866-1925), ehemaliger Student des Hongkonger Medizinkollegs, die „Vereinigung für die Erneuerung Chinas" (Xingzhong-Hui). HUANG XING, ein Student aus Hunan, gründete mit anderen chines. Kommilitonen an der Universität Tokio ebenfalls eine antimandschurische, republikanische Gruppe. Diese radikalen Intellektuellen arbeiteten zielstrebig auf den Umsturz und die Errichtung einer chines. Republik hin. 1905 schlossen sich die verschiedenen Gruppen zur „Vereinigten Liga" (Tongmen-Hui) zusammen, die 1912 zur KMT mit einem „Fünf-Punkte-Programm" wurde: 1) Kampf um die Wiedervereinigung Chinas, 2) Errichtung lokaler Selbstregierungen, 3) Abschaffung jeglicher rassischer Diskriminierung, 4) durchgreifende soziale Reformen, 5) Erhaltung des internationalen Friedens. Zum politisch wirksamen Faktor wird die KMT erst nach Neugründung und Straffung der Organisation (1919 - 1923) durch SUN. 1923 Abkommen zwischen SUN und dem sowjet. Vertreter ADOLF A. JOFFE mit „ausdrücklicher Respektierung ideologischer Selbständigkeit beider Länder und eigener revolutionärer Methoden". Im selben Jahr Entsendung des jungen, SUN ergebenen Offiziers CHIANG KAI-SHEK (1887–1975) zum Studium nach Moskau. Januar 1924 1. Parteitag der neu organisierten KMT mit der Absichtserklärung zur Schaffung einer Volksregierung in Übereinstimmung mit den Lehren SUNS von den „Grundrechten des Volkes" und von der „Fünf-Gewalten-Verfassung". SUN stirbt 1925.

Warlords (Kriegsherren, chines. dujun), Periode der: Zeit der W., die in China die hauptstadtfernen Provinzen von 1916 bis 1928 (mancherorts bis unmittelbar vor dem kommunistischen Sieg) beherrschten. Diese Militärs in der Position von Provinzgouverneuren verfügten über regionale Einheiten und teilten ihren Offizieren die Steuerpfründe in feudaler Manier zu. Die wirtschaftliche Belastung der Landbevölkerung durch die W. und ihren Apparat war viel größer als durch die Pachtabgaben und Steuern der Kaiserzeit. Im allgemeinen hatte jede W.-Domäne sogar ihre eigene Währung - ein Beleg für das Ausmaß der regionalen Zersplitterung. Geschichte: Mit dem Tod des Präsidenten General Yuan 1916 fiel die eigentliche Macht an zwei seiner militärischen Untergebenen, Feng Guozhang und Duan Qirui, deren Offiziers-Cliquen sich während der nächsten vier Jahre bekämpften. Die „Zhili-Clique" von Feng gewann schließlich die Oberhand, inzwischen unter der Führung von Wu Peifu, dessen Vorrangstellung aber 1924 von Zhang Zuolin mit seiner „Fengtian-Clique" gebrochen wurde, einem Ex-Banditen und Militär-Machthaber der Mandschurei, der sich nun seinerseits mit dem als „christlichen General" bekannten Feng Yuxiang um die Herrschaft in Nordchina stritt. 1927 gelang den nationalchinesischen Streitkräften unter Chiang Kai-Shek im Verlauf der sogenannten Nordexpedition (beifa) die Wiedervereinigung des größten Teils des inneren China.

zitiert nach Blunden, C. u. Elvin, M. (1983): Weltatlas der alten Kulturen China, Christian Verlag, München

In dieser wirren Zeit begann auch die Revolution, direkt und indirekt von Geheimgesellschaften unterstützt. In Shanghai zum Beispiel hatten sie noch große Streiks organisiert, so 1918 für die Zimmerleute und 1919 zur Unterstützung der „Bewegung 4. Mai".[61] Doch die Entstehung der modernen Arbeiterorganisationen, die Entwicklung eines Klassenbewußtseins bei den Arbeitern und insbesondere der wachsende Einfluß der chinesischen Kommunisten in der Arbeiterbewegung machten Geheimgesellschaften wie die Grüne Gilde überflüssig. Ihrer Massenbasis beraubt, degenerierten sie schnell zu großen Banden oder Gangs, die nun ihre heimlichen Profite mehr aus kriminellen Geschäften wie den Opium- und Sklavenhandel zogen. In diesen Geschäften arbeiteten sie auch mit den in der Bevölkerung verhaßten Kriegsherren zusammen, die „Gangs von Shanghai" beispielsweise mit dem Warlord Sun Chuan-Fang. Und die Revolution brachte den Gangster-Banden noch andere Geschäftspartner und mit diesen noch mehr Macht.

1.2.2 Die Revolution und die Hilfe der Gangster

Die Warlords bekämpften sich bereits ein Jahr, da trat unter dem Zwang der Westmächte China als formaler Kriegsteilnehmer gegen das Kaiserreich Deutschland in den Ersten Weltkrieg (1914-1918) ein. Mit diesem Eintritt hoffte China, daß die „ungleichen Verträge"[62], die das Reich mit „fremden Teufeln" von 1842 bis 1901 hatte schließen müssen, und die „21 Forderungen" der Japaner[63] von 1915 annuliert und daß die deutschen Pachtgebiete zurückgegeben würden. Als nach dem Krieg 1918 jedoch im Vertrag von Versailles das deutsche Pachtgebiet und die deutschen Rechte in der Provinz Shantung – mit Zustimmung der USA – Japan übertragen wurden, verweigerte die Pekinger Regierung unter dem Druck allgemeiner Empörung die Unterzeichnung des Vertrages.[64)] Besonders die intellektuelle Jugend im Lande, die schon gegen die Korruption der Warlords rebellierte, demonstrierte dagegen, so Studenten in Peking im Mai 1919. Damit wurde die chinesische Revolution eingeleitet, die in fünf Etappen ablief.

I. Mit der „Bewegung des 4. Mai“ 1919 erklärten die radikalen Intellektuellen dem alten konfuzianischen China den Krieg.

II. Die Revolution von 1924 bis 1927, die sich gegen die Warlords richtete, hatte folgenden historischen Hintergrund: Die Nationale Volkspartei (KMT) akzeptierte noch unter der Führung von SUN YAT-SEN die gleichzeitige Mitgliedschaft von Kommunisten, mit deren Hilfe sie einen Feldzug im Norden gegen die Feudalherren führte. Ein Jahr nach SUNS Tod wurde 1926 CHIANG KAI-SHEK Oberkommandierender der Nationalarmee. Ihm gelang es, den Widerstand eifersüchtiger Militärbefehlshaber in den Provinzen zu brechen. Wegen des disziplinierten Auftretens der Nationalarmee in jener chaotischen Zeit wurde CHIANG vom Volk als Retter vor Willkür und Erpressung der Warlords begrüßt. Nach Gewinnung einer einigermaßen gefestigten Machtposition brach CHIANG, der inzwischen auch die KMT-Führung usurpiert hatte, im Frühjahr 1927 mit den kommunistischen Verbündeten. Um einer befürchteten Unterwanderung der KMT und seiner Armee durch Mitglieder der 1921 gegründeten kommunistischen Partei Chinas (KPCH) vorzubeugen, begann er mit einer harten Verfolgung aller Kommunisten. Nanking, wo die KMT ihren Schwerpunkt hatte, wurde Hauptstadt und Sitz der von CHIANG gegründeten „Nationalregierung“. Die Revolutionsjahre hatten bis 1927 schon Millionen Opfer gekostet.

III. Mit der Verfolgung der Kommunisten und dem Abrücken CHIANGS von den Reformideen SUNS kam es zum Bürgerkrieg zwischen der KMT und der KPCH und ihren Armeen von 1927 bis 1935. In dieser Zeit verlagerte sich der Schwerpunkt der Revolution von den Städten in das Land. Die Nationalarmee, die das Land inzwischen zu großen Teilen beherrschte, kämpfte gegen die Kommunisten, die ihrerseits versuchten, in Südchina eine Art „Sowjetgebiet“ aufzubauen. In mehreren Feldzügen wurde die „Rote Bauernarmee“ geschlagen. Mitte der 30er Jahre zog diese sich auf einem „langen Marsch“[65)] in den Nordwesten des Landes zurück.

IV. Im antijapanischen Widerstandskrieg (1937-1945) schlossen sich KMT und KPCH nochmals zusammen.[66] Die weitaus besser gerüstete Nationalarmee ging nach Chongqing in Südwestchina. Die Hauptlast lag bei den Kommunisten und der bäuerlichen Guerilla hinter den feindlichen Linien. Mit der sich anbahnenden Niederlage Japans nach den kräftebindenden großen Seeschlachten im Pazifik verfiel das Bündnis der „Nationalen Front" zwischen KMT und KPCH allmählich.Vorherrschend in beiden Parteien wurde das Streben nach Ausweitung ihres jeweiligen Einflusses für die Zeit nach dem Krieg, der allein 12 Millionen Zivilisten den Tod brachte.

V. Nach der Kapitulation Japans am 14. August 1945 brach der Bürgerkrieg (1945-1949) erneut aus. Von der Mandschurei aus drang die „Rote Armee" kaum gehindert siegreich in den Süden und Südwesten vor. Mit ihr breitete sich die Kommunistische Macht in ganz China aus, was zum Zusammenbruch des KMT-Regimes führte. Mit der Eroberung der KMT-Hauptstadt Nanking – der Stadt, wo vor 107 Jahren nach Ende des ersten Opium-Krieges der erste von vielen „ungleichen Verträgen" geschlossen werden mußte – wurde von den Kommunisten am 1. Oktober 1949 die Volksrepublik China proklamiert. Allein in den letzten drei Bürgerkriegsjahren waren über drei Millionen Menschen zu Tode gekommen.

CHIANG KAI-SHEK floh mit dem Rest seiner Nationalarmee, gefolgt von zwei Millionen Zivilisten, nach Formosa, das nach der Niederlage Japans wieder an China zurückgefallen war. Einige Gründe für die Niederlage lagen wohl in der wachsenden Demoralisierung der Nationalarmee und nationalen Volkspartei, die mit Korruption und Ausschreitungen gegen die Bevölkerung verbunden war.[67] Schon vor und in der Zeit der ersten Revolution in den 20er Jahren baute CHIANG auf eine Hausmacht, die schon damals als anrüchig galt. Seiner Ansicht nach hatten allein die Triaden die Macht, seiner Kuo-min-tang als „schlagkräftiges Werkzeug" zu dienen. So beschloß er, die Geheimgesellschaften überall dort zur Durchsetzung seiner Ziele einzusetzen, wo er sich nicht erlauben konnte, die Nationalarmee offiziell einzuschalten. CHIANG eröffnete damit den Triaden eine noch nie dagewesene Möglichkeit, offizielle Anerkennung und Macht in der Innenpolitik zu erreichen. Letztlich versprach er damit den Triaden unumschränkte Herrschaft in der Welt des Verbrechens und lockte mit einflußreichen Posten in der Regierung, wenn die „Dunklen Gesellschaften" in seinem „Feldzug der Unterdrückung" mitarbeiteten. CHIANG hatte 1927 beschlossen, die

Arbeiterorganisationen abzuschaffen, Kommunisten und andere „linksgerichtete Führer und Sprecher“ zu verhaften und Zeitungen, die er als „links oder regimekritisch“ ansah, zu verbieten. Der wohl wichtigste Stützpunkt der revolutionären Arbeiterschaft (wie auch der konservativen Bourgeoisie) in der zweiten Hälfte der 20er Jahre war die riesige Hafenstadt Shanghai. Hier wollte CHIANG sich der Unliebsamen entledigen. Um sein Ziel zu erreichen, verbündete er sich mit den „Gangs von Shanghai“, eben den in der Stadt und darüber hinaus herrschenden zu Banden mutierten Geheimgesellschaften. Das war zum einen die Rote Bande (Red Pang Triad), die vom „großen Boss“ (Gao Lao) HUANG geführt wurde, der – in neuer Rolle – nun zum „Berater der Nationalen Regierung“ CHIANGS wurde. Zum anderen war es die Grüne Bande (Green Pang Triad), auch „Grüner Zirkel“ oder „Grüner Kreis“ genannt, die seinerzeit zwischen 20.000 und 100.000 Mitglieder gehabt haben soll und mit Ablegern auch in anderen großen Städten vertreten war.

Rote Bande (Red Pang oder Hung Pang), auch „Red Pang Triad“: Hervorgegangen aus der zum Triaden-System gehörenden „Roten Gilde“. Nach Verlust politischer Ziele ab den 20er Jahren Hinwendung zu lukrativen kriminellen Bereichen. Zu den zahlreichen Mitgliedern dieser in Nord- und Zentralchina wirkenden mächtigen Gesellschaft gehörten auch Chiu-Chao. An der Spitze der Bande stand in der zweiten Hälfte der 20er Jahre HUANG, der – wie die Führer der „Grünen Bande“ – auch mit dem KMT-Führer CHIANG KAI-SHEK zusammenarbeitete. Mit Machtübernahme der Kommunisten 1949 ging die Bande nach Hongkong. Hier wechselten viele Mitglieder zur mächtigen „Grünen Bande“ über, Chiu-Chao-Mitglieder gingen zur Chiu-Chao-Gesellschaft „Yee On (San Yee On)“, wo einige von ihnen Anfang der 50er Jahre selbst zu Führern wurden.

Grüne Bande (Green Pang oder Ching Pang), auch „Green Pang Triad“, „Grüner Zirkel“ oder „Grüner Kreis“:
Hervorgegangen aus der zum Triaden-System gehörenden „Grünen Gilde“. Nach Verlust politischer Ziele, u.a. durch zunehmenden Einfluß von Arbeiterorganisationen der KP China, die nun Massen organisierten, Hinwendung zu lukrativen Kriminalitätsbereichen, z.B. Opium- und Waffenhandel, Schutzgelderpressung, Glücksspiel und Prostitution. In den 20er Jahren hatte sie zwischen 20.000 und 100.000 Mitglieder. Kleinere Ableger gab es in mehreren Großstädten; Hauptsitz war Shanghai. Die Organisation hatte weitere Verästelungen, z.B. zum „Roten Zirkel“ in Hankou. An der Spitze der Bande standen zuerst die „großen Drei“: TU YUEH-SCHENG (DU YUE-SHENG), HUANG JING-YONG und ZHANG XIAO-LIN. Aus internen Machtkämpfen ging TU als Sieger hervor. Er arbeitete mit dem KMT-Führer CHIANG KAI-SHEK zusammen. Mit Machtübernahme der Kommunisten 1949 ging die „Festlandtriade Grüne Bande“ nach Hongkong, wo sie beträchtliche Gewinne aus dem Heroingeschäft zog. Einen mehrjährigen Krieg gegen etablierte Hongkong-Triaden (z.B. WO-Gruppe) um die Vorherrschaft in der Unterwelt verlor sie. 1966 war die „Grüne Bande“ aus Hongkong mehr oder weniger verschwunden.

Die Grüne Bande war im Sklavenhandel, in Entführung, Erpressung, Glücksspiel, Waffenschiebereien, Erzwingung von Schutzgeldern und nicht zuletzt im Opiumschmuggel tätig. Wie groß Macht und Einfluß waren, beschrieb CHESNEAUX:[68)]

„Zum Fußvolk der Gangs gehörten Gesindel aus dem Proletariat der Slums, fast alle Detektive und Polizisten der französischen Konzession, der internationalen Konzession und der chinesischen Stadtverwaltung, Offiziere aus dem Stab der örtlichen Garnisonen, Beamte des Amts für Öffentliche Ordnung, kleine Politiker und Amtsinhaber, die meisten Fabrikaufseher und Kontraktoren, die KMT-„Arbeiterführer" (Gewerkschaftsbonzen) sowie viele Kleinhändler. . . Sie sind zudem die absoluten Herrscher der französischen Konzession, in der alle ihre Aktivitäten zusammenlaufen. Es ist eine Tatsache, daß die französischen Behörden aus den Geschäften der Gangs ungeheure Gewinne ziehen, wofür sie den Gangstern zum Ausgleich die Verwaltung der Konzession überlassen . . ."

Ungekrönter Zar von Shanghai und Führer der Grünen Bande war TU YUEH-SCHENG[69)], mit dem KMT-Führer CHIANG KAI-SHEK im Jahr 1927 verhandelte. Dieser wollte ein Exempel an den kommunistisch geführten Arbeiterorganisationen statuieren – mit Hilfe von TU. Dieser sagte zu und ließ im April Gewerkschaftsbüros und andere „linke Zufluchtsstätten" im April 1927 von tausenden Mitgliedern seiner Grünen Bande belagern. Diese Terrorherrschaft gipfelte in einem Massaker unter den kommunistisch geführten Gewerkschaften Shanghais am 12. April. TU wurde mit dem Rang eines Generalmajors in der Nationalarmee belohnt und erhielt freie Hand im von CHIANG kontrollierten China, seine Stellung als Opiumkönig zu festigen.[70)] Mit dem KMT-Führer teilte TU sich die Gewinne auch aus anderen Kriminalitätsbereichen, beispielsweise aus der Prostitution in Shanghai. Auch andere Mitglieder der Gangs von Shanghai wurden zum Dank für ihre „Dienste" für die KMT seit 1927 in CHIANGS Nationalarmee Generale, Stabsoffiziere oder auch nur Soldaten, wurden als Geschäftsleute und Finanziers protegiert, oder machten als Agenten in CHIANGS Geheimdienst Karriere.[71)] Mit Hilfe und Unterstützung CHIANGS wurde China das erste Land der Neuzeit, in dem kriminelle Gesellschaften eine führende Rolle in der legitimen „Nationalregierung" spielen durften. Selbst das Militär und die Polizei wurden durch Mitglieder dieser Societies (Triaden) unterwandert, kompromittiert und letztlich zum Teil auch kontrolliert.

Wie schon zu Zeiten der Revolution und des ersten Bürgerkrieges spielten Triaden-Mitglieder im zweiten Bürgerkrieg eine wichtige Rolle. Zwei Jahre dauerte der Bürgerkrieg an, da wurde 1947 KOT SIU WONG, General der Nationalarmee und früher Logenbruder des KMT-Begründers SUN YAT-SEN, der lange vor Gründung der Kuomin-tang auch Mitglied der Triade „Tin-Tei-Wui" war, beauftragt, die zersplitterte Fraktion der Zweiten Loge der Triade in der Provinz Kwangtung zu reorganisieren und als letztes Bataillon in den Kampf gegen MAOS Kommunisten (die „Roten" nun als fremde Teufel) zu führen. Der General formierte 36 Gruppen und unterstellte sie seinem Hauptquartier in der Provinzkapitale Kanton in der Po-Wah-Straße 14. Von dieser Adresse bezog die Dachgesellschaft ihren Decknamen „Sap Sze Ho, Nr. 14". Der Einigungserfolg von KOT war im nationalbewußten Süden Chinas groß. Logenbrüder wurden KMT-Soldaten und KMT-Soldaten auch Logenbrüder. Doch konnte die Gesellschaft von General KOT, die vor dem Sieg der Kommunisten 1949 „Hung Fat Shan Chung Yee Tong" hieß, die Niederlage nicht abwenden. KOT entkam mit Tausenden Mitgliedern seiner Gesellschaft über den Perlfluß nach Hongkong. Die britische Kronkolonie wurde für die Gesellschaft zum neuen Hauptquartier. Die „Nr. 14" legte sich nun noch das Initial „K" für Karat (= Gold und Härte) zu und wurde als Triaden-Gesellschaft 14 K rasch bekannt.

14 K (Fourteen K) :
Während des zweiten Bürgerkrieges (1945-1949) von KMT-General KOT SIU WONG aus Mitgliedern der zerplitterten 2. Loge der Triade (zuständig für die Provinz Kwangtung) in der Kapitale Kanton in der Poh-Wah-Str.14 im Jahr 1947 gegründete Gesellschaft, die seinerzeit „Hung Fat Shan Chung Yee Tong" hieß. Nach dem Sieg der Kommunisten 1949 floh General KOT mit Tausenden seiner „Sap Sze Ho, Nr. 14" (= Deckname) nach Hongkong, wo er 18 der ursprünglich 36 „Nr.14"-Gruppen neu zur Gesellschaft „14 K" (K für Karat = Gold und Härte) formierte. Nach seinem Tod 1953 stürzte die 14 K in einen Triaden-Krieg, aus dem sie als dritter Sieger (nach der „Sun Yee On" und „Wo-Gruppe") hervorging. Ende der 50er Jahre war sie mit 80.000 Mitgliedern die größte Triade in Hongkong. Heute (1993) wird die Anzahl der Mitglieder noch auf 20.000 geschätzt. Unter den großen Hongkong-Triaden gilt die 14 K als Heroin-Spezialist.

Ex-KMT-General KOT SIU WONG hatte nach der Flucht wieder 18 der ursprünglich 36 „Nr. 14-Gruppen" mit dem Ziel aufgebaut, das „rote Reich" aus dem Exil weiter zu bekämpfen. Das dazu notwendig Geld wurde durch organisiertes Verbrechen aufgebracht. Als der legendäre 14 K-Führer 1953 starb, wurde dieses Ziel nicht weiter verfolgt. In diesen frühen 50er Jahren hatten sich eine ganze Reihe sogenannter Festlandtriaden in Hongkong niedergelassen, nicht nur die 14 K aus Kanton. Aus Shanghai war die Grüne Bande und die Rote Bande gekommen, die über lange Zeit die KMT gegen die Kommunisten blutig unterstützt hatten. Ex-Soldaten der Nationalarmee, die nicht mit CHIANG nach Formosa gegangen waren, hatten sich hier abgesetzt und eigene kleine Triaden, beispielsweise die „Nineteen Brothers" gegründet. Längere Zeit wurde auch über

Nineteen Brothers (Sap Kau Yau):
Wurde von einer kleinen Gruppe ehemaliger KMT-Soldaten gegründet, die nach dem Sieg der Kommunisten 1949 nach Hongkong geflüchtet waren. Die „19 Brüder" kontrollierten insbesondere in der Granpian New Village area Drogenhandel, Glücksspiel u.a.m. Als einer der „Brüder" 1953 nach Taiwan ging, nannte sich die kleine Triade „Eighteen Brothers" (Sap Pat Yau). Die kleine Societie war unabhängig und mit keiner anderen Gruppe (Ausnahme „Rote Bande") in Hongkong verbunden

eine KMT-Organisation in Hongkong namens „Blue Shirts"[72] gerätselt, für die es aber keine definitiven Existenzbeweise gab. Diese neuen Festland-Triaden stießen in der Kronkolonie auf die etablierten Hongkong-Triaden. Ein Krieg um die Vorherrschaft war unausweichlich. Aus einstigen Geheimbünden mit mehr oder weniger politischen Zielen waren längst skrupellose, von Kriminellen oder zu Gangstern gewandelten Militärs geführte Geheimgesellschaften geworden. Und das nicht nur in China, Hongkong und Formosa (Taiwan). Im 19. und 20. Jahrhundert war die Triade mit einer Massenauswanderung in den Süden verbunden. Zahlreiche Logen waren unter den chinesischen Emigranten in Indochina, Indonesien und vor allem Malaya entstanden. Einige drangen sogar bis Hawaii und Kalifornien (USA) vor. Diese starke Ausbreitung führte dazu, daß der einst lockere innere Zusammenhalt der Triade zunehmend verlorenging. Die chinesischen Emigranten schlossen sich nach Dialekten und Provinzen zu einer Unzahl rivalisierender, einander heftig bekämpfender Fraktionen zusammen, aus denen überall mit der Zeit schlicht Gangsterbanden wurden.

1.3 Anmerkungen

[1] Mandarin,von portug. mandar = befehlen, regieren; so nannten die Portugiesen die Literatur(Gelehrten)-Beamten Chinas.

[2] Den monolithischen Religionen stand der Konfuzianismus mißtrauisch gegenüber. Moslems, Juden und Christen galten als Ketzer, die das Prinzip der Kosmischen Einheit aus Glaubensgründen nicht anerkennen konnten. Sie waren höchstens geduldet, meist aber gesellschaftlich isoliert und geächtet, oft verfolgt.

[3] Auf einer Konferenz der protestantischen Missionen, die 1890 in Shanghai stattfand, schätzte Reverend F.H. JAMES, daß es allein in Shandong, wo seine Mission arbeitete, mehr als hundert Geheimgesellschaften gäbe.

[4] Der Gründer der Ming-Dynastie, der die Mongolen 1368 verjagte, war wahrscheinlich ein Mitglied des Weißen Lotus.

[5] Eine alte Überlieferung behauptet, die Taiping hätten anfangs nicht einen, sondern zwei Führer gehabt: HONG XIU-QUAN und einen Führer der Triade, der sich als Abkömmling der Ming ausgab und sich TIAN-DE (Himmlische Tugend) nannte. Er soll der wahre Kopf der Bewegung gewesen sein; erst nach seinem Tod in einer Schlacht gegen die Mandschus 1850 soll sich die Taiping-Bewegung von der Triade getrennt und die Forderung nach der Restauration der Ming fallengelassen haben.

[6] Aus unbekannten Gründen wandte sich 1898-1899 die Boxer-Bewegung der Qing-Dynastie der Mandschus zu (vielleicht, weil ihnen Angehörige des Kaiserhofs Avancen gemacht haben) und forderten das Volk auf, die Mandschus als Symbol der Unabhängigkeit Chinas in der Konfrontation mit den Fremden zu unterstützen. Diese Kehrtwendung führte zu einem vollständigen Bruch zwischen den Boxern und den übrigen Geheimgesellschaften, insbesondere dem Weißen Lotus. Es kam deswegen sogar mehrmals zu blutigen Zusammenstößen zwischen beiden Gesellschaften.

[7] Um die in China ansässigen Ausländer zu schützen und nach dem Angriff der Boxer die Aufständischen zu bestrafen, wurde als Entsatzkorps eine vereinigte Streitmacht aus Briten, Franzosen, Deutschen, Russen, Italienern, Amerikanern und Japanern unter britischem Oberbefehl nach Peking geschickt. Auf dem Weg dorthin blieb die Expedition, niedergehalten von feindlicher Übermacht, vor Tiensin stecken. Schließlich gab Admiral SEYMOUR den denkwürdigen Befehl: The Germans to the Front! So wurde Feldmarschall Graf WALDERSEE zum nominellen Oberkommandierenden der alliierten Streitkräfte. Unter seiner Führung erstürmten die deutsche Soldaten den Alliierten voran die Bastionen der Chinesen und bahnten dem Expeditionskorps den Weg zum Sieg. Nach Plünderung der kaiserlichen Paläste, die der Niederschlagung des „Boxeraufstandes" folgte, wurden „zur Sühne" noch 46 Strafexpeditionen ins Innere Chinas durchgeführt und der mandschurische „Sühneprinz" mußte nach Berlin.

[8] Die im „Boxerprotokoll" festgelegte Reparation belief sich auf die riesige Summe von 450 Millionen Tael Silber. Ein Tael (Liang) war ein ostasiatisches

Massemaß von örtlich erheblich differierendem Wert. Für das chinesische Tael rechnete man 1858 allgemein wie folgt:
1 T = 10 Chin = 100 Fen = 1000 Li = 10.000 Hu = 100.000 Ssu = 37,783 Gramm (in Shanghai 34,246 g)

9) Die Gesellschaft des Großen Schwerts hat wohl auch Verbindungen zur Triade unterhalten, welche ihre Gründer mit dem Weißen Lotus vereinigen wollten. Gegen Ende des 19. Jh. verhielt sich der Bund ähnlich wie die Boxer. Er griff die Infiltration Chinas durch die Europäer und besonders die Mission an.

10) Der Kaiser selbst befand sich zu dieser Zeit auf einer Reise in den Westen des Landes. Der Überfall scheiterte an der Geistesgegenwart des Kronprinzen und späteren Kaisers DAO-GUANG.

11) Die genaue Bedeutung ihres Namens ist nicht bekannt. „Nian" bezieht sich entweder auf die heiligen Schriftrollen oder aber auf die militärische Grundeinheit der Bewegung.

12) Diese nordchinesische Sekte wurde wahrscheinlich um 1866 von einem mißratenen Sohn einer reichen Familie gegründet, der nach einem langen Studium des Konfuzianismus auf Abwege geraten war und sich der Magie zugewandt hatte. Die Sekte predigte Alkoholabstinenz und verbot zahlreiche Nahrungsmittel. Einige Mitglieder waren Vegetarier. Der Name „Zai-li" kann, je nachdem mit welchen Schriftzeichen er geschrieben wird, zweierlei bedeuten: entweder „Beachtung von Riten und Moral" oder „Beachtung der Vernunft". Die protestantischen Missionare nannten die Mitglieder der Zaili-Hui die „Rationalisten", die Katholiken dagegen „Brüder der Wahrheit und Schönheit".

13) Die „Roten Bärte" blieben auch im 20. Jahrhundert recht aktiv. Als die Japaner 1931 in die Mandschurei einmarschierten, bauten sie eine Bauernguerilla auf, die mehrere Jahre bestand.

14) Die Gesellschaft war taoistisch geprägt, besaß aber auch buddhistische Elemente. Sie verehrte eine „Alte Mutter ohne Ende" (Wu-ji Lao-mu). Ihre Religion basierte auf den „Drei Juwelen": 1) besonderen Gebeten an Maitreya (= den buddhistischen Messias); 2) Übungen, die einen „Weg von der Stirn zur Seele öffnen"; 3) einer besonderen Haltung der Hände beim Gebet. Der Bund warb mit einer Broschüre, in der ein aus der Hölle zurückgekehrter Sünder beschrieb, was mit denen passierte, die vom „Immer Gleichen Weg" abirrten. Die Mitglieder der Gesellschaft hatten viele religiöse Verpflichtungen: Verbrennen von Weihrauch am Morgen, Mittag und Abend; Opfer von Früchten und Gemüse, aber niemals Fleisch.

15) Bei den „Roten Speeren" handelte es sich um eine große Anzahl selbständiger Bauernmilizen, die sich aber in Ritus und Organisation nur wenig unterschieden.

16) Bekannt wurde das 1901 vom Geheimen Hofrat Prof. JOSEPH KÜRSCHNER aus Hohenhainstein ob Eisenach in der Berliner Deutschen Kriegerbund-Buchhandlung herausgegebene Werk „China – Schilderungen aus Leben und Geschichte, Krieg und Sieg".

17) Dazu heißt es bei EMIL WILHELMY (China Land und Leute, Verlagsdruckerei Merkur, Berlin 1903) auf Seiten 288-289: *„Die Inhaber der irdischen Macht und*

des Vermögens sind ja unter denselben Zeremonien in die Welt gekommen und gehen auf dieselbe Weise hinaus wie ihre betrogenen Brüder, die Unterdrückten, die Armen. Das höchste Wesen wolle nicht, daß Millionen zu Sklaven einzelner Tausende verdammt werden. Vater Himmel und Mutter Erde haben nie und niemals den Tausenden ein Recht gegeben, das Eigentum der Millionen Brüder zur Befriedigung ihrer Üppigkeit zu verschlingen. Den Großen und Reichen war der Besitz ihres Vermögens vom höchsten Wesen nie als Sonderrecht verpachtet; es besteht vielmehr in der Arbeit und dem Schweiß ihrer Millionen unterdrückten Brüder. Die Sonne mit ihrem strahlenden Antlitz, die Erde mit ihren reichen Schätzen, die Welt mit ihren Freuden ist gemeinschaftliches Gut, welches zur Bestreitung der Bedürfnisse von Millionen nackter Brüder aus den Händen der Tausende zurückgenommen werden muß. Die Welt soll endlich einmal von allem Druck und Jammer erlöst werden; es muß dies mit Einheit, Mut und Kraft angefangen, fortgesetzt und vollendet werden. Der edle Samen der Bruderschaft darf nicht unter dem Unkraute erstickt werden, vielmehr ist es Pflicht, das Alles überschattende Unkraut zum Vorteile des guten Samens zu vernichten.“

[18] Dazu heißt es bei GEORG SCHUSTER (Geheime Gesellschaften Verbindungen und Orden, Zweiter Band, 1905) auf Seiten 502-503: *„Organisation und Ritual dieser und der meisten anderen chinesischen Geheimgesellschaften erinnern vielfach an ähnliche Einrichtungen der bekanntesten europäischen Verbindungen. Bei der Aufnahme in den Hungbund wird dem Kandidaten ein Eid abgenommen, den er durch Trinken einiger, den Schwurfingern entnommener Tropfen Blut zu bekräftigen hat. Im Anschluss hieran schlägt er einen weissen Hahn den Kopf vom Rumpfe dafür, dass er einem ähnlichen Schicksal für den Fall der Untreue und des Verrats verfalle. – Jeder Aufgenommene erhält ein Diplom, zwei Dolche und ein Buch, das die Satzungen und die geheimen Zeichen des Bundes erhält. Die Aufnahmehandlung leitet der vorsitzende Meister mit folgenden Worten ein: 'Diese Nacht geben wir zum Pfande, dass die Brüder in der ganzen Welt sein sollen wie aus Einem Leibe, wie erzeugt von Einem Vater und alle genährt von derselben Mutter, dass wir dem Himmel gehorchen und rechtschaffen handeln werden und dass die Treue unseres Herzens nie wechselt. Wenn der erhabene Himmel gewährt, dass wir die Ming wieder auf den Thron setzen, dann kehrt das Glück ins Reich zurück' Der Kandidat hat auf die Frage: 'Leben Deine Verwandten noch?' die bezeichnende Antwort zu geben: 'Sie sind tot' – Logen des Hung-Bundes finden sich nur an entlegenen Orten. In verkehrsreichen Städten versammeln sich die Mitglieder in der Wohnung des örtlichen Meisters. Die Oberleitung führt der Grossmeister der 5 Hauptlogen. Die Angelegenheiten der einzelnen Logen verwaltet der Meister mit Hilfe der 'Einführer' und eines Rates von 13 Brüdern.“*

[19] Schleifen = „über den Boden ziehen“ (Veranlassungswort); schon im Spätmittelhochdeutschen erschien die militärische Wendung „eine Burg, Festung schleifen“, d.h. „dem Erdboden gleichmachen“.

[20] In diesen Abenteuern kamen aufständische Generale, Pferdehändler und buddhistische Gottheiten vor.

[21] Diese Überlieferung läßt sich nicht belegen. Fest steht, daß die Triade schon gegen Ende des 17. Jahrhunderts aktiv gegen die Mandschus tätig war. Sie

wurde mit dem Weißen Lotus zusammen im Straf-Kodex der Qing namentlich aufgeführt.

22) Doch brachen nie so schwere Aufstände aus, wie sie zwischen 1796 und 1804 in Nordwestchina stattgefunden hatten.

23) Im Nordwesten und Südwesten erhoben sich die Mohammedaner, in Zentralchina die Taiping, in der nordchinesischen Ebene die Nian, in Yunnan und Gueizhou griff das Mioa-Volk zu den Waffen. In Toongjiang und Kanton organisierte die Hongmen-Hui den Aufstand der Roten Turbane; die „Kleinen Messer" eroberten Shanghai und hielten es siebzehn Monate.

24) Nach einer anderen Überlieferung wurde die Gesellschaft der Älteren Brüder zur Zeit des Kaisers JIAN-LONG (1736-1796) gegründet. Später, unter dem Kaiser TONG-ZHI (1862-1874), wurde die Huai-Armee in der Provinz Henan aufgelöst. Ohne Nahrung und Kleidung, dem Elend preisgegeben und ohne Zuflucht traten die Soldaten in großer Zahl in die „Gelao-Hui" ein, die so an Macht gewann.

25) Noch ein halbes Jahrhundert später waren die Älteren Brüder aktiv. Sie spielten auch bei der Vorbereitung der Revolution von 1911 eine wichtige Rolle. Viele militante Republikaner traten ihr bei, z.B. ZHU DE, WU YU-CHANG und HE LONG, die später in der kommunistischen Partei Chinas zu Ehren kamen. Selbst in den 1940er Jahren war die Gesellschaft auf dem Land noch äußerst einflußreich. Dennoch tendierte sie aber dazu, ihren eigenen Charakter aufzugeben und mit anderen archaischen Gruppierungen, z.B. den „San-fan-Briganten" zu verschmelzen.

26) Im 18. Jahrhundert wurde zur Zeit des Kaisers YONG-ZHENG das Getreide, das im Yangtse-Becken als Steuer erhoben wurde, noch auf dem großen Kanal nach Peking transportiert. Viele Schiffe und Menschen waren dazu nötig; oft kam es zu Unruhen und kleinen Gefechten. Die Vorschriften und schweren Strafen, die die Oberaufseher YU CHENG-LONG und SHI SHI-LUN eingeführt hatten, waren erfolglos geblieben. Drei Männer, WEN YAN, QIAN JIAN und PAN QING, legten dem Herrscher einen Plan für die Organisation dieser Transporte vor. Sie schufen eine Gesellschaft namens „Anqing-Hui" (Gesellschaft für Frieden und Glück), der alle beitreten mußten, die beim Getreidetransport mitarbeiteten. Neue Arbeiter mußten sich erst einer rigorosen Schulung unterziehen, ehe sie eingestellt wurden. Als Folge dieser Verordnung kehrte auf dem Großen Kanal wieder Ruhe ein. Nach Gründung der „Anqing-Gesellschaft", die auch „Anqingdao-You" (Freunde des Friedens, des Glücks und des Weges) genannt wurde, wurde die Zahl der Schiffe, die den Großen Kanal befahren durften, begrenzt.

27) Nach Gründung der „Anqing-Gesellschaft" (als Schiffergilde) wurde die Zahl der Schiffe, die den Großen Kanal befahren durften, auf 10.254 begrenzt. Die Arbeiter kamen aus acht Provinzen und verteilten sich auf 128 ½ Gilden, ihre Zahl betrug etwa 200.000.

28) Bang = Gilden; die Grüne Gilde behielt nach der Vergrößerung aber den Namen, die Banner, die Bootszeichen und alle Regeln bei.

29) In der Revolution von 1911 leistete die Grüne Gilde wertvolle Dienste im Untergrundkampf.

30) Hier wurde sie als Grüner Zirkel bzw. Grüner Bande (Green Pang Triad) bekannt. Ihr Führer TU YUEH-SCHENG beherrschte Shanghai wie zur gleichen Zeit AL CAPONE in den USA Chicago beherrschte. TU wurde mit seiner Bande für die Kuo-min-tang tätig. Als er für den KMT-Führer General CHIANG KAI-SHEK 1927 blutig gegen linke Gewerkschaftler vorging, wurde er mit dem Rang eines Generalmajors in der KMT-Armee belohnt.

31) In der Regel trafen die kriminellen Aktivitäten die Reichen stärker als die Armen. Wenn Mitglieder der Triade manchmal Briganten wurden, verloren sie trotzdem keineswegs ihren Gerechtigkeitssinn. 1831 griffen Mitglieder der Triade einen Gefangenentransport an und befreiten die zu Zwangsarbeit Verurteilten.

32) Neben der Bezeichnung Association of Heaven and Earth (Tin-Tei-Wui) sprachen die Briten von der Black Society Association (Hak-She-Wui) und der Three United Association (Sam-Hop-Wui)

33) Andere Namen waren: Sanhe-Hui (Gesellschaft der Drei in Einem oder Dreibund = Triade), Sandian-Hui (Gesellschaft der Drei Punkte) eine Anspielung auf das Schriftzeichen-Emblem der Gesellschaft.

34) Hong-Men (Pforte der Hong, auch „Rote Pforte"), Hong-Jia (Familie der Hong, auch „Rote Familie") und Hong-Bang (Gilde der Hong, auch „Rote Gilde"). Die Mitglieder nannten sich „Söhne der Hong".

35) Diese Aufteilung sollte das Andenken an die fünf Gründer und die fünf Pferdehändler, die ihnen halfen, lebendig erhalten.

36) Der malayische Zweig der Triade hatte im 19. Jahrhundert eine regelrechte Polizei und eine eigene Gerichtsbarkeit, die nicht nur für Mitglieder, sondern auch für Außenstehende galt. Sie hielt auf eine außerordentliche Solidarität innerhalb der Gesellschaft.

37) So schätzte z.B. SCHUSTER (Geheime Gesellschaften, Band 2, 1905, S. 502) „unter den Verbindungen der neueren Zeit" die Mitglieder der „Gesellschaft der Himmlischen Vernunft" auf mehr als eine Million.

38) SCHUSTER, a.a.O., Seite 503 (Bd. 2)

39) SCHUSTER, a.a.O., Seite 504 (Bd. 2)

40) In der Qing-Dynastie erließen die Mandschus 1729 ein völliges Opiumverbot, welches auch die „Opium-Häuser" betraf. Diese Verbote wurden 1780 und 1796 erneuert. Erst nach dem zweiten Opium-Krieg mußte das Kaiserhaus im Vertrag von Tien-tsin bei Peking 1860 die völlige Legalisierung des Opium-Handels zulassen.

41) Dies traf später insbesondere auch auf die sog. Opiumhöhlen in den großen Chinesensiedlungen in Übersee, z.B. in den USA (New York und San Francisco) zu. Hier, in den westlichen Ländern, galten solche Vorsichtsmaßregeln in erhöhtem Maß: „Der harmlose Mann in irgendeiner kleinen winkligen Seitengasse hebt in einer ganz bestimmten Form den linken Arm und krümmt danach die Hand zu einem Zeichen. Erhält er nicht die 'passende' Anwort (= Passwort) seitens des Passanten, so bleibt die 'Tür zum siebenten Himmel' verschlossen".

42) Name für die Triade, SCHUSTER, a.a.O., S. 503 (Bd. 2)

43) Zitiert nach CHESNEAUX (1976): Weisser Lotus, Rote Bärte, Wagenbach Verlag, Berlin, Seiten 36 - 37

44) In heutiger Zeit verwarnen verschiedene Gesellschaften, z.B. die 14 K Verräter mit Schnittwunden (durch Schlachtermesser) im „ersten Grad“. Beim nächsten Mal kostet es den Betreffenden ein paar Finger bzw. Extremitäten, zum Schluß „den Kopf“. Ein typischer Fememord der 14 K soll daran zu erkennen sein, daß Kopf, Hände und Füße (mit einem „Chopper“ = Schlachtermesser) abgeschlagen werden und – für alle erkennbar und zur Warnung – neben den Körper gelegt werden.

45) Bei der Eidesleistung auf die Verbindung „Sam-Tien“ wurde vor rund 100 Jahren ein Hühnchen geschlachtet und das Blut aufgefangen. Jeder Teilnehmer trank davon einen Schluck und bekam darauf einen neuen Namen. Verrat oder Ungehorsam wurden auf die schrecklichste Art gerächt (SCHUSTER, Bd. 2, a.a.O., S. 504)

46) Jeder Verrat, jedes Zusammenspiel mit den Behörden wurde mit dem Tod bestraft.

47) Je nach Rang erhalten alle Triadenmitglieder neben ihrem traditionellen Titel eine Nummer. Diese Nummern sind sämtlich durch Drei (= die magische Zahl der Chinesen) teilbar; z.B. wird ein Triadenführer „Bergspitze“ genannt und erhält seinem Rang entsprechend die Nummer 489. Jede Position innerhalb einer Triade, auch die gewöhnlicher Mitglieder, entspricht einer bestimmten Nummer. Diese Triaden-Nummern vereinen auf komplizierte Weise Zahlen aus dem chinesischen Aberglauben. Es sind Zahlen, die für Begriffe wie Schöpfung, langes Leben und Wiedergeburt stehen (s.a. POSNER 1991: Die chinesische Mafia, Lübbe, Bergisch Gladbach, Seiten 53, 54)

48) Zitiert nach BÖKEMEIER (1989): Hongkong unter der Hand, GEO Nr. 2 (Febr.), Seiten 89 - 106

49) Was man beispielsweise am Artikel 7 des Eids der Triade sehen kann: Es war verboten, die Schwachen mit Hilfe der Starken oder die Armen mit Hilfe der Reichen zu unterdrücken.

50) Nach dem 1. Opium-Krieg wurde in China 1850 die Anzahl der Opiumsüchtigen auf 2 Millionen geschätzt. Nach dem 2. Opium-Krieg und der erzwungenen Legalisierung des Opiums stieg die Anzahl 1878 auf über 20 Millionen und lag 1900 zwischen 20 und 40 Millionen.

51) Dieses Dokument zitierte der Historiker WANG TIAN-JIANG (CHESNEAUX 1976, a.a.O. S. 76 und 185)

52) Der 1908 als Kaiser inthronisierte HSÜAN TUNG wurde 1906 als PU YI geboren. Siebzehn Jahre nach seiner Abdankung geriet er 1929 unter den Einfluß der Japaner, die Anfang der 1930er Jahre die Mandschurei besetzten und dort den Staat „Mandschukuo“ (1932-1945) gründeten, zu dessen Kaiser sie PU YI machten. Als die Russen dort 1945 einmarschierten, geriet der „Kaiser von Mandschukuo“ in sowjetische Gefangenschaft. 1950 wurde er an die ein Jahr zuvor gegründete VR China ausgeliefert und dort 1959 nach intensiver „Um-

erziehung“ durch einen Gnadenerlaß MAOS freigelassen. Im Oktober 1967 starb der „letzte Kaiser“ in Peking. Sein Leben wurde unter dem Titel „The last Emperor“ von BERNARDO BERTOLUCCI zu einem mit 9 Oscars ausgezeichneten Film weltweit bekannt.

53) Ein erster Aufstandsversuch dieser Bewegung in Kanton scheiterte im Herbst 1895. Fast fünfzig Anhänger von SUN wurden erschossen – die ersten Märtyrer der Revolution. SUN setzte sich über Japan, Hawaii und den USA ins Vereinigte Königreich ab. Dort wurde er von Agenten der chinesischen Gesandtschaft gekidnappt, die bereits für 7.000 £ ein Schiff gechartert hatten, um den Aufrührer SUN zur Hinrichtung heim nach China zu schaffen. Ein englischer Freund, SUNS früherer Lehrer in Hongkong, der zunächst vergebens Scotland Yard und das Foreign Office alarmiert hatte, befreite SUN mit Hilfe der Zeitung „The London Globe“. Der Fall erregte größtes internationales Aufsehen. Mit einem Schlag war der bis dahin mehr unbekannte Arzt aus China als Dr. SUN YAT-SEN weltberühmt.

54) Die Begründer der „Vereinigung für die Erneuerung Chinas“, SUN YAT-SEN und ZHENG SHI-LIANG sollen Mitglieder der Triade „Himmel-Erde-Gesellschaft“ bzw. einer ihrer Filialen in Honolulu gewesen sein.

Mitglieder der Triaden-Organisation Ältere Brüder waren auch WU YU-ZHANG. Dieser war erst Republikaner, wurde dann Kommunist, stieg ins Zentralkomitee der KP China auf, dem er bis zu seinem Tode 1966 angehörte; und ZHU DE, der Älterer Bruder wurde, um Mitglieder für den Kampf um die Republik zu gewinnen. Er wurde später Oberbefehlshaber der chinesischen Roten Armee.

55) Dieser Ableger wirkte und arbeitete in Sichuan und dem ganzen mittleren Yangtse-Becken

56) SUN selber überraschte der Aufstand in Denver/USA. In Abwesenheit wählten ihn deswegen seine Anhänger zum Präsidenten der provisorischen Republik China.

57) YUAN SHI-KAI sollte das Kaisertum retten. Dieser erpreßte 80.000 Unzen Gold aus dem Hofschatz, angeblich zur Niederwerfung der Rebellion; er ließ rivalisierende Generäle ermorden und erhob sich selbst zum Diktator.

58) Widerspenstige Funktionäre der „nationalen Volkspartei“ SUNS ließ YUAN vergiften oder erschießen. Der Republikgründer SUN mußte abermals aus der Heimat fliehen – nach Japan.

59) Den Segen des Auslands für seine Restaurationspläne hatte sich YUAN durch für China erniedrigende Zugeständnisse erkauft: Er beugte sich den „21 Forderungen“ Japans, die China de facto zu einem Vasallen Nippons machten, und anerkannte Rußlands „spezielle Interessen“ in der Mongolei sowie die Englands in Tibet; beide Riesenprovinzen hatten sich schon 1911 vom Reich der Mitte losgesagt.

60) Eine Provinz nach der anderen fiel nach der Signalwirkung des Shanghaier Aufstandes von Peking ab. YUANS Mitstreiter begannen zu desertieren. Er selbst starb 56jährig im Juni 1916.

61) An den großen Streiks, z.B. den der Seeleute 1922 in Hongkong, hatten sie keinerlei Anteile mehr; noch weniger an den Allchinesischen Arbeiter-Kongressen, die 1922 bis 1927 regelmäßig stattfanden.

62) „Ungleich" wurden die „Verträge" genannt, die das China der Mandschus auf Grund seiner Schwäche mit fremden Mächten zum Schaden des Reiches schließen mußte. Sie beinhalteten Gebietsabtretungen, Beschränkungen der Souveränität und Duldung wirtschaftlicher Ausbeutung. Es zählten dazu: 1842: Vertrag von Nanking nach dem 1. Opium-Krieg, u.a. Verzicht auf Hongkong zugunsten Englands/ 1858: Vertrag von Aigun, in dem China auf alle Gebiete links des Amurs zugunsten Rußlands verzichtete/ 1860: Vertrag von Peking, in dem diese Abmachung erweitert wurde/ 1858, 1860: Verträge in Tientsin und Peking nach dem 2. Opium-Krieg, u.a. Abtretung Kowloons an England/ 1876: Vertrag von Chih-fu, in dem England erweiterte Zollvergünstigungen erzwingt/ 1885: Vertrag von Tientsin, in dem China die Protektoratsansprüche Frankreichs über Annam anerkennt/ 1895: Vertrag von Shimonoseki mit dem Verlust von Formosa und den Pescadores an die Japaner; Unabhängigkeit Koreas/ 1896: Vertrag von Moskau, in dem China die Genehmigung zum Bau einer russischen Eisenbahn quer durch die Mandschurei nach dem neuentstandenen russischen Hafen Wladiwostok gab/ 1897, 1898: Pacht-, Konzessions- u.a. Chinas Souveränität einschränkende Verträge mit Deutschland (über Kiautschau), Rußland (über Talien und Port Arthur), England (über Wei-hai-wei) und Frankreich (über Kuang-chou-wan)/ 1901: Protokolle von Peking („Boxerprotokolle"), u.a. erhalten die Großmächte das Recht zur Truppenstationierung.

63) Die „Einundzwanzig Forderungen" Japans vom 18. Januar 1915, die zum großen Teil mit militärischem Druck durchgesetzt wurden, waren der Versuch, China zum Satelliten Japans zu machen. Die einschneidendsten Forderungen waren: Anerkennung japanischer Rechte auf die Provinz Shantung; Gewährung von Sonderrechten in der Mandschurei; Kontrolle der wichtigsten chinesischen Industrien durch Japan; Verpflichtung Chinas, keiner anderen Macht als nur Japan Pachtrechte für Häfen zu überlassen.

64) Die öffentliche Meinung (Studentendemonstrationen und Streiks in den Industriezentren) kehrte sich gegen die USA. Erste Hinwendung zur jungen Sowjetunion, besonders nach deren Verzichtserklärungen auf alle vom zaristischen Rußland erworbenen Rechte in China.

65) Fünf Feldzüge führte CHIANG KAI-SHEK gegen die Kommunisten. Um der vollständigen Vernichtung zu entgehen, zog sich die „Rote Bauernarmee" unter der Führung von MAO TSE-TUNG 1934 bis 1935 in einem legendären „langen Marsch" über 12.000 Kilometer durch 11 Provinzen in das abgelegene und schwer erreichbare Bergland von Nord-Shensi zurück. Dort wurde mit dem Zentrum in Yenan eine Räterepublik gegründet, die Ausgangspunkt für die spätere Eroberung Chinas war.

66) CHIANG hatte die kommunistische Gefahr für sein Aufbauwerk größer als die japanische Gefahr eingeschätzt und letzterer dementsprechend lange keine genügende Abwehr entgegengestellt. Um CHIANGS Zustimmung zu erzwingen, wurde er von einem seiner Generale am 13. Dezember 1936 im sog. Sian-Zwi-

schenfall gefangengesetzt. CHOU EN-LAI, inzwischen engster Vertrauter MAOS, erwirkte in dessen Auftrag die Freilassung CHIANGS. Kurz darauf wurde die „Nationale Front“ zwischen KMT und KPCH gebildet. Schon 1931 provozierte die japanische Kwantung-Armee einen Zwischenfall und besetzte Mukden; 1932 rief Japan in der Mandschurei den Staat „Mandschukuo“ aus. Am 7.Juli 1937 schließlich provozierten japan. Soldaten, die gemäß der „Boxerprotokolle“ in Peking und Umgebung stationiert waren, an der Marco-Polo-Brücke einen Schußwechsel, der den japanisch-chinesischen Krieg auslöste. Von 1931 bis Kriegsende 1945 wurden im besetzten China von japanischen Truppen allein zwischen 10 und 12 Millionen Zivilisten getötet.

67) In der KPCH und der Roten Armee hingegen herrschte strengste Disziplin, aber auch Idealismus und Uneigennützigkeit. Die Sympathie des Volkes wandte sich den Kommunisten zu, nicht so sehr wegen des Parteiprogramms, sondern weil es in der KPCH die einzige nicht-korrupte starke Ordnungsmacht sah.

68) Zitiert nach CHESNEAUX (1976) a.a.O., Seite 162

69) An der Spitze der Grünen Bande standen zuerst die, wie sie in der chinesischen Presse nicht selten genannt wurden, „Großen Drei“: TU YUEH-SCHENG (DU YUE-SHENG), HUANG JING-YONG und ZHANG XIAO-LIN, die Shanghai untereinander aufgeteilt hatten und in relativer Harmonie zusammenarbeiteten. In der zweiten Hälfte der 20er Jahre entzündete sich um die Gewinne aus Opiumgeschäften ein interner Machtkampf, der mit der Stärkung von TU auf Kosten von HUANG endete und TU damit zum „ungekrönten Kaiser von Shanghai“ werden ließ. In seiner Hochburg, der französischen Konzession, war TU sogar tonangebendes Mitglied im französischen Stadtrat.

70) Mitten im antijapanischen Widerstandskrieg (1937-1945) soll Generalissimus CHIANG KAI-SHEK 1941 befohlen haben, den Schlafmohn total auszurotten.

71) Gegenspieler des KMT-Geheimdienstes war der von KANG SHENG (Vertrauter MAOS und Mitbegründer der KP China 1921) aufgebaute Geheimdienst chinesischer Kommunisten. Ursprünglich nach sowjetischem Vorbild aufgebaut, war er nach der Proklamation der VR China 1949 als „Abteilung für soziale Angelegenheiten“ (Shehuibu) für geheime Dienste nach innen und nach außen zuständig. Triaden-Kontakte werden (aus der Tradition dieser 20er Jahre stammend) dem Kuo-min-tang-Nachrichtendienst Taiwans bis zum heutigen Tage nachgesagt.

72) Ein kleiner Lokalzweig dieser fiktiven KMT-Organisation soll angeblich die „Luen Yee Sh'e“ sein, die zur großen Gesellschaft der „Luen-Gruppe“ gehört.

1.4 Literatur- und Quellennachweise

AFP (1993):
DIE MARKTWIRTSCHAFT EREILT CHINAS KLÖSTER
Vor allem Kung-Fu-Touristen bringen den Profit,
Berliner Zeitung Nr. 146, 25. Juni, S. 37.

Blunden, Caroline u. Elvin, Mark (1983):
WELTATLAS DER ALTEN KULTUREN CHINA
Christian Verlag, München.

Bökemeier, Rolf (1989):
HONGKONG UNTER DER HAND
GEO Nr. 2/ Februar, S. 86-108.

Booth, Martin (1990):
THE TRIADS
The Chinese Criminal Fraternity
Grafton Books, London.

Brau, Jean-Louis (1968):
L'HISTOIRE DE LA DROGUE
Claude Tchou, Paris.

Brau, Jean-Louis (1969):
VOM HASCHISCH ZUM LSD, Geschichte der Droge
Insel Verlag, Frankfurt/Main.

Chesneaux, Jean (1965):
LES SOCIÉTÉS SECRÉTES EN CHINE
(XIXe et XXe siècles), René Julliard, Paris.

Chesneaux, Jean (1976):
WEISSER LOTUS, ROTE BÄRTE
Geheimgesellschaften in China – Zur Vorgeschichte der Revolution
Verlag Klaus Wagenbach, Berlin.

Comber, L.F. (1959):
CHINESE SECRET SOCIETIES IN MALAYA
New York.

FBI (1987):
ASIAN ORGANIZED CRIME IN THE UNITED STATES
FBI Organized Crime Section / Criminal Investigative Division
U.S. Department of Justice, Washington.

Franz, Uli (1986):
HONGKONG, Macao Kanton
DuMont Buchverlag, Köln, 2.Auflage.

Freiberg, Konrad u. Thamm, Berndt Georg (1992):
DAS MAFIA-SYNDROM
Organisierte Kriminalität, Geschichte, Verbrechen, Bekämpfung
Verlag Deutsche Polizeiliteratur, Hilden.

Fei-Ling, Davis (1977):
PRIMITIVE REVOLUTIONARIES OF CHINA
A study of secret societies of the late nineteenth century
Heinemann Educational Books (Asia) Ltd.
Routledge and Kegan Paul Ltd., London.

Gernet, Jacques (1985):
DIE CHINESISCHE WELT
Insel Verlag, Frankfurt/Main, 7. bis 9. Tsd.

Gide, Paul (1910):
L'OPIUM
Paris.

Kaminski, Gerd u. Unterrieder, Else (1989):
WÄRE ICH CHINESE, SO WÄRE ICH BOXER
Das Leben an der k. und k. Gesandtschaft in Peking in Tagebüchern, Briefen und Dokumenten
Europaverlag, Wien-Zürich.

Kaplan, David u. Dubro, Alec (1986):
YAKUZA
The Expolisive Account of Japan's Criminal Underworld
McMillan Pub. Comp., New York.

Kieser, Egbert (1984):
ALS CHINA ERWACHTE
Der Boxeraufstand
Bechtle Verlag, Esslingen u. München.

Kogelfranz, Siegfried (1989):
„DIE BARBAREN - UNBEDEUTEND UND WIDERWÄRTIG"
Chinas Demütigungen, seine Revolutionen, Reformen und Kriege gegen sich selbst
SPIEGEL-Serie
1.Teil: Spiegel 43. Jg. Nr. 25/ 19. Juni, S. 104 - 115
2.Teil: Spiegel 43. Jg. Nr. 26/ 26. Juni, S. 114 - 134
3.Teil: Spiegel 43. Jg. Nr. 27/ 3. Juli, S. 132 - 145.

Kürschner, Joseph, Hrsg. (1901):
CHINA
Schilderungen aus Leben und Geschichte Krieg und Sieg – Ein Denkmal den Streitern und der Weltpolitik
Deutsche Kriegerbund-Buchhandlung, Berlin.

Mabire, Jean (1978):
BLUTIGER SOMMER IN PEKING
Der Boxeraufstand in Augenzeugenberichten
Paul Neff Verlag, Wien-Berlin.

Meißner, Werner (1993):
PEKING UND DIE PATRIOTISCHEN GANGSTER
die tageszeitung (taz), 13. Mai, S. 12.

Morgan, W.P. (1960):
TRIAD SOCIETIES IN HONG KONG
The Government Printer, Hong Kong (unveränderter Nachdruck 1982).

O'Callaghan, Sean (1978):
THE TRIADS
the Mafia of the Far East
A Universal Book, W.H.Allen & Co., Ltd. London.

Posner, Gerald L. (1988):
WARLORDS OF CRIME
McCraw-Hill Book Company, New York.

ders. (1991):
DIE CHINESISCHE MAFIA
Die Triaden – das gefährlichste Heroin-Kartell der Welt
Gustav Lübbe Verlag, Bergisch Gladbach.

Röttger, E.H. (1852):
THIEN, TI, HOIH
Geschichte der Brüderschaft des Himmels und der Erden, der communistischen Propaganda China's
Berlin.

Schischkoff, Georgi (1968):
PHILOSOPHISCHES WÖRTERBUCH
Alfred Kröner Verlag, Stuttgart, 18. Auflage.

Schlegel, G. (1866):
THIAN TI HWUI
The Hung League
Batavia.

Schuster, Georg (1905):
GEHEIME GESELLSCHAFTEN Verbindungen und Orden (2 Bände)
Reprint im Fourier Verlag, Wiesbaden o.J.

Simon, Nikolaus (1903):
ÜBER DIE DARSTELLUNG UND ZUSAMMENSETZUNG VON RAUCHOPIUM
sowie die im Opium wirksamen Stoffe
Inaugural-Dissertation
Franz Scheiner's Buchdruckerei, Würzburg.

Sivin, Nathan et al, Hrsg. (1989):
BILDATLAS CHINA
Südwest Verlag, München.

Studienkreis für Tourismus, Hrsg. (1987):
CHINA VERSTEHEN
(Sympathie-Magazin Nr. 10)
Studienkreis für Tourismus e.V., Starnberg.

Thamm, Berndt Georg (1988):
OPIUM UND SOLDATEN
Die 200jährige Drogenvergiftung Chinas
(SuchtReport-Serie)
2.Teil: Die Kolonialmächte in China bis 1900 und die Folgen
SuchtReport 2. Jg. Heft 1/ Jan.-Febr., S. 28 - 33.

ders. (1993):
DRACHEN EROBERN DIE WELT – DRACHEN IN EUROPA
Der Exodus des organisierten Verbrechens der Chinesen, unveröffentl. Manuskript (Berlin) für den:
Deutschland Sender (DS) Kultur, Berlin, für die Sendung „Grenzenlose Mafia – Palermo ist überall"
gesendet am Samstag, 30. Januar, 21.50 Uhr bis 2.00 Uhr.

ders. (1993):
DRACHEN NEHMEN DIE WELT IN BESITZ
Die Heroin-Triade
(SuchtReport-Serie)
1. Teil: SuchtReport 7. Jg. Heft 2/ März-April, S. 10 - 23.
2. Teil: SuchtReport 7. Jg. Heft 3/ Mai-Juni, S. 38 - 49.

Wilhelmy, Emil (1903):
CHINA LAND UND LEUTE
Illustrierte Geschichte des Reiches und seiner Wirren
Verlagsdruckerei Merkur, Berlin.

Wolter, Gustav Adolf (1978):
CHINA-SPIEGEL – Das Reich der Mitte in vier Jahrtausenden
Verlag E.S. Mittler & Sohn, Herford.

2 Die Drachen kommen

Von der Expansion chinesischer Bünde

- Hongkong – Hochburg geheimer Gesellschaften
- Die Connection der Auslands(Übersee)chinesen
- Asian Crime Network – internationale Kooperationen der „Gelben Mafia“

Hungersnöte, bürgerkriegsähnliche Aufstände und der Einfall der europäischen Kolonialmächte führten ab Mitte des 19. Jahrhunderts im Kaiserreich zu Auswanderungen. Viele Millionen wurden so zu Huaqiao, zu Auslandschinesen, in den Ländern der „weißen Teufel" auch Überseechinesen genannt. Ihre Zahl wuchs, insbesondere nach der Gründung der Volksrepublik China in der zweiten Hälfte des 20. Jahrhunderts. Anfang der 50er Jahre waren es schätzungsweise 12 Millionen und Anfang der 70er Jahre fast 22 Millionen. In der Mitte der letzten Dekade leben außerhalb des chinesischen Sprachraumes[1)] rund 38 Millionen Chinesen[2)], 32 Millionen davon in Asien. Im Laufe der letzten 150 Jahre fanden Hunderttausende Heimat in Australien und Ozeanien, Millionen in Amerika und Europa. In der „Alten Welt" vornehmlich in den Ländern der alten Kolonialmächte Niederlande, Frankreich und dem Vereinigten Königreich. Und hier insbesondere in Britanniens Kronkolonie Hongkong.

2.1 Hongkong – Hochburg geheimer Gesellschaften

Auf kaiserliche Anordnung wurde in der Ming-Zeit (1368 bis 1644) auf einer Insel im Süden des Reiches Weihrauch gewonnen. In der kantonesischen Sprache bedeutet der Namensteil „Hong" soviel wie „Duft" oder „wohlriechend", aber auch „Weihrauch" oder „Gewürz". Der zweite Namensteil „Kong" bedeutet gewöhnlich „Hafen". Vielleicht stammt von diesen Begriffen her der Name Hong Kong.[3)]

Doch in früher Zeit interessierten sich die Chinesen, vom Handel mit Räucherwerk und Gewürzen einmal abgesehen, nicht sonderlich für die nackten Felsen der Inseln, lagen diese doch nicht einmal im Einzugsbereich der kaiserlichen Küstenverwaltung.

2.1.1 Vom Seeräuberunterschlupf zum britischen Opium-Hafen

Interesse an den größeren Buchten und Sunden von Hongkong und anderen Inseln vor der zerklüfteten Küste Südchinas, die quasi als Naturhäfen (Kong) vor Brandung und Sturm schützten, hatten hingegen Seeräuber, die insbesondere im 17. und 18. Jahrhundert an der 13.000 Kilometer langen chinesischen Küste ihr Unwesen trieben. Gegen Ende des 18. Jahrhunderts soll der Pirat Hsiang-Ku auf Hongkong seinen Stützpunkt gehabt haben.[4)]

Bevor Opium, im Reich der Mitte seit 1729 verboten, im größeren Umfang nach China geschmuggelt wurde, mußte die Ostindische

Kompanie (1600 bis 1858) der Briten jedes Jahr riesige Mengen Silber für den Ankauf von Tee und Seide ausgeben. Zu Beginn des 19. Jahrhunderts flossen etwa ein bis vier Millionen Silber-Teals, ein Teal entsprach seinerzeit 34 bis gut 37 Gramm, jährlich nach China. Fremde Schiffe, die im südchinesischen Kanton (Guangdschou) Handel treiben wollten, mußten „mehr Silberdollars als Waren" mitbringen. Kanton war von der kaiserlichen Regierung als einziger Hafen für den Handel mit dem Ausland geöffnet worden. Und alle Ex- und Importgeschäfte konnten nur von Kaufleuten mit spezieller Regierungserlaubnis durchgeführt werden. Da die Profitabilität der illegalen Opiumexporte nach China schon 1800 die Kosten des Tee- und Seidenankaufs finanzierte, drängten die Kaufleute in den 20er und 30er Jahren des 19. Jahrhunderts immer stärker auf die Öffnung Chinas. Im Ausländerviertel Kantons stapelten sich die Opiumkisten zu Tausenden. 1839 forderte der Gesandte des Kaisers, Admiral Lin Tseh-Su, den britischen Hafenmeister Kantons, den Marineoffizier Charles Elliot auf, die unter das chinesische Verbot fallenden Opiumkisten an ihn auszuliefern. Da die Ware aus Britsch-Indien einen Wert von einigen Millionen Pfund Sterling hatte, lehnte Elliot die Auslieferung ab. In der Folge ließ Commissär Lin am 7. Juni 1839 insgesamt 21.291 Kisten (= 1360 t) beschlagnahmen und ins Meer werfen. Nachdem Elliots offizieller Bericht darüber London erreicht hatte, wurde im Kabinett des Vereinigten Königreiches am 1. Oktober 1839 der Krieg gegen das ferne China beschlossen, den vor Ort die East India Company (EIC) „im Namen der Handelsfreiheit und zur Verteidigung der westlichen Zivilisation" zu führen begann und der als erster „Opiumkrieg" in die Geschichte einging. Für die britischen Opiumhändler wurden die Zeiten damit unsicherer. Sie verließen Kanton, wichen zunächst auf das benachbarte portugiesische Macao, später auf britische Kriegsschiffe aus.[5)] Der britische Opiumhandel war damit heimat- und vor allem hafenlos geworden. Kantons Ex-Hafenmeister Captain Charles Elliot, der zugleich auch „vierter Superintendent für den Chinahandel" war, suchte dementsprechend einen neuen, unabhängigen Handelsstützpunkt. Noch mitten im Opiumkrieg (1839/40 bis 1842) annektierte er als selbsternannter Bevollmächtigter Britanniens am 20. Januar 1841 eigenmächtig und mit Waffengewalt die Insel Hongkong. An ihn, den Eroberer, mußte der Commisär des Kaisers, Qishan, in einer „Konvention von Chuanbi" das Gebiet abtreten.[6)] Eineinhalb Jahre später hatten die Briten ihren ersten Opiumkrieg gegen China gewonnen. In einem wahrlich „ungleichen Vertrag“ (Unequal Treaty), den China am 29. August 1842 in Nanking unterzeichnete, mußte das Reich der Mitte unter anderen auch die während des Krieges annektierte Insel Hongkong „auf ewig“ an die Briten abgeben. Damit hatten diese nun einen eigenen Hafen, der unabhängig von Kanton und dem portugiesischen Macao[7] war. Hier konnten nun Ihrer Majestät Handelssegler überholt und Lager unterhalten werden. Britische Kaufleute hatten jetzt einen eigenen Umschlageplatz für ihr Opium aus Indien. Am 26. Juni 1843 wurde die Insel offiziell zur Kolonie der Krone, was seinerzeit im Londoner Parlament nicht unumstritten war. Nicht wenige Abgeordnete hatten Einwände gegen den Status einer Kolonie, in der von Anfang an eine überaus liberale Wirtschaftspolitik (keine englischen Bankgesetze), zuerst mit dem Wirtschaftsgut Opium, betrieben wurde. Zum ersten Gouverneur wurde Sir Henry Pottinger ernannt, der schon 1841 Elliots Nachfolge als Bevollmächtigter Britanniens in China angetreten hatte. Das Vereinigte Königreich setzte weiterhin auf seine erfolgreiche Kanonenbootpolitik. Schon fünfzehn Jahre nach dem Krieg kam erneut Bewegung in den britischen Opiumhandel. 1856 hatten Briten zusammen mit Franzosen ihren zweiten Opiumkrieg gegen China begonnen. Während dieses Krieges (1857-1860) verlegten viele britisch-chinesische Handelshäuser („Hongs“) in Kanton aus Sicherheitsgründen ihre Hauptsitze nach Hongkong. Nach einer erneuten Niederlage gegen die europäischen Alliierten unterzeichnete China einen weiteren „ungleichen“ Vertrag. In Tien-tsin bei Peking fiel am 26. März 1860 die Hongkong vorgelagerte Halbinsel Kowloon (Tsimshatsui)[8] „auf ewig“ an die Briten. Und der auch noch nach dem ersten Opiumkrieg formell verbotene Opiumhandel wurde nun nach dem siegreichen zweiten Krieg völlig legalisiert. Die Kolonie wuchs rasch. Schon zehn Jahre nach dem Krieg lebten um 1870 hier 32.000 Chinesen und 1.500 „weiße Teufel“. Die immer größer werdende Hafenstadt war zu Ehren Ihrer Majestät „Victoria“ genannt worden. Noch ein drittes Mal, diesmal jedoch ohne Waffengewalt, nötigte Britannien China. Zur Absicherung Hongkongs wurden auf dem chinesischen Festland gelegene „neue Territorien“ am 1. Juli 1898 für 99 Jahre, also bis zum 30. Juni 1997, gepachtet, die immerhin neun Zehntel des gesamten Gebietes ausmachten. Mit zusätzlichem Landgewinn vor dem Central District 1904 war die Kolonie nun 805 qkm groß und zählte 235 Inseln.[9] In der Nähe Kowloons richteten die Briten in Shampsshuipo ihr staatliches Opium-Monopol ein, das bis nach dem Zweiten Weltkrieg bestand.

Vertrag (Treaty) zwischen dem Vereinigten Königreich und dem Kaiserreich China – unterzeichnet am 29. August 1842 in Nanking

Treaty

Her Majesty the Queen of the United Kingdom of Great Britain and Ireland, and His Majesty the Emperor of China, being desirous of putting an end to the misunderstandings, and consequent Hostilities, which have arisen between the two Countries, have resolved to conclude a Treaty for that purpose, and have therefore named as their Plenipotentiaries, That is to say:—Her Majesty the Queen of Great Britain and Ireland, Sir Henry Pottinger, Bart, a Major General in the Service of the East Company, &c.; And His Imperial Majesty the Emperor of China, The High Commissioners Cheying, a Member of the Imperial House a Guardian of the Crown Prince and, General of the Garrisson of Canton: and Elepoo, of the Imperial Kindred, Graciously permitted to wear the insignia of the first rank and the distinction of a Peacock's feather, lately Minister and Governor General and now Lieutenant General Commanding at Chapoo: Who after having communicated to each other their respective Full Powers, and found them to be in good and due form, have agreed upon, and concluded, the following Articles:—

Article 1

There shall henceforward be Peace and Friendship between Her Majesty the Queen of the United Kingdom of Great Britain and Ireland, and His Majesty the Emperor of China, and between their respective Subjects, who shall enjoy full security and protection for their persons and property within the Dominions of the other.

Article 2

His Majesty the Emperor of China agrees, that British Subjects with their families and establishments shall be allowed to reside, for the purpose of carrying on their mercantile pursuits, without molestation, or restraint, at the Cities and Towns of Canton, Amoy, Foochowfoo, Ningpo and Shanghai; and Her Majesty the Queen of Great Britain will appoint Superintendents, or Consular Officers, to reside at each of the above named Cities, or Towns, to be the medium of communication between the Chinese Authorities and the said Merchants, and to see, that the just Duties and other dues of the Chinese Government as hereafter provided for are duly discharged by Her Brittanic Majesty's Subjects.

Article 3

It being obviously necessary and desirable, that British Subjects should have some Port whereat they may careen and refit their Ships, when required, and keep Stores for that purpose, His Majesty The Emperor of China cedes to Her Majesty the Queen of Great Britain the Island of Hong Kong to be possessed in perpetuity by Her Britannic Majesty, Her Heirs, and Successors and to be governed by such Laws and Regulations as Her Majesty the Queen of Great Britain shall see fit to direct.

Article 4

The Emperor of China agrees to pay the sum of Six Millions of Dollars as the value of the opium which was delivered up at Canton in the month of March 1839, as a Ransom for the lives of Her Britannic Majesty's Superintendent and Subjects who had been imprisoned and threatened with death by the Chinese High Officers.

Article 5

The Government of China having compelled the British Merchants trading at Canton to deal exclusively with certain Chinese Merchants called Hong Merchants (or Cohong) who had been licensed by the Chinese Government for that purpose, the Emperor of China agrees to abolish that practice in future at all Ports where British Merchants may reside, and to permit them to carry on their mercantile transactions with whatever Persons they please, and His Imperial Majesty further agrees to pay to the British Government the sum of Three Millions of Dollars on account of Debts due to British Subjects by some of the said Hong Merchants, or Cohong, who have become insolvent, and who owe very large sums of money to Subjects of Her Britannic Majesty.

Article 6

The Government of Her Britannic Majesty having been obliged to send out an Expedition to demand and obtain redress for the violent and unjust Proceedings of the Chinese High Authorities towards Her Britannic Majesty's Officer and Subjects, the Emperor of China agrees to pay the sum of Twelve Millions of Dollars on account of the Expenses incurred and Her Britannic Majesty's Plenipotentiary voluntarily agrees, on behalf of Her Majesty, to deduct from the said amount of Twelve Millions of Dollars, any sums which may have been received by Her Majesty's Combined Forces as Ransom for Cities and Towns in China subsequent to the 1st day of August 1841.

Article 7

It is agreed that the Total amount of Twenty one Millions of Dollars described in the three preceding Articles shall be paid as follows

Six Millions immediately
Six Millions in 1843. That is: Three Millions on or before the 30th of the month of June, and Three Millions on or before the 31st of December.
Five Millions in 1844. That is: Two Millions and a half, on or before the 30th of June, and two Millions and a half on or before the 31st of December.
Four Millions in 1845. That is: Two Millions on or before the 30th of June, and two Millions on or before the 31st of December.

And it is further stipulated, that Interest at the rate of 5 per cent per annum, shall be paid by the Government of China on any portion of the above sums that are not punctually discharged at the periods fixed.

Zitiert nach: Höfer, Hans Hrsg. (1983): Hongkong, Nelles Verlag, München, Seite 30

Vertrag (Treaty) zwischen dem Vereinigten Königreich und dem Kaiserreich China – unterzeichnet am 29. August 1842 in Nanking

Article 8

The Emperor of China agrees to release unconditionally all Subjects of Her Brittanic Majesty (whether Natives of Europe or India) who may be in confinement at this moment, in any part of the Chinese Empire.

Article 9

The Emperor of China agrees to publish and promulgate, under His Imperial Sign Manual and Seal, a full and entire amnesty, and act of indemnity, to all Subjects of China on account of their having resided under or having had dealings and intercourse with, or having entered the Service of Her Brittanic Majesty, or of Her Majesty's Officers; and His Imperial Majesty further engages to release all Chinese Subjects who may be at this moment in confinement for similar reasons.

Article 10

His Majesty the Emperor of China agrees to establish at all the Ports which are by the 2nd Article of this Treaty to be thrown open for the resort of British Merchants, a fair and regular Tariff of Export and Import Customs and other Dues, which Tariff shall be publicly notified and promulgated for general information, and the Emperor further engages, that when British Merchandise shall have once paid at any of the said Ports, the regulated Customs and Dues, agreeable to the Tariff to be hereafter fixed, such Merchandise may be conveyed by Chinese Merchants, to any Province or City in the interior of the Empire of China, on paying a further amount as Transit Duties which shall not exceed 5 per cent on the Tariff value of such Goods.

Article 11

It is agreed that, Her Britannic Majesty's Chief High Officers in China shall correspond with the Chinese High Officers, both at the capital and in the Provinces, under the terms "Communication" 照會 The Subordinate British Officers and Chinese High Officers in the Provinces under the terms "Statement" 申陳 on the part of the former, and on the part of the latter. "Declaration" 劄行 and the Subordinates of both Countries, on a footing of perfect equality. Merchants and others not holding Official situations, and therefore not included in the above on both sides, to use the term "Representation" 稟明 in all Papers addressed to, or intended for the notice of the respective Governments.

Article 12

On the assent of the Emperor of China to this Treaty being received and the discharge of the first instalment of money, Her Britannic Majesty's Forces will retire from Nanking and the Grand Canal, and will no longer molest, or stop, the Trade of China. The Military Post at Chinhai will also be withdrawn, but the Islands of Koolangsoo and that of Chusan will continue to be held by Her Majesty's Forces until the money payments, and the arrangements for opening the Ports to British Merchants be completed.

Article 13

The Ratification of this Treaty by Her Majesty The Queen of Great Britain and His Majesty the Emperor of China, shall be exchanged as soon as the great distance which separates England from China will admit, but in the meantime counterpart copies of it signed and Sealed by the Plenipotentiaries on behalf of their respective Sovereigns, shall be mutually delivered, and all its provisions and arrangements shall take effect.

Done at Nanking and Signed and Sealed by the Plenipotentiaries on board Her Britannic Majesty's Ship "Cornwallis" this twenty-ninth day of August 1842, corresponding with the Chinese date, twenty-fourth day of the seventh month in the twenty-second year of Taoukwang,

(signed)
Henry Pottinger
Her Majesty's Plenipotentiary
(and)
Elepoo
Newchien
Cheying

Translation of Chinese characters:
The Emissaries representing both the Emperor of the Great Ching Empire and Her Majesty of The British Empire have agreed to the terms of the above mentioned treaty. To formalize the Treaty, please seal with the official defence chop; each party concerned should retain one copy of the treaty. The treaty is effective as of this day and should be carried out without regrets.

Signed By: Elepoo
Newchien
Cheying

Recorded on this 24th day of the 7th month, Taou Kuang Year 22; English Calendar; 29th of August. 1842 on Board Her Majestys' Royal Ship "Cornwallis" in the Jurisdiction of Chiang Ning Province.

大清欽差便宜行事大臣等
大英欽奉全權公使大臣各爲
君上定事蓋用關防印信各執一册爲據俾即日
按照和約開載之條施行妥辦無礙矣要至和
約者
道光二十二年七月二十四日即英國記年之
一千八百四十二年八月二十九日由江寧省會行
大英君主汗華船上鈐關防

Zitiert nach: Höfer, Hans Hrsg. (1983): Hongkong, Nelles Verlag, München, Seite 31

2.1.2 Von der „Drachenhöhle" zur „Drachenmetropole"

Hongkong war von Anfang an ein umstrittenes Stück China auf britischem Boden. Das galt insbesondere für die auf Kowloon gelegene „ummauerte Stadt". „Walled City" war im 19. Jahrhundert eine kleine, auf gut zwei Hektar gelegene Militärbastion, aus der im 20. Jahrhundert mit 33.000 Menschen in der Zeit nach dem zweiten Weltkrieg das dichtbesiedelste Wohnsilo der Welt erwuchs. Hier fanden bereits vor der letzten Jahrhundertwende Flüchtlinge, Kriminelle und Spione Unterschlupf; hier etablierten sich führende

Walled City

Auf Hongkongs vorgelagerter Halbinsel Kowloon wurde bereits 1197 von der Sung-Dynastie ein Militärstützpunkt zum Schutz des Salzhandels erbaut, der in späteren Jahrhunderten als Residenz genutzt wurde. Diese wurde ein Jahr nach dem 1. Opiumkrieg 1843 auf Weisung der Mandschu-Administration mit einer dicken Mauer umgeben. Als Militärbastion der Ching-Dynastie lag sie gegenüber der britischen Insel Hongkong. Nachdem London nach dem 2. Opiumkrieg 1860 Peking auch Kowloon abgepreßt hatte, geriet die dort gelegene „ummauerte Stadt" (walled city) in eine kuriose Insellage zu Lande. Da die englische Besitzung Kowloon Walled City vertraglich aussparte (die Oberhoheit für alle Zeiten war China vorbehalten, insbesondere nach der Verpachtung der New Territories 1898), wurde diese zu einem umstrittenen Stück kaiserlichem, später republikanischem und schließlich sozialistischem China auf britischen Boden. Zwar erkannten die siegreichen Briten die Besitzansprüche des Verlierers China nie an, doch verzichteten sie rasch darauf, polizeiliche und gesetzliche Rechte in der „eingemauerten Stadt" auszuüben. Seither fanden hier Flüchtlinge, Kriminelle und Spione Unterschlupf. In diese „Höhle des Drachen" trauten sich bald keine Engländer mehr. Im Zweiten Weltkrieg wurde die Mauer von den Japanern, die HK von 1941 bis 1945 besetzt hatten, abgerissen. Dennoch blieb Walled City auch nach Ende der japanischen Besatzung 1945 und der Gründung der VR China 1949 ein abgeschlossenes, autarkes Elendsloch, das weiterhin Heimstatt für Drogenabhängige und Zuflucht für Flüchtlinge vor dem Gesetz bot. Für chinesische Gangster wurde sie regelrecht zur Festung und zum Mittelpunkt für zahlreiche illegale Geschäfte. In frühen Nachkriegszeiten wurde sie von Waffen- und Drogenhändlern, bald von Triaden regiert. Insbesondere für Chiu-Chau-Triaden wurde sie zum wichtigsten Operationsbereich. Hier hatten sie Rauschgiftverstecke, Glücksspielhäuser, Kartenspielsäle und Waffenwerkstätten. Hehlern diente sie als Versteck für durch Überfälle erbeuteten Schmuck und verwundete Triaden-Mitglieder fanden hier ärztliche Versorgung. Walled City, die chinesische Enklave in HK, hatte zwar keine Steinmauer mehr, war dafür aber durch eine „Mauer des Schweigens" geschützt. Von außen sah sie aus wie ein verwahrloster riesiger Wohnblock, dessen Innern auf nur 2,7 ha in rd. 500 Wohnboxen 33.000 Menschen „Platz" bot – der dichtestbevölkerte Altbau der Welt. Keiner brauchte nach „draußen". In der Stadt in der Stadt gab es Lebensmittelläden, Zahnärzte, Ärzte und Kräuterapotheken. Ordnungsmacht waren die Triaden. Der VR China, die HK 1997 übernimmt, war schon früh klar, daß ihre Enklave eine Freistatt des Verbrechens und damit unregierbar war. So teilte sie den Briten mit, daß sie HK nicht mit der Walled City zu erhalten wünscht und gestand 1984 nunmehr die uneingeschränkte britische Verwaltung über ihre Enklave ein. Seit Mitte der 80er Jahre ist HK dementsprechend bemüht, Walled City von außen nach innen hin abzureißen und für die geschätzten 50.000 Bewohner neuen Wohnraum zu schaffen.

Köpfe von Geheimbanden; kurzum, hier versammelte sich alles, was die britische Ordnung in der Kronkolonie zu unterlaufen trachtete. In diese „Höhle des Drachen“ traute sich bald kein Engländer mehr, auch nicht die – schon im Jahre 1844 gegründete – Royal Hongkong Police (RHKP).

Nach dem Zerfall des chinesischen Kaiserreiches 1911 wuchs die Kronkolonie in wenigen Jahrzehnten zur Millionenmetropole. 1916 lebten hier schon 530.000 Menschen; 1921 waren es bereits 630.000, 1930 gut 800.000. Und 1937, im Jahr des Überfalls der Japaner auf China, war die Bevölkerung auf 1,1 Millionen gestiegen. Selbst in den ersten Jahren des japanisch-chinesischen Krieges (1937-1945)

Royal Hongkong Police (RHKP):
Die RHKP wurde in der Kronkolonie HK (seit 1843) nach dem ersten Opiumkrieg um 1844 gegründet. Von Anfang an und damit traditionell war das Verhältnis zwischen den königlichen Polizeikräften (Royal Police Force) und der überwiegend chinesischen Bevölkerung schlecht, präsentierte diese doch die Kolonialherrschaft der britischen „weißen Teufel“. Ihre hölzernen Schlagstöcke und Feuerwaffen waren seinerzeit genauso gefürchtet wie die Verliese in Victoria, wo es 1862 beinahe zu einer Massenrevolte gekommen wäre. Im letzten Moment wurden alle chinesischen Gefangenen auf die zwei Jahre zuvor erhaltene Stonecutter Insel verlegt. Noch 1970 wurden Polizeistationen mit Schießscharten gebaut. In der RHKP stellten und stellen die Briten die Führungsoffiziere. Chinesen hingegen sind Constabler, Corporals, Sergeants, können als höchsten (nicht-Offiziers) Rang „Divisional Staff Sergeant“ werden. Nicht selten hatten die schlecht bezahlten chinesischen Polizisten Schulden. Nicht wenige arbeiteten quasi zur Gehaltsaufbesserung nach Dienstschluß dementsprechend als Rausschmeißer und Aufpasser in Nachtclubs, Spielhöllen und Bordellen. Kontakte zu den Triaden blieben nicht aus. Einige Polizisten bildeten gar selbst kleine Triaden. Bekannt wurde der Zusammenschluß von fünf chinesischen Sergeants, darunter Staff-Sergeant TSE-TSCHIU TSCHAN (später auch EDDIE CHAN bzw. „Fast Eddie“ genannt), der sich „Five Dragons“ (Fünf Drachen) nannte. Ob der weitverbreiteten Korruption insbesondere unter chinesischen Polizisten Ihrer Majestät wurde der öffentliche und dann der politische Druck aus London so stark, daß 1974 eine unabhängige Kommission gegen Bestechung, Erpressung und Schmiergeld-Affären, die ICAC (Independent Commission Against Corruption) gegründet wurde, die in der Folge verstärkt gegen Straftäter in der RHKP u.a. öffentlichen Ämtern ermittelte. Gegen das organisierte Verbrechen kämpft die RHKP mit Einsatztruppen mit Spezialauftrag (Special Duty Squads), beispielsweise der „Anti Triad Squad“, dessen 1. Einsatztruppe Ende der 80er Jahre aus einem britischen Detective Chief Inspector, zwei kantonesischen Sergeants und sechs Constablers, ebenfalls Chinesen, bestand. Hongkong, vor den Toren der VR China gelegen, war seit 1950 (insbesondere in der Zeit des, „kalten Krieges“) ein Operationsbereich für kommunistische Spione (VR China, UdSSR) und Agenten aus aller Herren Länder (z.B. aus Taiwan). Dementsprechend arbeitete in HK ein halbgeheimer, „Special Branch“ (SB), der allein dem Gouverneur verantwortlich war und zum britischen Auslandsspionagedienst MI (Military Intelligence) 6, dem heutigen Secret Intelligence Service (SIS) Kontakt hielt. Zum Aufgabenbereich des SB gehörte die Aufdekkung und ggf. Zerschlagung subversiver Aktivitäten in der Kronkolonie.

**Royal Hongkong Police (RHKP) Force
2. Hälfte des 19. Jahrhunderts**

Hongkong Police um 1860 (historische Aufnahme)

wuchs die Zahl der Einwohner weiter auf 1,6 Millionen im Jahr 1939. Mit Beginn des zweiten Weltkrieges wuchs auch die Macht der in Hongkong operierenden Triaden. In den 30er Jahren waren sie in der Kronkolonie zwar an den meisten verbrecherischen Umtrieben beteiligt, doch hatten sie in Gesellschaft und Regierung Hongkongs noch nicht das hohe Niveau erreicht, wie es bei einigen sogenannten Festlandstriaden im kriegsgeschüttelten China der Fall war.

Am 27. Dezember 1941, zwanzig Tage nach ihrem Angriff auf Pearl Harbour[10)], marschierten die Japaner in Hongkong ein.[11)] Viele der Bewohner flohen, während der Besatzungszeit fast eine Million nach Südchina. Die japanische Besetzung Hongkongs (1941 bis 1945) bot den Hongkong-Triaden die noch nie dagewesene Möglichkeit, ihre Kontrolle über den schwarzen Markt und damit das Verbrechen zu festigen. Die schon damals hohe Anzahl der Süchtigen in der Bevölkerung[12)] versprach profitable Drogengeschäfte. Einige Triaden schlossen regelrechte Übereinkommen mit den japanischen Invasoren. So durften sie ungehindert die illegalen Geschäfte in der Kronkolonie betreiben. Als Gegenleistung versorgten sie die Japaner, insbesondere die „Kampeitei"[13)], mit Geheiminformationen und halfen bei der Aufrechterhaltung der Ordnung. Die japanischen Besatzer begünstigten offen die von den Triaden kontrollierte Prostitution, kam sie doch den Soldaten[14)] sehr entgegen. In diesen vier Jahren der Besatzung bekamen die Triaden mit Hilfe der Japaner die Unterwelt in der besetzten Kronkolonie fest in den Griff. In dieser Zeit hatten die Triaden keine Einmischungen der königlichen Polizei Hongkongs zu befürchten. Darüber hinaus, so war es wohl in einem Übereinkommen geregelt, vernichteten die Japaner den weitaus größten Teil der Hongkonger Polizeiakten über die Triaden. Als die Briten 1945 wieder die Macht in Hongkong übernahmen[15)], lag gegen die meisten Triaden nichts mehr vor. Dementsprechend wurde mit der Ermittlungstätigkeit quasi vom Nullpunkt wieder angefangen.

Im August 1945 hatte der Gouverneur wieder Regierungsgewalt über die Kronkolonie. Während der erbitterten Kämpfe zwischen den Nationalchinesen (Kuo-min-tang) und Kommunisten kamen vom Festland die Flüchtlingskarawanen der Hongkongchinesen 1947 zurück. Als 1949 nach dem Sieg der Kommunisten die VR China proklamiert wurde, war Hongkongs Bevölkerung auf zwei Millionen angewachsen. Bis dahin hatten die Triaden ihre Machtstellung weiter ausgebaut. In der zweiten Hälfte der 40er Jahre eroberten sie die Kontrolle über die Hafendocks und eröffneten sich einen breiten Zugang zum Arbeitsmarkt, indem sie Einfluß bei der Bau- und Transportindustrie sowie bei den für die Kolonialregierung tätigen Arbeiter erlangten. Selbst die Straßenverkäufer mußten zu Tausenden Schutzgelder an Triaden zahlen, wenn sie überleben wollten.

Ende der 40er Jahre, in den Monaten unmittelbar vor dem Zusammenbruch des nationalistischen Chinas der KMT, trafen die Briten die Entscheidung, eine „Politik der offenen Tür" gegenüber den Flüchtlingen aus China zu praktizieren, die in der Kronkolonie Asyl suchten. In der Folge strömte mehr als eine Dreiviertelmillion Menschen nach Hongkong, darunter zahlreiche Triadenmitglieder. Anfangs vornehmlich Mitglieder der Roten Bande und der Grünen Bande. Der Führer der letzteren, Tu, floh 1949 mit seinen höchstrangigen Unterführern und den meisten seiner Chemiker. Als letzten Coup organisierte Tu vor der Flucht vom Festland einen Raubüberfall, der ihn in den Besitz von Millionen Goldunzen aus den Beständen der Bank von China brachte. Andere Geheimgesellschaften aus dem Norden folgten diesen Shanghaier Banden. Aus dem Süden Chinas kamen mit den Hongkongflüchtlingen verschiedene Verbrecherbanden, auch die 14 K aus Kanton. Dieser Zufluß von Festland-Triaden und anderen Gangstern führte zu den ersten großen Differenzen in Hongkongs Unterwelt, in der die etablierten Hongkong-Triaden das Sagen hatten. Als Ergebnis des Exodus vom Festland drängten sich bald 600.000 Flüchtlinge in einem Siedlungsgebiet, in dem die britische Verwaltung mit amtlichen Maßnahmen nicht mehr für Ordnung sorgen konnte. Die Flüchtlingsheere gründeten im Siedlungsgebiet eigene kleine Gemeinden mit Läden, Restaurants und Fabriken. Die „Gesellschaften", die in der Kronkolonie etabliert waren, glaubten nun, auch die neuen Gemeinden der Flüchtlinge in den Siedlungsgebieten abkassieren zu können. Doch diese hatten ihre eigenen Geheimgesellschaften mitgebracht. Hinzu kam, daß sich die Hongkong-Triaden weder in den Sitten noch in den Dialekten der Flüchtlinge zurechtfanden. In der Folge überließen sie schließlich den neuen Triaden die Kontrolle der Prostitution, des Schutzgeldgeschäftes und das Glücksspiel in den Siedlungen.

Mit den Festland-Triaden war jedoch auch noch ein Laster neu eingeführt worden, das in Hongkong – in Ansätzen von der japanischen

Besatzungszeit abgesehen – bis dahin keine bedeutende Rolle gespielt hatte: der Heroinhandel. Das hatte sich geändert, als in Hongkong 1946 vom bis dahin staatlichen Opium-Monopol auf ein generelles Einfuhrverbot umgestellt wurde. Dadurch wurden in der Folge die bisherigen Opium-Süchtigen in die härtere Heroin-Szene abgedrängt, in der wiederum die Produzenten in der Unterwelt viel höhere Gewinne machten und damit mehr Mittel hatten, sich ihrer Verfolger durch Bestechung zu entledigen. Spezialisiert auf dieses Geschäft hatte sich die aus Shanghai zugewanderte Grüne Bande, deren „Drachenkopf“[16] Tu Yueh-Scheng schon ab Ende der 20er Jahre auf dem chinesischen Festland einschlägige Erfahrungen im Geschäft mit Opium gesammelt hatte. Vielleicht war das der Grund, daß sich die Grüne Bande ermutigt fühlte, die etablierten HK-Triaden herauszufordern. Nach Posner (1991) begann damit 1953 *„einer der merkwürdigsten Bandenkriege in den Annalen der modernen Kriminalgeschichte. Ohne daß ein einziger Schuß abgefeuert wurde, bekämpften die Triaden sich mit Bestechungsgeldern, um die Stadtpolizei zum Kampf gegen ihre Rivalen zu veranlassen“*. 1953 war nicht nur das Jahr, in dem in der reichen Verbrechensgeschichte der Kolonie[17] der härteste Triaden-Krieg

Triaden-Krieg:
Erste (und in der Verbrechensgeschichte Hongkongs bis heute größte) Auseinandersetzung zwischen neuen und älteren Secret Societies in Hongkong ab 1953. Als Rivalen standen sich die etablierten Hongkong-Triaden, insbesondere das mächtige „Wo Syndikat“, und die – vor den Kommunisten geflohenen – Ende der 40er Jahre zugewanderten sogenannten Festland-Triaden, insbesondere die einst in Shanghai residierende „Grüne Bande“, gegenüber. Letztere hatte schon ab Ende der 20er Jahre Opiumgeschäfte gemacht und zog nun in Hongkong noch mehr Gewinne aus dem noch lukrativeren Heroinhandel. Die Hongkong-Triaden forderte die Grüne Bande damit heraus, indem sie ihren bisherigen Einflußbereich – die Siedlungsgebiete Hongkongs – verließ und anfing, einen nicht geringen Teil des etablierten Einzelhandels der Kolonie um Schutzgelder zu erpressen. Darüber hinaus versetzte die gewaltbereite Grüne Bande Hongkong mit einer Reihe aufsehenerregender bewaffneter Raubüberfälle in Schrecken. Damit begann ein Kampf um die Vorherrschaft in der Unterwelt. Für die Hongkong-Triaden schloß das Wo Syndikat zunächst ein Stillhalteabkommen mit der 14 K,der mitgliederstärksten Festland-Triade. Danach begann es, seine Verbindungen zur RHK Polizei in einem aggressiven Vernichtungskampf gegen die Rivalen einzusetzen. Auf Drängen des Wo Syndikats bildete die RHKP eine Sondertruppe, die gegen die Grüne Bande vorging. Diese erhielt nun eine Fülle von vertraulichen Hinweisen auf bevorstehende Verbrechen und bestehende kriminelle Unternehmen der Grünen Bande. Durch die konzentrierte Bekämpfung dieser Triade, die unerhofften Erfolge brachten der RHKP öffentliches Lob, ließ zugleich der Ermittlungsdruck auf die übrigen Triaden nach, die sich fast ungestört ihren illegalen Tätigkeiten

widmen konnten. TU YUEH-SCHENG („Großohr-Tu"), Drachenkopf der Grünen Bande, erlebte die Krise seiner Triade nicht mehr; er war 1951 verstorben. Seine Nachfolge trat der angesehene Geschäftsmann LI TSCHOI-FAT an. Mit analogem Vorgehen bekämpfte der neue, mächtige Drachenkopf LI die Honkong-Triaden mit Bestechungsgelder an die Polizei und Verrat von Vorhaben und Tätigkeiten des Gegners. Der Konflikt endete damit, daß LI festgenommen und (ohne ordentliches Gerichtsverfahren) aus Hongkong abgeschoben wurde. Damit begann der Niedergang der Grünen Bande, die durch weitere Verhaftungen und Abschiebungen in Unruhe gehalten wurde und viele ihrer einträglichen illegalen Unternehmungen aufgab. 1966 war die Grüne Bande aus Hongkong verschwunden. Als Sieger aus diesem härtesten Bandenkrieg ging die HK-Triade Wo Syndikat die Chiu-Chau Triade „San Yee On" und die Festlands-Triade 14 K (als mit Abstand größte Geheimgesellschaften) hervor.

ausbrach; es war auch das Jahr, in dem der legendäre Drachenkopf der 14 K, Ex-KMT General KOT SIU WONG starb. Durch Bündnispolitik, die 14 K hatte eine Art Stillhalteabkommen mit einer der großen HK-Triaden, dem mächtigen „Wo (= Harmonie) Syndikat" geschlossen, hielt sich die erst vor einem knappen halben Jahrzehnt aus Kanton zugewanderte Festland-Triade aus dem Bandenkrieg durch Neutralität heraus. Die Zeit des Konfliktes der anderen nutzte die 14 K, indem sie sich weiter Einfluß in Regierung und Polizei erkaufte. In dieser Zeit behielt sie nicht nur die Kontrolle in den Siedlungen, sondern vergrößerte auch ihre Mitgliederzahl. Mitte der 50er Jahre hatte die 14 K so ohne viel Aufsehen die bis dahin traditionell stärkste Triade, den Bündnispartner Wo-Syndikat, überflügelt. Und nicht nur dieses. Nach dem Tode General WONGS war der Kampf um dessen Nachfolge mit einem Kompromiß beendet worden. Statt eines Führers bildeten nun mehrere Drachenköpfe einen „Großen Rat", der die 14 K gemeinsam leitete. Aus dem Bandenkrieg war diese, zusammen mit der HK-Triade Wo Syndikat und der Chiu-Chau-Triade „San Yee On", als größter Sieger hervorgegangen. In der Folge dehnte nun die neue 14 K-Führung den Einfluß der Gesellschaft in der Unterwelt mit rigoroser Gewaltanwendung aus. Durch Erpressung, Einschüchterung und weiterevon anderen Triaden mißbilligte Gewaltverbrechen, hatte die 14 K schon 1954 viele ihrer Rivalen ausgeschaltet. Um nicht unterzugehen, wechselten gegnerische Drachen in die 14 K über, die die intelligentesten und härtesten Köpfe aufnahm. Da die Grüne Bande durch den Triaden-Krieg angeschlagen war, konnte die 14 K große Teile von deren Opium- und Heroinhandel an sich reißen. Ein Bündnis hatte die 14 K auch mit der San Yee On der Chiu Chau. Dementsprechend machte sie mit Chiu-Chau-Gangstern, die in den

Schlafmohnanbaugebieten des südostasiatischen „Goldenen Dreieck“ operierten[18)], Drogenankaufsgeschäfte. Mit anderen Chiu-Chau, die 14 K-Mitglieder geworden waren, baute die aggressive einstige Festland-Triade ein regelrechtes Vertriebsnetz in anderen asiatischen Ländern auf.

Wo-Syndikat:
Die Wo (= Harmonie)-Gruppe („Wo Group“) war in der Kronkolonie bis Mitte der 50er Jahre die größte und mächtigste der etablierten HK-Triaden. Noch um 1960 hatte sie (nach RHKP) über 50.000 Mitglieder. Zu den wichtigsten Untergruppen (main sub-branches) gehörten damals die „Wo On Lok“ (auch „Ah Fei Tong“ genannt) mit bis zu 20.000 „Drachen“, die „Wo Shing Tong“ (5.000), die „Wo Shing Wo“ (6.000 - 10.000) und die „Wo Shing Yee“ (5.000 - 10.000). Es folgten größere Untergruppen (sub-branches), z.B. die „Wo Li Wo“ (5.000), „Wo Yung Yee“ (3.000) und „Wo Kwan Lok“ (500 - 1.000). Und weiter kleine u. kleinste Untergruppen (small and very small sub-branches), z.B. die „Wo Kwan Ying“ (500). Zur großen Wo Group gehörten auch **Frauen-Gesellschaften** (female societies). Trotz starker Mitgliederverlusten in den letzten Jahrzehnten zählt die Wo Group auch noch heute (1995) mit 20.000 Mitgliedern zu den drei größten Societies der Kolonie. 1993 hatte sie noch 10 Untergruppen. Mit ihren Hauptuntergruppen „Wo On Lok“ und „Wo Shing Wo“ ist die Society (Hauptquartier HK) in Asien (VR China), Australien, Amerika (USA, Kanada) und Europa (Niederlande,Großbritannien, Deutschland) vertreten.

Frauen-Gesellschaften (Female Societies) :
In den von Männern dominierten Bünden gab und gibt es auch Ausnahmen, von der „Fraueneinheit“ bis zum „Drachenkopf“. Im 19. Jh. gab es z.B. bei den „Boxern“ auch Spezialeinheiten aus Mädchen von 12 bis 18 Jahren, die sog. Roten und Blauen Laternen. Im 20. Jh. unterhielt Hongkongs mächtige Triade, das „Wo Syndikat“ eigene ‘female societies’, die vornehmlich in der Western Area der Kolonie operierten. Die Namen dieser Gruppen wechselten mit der Fluktuation ihrer Mitglieder: Fifty Eight Sisters (58 Schwestern), Thirty Two Sisters (32), Thirty Six Sisters (36), Twenty Four Sisters (24), Twenty Two Sisters (22) u. Sixty Six Sisters (66 Schwestern). Ein Beispiel für einen weiblichen ‘Drachenkopf’ in jüngster Zeit (1993) ist die 37jährige Lee Chau Ping, die 1992 von HK nach Kanada floh. Gegen die als „Ice Queen“ (Ice = Straßenjargon für das Aufputschmittel Metamphetamin) bekannte ‘Herrin des asiatischen Drogenhandels’ stellten die kanadischen Behörden in Abwesentheit der „Königin“ (ihr Abtauchen nach China wurde vermutet) Haftbefehl aus. Die Polizei in HK und Vancouver beschlagnahmte insgesamt umgerechnet etwa 10 Millionen DM aus dem Besitz der „Eiskönigin“.

Längst hatte die 14 K auch die RHKP durchsetzt. Auf Druck Londons wurde diese dementsprechend 1955 angehalten, energischer gegen die „Triade Nummer eins“ vorzugehen. Als die ersten 148 Drachen und Unterführer der 14 K verhaftet wurden, versuchte die mächtige, viele 10.000 Mitglieder starke Triade, die auch finanzielle und nachrichtendienstliche Unterstützung durch das KMT-Regime Taiwans erhielt, die gesamte Verbrecherwelt Hongkongs

San Yee On, auch „Sun Yee On", „Sun Yi On" oder nur „Yee On":
Der Name dieser Society bedeutet soviel wie „Neue Gerechtigkeit und Frieden (New Righteousness and Peace)". Sie wurde einst von Chiu Chau gegründet, die insbesondere die Chiu Chau-Bevölkerung der Kowloon City Area (lange von „Walled City"aus) kontrollierten. Früher war diese „Chiu Chau Group" unter dem Namen „Yee On Commercial & Industrial Guild" registriert. Die „Yee On" firmierte später unter vielen Decknamen, z.B. „To Shui Boxing Club", oder auf HK-Island als „Tai Ping Shan Sports Association". Die Gesellschaft teilte sich 1953 nach Deportation zweier „Drachenköpfe", die einst Mitglieder der „Roten Bande" waren und nach ihrer Flucht vom Festland nach HK Ende der 40er Jahre als Chiu Chau zur „Yee On" gingen, in zwei Hauptgruppen (main subbranches), die „Chiu Kwong" und die „Chung Yee". Und diese wiederum zersplitterten in viele kleinere Gruppen wie die „Seventeen Brothers", „Nineteen Brothers" u.a. Wie viele Untergruppen es heute gibt, Zweige (branches) bestehen in der ganzen Kolonie, ist unbekannt. Die Ursprungsorganisation zählte insgesamt fast 10.000 Mitglieder. Von Anfang der 60er Jahre bis Mitte der 90er Jahre wuchs die 'main society of chiu chau residents' von über 10.000 auf über 40.000 (47.000 ?) Mitglieder. Sie ist 1995 die größte und hierarchischste Triade in der Kolonie. Außerhalb HKs ist sie in Asien (VR China, Macao, Vietnam und Thailand), Australien, Europa (Großbritannien, Niederlande) und Amerika (Kanada, USA, Dominikanische Republik) vertreten. Zu den Deliktbereichen gehört das Drogengeschäft. Hier arbeiten Chiu Chau seit der zweiten Hälfte der 50er Jahre mit der „14 K" (in der auch Chiu Chau Mitglieder sind) in Thailand zusammen. Die „Yee On" ist dabei seit 1979/80 auf den Vertrieb der (in Thailand) verbotenen, für die Heroinraffinierung unerläßlichen chemischen Produkte spezialisiert.

unter ihre Vorherrschaft zu organisieren und die politische Situation der Kronkolonie durch inszenierte Aufstände zu destabilisieren. Diese Strategie fand als sogenannte Oktober-Revolte 1956 ihren Höhepunkt. Der Aufruhr wurde mit Hilfe der britischen Armee niedergeschlagen. Über die offene Einmischung der Triade, die zur Ausbreitung der gewaltsamen Tumulte geführt hatten, war London so empört, daß die Führung der RHKP auf Druck eine Abteilung zur Bekämpfung der Triaden gründen mußte. Zum ersten Mal in der Geschichte Hongkongs begann deren Polizei, unterstützt durch geschickte Scotland Yard Beamte, die Triaden ernsthaft zu bekämpfen. Mitte 1957 waren 10.000 Drachen, meist Angehörige der 14 K, verhaftet. Viele von ihnen wurden nach Taiwan abgeschoben, wo sie sich zu einer neuen Secret Society[19)] zusammenfanden.

Die Aufstände und Unruhen dieser Zeit überstanden die HK-Triaden trotz aller polizeilichen Bekämpfungsmaßnahmen fast unbeschadet. Aus dem Geschehen zogen sie eine Lehre: Die gesamte Unterwelt konnte nicht von einer einzigen Triade beherrscht werden. Die Syndikate hatten begriffen, daß sie, wenn sie expandieren wollten, zusammenarbeiten[20)] mußten.

Oktober-Revolte:
Eine begrenzt erfolgreiche Aktion der RHKP, die 1955 knapp 150 „Drachen“ und Unterführer der Festland-Triade 14 K verhafteten, regte den „Großen Rat“ der Gesellschaft „zu einem der ehrgeizigsten Vorhaben in der Kriminalgeschichte an“. Zum Ziel wurde die Herrschaft über alle illegalen Geschäfte in HK, die Übernahme aller anderen Triaden und die Vereinigung aller (bis auf 300.000 geschätzten) Triadenmitglieder der Kronkolonie unter dem Banner der 14 K. Diese erhielt dabei finanzielle und geheimdienstliche Unterstützung durch das Kuo-ming-tang-Regime Taiwans. KMT Führer TSCHIANG KAI-SCHEK hoffte, bei einer „Vereinigung des chinesischen Verbrecherimperiums“ durch die 14 K würde der politische Frieden in HK so ins Wanken geraten, daß die britische Krone jeden Einfluß verlor und sich so für die KMT TSCHIANGS die Möglichkeit bieten würde, die Macht an sich zu reißen. Zur abschließenden Vorbereitung der Machtübernahme in HK plante die Führungsspitze der 14 K Ende Oktober 1956 ein Gipfeltreffen mit KMT-Schlüsselpersonen in Taiwan. Zwei Wochen vor diesem Treffen feierten am 10. Oktober in HK Tausende von Chinesen in den überbevölkerten (und von der 14 K kontrollierten) Siedlungsgebieten den 45. Jahrestag der nationalistischen Revolution (1911 Ende des Kaiserreiches). Die feiernden Menschen klebten nationalistische Papierfahnen an die Häuserwände der Siedlungen, was die Briten verboten hatten. Als die RHKP die Fahnen entfernte, sahen die Menschenmassen darin eine Beleidigung des KMT-Führers TSCHIANG und seiner taiwanesischen Regierung. Es kam zu kleineren Tumulten. In dieser Situation glaubte die 14 K, die zornigen Massen zu einem umfassenden Volksaufstand gegen die britische HK-Administration aufputschen zu können. 14 K-„Drachen“ mit unterschiedlichen Armbinden heizten den Kampf an, ließen Barrikaden auf den Straßen errichten und sorgten dafür, daß sich die Unruhe in der ganzen Kolonie ausbreitete. Einzelne Triadengruppen überfielen Ausländer, setzten Gebäude in Brand, plünderten Läden des Einzelhandels, zerstörten von Kommunisten betriebene Unternehmen und linke Gewerkschaftsbüros. Als die Tumulte sich am 11. 10., dem zweiten Tag, steigerten, appellierte HK an London. Die Reaktion bestand in der Verhängung einer Ausgangssperre und dem Einsatz der britischen Armee. Bis zum Abend des 12. 10 (dritter Tag) gab es keine größeren Ausschreitungen mehr. Zwar flammte noch fast einen Monat lang immer wieder an einigen Stellen Gewalt auf, doch der Aufruhr, 95 Tote (darunter die Frau des Schweizer Konsuls) und fast 400 Verletzte wurden beklagt, war gestoppt. Hunderte von Läden und Fabriken waren niedergebrannt. Der Sachschaden wurde auf über 20 Millionen Dollar geschätzt.

Zitiert nach: Posner, Gerald L. (1991): Die chinesische Mafia, Gustav Lübbe Verlag, Bergisch Gladbach, Seiten 70 - 72

2.1.3 Die „Drachenmetropole“ als „Weltfinanzplatz“

Seit 1956 hat in Hongkong keine Triade mehr versucht, die ganze Unterwelt zu beherrschen. Rivalisierende Banden haben zwar Kämpfe um Nachtclubketten oder Spielcasinogruppen ausgetragen, aber einen großen Triaden-Krieg gab es nicht mehr.[21] Auch nicht, als 1969 Ex-Soldaten der „Roten Garden“, die nach der sogenannten Kulturrevolution nach HK geflohen waren, hier die „Big Circle Gang“ gründeten und, wie seinerzeit die Grüne Bande, über meh-

Rote Garden:
Bezeichnung für revolutionär-sozialistische Kampfverbände, z.B. Arbeiterformationen während der Revolution von 1905 in Rußland, 1917 die Kernformation der Bolschewiki. Bekannter als MAO-treue Schüler- und Studentenverbände in der VR China, die in der „Kulturrevolution" von 1966 bis 1969/70 gegen „revisionistische" Tendenzen in der KP China und im Staat kämpften. Im Programm der R.G. vom 23. August 1966 forderten diese u.a., daß jeder Bürger manuelle Arbeit verrichten, und eine eventuelle Opposition rücksichtslos beseitigt werden muß. 1967, auf dem Höhepunkt der „Kulturrevolution", kam es zwischen den R.G. und der Arbeiterschaft zu Auseinandersetzungen, in die im September 1967 die Volksarmee, um die industrielle Produktion des Landes zu sichern, gegen die R.G. eingriff. Die Rotgardisten verhafteten „Klassenfeinde", beschlagnahmten Waffen und Eigentum, stürmten ausländische Botschaften, besetzten Ämter, zerstörten Kulturgut wie z.B. Tempel und Skulpturen, verwundeten, folterten und töteten ungezählte Menschen. Nach der Kulturrevolution setzten sich einige Rotgardisten über Hongkong ins Ausland ab.

Kulturrevolution, große proletarische :
Dies war eigentlich der 1966 in der VR China einsetzende Kampf zwischen MAO TSE-TUNG, der versuchte, seine seit 1958 geschwächte Führungsstellung wieder auszubauen, und Politikern um den Staatspräsidenten LIU SCHAO-CH'I , die MAOS radikale Vorhaben schrittweise abgebaut hatten. Kaschiert wurde dieser Machtkampf als „große proletarische Kulturrevolution", in der – von MAO eingeleitet – noch wirksame Denk- und Lebensweisen „westlicher und traditionell chinesischer Prägung" bekämpft werden sollten. Im Bruch mit der kommunistischen Tradition griff MAO die Partei mit Hilfe ihm ergebener „Roter Garden" von außen an. Im Rahmen der K. wurden „Säuberungen" in der KP China und der Staatsführung durchgeführt. Die Volksarmee blieb in ihrer Einstellung geteilt. Es kam zwischen Anhängern und Gegnern der K. zu blutigen Auseinandersetzungen. 1969 galt die erste K. als abgeschlossen. Von 1972 bis 1974 kam es zu einer neuen Kulturrevolution: Schlagwort „Kritik an LIN PIAO und KONFUZIUS". Die Kulturrevolutionen endeten offiziell mit dem Sturz der sog. Viererbande (MAOS Witwe JIANG QIN, MAOS Stellvertreter WANG HONGWEN, Chefideologe YAO WENYAN und der Politchef der Armee ZHANG CHUNQIAO) nach MAOS Tod am 9.9.1976. In einigen entlegenen Regionen, wie z.B. in Tibet, ging sie jedoch erst im Jahre1978 wirklich zu Ende. In zehn Jahren (1966 - 1976) soll die K., nach RICHARD WALKER (Human Cost of Chinese Communism), 10 Millionen Tote gekostet haben.

Big Circle Gang (Bande des Großen Kreises) :
Ex-Rotgardisten setzten sich nach MAOS erster „Kulturrevolution" (1966-69) 1969 nach HK ab, wo sie die „Big Circle Gang" gründeten. Die ehemaligen Angehörigen der „Roten Garden" hatten in der VR China ungezählte Opfer mißhandelt und gefoltert und waren darüber hart und bösartig geworden. Mehrere Jahre terrorisierten sie die HK-Unterwelt, bis sie durch konzentrierte Polizeiaktionen und Angriffe der etablierten HK-Triaden aus der Kronkolonie in andere Länder flüchteten. Mitglieder der als besonders gewalttätig und grausam geltenden „Big Circle" tauchten später auf fast allen Kontinenten auf. Heute operieren sie auch wieder in HK, und darüber hinaus in Asien (VR China, Taiwan, Thailand, Philippinen, Japan), Australien, Amerika (Kanada, USA) und seit Mitte der 80er Jahre auch Europa; zunächst in kleinen Zellen in den Niederlanden, Mitte der 90er Jahre auch in Belgien, Großbritannien, Frankreich und m.E. auch in Deutschland.

rere Jahre die Kolonie terrorisierten, bis dieser Zustand von den etablierten HK-Triaden beendet wurde.

1956 lebten in HK schon 2,5 Millionen Menschen. Die Bevölkerungszahlen stiegen weiter, doch verebbten ab 1962 die Immigrationswellen. Schließlich wurde auf Weisung Pekings die Grenze zur Kolonie, der sogenannte Bambusvorhang, abgeriegelt.[22] Bis zu diesem Zeitpunkt hatten sich in der Kronkolonie rund 50 Triaden mit insgesamt bis zu (geschätzten) 300.000 Mitgliedern[23] mit Hauptsitz niedergelassen. Zu den dominanten HK-Triaden, den „major syndicates“, gehörten – und gehören bis zum heutigen Tage – die nachstehenden fünf Triaden-Gesellschaften:

Die fünf größten Hongkong-Triaden (Major Syndicates) 1960-1993

Name der Society	Schätzungen zur Anzahl der Mitglieder			
	1960[1]	1984[2]	1989[3]	1993[4]
Sun Yee On (Chiu Chao Group)	10.000	16.000	30.000	40.000-47.000
Wo Group	über 50.000	28.000	25.000	20.000
14 K	80.000	24.000	20.000	20.000
Luen Group	über 2.000	5.000		
Tung Group	1.500	3.000		

[1] Zitiert nach Morgan, W.P. (1960): Triad Societies in Hong Kong, The Government Printer, p. 290-306

[2] Zitiert nach Royal Hongkong Police 1984, in: FBI (1987): Asian Organized Crime in the U.S., p. 11

[3] Zitiert nach Bökemeier, Rolf (1989): Hongkong unter der Hand, GEO Nr. 2/1989, S. 99 und 100

[4] Zitiert nach Burton, Sandra (1993): The Triads go global, TIME No 5, February 1, p. 38 and 39

Neben diesen operierten kleinere und größere, mit den großen Triaden kooperierende, aber auch rivalisierende Gesellschaften, deren Geschichte hier nicht ausführlich dargestellt werden kann. Wenige Beispiele sollen die Vielfalt der „Secret Societies" dieser 60er und 70er Jahre illustrieren.

Um die 10.000 Mitglieder hatte die „Fuk Yee Hing", die wichtigste Gesellschaft der Hoklo.[24] Diese „Fischermenschen" waren auch außerhalb der Kolonie aktiv. Ihre Hauptgesellschaft war früher auch unter verschiedenen anderen Namen bekannt, im Ostdistrikt beispielsweise als „San Yee Hing". In dieser East Area wirkte als wichtigste Gesellschaft die bis zu 2.000 Mitglieder starke „Tan Yee"[25], in der Western Area hingegen unter anderen die große „Tung Group". Es kam auch vor, daß Untergruppen beziehungsweise Zweige der großen Syndikate neue Sektionen bildeten. Ein Beispiel dafür waren die „Ten Tiger Generals".[26]

Zu den alten HK-Triaden gehörte nicht nur die schon vor der Jahrhundertwende gegründete Tung Gruppe, sondern auch die „Chuen-Gruppe", deren größter und aktivster Unterzweig – die „Chuen Kwan Lok" (1956 rund 1.000 Mitglieder) – Hauptrivale der „Wo Shing Wo", der großen Untergruppe des „Wo Syndikates" war.[27] Im Laufe vieler Jahre büßten früher mächtige Gesellschaften, wie die „Yuet Tung", Einfluß ein.[28] Andere Bünde hingegen wurden über

Tung-Group:
Eine der ältesten HK-Triaden. Schon um 1900 wurde, zur Selbstverteidigung gegen die in der Western Area operierende „Wo Group", von Kulis und Tagelöhnern der sub-branch „T'ung Lok Tong" gegründet, der bis zu 1.500 Mitglieder hatte. Bis Mitte der 80er Jahre gehörte die Gruppe (3.000 Mitglieder) zu den „major syndicates" in HK. Wichtigste Untergruppe war die „Tung On" (1.500 Mitglieder), auch „Lo T'ung" genannt, die mit der „Wo On Lok" der „Wo Group" kooperierte. Zu den kleineren Untergruppen wurden die Tung Kwan Lok, Tung Kwan Yig, Tung Hing Luen (Tung Hing Yuen), Tung Luen Sh'e, Tung Ying Luen und Tung Ying Sh'e gezählt.

die Zeit mächtig und einflußreich, insbesondere die der Chiu Chao. Diese stellten mit der San Yee On die stärkste Society in HK; waren mit dem sub-branch „Luen Kwang Ying" auch in der „Luen Gruppe" und mit einigen Mitgliedern in der 14 K vertreten; dominierten in Kowloon mit der Association „Yee Kwan" die Walled City und waren – ob ihrer Verbreitung in ganz Südost- und Ostasien – Ansprechpartner für diverse andere Gesellschaften. Doch auch kleinste Gruppen wirkten in der Kronkolonie. So schloß sich bei-

Luen-Group:
Gehört seit Jahrzehnten zu den „major syndicates“ in HK. Wichtigste Untergruppe ist die „Luen Ying“ (auch „Luen Ying Sh'e“) mit 1.000 Mitgliedern. Zu den kleinen und kleinsten Untergruppen gehören die Hung Ping, Luen Fei Ying, Luen Hung (Luen Hung Ping), Luen Hung Sh'e, Luen Kung Lok (200 Mitglieder), Luen Lok Tong, Luen Man Ying, Luen Shing Tong (war früher verbunden mit der „Man Chi Tong“ = Overseas Chinese Democratic Party), Luen To Ying und Luen Ying Lok. Die Mitglieder der „Luen Kwang Ying“ waren größtenteils Chiu Chao. Mitte der 80er Jahre wurde die Luen Gruppe auf 5.000 Mitglieder geschätzt. Vertretungen und Operationsbereiche hatte sie 1993/95 in Nordamerika (Kanada, USA), möglicherweise auch in der Dominikanischen Republik.
Ein hohes Mitglied der „Luen Shing“, die Mitte der 70er Jahre sechs große Spielcasinos in HK kontrollierte, war der einstige Fischer und Straßenhändler Wai Man Lee. Während er in der ersten Hälfte der 70er Jahre ein Glücksspielimperium aufbaute, diente er bei der Hilfspolizei. Vor polizeilichen Ermittlungen floh er 1976 in die USA, wo er in San Francisco Immobilien erwarb. Ende der 80er Jahre pendelte er zwischen San Francisco und Taiwan.

spielsweise aus britischen Diensten entlassenes chinesisches Personal zum Bund der „Ten Tigers“[29] zusammen. Doch nicht nur Dienstboten, auch chinesische Polizisten standen den Triaden nahe. Ab Anfang der 70er Jahre gerieten sie, nach Schätzungen wurden bis zu 55 Prozent von ihnen bestochen[30], unter dem Schlagwort „Korruption“ zunehmend in den Blickpunkt öffentlichen Interesses. In der Folge wurde eine unabhängige Kommission zur Bekämpfung von Bestechung, Erpressung und Schmiergeld-Affären gegründet, die im Februar 1974 ihre Arbeit aufnahm. Noch im selben Jahr ermittelte diese Independent Commission Against Corruption (ICAC) gegen eine Gruppe von wichtigen chinesischen Staff Sergeants aus der Abteilung, die nach der Oktober-Revolte (1956) zur Bekämpfung der Triaden gegründet worden war. Fünf von ihnen,

ICAC (Independent Commission Against Corruption):
Nach Ende der japanischen Besetzung der Kronkolonie (1941 bis 1945), in der ein Großteil der HK-Polizeiberichte über die Triaden von den Japanern vernichtet worden waren, nahm die in jener Zeit zur wirklichen Macht gekommene Unterwelt zunehmend Einfluß auf die britische Administration, insbesondere auf die chinesischen Polizisten Ihrer Majestät. Durch Bestechungskontakte konnte schon 1953 im Triaden-Krieg das Wo Syndikat die Grüne Bande ausschalten. Und die sich neutral verhaltende 14 K nutzte die Zeit zur „Durchsetzung der RHKP“. Dies blieb selbst nach der Oktober-Revolte 1956 so, wurde danach sogar auf die neu gegründete Abteilung zur Triadenbekämpfung in den 60er Jahre erweitert. Die zunehmende und Anfang der 70er Jahre weitverbreitete Korruption führte zu öffentlichem, dann zu politischen Druck auch aus London – und in der Folge zur Gründung der „Unabhängigen Kommission gegen Korruption“ (ICAC), die im Februar 1974 ihre Arbeit aufnahm. Die ICAC ermittelte vornehmlich gegen Korruption in

den Reihen der britischen Administration. 70 Prozent aller Bestechungs-affären im Jahr gingen auf das Konto von chinesischen Regierungsangestellten. Mit 55 Prozent stachen die chinesischen Polizisten Ihrer Majestät alle anderen Bereiche der Administration aus.

Bekannte „Drachenköpfe" in der RHKP, gegen die die ICAC ab 1974 ermittelte:

- Staff Sergeants der Triad Society Division, bekannt als „Five Dragons": Lui Lok, Nam Kong, Choi Bing Lung, Chen Chung You und Hon Kwing Shum. Die Gruppe floh 1974 nach Kanada.
- Detective Tse-Tschui Tschan (später „Fast Eddie" Tschan), der in HK unter den „Five Dragons" diente und 1975 nach Taiwan floh.
- Sergeant Tang Sang, Kampfsportexperte und erfolgreicher Verbrechensbekämpfer, ließ in HK eine 330.000 Dollar-Kaution verfallen und floh nach Taiwan.
- Nach 1977 waren in Taiwan mehr als 40 Ex-Polizisten der RHKP, geflohen vor ICAC-Ermittlungen, mehrheitlich als Millionäre aufhältlich.

Nachdem die ICAC einen großen Bestechungsskandal (1977) aufgespürt hatte, fingen auch die Gerichte an, Korruption härter zu bestrafen. So dürfen inzwischen von Regierungsangestellten keine Jahreskredite mehr mit Zinsen von 60 Prozent verliehen werden. Außerdem unterliegen die Beamten einer strengen Aufsichtspflicht. Die ICAC ist keine Regierungsinstitution, die der britischen Verwaltung ein Alibi verschafft. Sie zählt zur gemäßigten Opposition und wird den „pressure groups" der Stadt zugeordnet. Wer heute von Bestechung, Erpressung oder einer Schmiergeld-Affäre erfährt, kann brieflich oder telefonisch den ICAC-Service rund um die Uhr erreichen.

angeführt vom hochdekorierten Sergeant Lui Lok, standen auf der Gehaltsliste der 14 K. Nach Vorauswarnungen über die Ermittlungen der ICAC flohen sie, wie mehrere Dutzend anderer Angehöriger der RHKP auch, ins Ausland und gründeten hier die Kooperation der „Five Dragons".[31)]

In der zweiten Hälfte der 70er Jahre hatte die Polizei spektakuläre Siege und Niederlagen gegen das organisierte Verbrechen in der Kronkolonie zu verzeichnen. Dazu drei Beispiele: Schon 1974/75 gelang es in einer konzertierten Aktion Beamten aus Thailand, den USA, Großbritannien und Hongkong, Ng Sik-Ho[32)], einen Drachenkopf der „Yi-Kwan Triade", die bis Mitte der 70er Jahre mit Heroinhandel ein 500-Millionen-Dollar-Imperium geschaffen hatte, festzusetzen. Doch was nach außen hin wie ein großer Sieg der Polizei im Krieg gegen die Triaden aussah, war wahrscheinlich das verräterische Werk von Ng Sik-Hos stärkster Konkurrenz, den Brüdern Ma.[33)] Die Brüder Ma Sik-Yu und Ma Sik-Tschun stammten aus der Swatow Region Chinas und hatten es als Mitglieder einer Chiu Chao-Triade, die enge Verbindungen zur 14 K und der Sun Yee On pflegte, im Heroinhandel zu beachtlichen Geschäftserfolgen gebracht. Während ihr Konkurrent zu einer langjährigen Gefängnisstrafe verurteilt wurde, setzten sich die Brüder Ma im Februar

Five Dragons (Kooperation der „Fünf Drachen“
Auf der Lohnliste der Triade 14 K standen auch Angehörige der RHKP, darunter die fünf wichtigsten chinesischen Staff Sergeants der Abteilung zur Triadenbekämpfung (Triad Society Division): 1) LUI (LAUI) LOK (der 'Tai Lo' = Pate/Anführer der Gruppe), 2) NAM KONG, 3) CHOI BING LUNG, 4) CHEN CHUNG YOU und 5) HON KWING SHUM. Ein „closed associate“ von Sergeant NAM KONG war detective TSE-TSCHIU TSCHAN, der von der ICAC als Juniorpartner der korrupten Polizeiabteilung ausgemacht wurde und der 1975 nach Taiwan floh. Ende desselben Jahres ging er in die USA, wo er als „FAST EDDIE“ TSCHAN in New York Ende der 70er Jahre zum wichtigen Mann in der „On-Leong Tong“ wurde. 1984 verließ er die Stadt, wahrscheinlich auch die USA. Seitdem, so glaubt die RHKP, pendelt er zwischen Kanada und Taiwan. Die Gruppe erhielt von der 14 K für Mitarbeit/Gefälligkeiten Prozente von allen Glücksspiel-, Prostitutions- und Drogengeschäften. Nach Vorauswarnungen über Ermittlungen der ICAC gegen sie, flüchteten die fünf „Drachen“ nach Kanada, wo sie sich 1974 in Vancouver niederließen, hier die Gesellschaft „Kooperation der fünf Drachen“ gründeten, Immobilien erwarben u.a.m. Die Polizei schätzte seinerzeit LOKS illegales Vermögen auf 600 Miollionen Dollar. Übermäßige Geldausgaben führten zu polizeilichen Ermittlungen und der Verhaftung eines Gruppenmitgliedes. Als Vancouvers Polizei mit einem Verfahren zur Ausweisung nach HK drohte, stellten die „Five Dragons“ ihre Operationen in Kanada ein und gingen nach Taiwan, wo sie 1977 in der Hauptstadt Taipeh ankamen. Hier investierten sie ihre Millionen in Dutzende von Taiwan-Unternehmen, steuerten Geld zum Ankauf einer Reihe von Restaurants, Nachtclubs und Bordellen bei und machten damit „ihren Aufenthalt in Taiwan“ sicher.

1977, an ihrem Fall arbeiteten mittlerweile mehr als sechzig Polizeibeamte, nach Taiwan ab. Ein Jahr zuvor war mit WAI MAN LEE[34]), einem hohen Mitglied der „Luen Shing“-Triade, ein wichtiger Drachenkopf vor den polizeilichen Ermittlungen aus HK in die USA geflohen. Nur drei Jahre später vermutete die RHKP 1979, daß WAI MAN LEE in San Francisco als Mittelsmann für kriminelle Persönlichkeiten in Hongkong diente. Trotz vierjähriger Ermittlungsarbeit verschiedener Behörden in den USA konnte ihm jedoch keine einzige Gesetzesübertretung nachgewiesen werden.

Als „Kriminelle mit Lizenz“ beschrieb PETER SEIDLITZ 1986 die Drachen in Hongkong: „*Wenn es um Formfragen geht, halten Hongkongs Gangster sich gern an die Vorschriften. Sie gründen Firmen nach dem Companies Ordinance Gesetz und melden Vereine an unter dem Societies Ordinance Act. Die Verbrechersyndikate arbeiten nach Satzungen, ernennen Direktoren und berufen Board-Meetings ein. Firmengründungen und Geschäfte werden für eine amtliche Gebühr bei der Finanz- und Steuerbehörde der Stadt gemäß den Business Registration Regulations angemeldet, und sie erhalten dafür eine Lizenz, die laut Behördenvorschrift in den Geschäftsräumen ausge-*

hängt werden muß. Doch wenn es um Geschäfte geht, scheren sich die chinesischen Gangstersyndikate keinen Deut ums Gesetz ...“ Schon nach dem großen Triaden-Krieg hatten die major syndicates angefangen, sich die Kontrolle über Prostitution, Nachtclubs und illegale Wett- und Geldverleihgeschäfte zu teilen. Darüber hinaus waren sie schon längst in Hongkongs Geschäftswelt eingedrungen, beispielsweise mit der Erpressung von Firmen der Bauindustrie. Dazu SEIDLITZ 1986: *„Einem Bauunternehmer wurden neulich 500.000 Dollar abgepreßt. Als er zunächst nicht zahlte, wurde seine Baustelle über Nacht verwüstet und die Maschinen zerstört. Der nächste Schritt, so heißt es in einem Bericht der Regierung, ist gewöhnlich, daß die Banden den Bauherrn angehen und die Anstellung von Aufpassern verlangen. Eine andere Taktik ist es, daß Unternehmer gezwungen werden, eine Reihe von Arbeitern anzustellen, die aber nie auf den Baustellen erscheinen. Auf den Lohnlisten bleiben sie aber. Die nicht arbeitenden Arbeiter organisieren sich sogar gewerkschaftlich und verlangen unter dem Druck der Zeitpläne des Baus Lohnzulagen ...“* Die Societies verlangten Schutzgelder für Restaurants und Läden und fingen an, selbst Teile des sozialen Wohnungsbaus[35] in den Hochhaussiedlungen zu beherrschen, indem sie von der Arbeiterschaft und Mittelschicht „Prämien“ bei der Wohnungsverteilung verlangten. Selbst die Ärmsten wurden organisiert ausgebeutet. In den Slums der Stadt zapften die Syndikate die städtischen Wasser- und Elektrizitätsleitungen an und versorgten die Hütten der Slumbewohner mit Strom und Wasser, gegen „Gebühren“ natürlich. Die Bünde kontrollierten sogar die Gefängnisse der Kronkolonie. Mitte der 80er Jahre waren von über 10.000 Insassen zwischen 40 und gut 50 Prozent Triaden-Mitglieder.[36] Die Gesellschaften hatten in den Reihen des Vollzugspersonals, der Polizei, selbst in hohen Rängen der britischen Administration „Angestellte“. In der Welt der Wirtschaft zählten sowohl kleine Geschäftsleute als auch superreiche Geldleute zu ihren Mitgliedern. Wie in kaum einer anderen Stadt der Welt wurde – und wird – Wohlstand so protzig zur Schau gestellt wie in Hongkong. Und wie in kaum einer anderen Stadt der Welt fasziniert dieser die Jugend. Dementsprechend haben die Werbekolonnen der Syndikate auch in den Schulen der Kolonie leichtes Spiel.[37] Nach Polizeischätzungen Ende der 80er Jahre sollen in den ärmeren Vierteln Hongkongs 60 Prozent der Schulkinder „irgendwie“ mit den Banden in Beziehungen stehen.[38] Frühzeitig werben die Triaden ihren Nachwuchs an, brauchen sie doch „Fußsoldaten“ für alle möglichen einfachen Tätigkeiten; zum Beispiel das Beschädigen von Autos in Garagen, um deren Besitzer zur Zahlung von Schutzgeld zu zwingen oder das Aussetzen lebender Schlangen und Ratten in stark besuchten Restaurants, deren Inhaber nicht pünktlich zahlen wollen. Für diese Arbeiten eignen sich insbesondere minderjährige Straßenjungs, für die die spätere Zugehörigkeit in einer Triade oft die Möglichkeit ist, in kürzester Zeit ein gutes Leben zu führen. Wenn ein in Kung-Fu-Techniken geschulter jugendlicher „Straßenkämpfer“ für eine Triade tätig wird, kann er in einem Monat zehnmal soviel verdienen wie bei ehrlicher Arbeit in einer „Knochenmühle“ im ganzen Jahr. Doch die Arbeit für die Geheimgesellschaft (Hung Mun) bedeutet noch lange keine ordentliche Mitgliedschaft, die in der Regel erst nach Bewährungen über längere Zeiten von der Society angeboten wird. Erfolgt die Aufnahme, sind die jungen Mitglieder oft zwischen 16 und 18 Jahre alt.[39] Haben sie nach der Eidleistung erst einmal ihren Rang (Nummer) in der „unauflöslichen, lebenslangen Gemeinschaft“, werden ihnen auch zunehmend verantwortlichere Bereiche übertragen.

Werdegang zum Mitglied einer Hongkong-Triaden-Gesellschaft 1985

Dargestellt am Beispiel von Kindern/Jugendlichen in Kowloons „Walled City“

Altersstufe	Tätigkeiten
10 Jahre bis	1. Mitläufer einer Bande / Triade. 2. Übernahme von Aufträgen, die von einem ältere Jungen als „größerem Bruder“ (persönlich) befohlen werden. 3. Vom eigenen Anteil (z.B. 10 $) wird Schutzgeld (4 $) abgegeben (z.B. von kleineren Diebstählen).
14 Jahre bis	4. Kampfsportarten werden erlernt; man „prügelt sich mit den Gangs anderer Triaden herum“; Versuch, sich als „Fighter“ einen Namen zu machen. 5. Aufnahme in die Triade: Eidleistung, man bekommt seinen Rang/Nummer. 6. Triade überträgt verantwortlichen Arbeitsbereich, z.B. das Eintreiben von Schutzgeld bei Spielsalons.
18 Jahre	7. Übertragung von gefährlicheren (verantwortlicheren) Arbeiten, z.B. Drogen(Heroin)handel.

Bei Seidlitz (1986) heißt es weiter: *„Hongkongs Jugendliche sind von dem Glanz des Reichtums fasziniert, und viele machen auch, bevor sie 21 Jahre alt sind, Vermögen in der Glitterwelt der chinesischen Pop-Szene. Hongkong ist das fernöstliche Produktionszentrum von Schlager und Film, einer von Gangstersyndikaten infiltrierten Milliardenindustrie ...“*

Mitte der 80er Jahre wurde das große Geld aber auch im illegalen Wettgeschäft gemacht. In Hongkong wurden allein auf dem Happy-Valley-Rennkurs seinerzeit an jedem Renntag umgerechnet 20 Mark pro Kopf der Bevölkerung umgesetzt, zusammen 100 Millionen Mark. Damit war der Umsatz auf den Rennplätzen Hongkongs damals höher als in Tokio oder auf amerikanischen Bahnen. In einem Regierungsbericht jener Zeit hieß es dazu: *„Syndikate operieren von der Rennbahn. Einige Buchmacher übermitteln ihre Wetten in Wohnungen, die den Rennplatz überblicken. Die Wetten werden dann weitergeleitet. Der Sinn der Operation ist, zu vermeiden, daß große Einsätze den Totalisator bewegen und andere alarmieren, wenn jemand Einflußreiches große Wetten plaziert hat ...“* Der seit

Happy Valley:
Die Pferderennbahn im „Glücklichen Tal“ ist fast so alt wie die britische Herrschaft über die Insel Hongkong. Das „happy valley“ war ein Sumpfterrain und das einzige ebene Gebiet auf der Insel. Nur vier Jahre nach dem 1. Opiumkrieg wurde hier 1846 das erste Pferderennen verzeichnet. 1884 wurde der Jockey-Club HK gegründet. Ob seiner Abgaben von 12 Prozent der Einnahmen als Steuer an die Kolonialregierung und seiner Stiftungen für Kultur- und Sozialeinrichtungen (30 Prozent des Club-Einkommens) in der Kolonie, zeichnete Königin Elisabeth II ihn im Jahr 1960 mit dem Prädikat „Royal“ aus. Der Royal Hongkong Jockey Club war und ist einer der exklusivsten (gemeinnützigen) Vereine in der Kronkolonie. Waren früher seine Mitglieder ausschließlich weiße Kolonialisten, sind heute (1994) 95 Prozent der 14.000 Clubmitglieder Chinesen. 1994 hatte der Club 4.500 Festangestellte und 10.000 Teilzeitkräfte. An seiner Spitze steht eine 12-köpfige, ehrenamtliche Führungsriege aus Politik, Handel, Hochfinanz und Industrie. Neben HK berühmtester Rennbahn (Tschung Fat-pak) im „happy valley“ gibt es noch die Rennbahn in Sha Tin in den New Territories. Im Durchschnitt kamen 1992/93 40.000 Zuschauer zu den Rennen. Von über 5 Mio HK-Bürgern (1992) wetteten eine Million mehr als einmal im Monat. Der Wettumsatz pro Rennen ist wahrscheinlich der höchste der Welt. In einem Rennen werden durchschnittlich 110 Mio HK-Dollar (= etwa 20 Mio DM) umgesetzt. 1974 wurde die Telefonwette eingeführt. Anfang der 90er Jahre kamen an einem gewöhnlichen Renntag 440.000 Telefonwetten zusammen. Über Satellit treffen außerdem Wetten aus Singapur, Malaysia, Dubai, Japan und Australien ein. 1993 wurden auf beiden Rennbahnen 7,81 Mrd. US Dollar (= über 12 Mrd. DM) verwettet; pro Tag beinahe soviel, wie auf allen deutschen Galopprennbahnen im Jahr. Zu den Besuchern gehören in den letzten Jahren auch hohe Funktionäre aus der VR China. Man geht davon aus, daß sich mit der Rückgabe HK's 1997 am Rennbetrieb nichts ändert.

1884 bestehende und seit 1960 auch offiziell königliche Hongkong Jockey Club ist einer der exklusivsten Vereine der Kronkolonie. Die überwiegende Mehrheit der Clubmitglieder sind heute Chinesen. Wie viele Drachen und Drachenköpfe darunter sind, vermag niemand zu sagen.[40] Und noch Mitte der 90er Jahre heißt es etwas anzüglich: *„Die Kolonie wird von drei Kräften regiert. Vom Jockey Club, der Bank of Hongkong und dem Gouverneur. In dieser Reihenfolge.“* Hongkong, Hauptsitz von über 50 Triaden, hatte sich über Jahrzehnte zu einem der größten und wichtigsten Finanzplätzen der Welt entwickelt, in dem das über viele illegale Geschäfte verdiente große Geld in diversen Firmen gewaschen und in legale Geschäfte geleitet wurde. Es waren diese illegalen und natürlich die legalen Geschäfte des freien Unternehmertums, die Hongkong unter dem Schutz der britischen Kolonialmacht zu einem der führenden Industrie-, Bank- und Handelszentrum gemacht hatten. 1987 war Hongkong nach New York und London der aktivste Börsenplatz. Der Containerhafen der Kolonie nahm hinter Rotterdam den zweiten Platz in der Welt ein. Auf dem Flughafen Kai Tak wurde fast soviel Luftfracht umgeschlagen wie in Frankfurt am Main. Die Metropole war in der Welt der größte Hersteller von Spielzeug, ein führender Exporteur von Textilien und Plastikerzeugnissen (Made in Hongkong) und der drittgrößte Filmproduzent. Hongkongs Bewohner hatten nach den Japanern das höchste Pro-Kopf-Einkommen in ganz Asien. Und es kamen jährlich über drei Millionen Besucher. Die Kronkolonie erreichten sie auf allen Wegen. 1988 beispielsweise brachten auf dem Luftwege 37 Internationale Airlines die Passagiere. Auf dem Land- und Schienenweg erreichte man von der VR China die Kolonie. Und auf dem Seeweg kamen in jenem Jahr 900.000 Schiffspassagiere. Zehn Millionen pendelten zwischen Hongkong und Macao. Jährlich kamen und gingen über 27.000 Ozeandampfer und 16.000 Flußschiffe. Die Anzahl der kleineren Schiffe und der Dschunken, die ständig den Hafen ansteuerten beziehungsweise ausliefen, wurde 1988 auf 140.000 geschätzt. Die Frachtmengen, die in Millionen Tonnen die Kolonie auf diesen Zugangswegen erreichten[41], machten Hongkong und insbesondere den Hafen auch für die Triaden zum bevorzugten Schmuggelort. Ungebrochen war der Wirtschaftsboom, doch mehrten sich in der zweiten Hälfte der 80er Jahre Anzeichen dafür, daß immer mehr Hongkong-Chinesen im Ausland investierten und viele Bewohner, darunter nicht wenige junge Führungskräfte, sich um neue Staatsbürgerschaften bemühten. Ein Exodus der „Köpfe“ hatte begonnen.

2.1.4 Die letzten Jahre der Kronkolonie – der Exodus der Drachen

Schon auf der Konferenz von Jalta war nach dem zweiten Weltkrieg 1945 die Rückgabe Hongkongs an die Siegermacht China beschlossen worden. Die Verwirklichung scheiterte, weil in China noch bis 1949 Bürgerkrieg herrschte.[42] Knapp vierzig Jahre später wurde im Dezember 1984 in Peking eine gemeinsame Erklärung der britischen und der chinesischen Regierung unterzeichnet. Nach mehrjährigen Verhandlungen hatten sich beide Länder darauf geeinigt, daß zum 1. Juli 1997 nicht nur die Neuen Territorien, die einst für 99 Jahre gepachtet worden waren, sondern auch die Halbinsel Kowloon und die Insel Hongkong, also das gesamte Territorium, an die VR China zurückgegeben wird. In der künftigen Special Administrative Region (SAR)[43], so sah es das „Basisabkommen" vor, sollte zwar das kapitalistische System und die bisherige Lebensart für ein halbes Jahrhundert bis zum Jahr 2047 beibehalten werden, doch würden darüber dann Polizei und Armee der VR China wachen und nicht mehr die RHKP und die British Army. Diese Aussicht vor Augen ließ viele Hongkong-Chinesen ab Mitte der 80er Jahre nach neuen, insbesondere nichtasiatischen englischsprachigen Domizilen suchen. Für eine Auswanderung benötigte man ein polizeiliches Führungszeugnis. Davon wurden 1985 30.000 ausge-

Basisabkommen von 1984:
Am 30. Juni 1997 läuft der zwischen dem Vereinigten Königreich und China am 1. Juli 1898 geschlossene Vertrag über die Pacht der Neuen Territorien (über 99 Jahre) ab. „Auf ewig" hatten die Chinesen die Insel Hongkong 1842 (nach dem 1. Opiumkrieg) und die Spitze der Halbinsel Kowloon 1860 (nach dem 2. Opiumkrieg) an die Briten in ungleichen Verträgen abtreten müssen; doch wären diese beiden Abtretungen, selbst wenn London auf seinem zeitlich unbefristeten Hoheitsrecht bestehen würde, ohne die New Territories (die die grüne Lunge und das Wasserreservoir HKs sind) nicht lebensfähig. Peking und London haben dementsprechend, als vorläufiges Ergebnis jahrelanger Verhandlungen über das künftige Schicksal HK's, am 19. Dezember 1984 ein Übereinkommen unterzeichnet, das als Basisabkommen nachstehende Rahmenbedingungen für die Übergabe (um Einzelheiten wird noch hart verhandelt) vorsieht: 1) HK wird als eine Special Administrative Region (SAR), als „besondere Verwaltungsregion" der VR China, weitgehende Autonomie genießen. 2) HK soll sein kapitalistisches System und seine „bisherige Lebensart" für weitere 50 Jahre behalten. 3) Die SAR-Regierung soll über diesen Zeitraum auf wirtschaftlichem, fiskalischem und monetärem Gebiet selbständig bleiben. Die SAR-Regierung soll ihre Schiffahrts- und Luftfahrtpolitik selbst bestimmen und ihre Landrechtsfragen bis zum Jahr 2047 eigenständig regeln sollen. 4) Das Personal des öffentlichen Dienstes wird übernommen, seine Pensionen von der SAR-Regierung bezahlt. 5) Recht, Gesetz sowie alle internationalen Verträge sollen wie bisher in Kraft bleiben.

stellt, 1986 schon 40.000 und 1987 gut 50.000. Im selben Jahr wanderten, nach Angaben der Konsulate in Hongkong, 23.000 HK-Bürger nach Kanada, über 11.000 nach Australien und 8.500 in die USA aus. Eine als seriös eingeschätzte Umfrage in der Kronkolonie 1988[44] ergab, daß 35 Prozent aller Einwohner Hongkongs – rund zwei Millionen – den Wunsch hatten zu emigrieren. Dazu zählten nicht wenige Triaden-Mitglieder, deren Anzahl die Anti-Triad- und Anti-Vice-Einheiten der RHKP 1989 auf rund 300.000 schätzten. Danach wäre jeder 18. der damals über 5,6 Millionen Einwohner der Kolonie ein Drache gewesen, der in einer der 50 Triaden organisiert war, deren Geschäfte von der Hochfinanz bis zur gemeinen Straßenkriminalität reichten. Neben den originären HK-Triaden waren zusätzlich Gesellschaften und Gangs betroffen, deren Hauptquartiere außerhalb der Kolonie Britanniens liegen, die hier aber Vertretungen unterhielten: beispielsweise die „United Bamboo Gang“ aus Taiwan und die „Flying Dragons“ und „Ghost Shadows“ aus den USA; aber auch die „Tai Huen Chai“, die – wie die schon beschriebene Big Circle Gang – einst von Chinesen aus der Volksrepublik begründet worden war.

Tai Huen Chai („Großer Zirkel Menschen“):
Die „Tai Huen“ wurde in der VR China während der Kulturrevolution (1966-1969) von Gefangenen (auch Soldaten) gegründet, die in jener Zeit in einer Anzahl von Camps, die außerhalb der Hauptstädte lagen, interniert waren. Nach ihrer Flucht nach Hongkong arbeiteten Mitglieder dieses „Circle of Camps“ zunächst für etablierte HK-Triaden, bis sie eigene Society-Strukturen geschaffen hatten. In einigen Geschäftsbereichen dominieren sie heute (1994) in der Kronkolonie. In Europa operieren sie von den Niederlanden aus bis ins Vereinigte Königreich (London, Manchester) hinein.

Mit dem beginnenden Exodus der Drachen war in der Dekadenhälfte 1985 bis 1990 aus dem viertgrößten Bankzentrum der Welt, nach New York, Tokio und London, auch ein nicht unbeträchtlicher Kapitalabfluß zu beobachten. Allein in Kanada sollen sich bis 1990 Direktinvestitionen aus Hongkong auf 1,2 Milliarden Dollar addiert haben.[45] Des weiteren war und ist seit Jahren zu vermerken, daß in Hongkong ansässige Firmen ihre Hauptsitze ins Ausland verlagern. Von Mitte der 80er bis Anfang der 90er Jahre beispielsweise sollen mehr als 100 Unternehmen so verfahren sein.[46] Trotz dieser Trends wuchs die Stadt, nicht zuletzt auch durch Zuwanderung. 1993 überschritt die Einwohnerzahl Hongkongs die Marke von sechs Millionen. Heute ist die Kronkolonie eines der am dichtesten besiedelten Gebiete der Erde. Auf nur einem Quadratkilometer leben 14.310 Menschen.[47] Trotz eines schier unvorstellbaren Reichtums, in der Kolonie wurden 1995 rund 100.000 einfache Millionäre und 500 Multimillionäre[48] gezählt, leben um die 300.000 Menschen in unhaltbaren Wohnverhältnissen, darunter zwischen 10.000 und 50.000 sogenannte cage-men. Doch was in der über 150jährigen Geschichte der Kolonie zählte und zählt, sind Geschäfte.

Cage-men („Käfigmenschen") :
So werden die Bewohner sog. Cage-houses („Käfigheime") genannt. In den, von außen normal aussehenden, mehrstöckigen Mietshäusern (in verschiedene Stadtteilen gelegen) leben auf engstem Raum in HK zwischen 10.000 u. 50.000, offiziell 3200 meist alte und arme Menschen (in der Regel Singles). Hinter dem Begriff „Bed-space-apartement" verbirgt sich die Vermietung von nur käfig-großen (180 cm lang, 90 cm breit u. 90 cm hoch) menschenunwürdigen „Wohnungen". Die notdürftig mit Holz u. Pappe verkleideten Drahtkäfige (Boxen) sind zu Dutzenden, einer an dem anderen, dreistöckig bis unter die Decke gestapelt. Bis zu drei Dutzend Menschen bringt so der Vermieter auf knapp 60 m^2 unter. Für eine Monatsmiete von umgerechnet 100,- DM müssen die „ausrangierten" Alten und Kranken neben Elend auch Müll, Gestank und Ratten in Kauf nehmen. Das Versprechen des HK-Gouverneurs, alle „cagemen" in Sozialwohnungen umzusiedeln, ist bis Mitte der 90er Jahre nicht eingelöst worden. Immer noch fehlen Tausende von Sozialwohnungen. Die staatliche Wohnungspolitik steckt, so die Society for Community Organization (SoCO), in einer Misere, aus der sie sich zunehmend durch gewinnorientierten Häuserverkauf an Private zu befreien sucht. 1995 befanden sich über die Hälfte aller Wohnungen in öffentlicher Hand.

Erst im Oktober 1994 wurde Hongkong vom US-Wirtschaftsmagazin „Forbes" zu „der für internationale Geschäfte am besten geeignete Stadt der Welt" proklamiert, noch vor New York und London.[49] Die kommende Rückgabe des Gebiets an die VR China erwecke, so Forbes damals, nicht Angst, sondern eher Hoffnung. Begründet wurde diese Einschätzung mit der unglaublichen Entwicklung der Volksrepublik, dem Land mit der am schnellsten wachsenden Wirtschaft der Welt und einem einheitlichen Markt von über einer Milliarde Verbrauchern. Schon Mitte der 90er Jahre zählte die Volksrepublik, was ihre Verwaltungsstruktur betraf, Hongkong als Xianggang, Macao als Aomen und selbst die unabhängige Republik der Nationalchinesen, Taiwan, zu ihren Provinzen. Und auch in diesem chinesischen Sprachraum schrieben die geheimen Gesellschaften Verbrechensgeschichte.

2.2 Die Connection der Auslands(Übersee)chinesen

Ein halbes Jahrzehnt vor dem Beginn des 21. Jahrhunderts wird die Anzahl der Chinesen, die außerhalb der Volksrepublik China leben, auf über 65 Millionen geschätzt. Um die 38 Millionen davon leben außerhalb, 27 Millionen innerhalb des chinesischen Sprachraumes; die letzteren mehrheitlich in Ostasien.

2.2.1 Geopolitische Aktionszentren in Ostasien

Unumstrittene Hochburg geheimer chinesischer Bünde in Ostasien ist, wie dargestellt, die britische Kronkolonie Hongkong. Im eigenen Sprachraum sind Triaden daneben aber auch in Macao, auf Taiwan und auch wieder auf dem chinesischen Festland aktiv, darüber hinaus auch in Japan vertreten.

2.2.1.1 Macao

Portugiesische Besitzung 1557 bis 1999, eigentlich chinesisches Territorium unter portugisischer Verwaltung. Seit 1976 volle innere Autonomie. 373.000 Einw. (1992), darunter 73 % Chinesen, 20 % Portugiesen, außerdem Mischlinge (Macaenes).

Die ehemalige portugiesische Kolonie, 1557 als erster europäischer Handelsposten an Chinas Küste gegründet, besteht aus einer ins Südchinesische Meer ragenden Halbinsel und zwei der Spitze vorgelagerten Inseln. Das nur 65 Kilometer von Hongkong entfernte Macao wird 1999 an die VR China zurückgegeben.[50)] Im 19. Jahrhundert war Portugal im Opiumkrieg der Briten gegen China neutral geblieben. Dementsprechend beherbergte Macao seinerzeit Händler und Soldaten aus aller Welt. Vielleicht einer der Gründe, die Macao bewogen – Hongkong war an die Briten abgetreten worden –, 1851 das Glücksspiel zu legalisieren. Die neue Einnahmequelle sprudelte so gewaltig, daß sie 140 Jahre später (1991) die Hälfte der gesamten Haushaltseinnahmen ausmachte. Analog zu Hongkong suchten sich einige Triaden auch Macao zum Standort ihrer Aktivitäten aus. Doch übermächtig war die Konkurrenz in der benachbarten Kolonie. Als einer der main sub-branches des Wo-Syndikates, die „Wo Shing Tong“, 1946 einen Zweig (branch) namens „Wo Shing Kwan“ schuf, der in Macao Fuß fassen sollte, stieß dieser auf deutlichen Widerstand einer Macao-Triade namens „Hung Shun Kwan“. Von 1954 bis 1956 etablierte sich in Macao die „Overseas Youth Comrades Association“. Es war, wie man später wußte, ein Deckname für eine Organisation der 14 K.[51)] Schon in diesen 50er Jahren nutzten in Hongkong ansässige Triaden wie die Grüne Bande (Ching Pang) und die Wo Shing Wo (Lo Shing), ein main sub-branch der Wo Gruppe, Macao für ihre damals noch über Tage gehenden Aufnahmezeremonien. Sie in Hongkong zu zelebrieren, hieß, ein zu großes Risiko gegenüber den Strafverfolgungsbehörden einzugehen. Auch heute noch ist Macao, die Einführungsriten in die Society sind mittlerweile verkürzt, Ort für diese Zeremonien, die immer noch von den sogenannten Blutsbrüdergesellschaften (blood brother-societies) praktiziert werden. Dazu zählen, mit entsprechendem Einfluß in Macao, die 14 K und die Sun Yee On. Auch Mitte der 90er Jahre gibt es mit der Polizei des autonomen Macaos kaum Probleme. Bis heute beherbergt Macao ungezählte Kinos, Restaurants, Bars, Nachtclubs, Discotheken, Videospielhallen und Ausbildungsstudios für Kampfsportarten. Um die 80 Prozent davon, so ein Polizeibericht in der zweiten Hälfte der 80er Jahre, zahlen wöchentlich Schutzgelder an Triaden. An welche Triade welcher Geschäftsmann zahlt, hängt davon ab, wer den Bezirk kontrolliert, in dem er sein Geschäft betreibt. Triaden sind neben den Schutzgelderpressungen – auch von Straßenhändlern, Billard-Salons und Fischmärkten – auch in der Falschgeldherstellung (Reiseschecks und Papiergeld) involviert. Zentren für die Kredithaie sind die Spielcasinos[52)], für die Macao in der östlichen Hemisphäre berühmt, aber auch berüchtigt ist. Vor dem Hintergrund, daß die VR China nach über vier Jahrhunderten am 20. Dezember 1999 die Souveränität über dieses Territorium wieder übernimmt, hat Lissabon den meisten der Macao-Chinesen die portugiesische Staatsangehörig-keit zuerkannt.[53)]

2.2.1.2 Taiwan

Republik China (früher Formosa, Nationalchina) seit 1947; 20,8 Millionen Einwohner (1993); davon 84 % Taiwanesen und 14 % Festlandchinesen; Hauptstadt: Taipei bzw. Taipeh mit 2,69 Miollionen Einwohner (1993).

Das von der Kuo-min-tang geführte einstige Nationalchina ist die Basis, so ein Bericht aus 1986[54)], sogenannter Right Hand Groups. Darunter werden Bünde verstanden, die sich gegen sozialistisch-kommunistische Organisationen wandten beziehungsweise sich gegen linke Einrichtungen instrumentalisieren ließen.[55)]

Nach der Niederlage Japans 1945 war Formosa[56)] an China zurückgefallen. Auf die Insel, die rund 160 Kilometer von der südöstlichen festlandschinesischen Küste entfernt ist, flüchtete KMT-Generalissimo CHIANG KAI-CHEK als Verlierer des zweiten Bürgerkrieges 1949 mit dem Rest seiner Nationalarmee und zwei Millionen Zivilisten. Indirekt setzte die Kuo-min-tang-Regierung den Kampf gegen die Kommunisten in der VR China bis in die 60er Jahre (Beginn des Vietnamkrieges) hinein fort, indem sie KMT-Einheiten im südostasiatischen Grenzgebiet[57)] zu China, aber auch rechte Verbrecherbünde wie die 14 K in Hongkong, logistisch und finanziell unterstützte. Als der Einfluß der mächtigen 14 K-Triade durch die Niederschlagung der sogenannten Oktober-Revolte in der britischen Kronkolonie 1956 zum Erliegen kam, wurden in den dar- auffolgenden sechs Monaten bis zu 10.000 Triaden-Mitglieder, meist Drachen der 14 K, verhaftet und mehrheitlich nach Taiwan abgeschoben. Mit fördernder Hilfe der KMT begründeten die ausgewiesenen Triaden-Mitglieder hier eine neue Gesellschaft, die United Bamboo Gang.

United Bamboo Gang (Chu Lien Pang) :
Die „Vereinigte Bambus Triade" wurde 1957 von aus Hongkong nach Taiwan ausgewiesenen Mitgliedern der 14 K u.a. Bünde mit fördernder Hilfe der KMT gegründet. Das Syndikat, heute das größte auf der Insel, steht auch dem taiwanesischen Nachrichtendienst nahe. Die Anzahl der Mitglieder insgesamt wuchs von 10.000 - 15.000 Mitte der 80er Jahre auf geschätzte 20.000 - 40.000 Mitte der 90er Jahre. Die Anzahl der Untergruppen ist heute (1993/95) unbekannt. Vertretungen/ Operationsbereiche 1993/95 gibt es in Asien (Hongkong, Thailand, Philippinen, Japan), Middle East (Saudiarabien) und Amerika (USA, Kanada). Das FBI zählt das Syndikat zu den chinesischen „Right Hand Groups".

Über Jahrzehnte wurde sie Taiwans größte Society und ist heute „The nation's leading Triad". Als zweitgrößte Gruppe gilt die „Four Seas Gang", die schon 1986 mehr als sechzig Prozent der Prostitution und der Glücksspiels auf der Insel kontrollierte und die im kleineren Maßstab auch in Ostasien und in Übersee über Vertretungen operiert. Diese beiden Gesellschaften gehören zu einem halben Dutzend major syndicates, in denen die Mehrheit der über 700 verschiedenen Gangs[58)] organisiert sind. Neben den Taiwan-Triaden sind, analog zu Hongkong, auch Triaden und Gangs vertreten, deren Hauptquartiere außerhalb der Insel liegen; zum Beispiel die 14 K und die Big Circle Gang.

Taiwan dient aber auch seit Mitte der 50er Jahre als das Rückzugs- und Ruhequartier von polizeilich verfolgten Drachenköpfen und wegen Korruption gesuchten Polizeibeamten. Sie kamen beziehungs-

Die drei größten Taiwan-Triaden (Major Syndicates) 1984-1993		
Name der Society	Schätzungen zur Anzahl der Mitglieder	
	1984[1]	1993[2]
United Bamboo Gang (Chu Lien Pang)	10.000 - 15.000	20.000 - 40.000
Four Seas (Shih Hai)	mehrere 1.000	
Niu-Pu Gang	1.000	

[1] Zitiert n. Royal Hongkong Police 1984, in: FBI (1987): Asian Organized Crime in the United States, Washingto, p. 11
[2] Zitiert n. Burton, Sandra (1993): The Triads go global, Time No 5, Febr. 1, p. 38/39

weise flüchteten hierher nicht nur aus Hongkong, sondern auch aus Kanada, den USA und Thailand. Beispielsweise flüchteten in den 70er Jahren aus Hongkong mehr als 40 Ex-RHKP-Beamte, die alle über Triaden-Korruption und eigene illegale Geschäfte zu Millionären geworden waren. Einige von ihnen, so der im Jahr 1975 aus Hongkong geflohene Ex-Staff Sergeant TSE-TSCHUI („Fast Eddie") TSCHAN, der einst unter den „Fünf Drachen" diente[59)], hatten Kontakte zur United Bamboo Gang. Weniger zum Ruhe-, wohl mehr zum Rückzugsquartier wurde Taiwan 1977 für die Brüder MA[60)], die von hier aus – so die Vermutungen – ihre Heroingeschäfte über telefonische Anweisungen weiter leiteten.[61)] Forderungen aus dem Ausland, gesuchte Straftäter auszuliefern, wurde von der Kuomintang in der Regel nicht nachgekommen.

2.2.1.3 Volksrepublik China

Sozialistische VR seit 1949; 1,16 Mrd. Einw. (1992), davon 91,9% Chinesen („Han-Nationalität") und insg. 55 nationale Minderheiten („Nationalitäten") mit über 70 Millionen Menschen. Hauptstadt Beijing mit 10,82 Mio. Einw. (Groß-Peking) 1990. 5 Sonderwirtschaftszonen 1994, weitere in Planung.

Seit Gründung der Volksrepublik gab es über vier Jahrzehnte keine Triadenaktivitäten, beziehungsweise wurden diese nicht bekannt, und es wurde nicht darüber berichtet. Während der großen proletarischen Kulturrevolution (1966 bis 1969) gründeten Ex-Rotgardisten, die sich nach Hongkong abgesetzt hatten, die Big Circle Gang, internierte Soldaten die Tai Huen Chai. Diese Gruppen „großer Zirkel Menschen" werden Mitte der 90er Jahre als „Triads based in China" mit extensiver Mitgliedschaft bezeichnet, die mit Stand von 1994 eingeschränkt in Hongkong und verstärkt in den USA, Kanada, Europa und Australien wirken.[62)] Erstmals wurde seit Gründung der VR offiziell im Januar 1995 „vor den Aktionen der ausländischen und einheimischen Triaden gewarnt". Diese öffentliche Warnung kam von HE JINGYUAN, der seit Anfang 1994 Polizeichef der an Hongkong grenzenden Wirtschaftssonderzone Shenzhen ist. In dieser, so der Beamte, hätten die Hongkong-Triaden 14 K, Wo Shing Wo und Sun Yee On Fuß gefaßt und gemeinsam mit ihren Ablegern auf dem Festland soviel Einfluß gewonnen, daß sie sich sogar den Behörden entgegenstellen. In einem Bericht aus Peking heißt es dazu weiter:[63)] *„Die rasche Ausbreitung der organisierten Kriminalität, aber auch die merkwürdig 'erfolgreichen Kampagnen' zu ihrer Unterdrückung zeigen, daß die Kriminellen oft nicht nur geduldet werden, sondern auch mit der Polizei zusammenarbeiten. Die einträglichen Verbindungen der Polizei und der Unterwelt werden amtlich nicht bestritten ..."* Die rasch ansteigende, vom Süden kommende Bandenkriminalität[64)], hat inzwischen auch die Hauptstadt Peking erreicht. Diese Entwicklung gibt für die Volksrepublik zu folgender These Anlaß: Je prosperierender der Süden Chinas (Sonderwirtschaftszonen), je zunehmender Demokra-tisierungsbewegungen in der Volkrepublik, desto größer ist der Einfluß von Hongkong-Triaden, nimmt die organisierte Bandenkriminalität im ganzen Lande zu und entstehen neue Societies beziehungsweise werden alte reanimiert.

Schon im Mai 1993 schrieb W. MEIßNER über diese Entwicklung[65)]: *„Von den Geschäften der Gangstersyndikate profitiert auch Peking ganz erheblich; mit Wissen Pekings werden die Gewinne aus diesen Geschäften inzwischen hauptsächlich in der VR China investiert, vor allem in die Unterhaltungsindustrie und in Immobilien. Die Investitionen der Gangstersyndikate in Guangdong und bis hinauf nach Peking belaufen sich auf Hunderte Millionen Dollar. Bei solchen Summen kann man natürlich schon einmal über dieses und jenes miteinander sprechen ..."* Vielleicht haben diese sich in den 90er Jahren hinziehenden Entwicklungen dazu geführt, daß sich Interpol dazu entschloß, ihre 64. Vollversammlung Anfang Oktober 1995 in Peking durchzuführen. Auf dieser rief Chinas Staatspräsident JIANG ZEMIN zu einer stärkeren internationalen Zusammenarbeit im Kampf gegen das organisierte Verbrechen auf.[66)]

2.2.1.4 Japan

Parlamentarische Monarchie seit 1947; 124,3 Millionen Einwohner (1992), über 99 % Japaner; 941.000 Ausländer, davon 129.300 Chinesen; Hauptstadt: Tokio, mit Vorstädten 11,6 Millionen Einwohner (1993).

Das japanische organisierte Verbrechen, Yakuza, ist das älteste in Ostasien. Wahrscheinlich hat es zwischen Triaden und Yakuza schon in der ersten Hälfte der 40er Jahre intensivere Kontakte gegeben. Also in jener Zeit, in der die Japaner von 1941 bis 1945 Hongkong besetzt hatten. Ein halbes Jahrhundert später sind im Stammland der Yakuza die chinesischen Societies United Bamboo Gang (HQ: Taiwan) und die Big Circle Gang (HQ: VR China, extensive Mitgliedschaft) vertreten. Temporär kommt es zwischen der

Yakuza:
Der Ursprung der Y. liegt im 17. Jahrhundert, als nach den Bürgerkriegen Banditen Dörfer und Städte plünderten. Gegen diese brauchte man Schutz und suchte diesen bei herrenlosen Samurai, Handwerkern, Händlern, Arbeitern und Obdachlosen, von denen viele geschickte Spieler (bakuto) waren. Als „verteidigende Stadtdiener" (machi-yakko) hatten sie zunächst ein „Robin Hood Image". Die bakuto entwickelten eine Organisation mit starker Führung, ausgearbeiteter Sozialstruktur, verschiedenen Rängen, Ritualen und einem komplexen Wertesystem. Mit der Zeit teilten die bakuto die Spielbezirke unter verschiedenen Gruppen auf. Revierkämpfe führten zur Entwicklung eines paramilitärischen Systems. Sie übten Terror aus, erpreßten Geld und eröffneten entlang den neuen Hauptstraßen Spielhöllen. Gespielt wurde auch das Kartenspiel, „hanafuda". Das schlechtmöglichste Blatt dieses Spiels war die Acht (ya), Neun (ku) und Drei (za). Ya-ku-za hießen dementsprechend die Verlierer. Später wurde das Wort auf die Spieler selber angewendet. Ab dem frühen 18. Jahrhundert verbündeten sich die Y. zunehmend mit korrupten lokalen Bürokraten, um das einfache Volk auszurauben (Imageverlust der Y.). Von Anfang des 17. bis zum Ende des 20. Jahrhunderts waren die Y. kaisertreu und vom Selbstbild her Tugendwächter konservativer Werte, z.B. giri (Verpflichtung) und ninkyo (Ritterlichkeit). Die Y.-Gruppen (= Syndikate) sind wie Familien organisiert. Familienoberhaupt (Syndikats-Chef) ist der „oyabun" (Vater), der von seinen fiktiven Söhnen (kobun) absolute Loyalität, bedingungslosen Gehorsam und bei Bedarf Selbstaufopferung erwartet. Die oyabun-kobun-Hierarchie stellt eine unauflösliche Lebensgemeinschaft dar, die den Syndikatsmitgliedern Schutz und Fürsorge bis zum Lebensende garantiert. Regelverstöße werden geahndet; geringfügigere Verstöße mit dem freiwilligen Fingergliedabschneiden (yubitsume). Zu den Erkennungszeichen der Y. gehören das Begrüßungsritual „jingi", (Ganzkörper)tätowierungen, eine Geheimsprache (ingo) u.a.m. In den frühen 60er Jahren waren rund 180.000 Y. in mehreren 1.000 Gangs organisiert. Ende 1989 zählte die Polizei 86.553 Y. in fast 3.200 Gangs. Zu den mit Abstand größten Syndikaten gehören die 1915 gegründete „Yamaguchi-Gumi" (Kobe-Osaka), 1945 gegründete „Inagawa-Kai" (Tokio) und 1958 gegründete „Sumiyoshi-Rengo" (Tokio).

chinesischen und der japanischen OK[67] auch in Übersee zur Zusammenarbeit, zum Beispiel in Sachen „Geldwäsche".

2.2.2 Geopolitische Aktionszentren in Südostasien

Außerhalb des chinesischen Sprachraumes in Ostasien leben rund 32 Millionen Chinesen in Asien, insbesondere in Südostasien.

Große Gemeinden von Auslands-Chinesen in Ost- und Südostasien (außerhalb des chinesischen Sprachraums) und Triaden-Zentren bzw. Triaden-Aktivitäten 1995

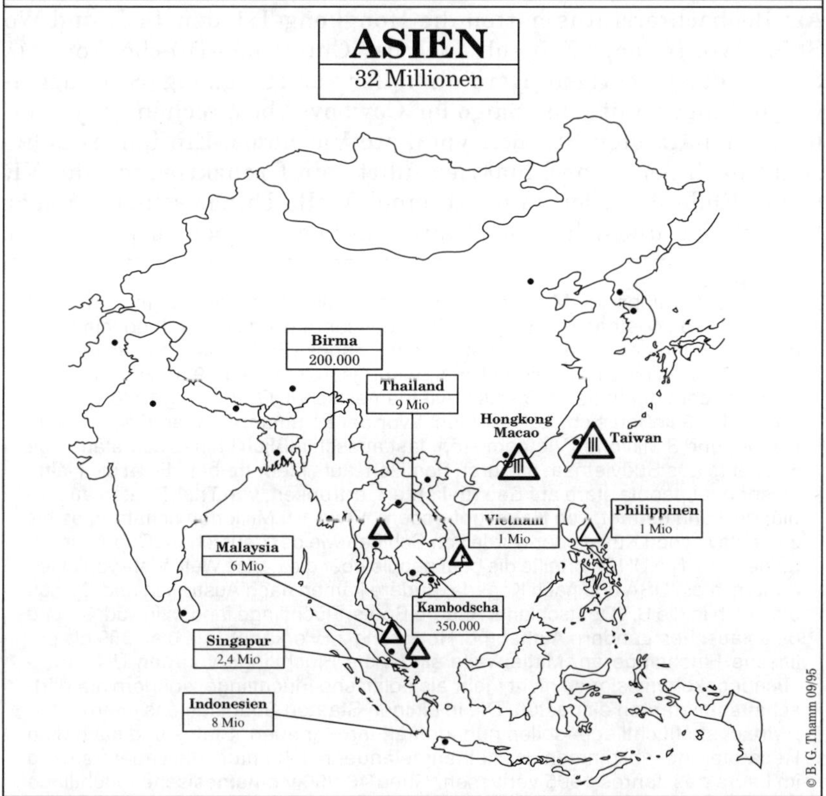

2.2.2.1 Vietnam

> Sozialistische Republik seit 1976; 69,3 Millionen Einwohner (1992), davon 87 % Vietnamesen; daneben siamo-chinesische u.a. Minderheiten; teilweise starke Vermischung mit Chinesen und bedeutende chinesische Minderheit (2-3 %) u.a. in Tongking und Ho-Tschi-Minh-Stadt (Saigon).

Während des zweiten Indochinakrieges (1957 - 1975), insbesondere während des „Vietnamkrieges“ (1964 - 1973) der US-Amerikaner, wurde Vietnam zum riesigen Testmarkt für chinesische Societies, was die Heroin-Abnahme an US-Soldaten[68] und andere betraf. Führend war seinerzeit die „Cholon-Triade“ in Saigon. Eine Art Beobachterstatus hatten die Hongkong-Triaden 14 K und Wo Shing Wo. In jener Zeit soll auch der Chiu-Chao-Drachenkopf MA SIK-YU, der mächtigste Heroinhändler aus Hongkong, Schmuggelverbindungen mit den „Saigoner Cowboys“ besprochen haben, einem der härtesten Straßensyndikate Vietnams. Ein halbes Jahrzehnt nach dem Indochinakrieg führte ein Grenzkrieg mit der VR China Ende der 70er Jahre zu einer Welle chinesisch-stämmiger Flüchtlinge, die sich – meist auf dem Seeweg (boat people) – vor

> **Boat people:**
> Die größte Gruppe der Minoritäten in Vietnam, die Chinesen, nahm zum einen durch die sog. Vietnamisierung seit den 50er Jahre (Ende des 1. Indochinakrieges 1954) und der Wiedervereinigung des Landes (Ende des 2. Indochinakrieges 1975, Beginn eines rigiden Umerziehungsprozesses“) 1976, zum anderen insbesondere durch den chinesisch-vietnamesischen Grenzkrieg 1978/79 stark ab. Ab 1979 ließen sich, auf der Flucht vor der kommunistischen Regierung in Hanoi, rund 3 Millionen Vietnamesen, fast ausschließlich chinesisch-stämmige Kaufleute aus Südvietnam mit ihren Familien, aufs Meer treiben. Etwa die Hälfte dieser boat people starb auf See (gekentert, ertrunken, von Thai-Piraten ausgeplündert und getötet, von Haien gefressen). Etwa 1,5 Millionen schafften es bis zur malayischen Küste oder wurde von Schiffen wie der deutschen „Cap Anamur“ aufgefischt. Die UNO verteilte die boat people über die ganze Welt. Viele von ihnen durften in die USA und nach Kanada, andere kamen nach Australien und Europa u.a. auch in die BR Deutschland. Andere Boots-Flüchtlinge fanden in südost- und ostasiatischen Ländern Aufnahme. Hongkong z.B. erkannte sie bis 1989 als politische Flüchtlinge an. Mittlerweile sind viele Flüchtlinge von den UN-Untersuchungskommissionen nicht mehr als politische Flüchtlinge, sondern als Wirtschaftsemigranten eingestuft. Die in einigen Staaten Südostasiens internierten „Wirtschaftsflüchtlinge“ sollen nun, gemäß ihres „neuen“ Status und nach dem Repatriierungsabkommen der Aufnahmeländer mit Vietnam, die Lager freiwillig im Laufe des Jahres 1995 verlassen. Rund 46.000 vietnamesische Flüchtlinge wollen die bisherigen Asylländer Hongkong (bis Ende Dezember '95), Malaysia (bis Ende August '95) und die Philippinen in deren Heimat zurückbringen. Dementsprechend will sich Ende 1995 auch die UN-Flüchtlingsorganisation (UNHCR) aus dem „boat-people-programm“ zurückziehen.

der „Vietnamisierung“ ins asiatische Ausland retteten. Mit Hilfe der Vereinten Nationen in vielen Ländern untergebracht, in der VR China beispielsweise lebten Anfang 1994 rund 288.000 Flüchtlinge, entwickelte sich unter den chinesisch-stämmigen Auslandsvietnamesen (Viet Kieu) auch organisierte Kriminalität. Beispiele dafür sind die „Wah Ching Gang“ in San Francisco, die in den USA in neun Städten und in Kanada in Toronto vertreten ist, und die von boatpeople gegründete Jugendgang „BTK“ (= Born to kill)[69] in New York. Mit Ende des Kalten Krieges und weggebrochener Wirtschaftshilfe aus den vormals sozialistischen Bruderländern hat Vietnam Ende der 80er Jahre eine wirtschaftliche Liberalisierung, Doi Moi (= Erneuerung) genannt, eingeleitet, die mit einer Öffnung zum Westen hin verbunden ist. Mit dieser Entwicklung ist ab der ersten Hälfte der 90er Jahre die sozialistische Volksrepublik als Standort für Triaden aus Hongkong und Taiwan interessant geworden, insbesondere der prosperierende Süden (Großraum Saigon).

2.2.2.2 Thailand

Parlamentarische Monarchie seit 1932; 58,5 Millionen Einwohner (1993), davon 12 % Chinesischstämmige; rund 300.000 Ausländer (v.a. Chinesen). Hauptstadt: Bangkok Metropolis mit 5,8 Millionen Einwohner (1990) und Chinatown im Südteil Zentral-Bangkoks.

Die seit Generationen in Thailand lebenden Chinesen, 1995 um die neun Millionen, haben ihre eigenen Triaden-Gesellschaften. Hinzu kamen mit Ende des Vietnamkrieges 1972/73 chinesische Verbrecher aus Vietnam. Nach späteren nordvietnamesischen Angaben wurden während des Krieges Polizeiakten in Saigon sämtlich vernichtet.[70] Im nachhinein konnte nicht mehr eruiert werden, wer von diesen Chinesen in Südvietnam damals kriminell war. In Bangkoks Chinatown (zwischen Tri Petch Road, Charoen Krung Road und Menam Chao Phraya gelegen) bauten auch Hongkong-Triaden Zweigbetriebe auf. Seit 1980 ist hier ein verstärkter Einfluß der 14 K zu beobachten. Etwa zur gleichen Zeit hat die HK-Triade der Chiu Chao, die Sun Yee On angefangen, sich auf den Vertrieb der in Thailand verbotenen, für die Heroinherstellung notwendigen chemischen Produkte zu spezialisieren. Hongkong- und Bangkok-Triaden kooperieren im Drogengeschäft in den Spitzenrängen bestens. In Sachen Rauschgift halten sie auch kooperative Kontakte zu den „Opium War Lords“ der Schlafmohnanbauregionen[71], von Bangkok aus aber auch über Tschiang Mai, das am Südrand des sogenannten Goldenen Dreiecks gelegen ist. Während das Heroingeschäft den Triaden seit Jahrzehnten enorme Profite bringt, ist das ebenfalls profitable Geschäft mit dem Menschenschmuggel noch nicht so alt. Doch ist Bangkok inzwischen auch, so Einschätzungen 1995, wichtiger Sitz von „snake heads“ und Ausgangspunkt für Chinesen, die illegal nach Europa und darüber hinaus in die USA eingeschmuggelt werden.

2.2.2.3 Malaysia

Wahlmonarchie im Commenwealth seit 1957; 18,6 Millionen Einwohner (1992), darunter 30 % Chinesen. Hauptstadt: Kuala Lumpur, Zentrum mit 1,1 Millionen Einwohnern (1991).

Schon im 19. Jahrhundert hatte sich in Malaysia ein mächtiger Zweig der in Südchina beheimateten Triade etabliert, der seinerzeit eine regelrechte Polizei und eine eigene Gerichtsbarkeit, die nicht nur für Mitglieder, sondern auch für Außenstehende galt, unterhielt. Zahlreiche Logen waren hier von chinesischen Emigranten gegründet worden, deren Einfluß schon von den britischen Kolonialherren auf der Halbinsel beklagt wurde, insbesondere in Singapur.

Malayische Chinesen wurden unter anderem in der BR Deutschland 1986 in Nordrhein-Westfalen und Hessen unter den Triadenbezeichnungen „Hong Men“ (Rote Tür) und „Lujun“ (Alte Armee) polizeiauffällig.

2.2.2.4 Singapur

Republik seit 1959, unabhängiger Stadtstaat seit 1965; 2,8 Millionen Einwohner (1992), davon 77,6 % Chinesen. Hauptstadt: Singapur: 2,8 Millionen Einwohner (1992) und Chinatown (auch „Tua Pho“ oder „Big Town“) im Süden der Stadt (ab den 1820er Jahren entstanden).

Singapura (= Löwenstadt) nannten die Herrscher des Srivijaya-Imperiums im 12. Jahrhundert ihre Stadtgründung. Im 19. Jahrhundert entstand hier im Völkergemisch aus Chinesen, Malayen, Indern und Sumatranern eine wichtige Hafenstadt.[72] Direkt am Hafen lag ein Viertel, das ungenau übersetzt „Schattenseite“ hieß. Hier residierten die „Samseng“, die Bosse der zahlreichen Verbrecherbanden, die trotz britischer Rechtsgepflogenheiten (Kronkolonie seit 1889) Diebstahl, Raub, Erpressung und Mord verübten.

In die „Schattenseite" wagten sich weder die Briten (die die Insel 1819 als Handelsniederlassung in Besitz nahmen) noch die „Babas", wie die in Singapur geborenen Chinesen genannt wurden.[73] Analog zu Thailand haben auch die seit Generationen in Singapur lebenden Chinesen ihre eigenen Societies gebildet, die – nicht selten im Ausland – hart mit den Hongkong-Triaden konkurrieren. In den Niederlanden zum Beispiel, wo die 14 K schon vor dem Vietnamkrieg in Amsterdam tätig war, kam mit Ende dieses Krieges Anfang der 70er Jahre als Konkurrenz auch das „Ah Kong-Syndikat" aus Singapur in die Stadt. Auseinandersetzungen über Anteile im Heroingeschäft waren die Folge. Singapur, das im August 1995 seine Staatsgründung vor dreißig Jahren feierte, hat sich zu einem „Konsumparadies mit eiserner Ordnung" entwickelt, in dem die Justiz hart – bis hin zur Vollstreckung der Todesstrafe[74] – gegen störende Elemente vorgeht.

2.2.2.5 Philippinen

Präsidialrepublik seit 1987, unabhängig seit 1946; 64,2 Millionen Einwohner (1992), darunter 10 % Chinesen. Hauptstadt: Manila mit (1990) 1,6 Millionen Einwohnern (Zentrum) bzw. 7,9 Millionen mit Vorstädten.

Es wird vermutet, daß auf den Philippinen in der ersten Hälfte der 90er Jahre die Triaden 14 K (HQ: Hongkong), United Bamboo Gang (HQ: Taiwan), Big Circle Gang (HQ: VR China, extensive Mitgliedschaft) und die Ghost Shadows (HQ: USA) vertreten waren. Neben der chinesischen OK operiert hier auch die japanische organisierte Kriminalität (Yakuza)[75], die darüber hinaus auch auf dem Fünften Kontinent vertreten ist.

2.2.3 Geopolitisches Aktionszentrum Australien

Parlamentarische Monarchie im Commonwealth seit 1901; 17,5 Millionen Einwohner (1992), darunter 1,3 % Asiaten (v.a. Chinesen und Vietnamesen); Chinesenkolonien und Vietnamesenviertel im Osten des Landes in Sydney (3,7 Millionen Einwohner, 1991) und Melbourne (3,1 Millionen Einwohner) und im Westen des Landes in Perth (1,2 Millionen Einwohner); Hauptstadt: Canberra: 0,3 Millionen Einwohner (1990).

Mit den ersten Auswanderungswellen aus China bildeten sich in Australien in Syndney und Melbourne bereits in den 1840er und 1850er Jahren die ersten kleinen Chinatowns. Im 20. Jahrhundert nahm das Einwanderungsland in der Nachkriegszeit von 1945 bis 1989 rund 450.000 Flüchtlinge, darunter 14.000 Chinesen auf. Die jährliche Immigrationsquote war Ende der 80er Jahre von der Regierung auf 140.000, davon sieben Prozent Hongkong-Chinesen, festgesetzt worden. 1989 wurde überlegt, ob für die HK-Chinesen eine Sonderregelung zu schaffen sei, die dann 20.000 bis 40.000 jährlich ins Land bringen könnte. Mitte der 90er Jahre sind rund 350.000 australische Staatsbürger chinesischer Herkunft. Mehrheitlich leben sie in den Chinatowns der Millionenstädte Sydney, Melbourne und der „Dragon City" Perth. Hier sind auch die Gesellschaften der Chiu Chao durch die Sun Yee On (HQ: Hongkong), die HK-Triaden Wo Group und 14 K, sowie die Big Circle Gang[76] (HQ: VR China, extensive Mitgliedschaft) vertreten, die in unterschiedlichen Deliktbereichen operieren. Die Chinesengemein-de könnte sich noch erheblich vergrößern. Nach Angaben des aus-tralischen Einwanderungsministers Nikolas Bolkus im April 1995[77] *„müsse sich Australien auf eine 'Invasion' von mehr als 300.000 'boat people' aus Südchina gefaßt machen."*[78] Um das aber zu verhindern, so Bolkus weiter, müsse ein Beitrag zu ihrer Ansiedlung in China geleistet werden. Die Zahlung sei eine Art Versicherung gegen eine „Überflutung Australiens" mit chinesischen Auswanderern. China und Australien sollten sich die Kosten teilen.
In den 80er Jahren hatte Australien schon eine ganze Reihe von meist chinesisch-stämmigen Vietnamesen aus den Flüchtlingslagern in Hongkong, Malaysia, Thailand und den Philippinen aufgenommen. 1994 zählte man rund 100.000 australische Staatsbürger vietnamesischer Herkunft. Analog zu den Chinatowns der Chinesen entstanden Vietnamesenviertel, beispielsweise im Vorortstadtteil Sydneys Cabramatta, der ob seinem mit sechzig Prozent sehr hohen Anteils an asiatischen Einwohnern bald „Vietnamatta" hieß. Auch hier bildeten sich gewalttätige Jugendgangs,[79] deren Mitglieder vietnamesischer beziehungsweise chinesisch-vietnamesischer Herkunft waren. Gegen ihre gegenüber Landsleute ausgeübte Kriminalität zog John Newman, Vietnamveteran und Parlamentsabgeordneter (Labor Partei) für den Bundesstaat New South Wales zu Felde. Newman votierte für ein hartes Vorgehen gegen asiatische Banden und einen besseren Schutz für asiatische Geschäftsleute. Im September 1994 wurde der 47jährige in Sydney

wohnhafte Politiker vor den Augen seiner chinesischen Verlobten im besagten „Vietnamatta", das zu seinem Wahlkreis gehörte, von Angehörigen einer vietnamesisch-chinesischen Gang erschossen. NEWMANS Tod, das war der erste politische Mord in der 200jährigen Geschichte Australiens. NEWMANS Tod beudeutete aber auch, daß die Opfer der asiatisch organisierten Kriminalität nicht mehr nur Asiaten, sondern auch Nichtasiaten sind. „Fan Kuai Lo", (weisse Barbaren) hießen sie bei den Chinesen, „lien xô" (Langnasen) bei den Vietnamesen.

2.2.4 Geopolitische Aktionszentren in Amerika

Mitte der 90er Jahre leben auf dem amerikanischen Doppelkontinent rund vier Millionen Chinesen, fast drei Millionen davon in den Flächenstaaten Nordamerikas, wo sie bereits ab der zweiten Hälfte des 19. Jahrhunderts einwanderten.

2.2.4.1 USA

Präsidiale Bundesrepublik seit 1789; 255,6 Millionen Einwohner (1992), darunter 2,9 % (= 7,3 Millionen) Asiaten; unter diesen (1995) rund 2 Millionen Chinesen und über 0,7 Millionen meist chinesisch-stämmige Vietnamesen. Mehrere große Chinesengemeinden (in der 2. Hälfte des 19. Jahrhunderts entstanden) im Westen des Landes in San Francisco und Los Angeles (California) und im Osten des Landes in New York. Alle Chinesengemeinden sind in den 90er Jahren im Wachstum insbesondere durch „undocumented Chinese" begriffen.

2.2.4.1.1 Tongs – chinesische Bruderschaften in den USA

Ab Mitte des 19. Jahrhunderts wanderten Chinesen in die USA ein,[80)] wo sie sich Frieden und Reichtum erhofften. Statt dessen fanden sie beengte und unsaubere Lebensbedingungen vor. Härteste Arbeit in der Landwirtschaft, in Wäschereien, vor allem aber in den Goldminen („Goldrausch" in San Francisco 1850 bis 1855) und insbesondere im Bau der transkontinentalen Eisenbahnen (1862 bis 1893) sicherte ein Existenzminimum. Schon in jener Zeit erließen die USA Einwanderungsgesetze, die chinesischen Arbeitern verboten, ihre Frauen und Töchter mitzubringen.[81)] Söhne durften nur einwandern, wenn sie kräftig genug waren, bei den Eisenbahnen oder Goldminen zu arbeiten. Als der Bau der großen Eisenbahnstrecken beendet war,[82)] beschloß der US-Kongreß, daß der Nutzen chinesischer Arbeiter damit erschöpft sei und erließ in

Große Gemeinden von Auslands-Chinesen in Nord-, Mittel- und Südamerika und Triaden-Zentren bzw. Triaden-Aktivitäten 1995

der Folge 1889 ein Gesetz (Chinese Exclusion Act), das jede weitere Einwanderung verbot und darüber hinaus den bereits in den USA lebenden Chinesen, rund 100.000 waren bis dahin eingewandert, die US- Staatsbürgerschaft (über sechzig Jahre bis 1943 !) verwehrte. Eine Ausnahme wurde nur für chinesische Kaufleute gestattet, die bei Einwanderung gar ihre Frauen mitbringen durften. Doch wurde den Chinesen das Leben mehr als erschwert. Der Eintritt in Innungen war ihnen gesetzlich verboten. Wegen ihrer fremden Sitten und ihres Aussehens (Kleidung, Haarzopf) wurden sie verspottet. Sie wurden zur Zielscheibe professionell geführter „Haßfeldzüge". So waren die für niedrige Löhne hart arbeitenden Chinesen gefürchtete Konkurrenz auf dem Arbeitsmarkt und dementsprechend den Gewerkschaften ein Dorn im Auge. Ab 1880 leiteten diese regelrechte antichinesische (= antiorientalische) Kampagnen ein. Vor diesem Hintergrund einer „offiziellen Unerwünschtheit" – die Chinesen waren die einzige Minderheit, die je von der US-Regierung als „unerwünscht" bezeichnet wurde – bildeten sich in der zweiten Hälfte des 19. Jahrhunderts Chinatowns an der US-Ostküste in New York 1873, und zuvor schon an der US-Westküste in San Francisco in den 1850er Jahren. Hier lebten schon 1851 rund 12.000 Bewohner der chinesischen Provinz Kwangtung, die in jener Zeit von der zweiten Loge der Triade beherrscht wurde. Triadenmitglieder waren es, die in den Chinatowns ihrer neuen Heimat Zweige des Bundes der alten Heimat gründeten, die sie „Tongs" nannten. Sie wurden nach den damaligen politischen Triaden-Grundsätzen zu dem Zwecke aufgebaut, den schlecht behandel-

Tongs:
Chinesisch soviel wie „Rathaus". Der von Ausbeutung und Diskriminierung bestimmte Umgang der US-Amerikaner mit den chinesischen Einwanderern legte in der zweiten Hälfte des 19. Jahrhunderts den Grundstein für das Entstehen der „Tongs", wie sich die Zweigbünde eingewanderter Triaden-Mitglieder nannten. Für Gegenleistungen sicherten die Tongs als „Schutzbünde" / „Bruderschaften" ihren von „weißen Teufeln"' schlecht behandelten Landsleuten eine sichere Freistatt in den Chinatowns, die sich vor dem Hintergrund der „offiziellen Unerwünschtheit" der Chinesen an der Westküste um 1850 in San Francisco und an der Ostküste 1873 in New York bildeten. Im Laufe der Zeit wuchs den Tongs immer mehr Macht zu, was sie in den Chinatowns quasi zu inoffiziellen Regierungen werden ließ. Heute sind die Tongs legale Bruderschaften, d.h. die Mitgliedschaft in ihnen ist erlaubt (die Mitgliedschaft in einer Triade hingegen wird als organized crime strafrechtlich verfolgt). Die Mehrheit der zahlreichen Tong-Mitglieder in den USA sind „gesetzestreue, in ihren Gemeinden außerordentlich wertvolle Bürger" (so das FBI 1985). Wer in die Bruderschaft eintreten will, muß ein aktives Tong-Mitglied benennen. Die traditionellen Aufnahmezeremonien unterscheiden sich nicht wesentlich von denen der Triaden. Tongs beteiligen sich

an vielen nutzbringenden und wohltätigen Einrichtungen der chinesischen Gemeinde. Wer von den Tong-Mitgliedern neben den legalen auch illegale Geschäfte betreibt, ist schwer zu eruieren. Im Einzelfall können sich unter dem Deckmantel eines in den USA erlaubten Tongs auch Triaden (Tongs als „legalisierte Triade") verbergen. Die größeren Tongs tauschen regelmäßig untereinander Nachrichten aus; Tong-Führer stehen auch mit wichtigen „Drachenköpfen" in Asien (einige auch mit der taiwanesischen KMT) in Verbindung. Zu den fünf größten Tongs zählte man in den USA in den 1980er Jahren den „On Leong"-Tong, „Hip Sing" (mit ca. 60.000 Mltgliedern), „Ying On"-Tong, „Hop Sing" und „Suey Sing". Die hierarchisch struktuierten Tongs, die in ihren Hauptquartieren auch mit gewalttätigen Jugendbanden (Gangs) zusammenarbeiten bzw. diese instrumentalisieren, sollen in den 80er Jahren ein (der italo-amerikanischen Cosa Nostra „Commission" nachempfundenes) Aufsichtsgremium gegründet haben, in welchen Vertreten von fünf Tongs tätig sind.

ten Landsleuten eine sichere Freistatt zu bieten. So wurden in der zweiten Hälfte des vergangenen Jahrhunderts beispielsweise als Arbeiterschutzbund der Tong „Hip Sing" und als Kaufmannsverbindung der „On Leong"-Tong gegründet. Wie schon zuvor in China erwarteten auch in den USA die Neueinwanderer, daß sie bei Geschäftsgründungen irgend jemand dafür etwas zu zahlen hätten. Als die Tongs Schutzgelder als „Steuern" einzogen, wurden diese mehr oder weniger willig gezahlt. Die Tongs übernahmen dafür die Bestechung weißer Beamter, die sich als Gegendienst dafür nicht sonderlich für die Chinatowns interessierten. Hier wirkten die immer mächtiger werdenden Tongs als „Bruderschaften" auch im Sinne wohltätiger Gesellschaften, die sich „um alles kümmerten"; angefangen von der Lebensmittelversorgung über Mietwohnraum bis hin zur Einhaltung der jeweils örtlichen, aber auch der Landesgesetze. Da die chinesischen Zuwanderer jeden Kontakt mit der Polizei und den Verwaltungsbeamten der „weißen Teufel" scheuten, wurden die Tongs in den Towns quasi zu inoffiziellen Regierungen. Zu den wachsenden Machtpositionen der Tongs gehörte auch die Kontrolle des Opiumhandels. Im letzten Viertel des 19. Jahrhunderts wurde das Laster des Opiumrauchens regelrecht zum Wahrzeichen amerikanischer Chinatowns. Um 1900 waren schätzungsweise vierzig Prozent der Chinesengemeinde in San Francisco regelmäßige Opiumgebraucher. In Dutzenden von Opium-Höhlen in Chinatown verkehrten auch weiße Opiumraucher, auch weiße Mädchen und Frauen. Die weißen Kunden ermöglichten dem „chinesischen Laster" eine viel schnellere Verbreitung, als es mit rein chinesischer Kundschaft gelungen wäre. Doch auch jenes „Laster" wurde den Chinesen vergällt.[83)] Klare Worte fand hierzu ein von der American Pharmaceutical Association einberufener

San Francisco – Chinatown Opium-Rauchsalon um 1900

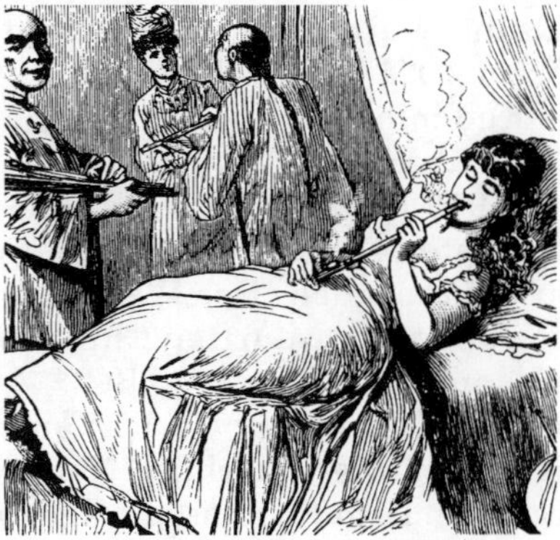

Interior of San Francisco opium den

Untersuchungsausschuß, der 1902 erklärte: *„Wenn der Chinese nicht ohne sein Opium auskommt, dann können wir ohne ihn auskommen.“* Opium, Glücksspiel und Prostitution in den Chinatowns brachten den Tongs einträgliche Geschäfte, die sie ab den 1870er Jahren durch weiße Sicherheitskräfte[84)], ab der Jahrhundertwende durch junge chinesische Straßenschläger, den „boo how doy“ (= „Kriegsbeil-Jungen“) schützen ließen.[85)] Als die Tongs immer stärker wurden, verlangten sie nach größeren finanziellen Anteilen aus den Einkünften der Unterwelt. In der Folge kam es zu einer Reihe bewaffneter Auseinandersetzungen, die als „Hackmesserkriege“ bekannt wurden. Ab den 30er Jahren begann sich das Bild vom lasterhaften und gewalttätigen Chinatown zu ändern, auch wenn es in jener Zeit immer noch zu antichinesischen Kampagnen, auch in den Printmedien, kam.

So wurden Spannungen abgebaut, indem nach fast einem halben Jahrhundert nun auch chinesische Frauen einwandern durften. Mit

Hackmesserkriege:
Bewaffnete Auseinandersetzungen zwischen Tongs gab es schon im letzten Quartal des 19. Jahrhundert, beispielsweise 1871 im Chinatown von Los Angeles. Als die Tongs nach der Jahrhundertwende immer stärker wurden (unter strenger Leitung arbeiteten für sie auch ab 1900 die „boo how doy“ (= „Kriegsbeil-Jungen“) als StrasBenschläger und Aufpasser), verlangten sie noch größere finanzielle Anteile aus den Einkünften der Unterwelt. In der Folge kam es zu einer Reihe brutaler Tong-Kriege. Wenn rivalisierende Tongs in einer Chinatown Krieg führten, griff dieser auch auf andere große Chinatowns über. Als Waffe wurde eine Art Schlachtermesser (Chopper) bevorzugt verwendet, das den Auseinandersetzungen den Namen „Hackmesserkriege“ gab. Verstümmelte und Ermordete waren Legion. Blutrache forderte neue Opfer. Der letzte große Tong-Krieg war Mitte der 20er Jahre. In der Folge wurde z.B. in Los Angeles eine eigene Kommission zur Untersuchung der gewalttätigen Straßenkriege in Chinatown gegründet.

Zitiert nach: Posner, Gerald L. (1991): Die chinesische Mafia, Gustav Lübbe Verlag, Bergisch Gladbach, Seiten 324, 326.

den Familienzusammenführungen und den Neugründungen normaler Familien ließ auch das Verbrechen in den Towns nach. Bis Anfang der 40er Jahre wurden die Chinesen in den USA für „unwürdig für den Erhalt der Staatsangehörigkeit“ befunden. Diese Haltung wurde selbst nach dem Überfall der Japaner auf Pearl Harbor 1941 beibehalten, obwohl sich die USA mit Japans Gegner, der Kuo-min-tang, verbunden hatten. Auf wachsenden Druck des KMT-Führers Chiang Kai-Chek[86)] unterzeichnete Präsident Roosevelt 1943 eine Verordnung, die das alte Chinesengesetz aufhob. Zum ersten Mal wurde damit für Chinesen eine Naturalisierung in den USA möglich. Der Weg dahin wurde beschwerlich gemacht.[87)] Noch über Jahre durften Chinesen, auch die in den USA geborenen und damit US-Bürger (ABC = American born Chinese genannt), nicht als Zeugen vor Gericht auftreten. Ihre Aussagen wurden als unglaubwürdig bezeichnet. Nach wie vor durften sie in keine Innung eintreten. Dem Rechnung tragend, hatten sich viele Tongs in ‘kaufmännische Verbände’ umorganisiert. Mitte der 40er Jahre, mit Ende des zweiten Weltkrieges, war in vielen Chinatowns eine Umschichtung zu beobachten. Neben den Lasterhöhlen (Glücksspiel, Opium und Prostitution) wuchs die Normalität über Restaurants, Geschäfte für Lebensmittel, Fleischerläden und Fischmärkte. Anfang der 50er Jahre waren Chinatowns wie in San Francisco selbst für Touristen begehbar. Als die US-Regierung 1965 die Tore für chinesische Einwanderer öffnete, kamen Tausende aus den Slums von Hongkong in die übervölkerten Chinatowns und fanden hier Arbeit in Kleinfabriken, wo sie ausgebeutet wurden – wie einst schon die ersten Einwanderer. Bis zu dieser Zeit, die USA waren gerade in den Vietnamkrieg eingetreten, wurde die Geschichte der Tongs von den vor 1965 in die USA immigrierten Chinesen geschrieben.

Antiorientalische (= antichinesische) Kampagne Mitte der 30er Jahre

Atlanta Georgian, March 17, 1934

2.2.4.1.2 Tongs und Gang Organizations ab 1965

Unter den Massen der „post-1965-immigrants“ konnten die Tongs neue Mitglieder rekrutieren. Mittlerweile waren sie als Bruderschaften legal und die Mitgliedschaft in ihnen erlaubt. Die Struktur der Tongs war der italoamerikanischen La Cosa Nostra (LCN) ähnlich, was den hierarchischen Aufbau betraf. An der Spitze stand ein Vorsitzender (chairman) und sein Stellvertreter (Vice-chairman). Sie bildeten zusammen mit einem „Englisch-sprechenden Sekretär“, dem Schatzmeister (treasurer) und dem „Sekretär für soziale Angelegenheiten“ das sogenannte Officialdom, also die höhere „Verwaltung“ des Tong.

Die sozialen Angelegenheiten nahmen die Tongs in den großen Chinesengemeinden im Lande wahr. Zum einen an der Westküste in den riesigen Chinatowns in San Francisco und Los Angeles.[88] Hier, in Kalifornien, hatten schon im November 1988 rund 100 chinesische Firmen ihren Sitz; 400.000 Bürger waren chinesischer Abstammung. Zum anderen an der Ostküste, wo in New York ein Chinatown im Südosten Manhattans enstanden war. Über 120 Jahre wuchs es von 700 Chinesen im Jahre 1880 (1900: 3.000) über 20.000 bis zu 70.000 in der ersten Hälfte der 1960er Jahre auf bis zu 300.000 in den 1980er Jahren. Nicht wenige der Neueinwanderer

Aufbau eines Tongs in den USA (nach FBI)

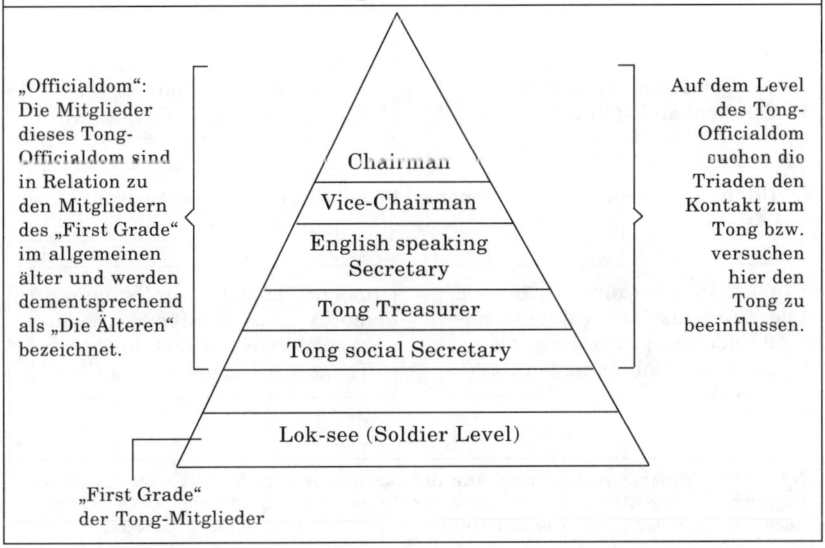

Strukturen chinesischer Tongs und der italo-amerikanischen La Cosa Nostra (LCN) im Vergleich

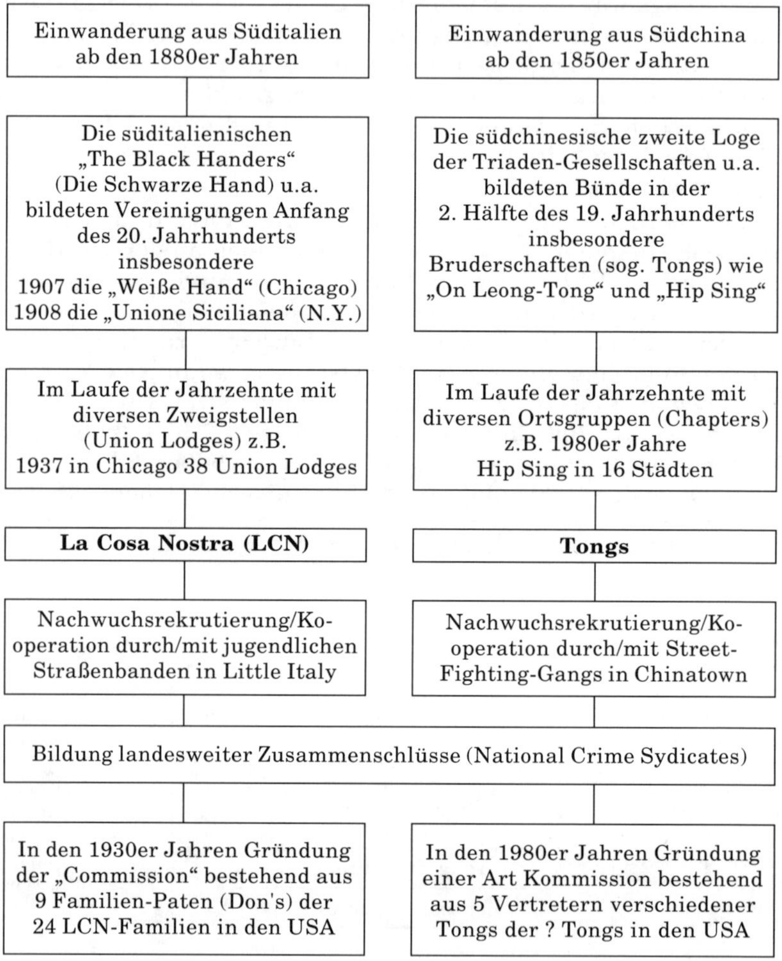

Nach Mike Yamaguchi, US-Staatsanwalt in San Francisco und Experte für Asian Organized Crime (AOC), insbesondere der Chinese Organized Crime (COC), zitiert nach Posner, G.L. (1991): Die chinesische Mafia, Lübbe Verlag, S. 335-336

waren Flüchtlinge. So kamen mit Ende des zweiten Indochinakrieges ab 1975 auch chinesisch-stämmige Vietnamesen aus Südvietnam. Und 1978/79 Chinesen aus Vietnam, die während des chinesisch-vietnamesischen Grenzkrieges als „boat people" vor den Kommunisten geflohen waren und in den USA eine neue Heimat fanden. In der darauffolgenden Dekade wanderten legal knapp 350.000 Chinesen ein.[89] Mit den Einwanderungswellen der 60er und

Chinatown San Francisco:
Im Zusammenhang mit den Goldfunden Mitte des 19. Jahrhundert begann für SF, das 1850 die Stadtrechte bekam, ein stürmisches Wachstum, das auch nach dem Rückgang der Goldförderung (ab 1855) nicht aufhörte. 1850 gab es in SF gut 35.000 Einwohner; 1851 wurden hier 12.000 Chinesen gezählt. Diese Einwanderer aus der chinesischen Provinz Kwangtung begründeten Chinatown. Mitgewanderte Mitglieder der zweiten Loge der Triade gründeten die „Tongs", kontrollierten in der zweiten Hälfte des 19. Jahrhunderts Prostitutions-, Glücksspiel- und Opiumgeschäfte. 1990 hatte SF rund 724.000 Einwohner. Chinatown (Dai Fao = Big City) war mittlerweile ein 16 Straßenblöcke umfassendes Areal, in dem 1987 zwischen 75.000 und 100.000 Menschen lebten. 1995 gingen die Schätzungen bis zu 200.000. Dafür spricht, daß das alte Chinatown, das bis zum Richmond District ging, größer wurde und wird – mit dem Effekt, daß ein neues Chinatown (Wah Fao = Young City) entsteht. Große Bruderschaften, die hier (und weitergehend an der Pazifikküste) ihre Basis haben, sind die Tongs „Hip Sing", „Hop Sing" und „Suey Sing". SF ist auch Hauptquartier der größten kriminellen Jugendgang in Kalifornien, der „Wah Ching" (Youth of China).

Chinatown New York:
In N.Y. City (1990 mit über 7,3 Millionen Einwohnern) entstand in den 1870er Jahren in Manhattan (ursprünglich zwischen Bowery und Baxter-, Canal- und Worth Street) Chinatown, das heute ein Areal von 40 Straßenblöcken umfaßt. Hier lebten 1960 rund 70.000 Menschen. Mit der Erleichterung für Einwanderer aus Fernost 1965 stieg die Zahl bis in die 1990er Jahre auf 150.000 bis 250.000. Andere Schätzungen gehen gar auf 300.000 bis 500.000. Hier werden etwa 200 verschiedene chinesische Dialekte gesprochen. Neben dem über 120 Jahre alten Chinatown im Südosten Manhattans sind heute zwei neue chinesische Enklaven entstanden, die in Brooklyn und Queens liegen. Insbesondere durch Immobilienkauf expandiert in den 1990er Jahren das alte Chinatown in das benachbarte Viertel „Little Italy" (Einfluß von La Cosa Nostra) und die Lower East Side hinein. Im alten, Manhattans Chinatown, bilden rund 40 Familienbünde das soziale Gerüst der Town. Der „Bund der Lee" (25.000 New Yorker mit dem Nachnamen Lee) z.B. bietet Altersversorgung, Stellenvermittlung, Kindertagesstätten, unterhält selbst (eine inoffizielle) Gerichtsbarkeit. Von den „Lee" und den „Chen" haben die Tongs die Macht über nommen. Herrschende N.Y. Tongs sind heute: „On Leong", „Hip Sing", „Tung On" und „Fujien American Association". Zu den Gangs in Chinatown gehören die „Flying Dragons" und die „Ghost Shadows". Letztere konkurrierten bzw. konkurrieren mit den Gangs „BTK (Born to kill)", „Golden Star", „Korean Power" und den „Big Circle Boys".

70er Jahre kamen auch junge Hongkong- und Vietnamchinesen, die sich in den Chinatowns zu Banden (Gangs) zusammenschlossen und dort durch Schutzgelderpressungen und kriminelle Kreditgeschäfte den Restaurantinhabern, aber auch den Betreibern von Spielhöllen das Geschäftsleben schwer machten.

In Chinatown von San Francisco kam es schon in der zweiten Hälfte der 70er Jahre zu spektakulären Gang-Kriegen, zum Beispiel zwischen den „Wah Ching Boys" und den „Joe-Boys". In dieser gewalttätigen Auseinandersetzung, in der es um die Kontrolle über das einträgliche Geschäft mit Feuerwerkskörpern ging, kam es am 4. September 1977 zu einem Massaker im Lokal „Der goldene Drache", bei dem fünf Gäste im Restaurant getötet und elf verletzt wurden.[90)] Mitte der 80er Jahre schätzte die Los Angeles (L.A.) Division des FBI, daß die „Wah Ching" die größte kriminelle Gruppe in Kalifornien war, die bis zu 80 Prozent der Geschäfte in Chinatown erpreßte. Bosse der „Wah Ching", wie Tony Young[91)] oder Vincent Jew[92)], schrieben in den 80er Jahren Verbrechensgeschichte. Doch wurde diese, wie es das US-Justizministerium schon im Oktober 1984 wußte,[93)] nicht nur an der West-, sondern auch an der Ostküste geschrieben. Hier verbreiteten in Chinatown von N.Y.City schon Anfang 1983 die Jugendbanden der „Flying Dragons", der „Ghost Shadows" und der mit den „White Tigers" kooperierenden „Grandpa's Boys" in der Geschäftswelt Angst. Die meist aus Hongkong stammenden, 12- bis weit über 30jährigen Gangmitglieder, hatten damit angefangen, New Yorks Chinatown in profitable Erpresserzonen aufzuteilen. Als der Bandenterror vom Resisseur Michael Cimino zum Actionkrimi „Im Jahr des Drachen" (1985) verfilmt wurde, kam es damals unter den Chinesen amerikanischer Abstammung zu Aufruhr, zu Boykottaufrufen und Klagen wegen Rufmord.[94)]

Heute, zehn Jahre später, gehört im New Yorker Chinatown zum Einflußbereich der von Wing Lok Chan geführten Ghost Shadows insbesondere die Mottstreet. Zum Konkurrenten der Gang wurde die von vietnamesischen, 15 bis 25 Jahre alten boat people gegründete BTK (Born to kill), die bis Anfang der 90er Jahre von David Thai geführt wurde.[95)] Es folgten Gruppen wie die Golden Star und Korean Power, später dann die Big Circle Boys. Im Juni 1993, so polizeiliche Beobachtungen, waren in N.Y.Chinatown mindestens zwanzig Gangs aktiv. Einige hatten sich auf bestimmte profitable Deliktbereiche spezialisiert, die „Fuk Ching Gang" beispielsweise auf die Einschleusung illegaler Immigranten, sogenannter II's. Andere waren und sind in zum Teil langjährigen Kooperationsgemeinschaften den großen Tongs verbunden. So arbeitet zum Beispiel der mächtige New Yorker Tong On Leong, was soviel wie „friedlich und tugendhaft“ bedeutet, schon seit dreißig Jahren mit den Ghost Shadows zusammen. Und der neben San Francisco ebenfalls in New York vertretenen Tong Hip Sing (= Im Siege vereint), arbeitet hier mit den Flying Dragons zusammen, deren Boss Johnny Eng den Kampfnamen „Zwiebelkopf“ trägt. Den Hip Sing-Tong regierte über fast zwei Jahrzehnte Benny Ong. Als „Onkel Benny“ in New York am 6. August 1994 im Alter von 87 Jahren starb, trauerte um den Boß von Chinatown ein ganzes Stadtviertel.[96)]

Der verstorbene Tong-Chairman saß zu Lebzeiten auch im Führungsgremium der „Hung Meng“-Triade. Mehr als schwierig sind jedoch die Verbindungen zwischen den illegalen Triaden und den legalen Tongs in den USA für außenstehende „weiße Teufel“ zu erkennen. Tongs und Triaden haben einen ähnlichen Aufbau. Die Tongs sollen, so Mike Yamaguchi, Staatsanwalt in San Francisco

Aufbau einer Triade in den USA (nach FBI)

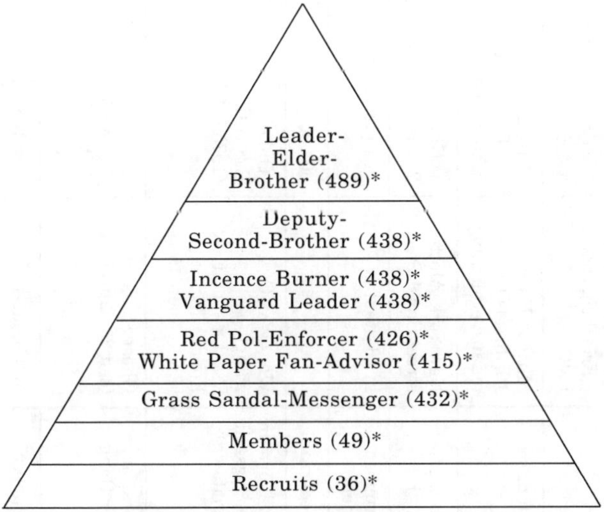

* Nummern-Positionen in der Triad Society

Nach Bericht der President's Commission on Organized Crime (PCOC) 1986

Die fünf großen Tongs (Bruderschaften) mit kriminell-aktiven Mitgliedern und Gang-Verbindungen in den USA Ende der 1980er Jahre

Name	**On Leong - Tong** („Friedlich, tugendhaft“)	**Hip Sing** („Im Siege vereint“)	**Yin On - Tong**	**Hop Sing**	**Suey Sing**
Gründung	Mitte/2. Hälfte 19. Jh. als Kaufmannsverbindung	Mitte/2. Hälfte 19. Jh. als Arbeiterschutzbund			
Hauptquartier	New York (Mottstreet/Canel St.)	1. New York 2. San Francisco	Los Angeles	US-Pazifikküste	US-Pazifikküste
Ortsgruppen (Chapters)	in 26 Städten	in 16 Städten	beherrscht den Südwesten der USA	in 10 Städten	Zweigbüros im Osten der USA
Mitgliederzahl		60.000			
Tong-Chairman (Regierungszeit in Chinatown)	WING WAH CHANG früher TSE-TSCHUI („FAST EDDIE“) TSCHAN (Ende 70er - 1984)	„Onkel“ BENNY ONG (1975 - 1994)			
Kooperation mit der Gang	Ghost Shadows (seit 30 Jahren)	1. Flying Dragons (New York) 2. Wah Ching (San Francisco)		Hop Sing Boys	
Ortsgruppen der Gangs	in 9 Städten	2. in 9 Städten in den USA und in Toronto (Kanada)		in 2 Städten	
Gang-Leader	WING LOK CHAN	1. JOHNNY ENG 2. TONY YOUNG			

und Kenner der Chinese Organized Crime (COC), schon in den 80er Jahren ein landesweit wirkendes Aufsichtsgremium gegründet haben. Dazu heißt es bei POSNER[97]: „... *Nach Vorbild der italo-amerikanischen Cosa Nostra sollen in den USA chinesische Verbrecherorganisationen in New York eine 'Kommission' gegründet haben, die von dort alle strittigen Fragen für die gesamten USA regeln ... Die 'Kommission' hat fünf Mitglieder. Nicht alle von ihnen sind vorbestraft, doch sie gehören sämtlich Tongs an. Wie es mit ihren Beziehungen zu den Triaden steht, kann ich nicht sagen. Die Mitgliedschaft bei den Triaden wird ja geheimgehalten ... in Asien sind die chinesischen Syndikate bis ins letzte durchorganisiert. Da wäre es doch albern anzunehmen, sie würden diese Strukturen nicht auf die USA übertragen ....*" (s.a. S. 146) In der Folge wurde 1985 im FBI die Spezialeinheit „Group 41" mit dem Problem der Tong/Triaden-Bekämpfung betraut.

2.2.4.1.3 Triad-Societies in den USA

Wahrscheinlich waren die Triaden schon früher in den USA aktiv, schließlich gründeten einst ihre Mitglieder hier die Tongs. Aber erst nach dem Abschluß des Basisabkommens über die Rückgabe Hongkongs zwischen Großbritannien und der VR China aus 1984 nahm man in den United States ab der zweiten Hälfte der 80er Jahre zunehmend die Aktivitäten der Triad Societies wahr. Ein Bericht des FBI über die Chinese Organized Crime (COC) 1985 kam zu dem Schluß, daß sich die großen, in den USA tätigen Triaden unter dem Deckmantel der Tongs verbergen: „*Wir glauben, daß es sich um die Gruppen wie 14 K, Wo Shing Wo, Wo On Lok, Kung Lik und den traditionellen Hung Mun*[98] *handelt.*" Dem FBI war aber auch bekannt, daß Triadenmitglieder in den USA in den chinesischen Gang Organizations operierten.[99] Dazu wußte die Bundespolizei zu berichten, daß beispielsweise die taiwanesische United Bamboo Gang Zweignetze in den USA unterhielt.[100] Und in Taiwan trafen sich Mitte der 80er Jahre auch Mitglieder der Wah Ching Gang aus Kalifornien mit dortigen Triadenführern. Die Gang Organisationen standen in der Regel unter dem Direktorat der Tongs.[101] Und einer der Gründe der Macht der Tongs in den US-Chinatowns bestand darin, so das FBI, daß viele von ihnen durch die KMT-Regierung in Taiwan unterstützt wurden;[102] sozusagen als Ausgleich dafür, daß die einzelnen chinesischen Gemeinden hinter der Kuo-min-tang standen und linksgerichtete (left hand) Gruppen keinen Fuß in Chinatown fassen konnten. Nach FBI-Einschätzungen operierten in den USA bereits in der zweiten Hälfte der 80er Jahre mehr als 13 Triad Societies, von denen einige Zweigstellen (branches) in Städten verschiedener Bundesstaaten hatten. Dazu gehörten Gesellschaften aus Hongkong, Taiwan, der VR China (extensive Mitgliedschaft) und in den USA entstandenen, meist in Kalifornien begründeten Gang Organizations. Von den HK-Triaden waren die beiden Hauptgruppen des Wo Syndikats, die Wo Shing Wo und die Wo On Lok, in Südkalifornien vom Luen-Syndikat die Kung Lok-Triade in Los Angeles vertreten. Hier, aber auch in San Francisco und zumindest zwei weiteren Städten operierte die 14 K. Die Sun Yee On der Chiu Chao war sogar in sechs Städten present. In ähnlicher Größenordnung arbeitete die Taiwan-Triade United Bamboo Gang in San Francisco, Los Angeles, Montery Park, Daly City, Houston und New York City. In N.Y.City war auch die Big Circle Gang zu finden. Wo das jeweilige Triaden-Hauptquartier (Wo Tsz Tau) tatsächlich lag, konnte meist nur vermutet werden. Die Triaden deckten viele Deliktbereiche ab. Während die left-hand-triad Kung Lok beispielsweise in der Geldwäsche arbeitete, war die right-hand-triad 14 K in Nachtclubgeschäften tätig. Mitglieder der 14 K waren auch in den frühen 70er Jahren fünf staff-sergeants[103)] der Triad Society Division der Polizei Hongkongs, die als „Five Dragons“ bekannt wurden. Unter diesen „Fünf Drachen“ diente auch der Ex-Detectiv der RHKP TSE-TSCHUI TSCHAN, der vor ICAC-Ermittlungen über Taiwan 1975 in die USA geflohen war. In kürzester Zeit brachte es „FAST EDDIE“ zu Amt und Würden. Bereits Ende der 70er Jahre war der schnelle TSCHAN Präsident des New Yorker On Leong-Tong.[104)] Doch schon 1984 trat er wegen Gesichtsverlustes vom Amte zurück. In der zweiten Hälfte der 80er Jahre, also in jener Zeit, in der die VR China mit ihrem Geheimdienst „Tewu“ nach Angaben des FBI im Bundesstaat Kalifornien die Sowjetunion auf dem Gebiet der Spionage überflügelte, widmete sich die COC zunehmend auch den Rauschgiftgeschäften. Sie profitierte vom seinerzeitigen Machtverlust der New Yorker „Pizza Connection“ der LCN.[105)] Schon 1988 kontrollierte die COC nach Angaben der DEA um die 70 Prozent des in New York eintreffenden Heroins. Drachenköpfe wie der im März 1988 von der DEA verhaftete KON „JOHNNY“ YU-LEONG schmuggelten Heroin im Tonnenbereich in die USA.[106)] Ab der zweiten Hälfte der 90er Jahre erschloß die COC einen weiteren Deliktbereich, dessen Profitabilität ebenfalls weit über den „Teegeldern“[107)] in Chinatown lag: Menschenschmuggel (Schleusung).

Tewu:
wörtlich „Sonderabteilungen", wird als kollektive Bezeichnung der verschiedenen volkschinesischen Geheim- und Nachrichtendienste verwendet. Begründet wurden die geheimen Dienste der Kommunisten Chinas von dem MAO-Vertrauten KANG CHENG (1898 - 1975) – auch CHAO K'ANG u. a. geschrieben – von Ende der 20er Jahre an. In den 30er Jahren hatte sich KANG bei STALIN mit den Strukturen des sowjetischen Geheimdienstes vertraut gemacht. In den 50er Jahren war das Tewu-Nachrichtensystem dem sowjetischen System des KGB ähnlich, wahrscheinlich damals aber schon umfangreicher. Ab Ende der 50er/Anfang der 60er Jahre (Bruch zwischen VR China und UdSSR 1961) ging der Tewu eigene und andere Wege. In KANGS Händen lagen sowohl die Leitung der Geheimpolizei (Innere Sicherheit) als auch die des Spionagesystems (Nachrichtendienst Ausland). Über diplomatische Dienste unterhielt der Tewu über Jahrzehnte des „Kalten Krieges" Zentralstellen im nichtkommunistischen Ausland. Für Westeuropa waren dies Rom, Paris, Brüssel, Madrid, Wien, Athen, Amsterdam und in der Bundesrepublik Deutschland Frankfurt/Main, Berlin (West) und Bonn-Bad Godesberg. Über lange Zeit war das Zentrum der Auslandsspionage in Europa Prag, in den 80er Jahren (wahrscheinlich) Bern.
Den Tewu, der qualitativ mit dem KGB, der CIA oder dem Mossad mindestens auf eine Stufe gestellt werden kann, machen heute insbesondere die Sonderabteilungen „Gonganbu" (Ministerium für Öffentliche Sicherheit) und der mächtige „Guojia anquanbu" (Ministerium für Staatssicherheit) mit Zugriff auf die Volksbefreiungsarmee, aus.

Zehntausende und mehr wurden jährlich von Schlepperbanden an Amerikas Küsten abgesetzt. In einem Bericht nannte das Magazin Newsweek im Juni 1993 die Zahl von mehr als 100.000, die jährlich als „undocumented Chinese" aus dem Süden der VR China, Hongkong und Taiwan illegal in die USA eingeschleust werden – ein Milliardengeschäft. Vom selbigen ist auch der große nördliche Nachbar der USA betroffen, Kanada.

2.2.4.2 Kanada

Parlamentarische Monarchie im Commonwealth seit 1931; 27,8 Millionen Einwohner (1992), davon 16 % asiatischer Abstammung; unter diesen (1995) rund 800.000 Chinesen. Zwei große Chinesengemeinden im Westen des Landes in Vancouver (Provinz British Columbia) und im Osten des Landes in Toronto (Prov. Ontario). Alle Chinesen-Gemeinden sind in den 90er Jahren im Wachstum begriffen.

Mit dem Einwanderungsverbot für Chinesen in die USA durch den Chinese Exclusion Act 1889 wanderten nun viele Chinesen illegal ab 1890 über Kanada nach Amerika ein. Viele ließen sich am südlichen Küstenstrich von British Columbia nieder, wo die Hauptstadt der Provinz, Vancouver, im 20. Jahrhundert quasi zur Drachenstadt wurde. Begonnen hatte hier diese Entwicklung um 1900, als die ersten Chinesen beim Bau der transkontinentalen Eisenbahn und beim Goldbergbau im Yukon mithalfen, seinerzeit noch unter erbärmlichen Lebensumständen. Die Chinatowns in Vancouver im Westen und Toronto im Osten waren schon in den 70er Jahren begehrte Plätze zum Abtauchen gesuchter Drachenköpfe, beispielsweise dem Dragonhead der HK-Triade Kung Lok Lau Wing-Kui[108)] und korrupter Polizisten aus Hongkong, beispielsweise den von Ex-Sergeant Lui Lok geführten „Fünf Drachen".[109)] Dennoch, Triaden-Alarm schlug Kanada, analog zu den USA, erst nach dem Basisabkommen über die Rückkehr Hongkongs an die VR China. Schon zwei Jahre später, 1986, hatte die Polizei in Kanada elf chinesische Syndikate ausgemacht, die in Verbindung mit organisierter Kriminalität gebracht wurden. Die Triaden-Mitglieder kamen mit den Zuwanderern aus Ostasien. Und deren Motive, nach Kanada zu gehen, lagen nicht nur in der Rückgabe Hongkongs an die

Chinatown Vancouver:
Die Hauptstadt der Provinz British Columbia hat heute (1991) im Zentrum 0,4 Millionen, mit Vorstädten (Area) 1,6 Millionen Einwohner, von denen knapp ein Drittel aus Asien stammen. Rund 20 % der Bevölkerung sind chinesischen Ursprungs. Die Mehrheit dieser 300.000 Chinesen/chinesischstämmigen Kanadier lebt in Chinatown, das um 1900 von chinesischen Eisenbahn- und Minenarbeitern, die sich hier ansiedelten, gegründet wurde. Und hier haben auch die meisten der in Kanada operierenden Triaden, deren Schwerpunkt im Westen des Landes liegt, ihren Sitz. In die „Drachenstadt" V. ließen sich z.B. schon 1974 aus HK geflüchtete Ex-Polizisten nieder (die dort für die 14 K gearbeitet hatten) und gründeten hier die „Kooperation der Fünf Drachen". 1977 setzten sie sich nach Taiwan ab. 1992 machte hier auch die „Herrin des asiatischen Drogen-Handels", die 37jährige Lee Chau Ping (alias „Ice Queen"), durch Flucht (wahrscheinlich nach China) von sich reden.

Chinatown Toronto:
Noch Anfang der 1950er Jahre waren über 70 % der Einwohner britischer Herkunft. 1993 waren es (bei 3,8 Millionen Einwohner) nicht einmal mehr als 20 %. In der Stadt leben heute 230.000 Chinesen. Chinatown (Straßenschilder zweisprachig) stellt heute eine der größten Chinesengemeinden außerhalb Chinas dar. Eigentlich sind es drei Towns, die von den verschiedenen Einwanderungsschüben zeugen: Ende des 19. Jahrhunderts chinesische Eisenbahnarbeiter; in den letzten Jahren Flüchtlinge vom chinesischen Festland; heute meist wohlhabende Chinesen aus HK („Yacht people"). Nach RHKP/FBI war in T. die HK-Triade „14 K" und die US Gang „Wah Ching" vertreten.

VR China 1997. Ein Exodus aus der VR China setzte nach dem Massaker in Peking auf dem Platz des Himmlischen Friedens 1989[110] ein. Begünstigt wurden die Chinesen durch die kanadische Einwanderungspolitik, die bewußt und stärker als die der USA auf Öffnung gegenüber Asiaten ausgerichtet war und ist. Die Einwanderungsbestimmungen sind großzügig. Wer mindestens 100.000 Dollar mitbringt und im Gastland investiert, bekommt eine Aufenthaltsgenehmigung. Und sie kamen; aus Fernost allein nach Vancouver in nur drei Jahren (1989 bis 1991) geschätzte 45.000. Aus der britischen Kronkolonie kamen nun reiche und deswegen „Yacht people“ (im Gegensatz zu den armen „boat people“) genannte Hongkong-Chinesen. Schon 1990 hatten 3.300 zumeist aus Hongkong zugewanderte Unternehmer (und ihre Familien) ein Nettovermögen von zusammen 1,3 Milliarden Dollar versteuert. Zu Beginn der letzten Dekade war es unstrittig, daß Kanadier chinesischer Herkunft zu den begütertsten Bewohnern des Landes gehörten.[111] Natürlich hielten die neuen und sehr aktiven Unternehmerschichten auch weiterhin enge Kontakte zu Asien – und umgekehrt. Die Bank of Hongkong beispielsweise ist seit einiger Zeit schon die größte und dynamischste Auslandsbank in Kanada, noch vor der US Citybank – mit Filialen in Vancouvers Chinatown. Hier erhöhte sich die Kundenzahl von 4.000 im Jahr 1987 auf mehr als 14.000 im Jahr 1991. Auch in den nächsten Jahren erwartet Kanada den Zuzug von vielen Tausend asiatischen „Zahlern“.[112] Der mitreisenden reichen organisierten Kriminalität suchte das Land durch ein 1993 in Kraft getretenes Sondergesetz die Einreise zu erschweren. Dieses verwehrt vorbestraften Hongkong-Chinesen die Einreise. Und es greift noch weiter. Selbst wenn die Mitgliedschaft in einer Triade nicht nachgewiesen werden kann, reicht doch schon deren Vermutung, die Einreise nicht zuzulassen. Dennoch sind heute in Kanada die wichtigsten Triaden aus der Kronkolonie, aber auch aus Taiwan, der VR China (extensive Mitgliedschaft) und Gang Organizations aus den USA vertreten. So die HK-Triaden Sun Yee On, Wo Syndikat, 14 K und Kung Lok als Zweig des Luen Syndikats; die Taiwan-Triade United Bamboo Gang; die Big Circle Gang; und die Gang Organization Wah Ching (San Francisco) und Flying Dragons (New York).

2.2.4.3 Dominikanische Republik

Präsidialrepublik seit 1966; 7,3 Millionen Einwohner (1992); Hauptstadt Santo Domingo mit 2,4 Millionen Einwohnern (1991).

Die mittelamerikanische Inselrepublik wird von Triadenmitgliedern deswegen geschätzt, weil sie zum einen ein Bankgeheimnis und zum anderen kein Auslieferungsabkommen mit Hongkong hat. Gesuchte Drachenköpfe wie LAU WING-KUI (Kung Lok-Triade des Luen Syndikats) in Kanada und TSE-TSCHUI („FAST EDDIE“) TSCHAN (On Leong-Tong) in den USA setzten sich hier vor polizeilichen Ermittlungen ab.[113)] POSNER (1991) wußte zu berichten[114)], daß Personen, die im Verdacht der Triaden-Mitgliedschaft stehen, ein großes Casino in der Republik gekauft haben, das wahrscheinlich in Verbindung zu den Casinos in Macao steht. Mittel- aber auch südamerikanische Flughäfen werden auch von Schleusern genutzt, die von hier nicht selten die Einreise illegaler Immigranten in die USA (Westküste) organisieren.[115)] Bereits seit fast dreißig Jahren soll in der Dominikanischen Republik die Sun Yee On der Chiu Chao vertreten sein.

2.2.4.4 Südamerika

Mit Stand Mitte der 90er Jahre sind in Südamerika Triaden in Peru, Brasilien und Paraguay vertreten.

Peru: Präsidialrepublik seit 1980; 22,37 Millionen Einwohner (1992), darunter auch Japaner und Chinesen. Hauptstadt: Lima mit 6,4 Millionen Einwohnern (1990).

Die Anzahl der Chinesen im Andenstaat wurde 1995 auf 150.000 geschätzt. Chinesische Schleuser operieren wahrscheinlich auch von hier, um illegale Immigranten an die US-Westküste zu verbringen.

Brasilien: Präsidiale Bundesrepublik seit 1989; 153,8 Millionen Einwohner (1992), darunter 0,9 % Asiaten (über 1 Millionen Japaner). Hauptstadt Brasilia mit 1,6 Millionen Einwohner im Zentrum (1991).

Eine größere Chinesengemeinde hat sich in Sao Paulo (9,4 Millionen Einwohner im Zentrum, 1991) gebildet. Triadeneinfluß wahrscheinlich.

Paraguay: Präsidialrepublik seit 1967; 4,5 Millionen Einwohner (1992), darunter rund 10.000 Japaner, Koreaner und Chinesen. Hauptstadt Asunción mit 0,6 Millionen Einwohnern (1990).

Seit der ersten Hälfte der 90er Jahre ist in Paraguay auch die HK-Triade 14 K vertreten.

2.2.5 Geopolitische Aktionszentren in Europa

Mitte der 90er Jahre leben in Europa einschließlich der Russischen Föderation um die 800.000 Chinesen. Zu den wichtigsten Triaden-Standorten zählen nach wie vor das Vereinigte Königreich und die Niederlande. Zum letzteren Königreich sagte RICHARD WEIJENBERG von Interpol:[116] *„Hier haben die Chinesen angefangen, aber jetzt sind sie überall. Man kann nicht länger von holländischen oder von französischen oder von englischen Chinesen sprechen. Denn sie sind international geworden ... Für sie ist Europa ein großer Markt. Es interessiert nicht, wo eine Grenze beginnt und die andere aufhört. Ihr einziges Ziel ist, einen möglichst hohen Preis für ihre Waren herauszuschlagen."*

2.2.5.1 Niederlande

Parlamentarische Monarchie seit 1848; 15,2 Millionen Einwohner (1992), darunter gut 60.000 Chinesen. Hauptstadt: Amsterdam mit 0,7 Millionen Einwohnern (1993) und der größten Chinatown (ca. 20.000) im Lande.

Chinesische Kohlentrimmer und Heizer, die nach einem Matrosenstreik in England 1911 arbeitslos geworden waren, gründeten in den Niederlanden eine erste Gemeinde in Rotterdam-Katendrecht, die in der Folge zu einer der größten Niederlassungen seinerzeit in Europa wurde. Eine zweite Einwanderungswelle kleiner Händler und Gewerbetreibender, die ihr Hab und Gut im Koffer (sogenannte Kofferchinesen) mitbrachte, kam in den 30er Jahren. In der Zeit nach dem zweiten Weltkrieg reisten chinesische Köche und Wirte ein, in den 50er Jahren mit ihnen auch die erste Triade aus Hongkong. Die 14 K setzte sich in der Hauptstadt Amsterdam mit zwei illegalen Spielhöllen und einer Art Prostituierten-Service für die damals noch zahlenmäßig kleine Bevölkerung in Chinatown fest. Als Tarnung der 14-K-Unternehmen diente das Amsterdamer Hauptquartier der „Gesellschaft der Chinesen in Übersee". Um

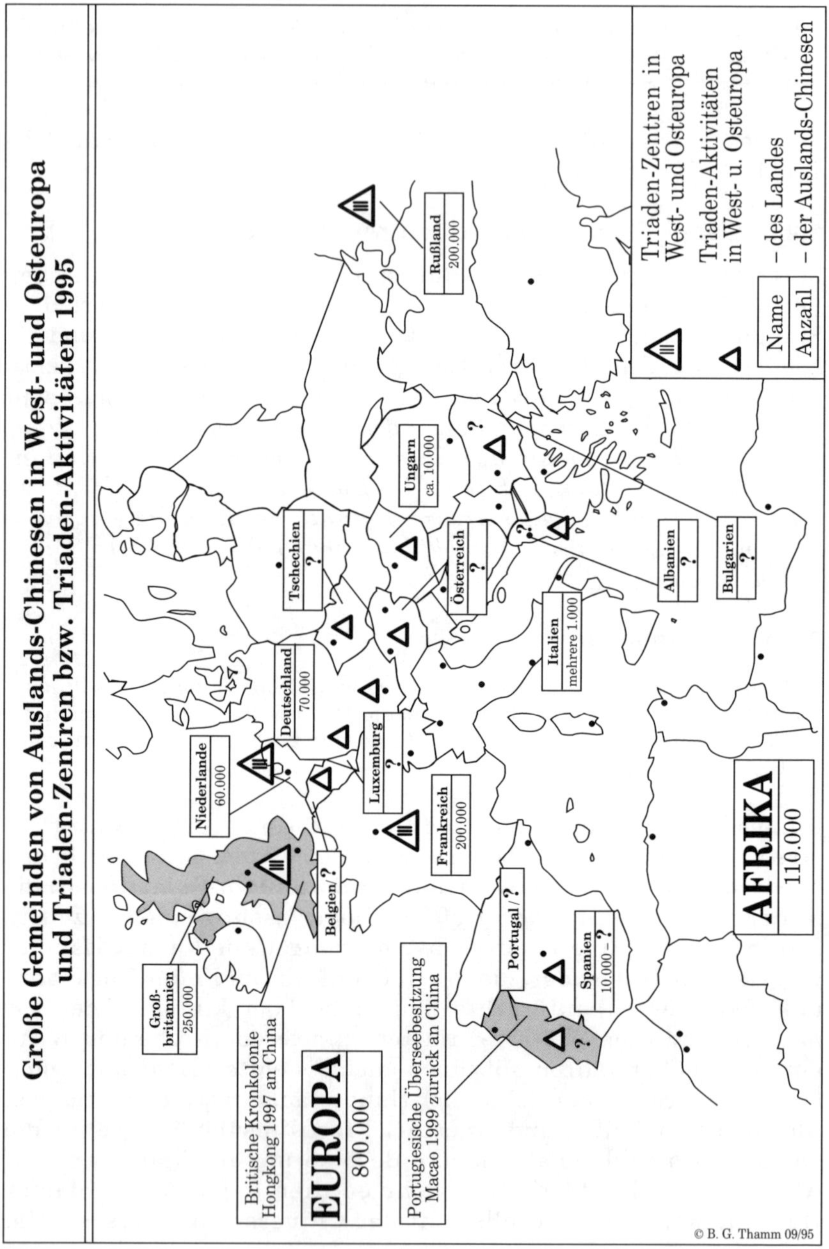
Große Gemeinden von Auslands-Chinesen in West- und Osteuropa
und Triaden-Zentren bzw. Triaden-Aktivitäten 1995
Triaden-Zentren in West- und Osteuropa
Triaden-Aktivitäten in West- u. Osteuropa
Name - des Landes
Anzahl - der Auslands-Chinesen
Rußland 200.000
Ungarn ca. 10.000
Tschechien ?
Österreich ?
Albanien ?
Bulgarien ?
Italien mehrere 1.000
Deutschland 70.000
Niederlande 60.000
Luxemburg ?
Frankreich 200.000
Belgien/?
Groß-britannien 250.000
Portugal/?
Spanien 10.000–?
AFRIKA 110.000
Britische Kronkolonie Hongkong 1997 an China
EUROPA 800.000
Portugiesische Überseebesitzung Macao 1999 zurück an China
© B. G. Thamm 09/95

Chinatown Amsterdam:
In der Hauptstadt der Niederlande (1993: 0,7 Millionen Einwohner) liegt im Zentrum mit Überschneidungen zum Rotlichtviertel Chinatown. In den letzten Jahrzehnten wuchs es von 1.500 Chinesen 1970 auf über 10.000 im Jahr 1980. Ende der 80er Jahre schätzte man die Anzahl der Bewohner auf 20.000. Amsterdam ist seit vier Jahrzehnten Triaden-Sitz: seit den 1950er Jahren für die HK-Triade 14 K, die damals unter dem Tarnnamen „Gesellschaft der Chinesen in Übersee" firmierte. Seit Anfang der 70er Jahre für das Wo Syndikate aus HK und das Ah Kong Syndikat aus Singapur. Seit den 80er Jahren für die HK-Triade Sun Yee On und andere Gruppen der Chiu Chao, seit Mitte des vergangenen Jahrzehnts für die Big Circle Gang (VR China, extensive Mitgliedschaft).

1950 übernahm der damals 30jährige TSCHUNG MON, genannt „das Einhorn",[117)] die Filiale. Als damals erster Drachenkopf in den Niederlanden überhaupt organisierte er Glücksspiel und Opiumhandel. Bereits 1960 hatte er die kleine Chinatown zu einer der gewinnträchtigeren 14-K-Operations-Basen außerhalb Asiens gemacht. 1968 machte TSCHUNG MON einen Abstecher nach Deutschland in die winzige Düsseldorfer Chinesen-Gemeinde, mit bescheidenem Erfolg. 1969 forderte ihn die 14 K-Führung in Hongkong auf, seine Bemühungen nur auf die Niederlande zu konzentrieren und stattete ihn zur Unterstützung mit beträchtlichen Geldmitteln aus, um den Einfluß der Triade auszubauen. Dies geschah vornehmlich über den Rauschgifthandel.[118)] Schon 1970 leitete er ein Vertriebsnetz, das Dutzende von Drogenkurieren nach Amsterdam einfliegen und in Frachtgut versteckte Heroinladungen durch Rotterdam schleusen ließ. 1973 organisierte TSCHUNG MON seine ersten Heroinlieferungen per Schiff von Rotterdam nach New York. Um von den Aktivitäten der 14 K wie Kredithai-, Spielhöllen- und Heroingeschäfte abzulenken, baute „das Einhorn" 1973 eine Anzahl nützlicher Organisationen zur Wohlfahrt für die örtliche chinesische Gemeinde in Amsterdam auf.[119)] Parallel dazu hatte er Beziehungen zur Polizei der Hauptstadt aufgenommen.[120)] Die lukrativen Geschäfte der 14 K in Übersee lockten Anfang der 70er Jahre auch andere Triaden nach Amsterdam: So das Wo Syndikat aus Hongkong und das Ah Kong Syndikat aus Singapur. Diese 14-K-Rivalen richteten ihre Hauptquartiere in Europa[121)] ein, um dann in den Markt einzusteigen. Dementsprechend kam es in der bis dahin mehr stille und gesetzestreue Chinesengemeinde zu gewalttätigen Straßenkämpfen, die in Amsterdam als sogenannte Schrotflintenkriege Schlagzeilen machten. Trotz taktischer Bündnispolitik mit Triadenkonkurrenz wie der Ah Kong[122)] konnte TSCHUNG MON es

Schrotflintenkriege:
Im Amsterdamer Chinatown herrschte von den 1950er bis Anfang der 70er Jahre die HK-Triade „14 K", geführt vom Drachenkopf TSCHUNG MON (alias „Das Einhorn"). Wahrscheinlich zur Absicherung seiner über Jahre aufgebauten Heroingeschäfte gründete er eine bewaffnete Bande junger, mit Schrotflinten ausgerüsteter Chinesen, die quasi zum Markenzeichen des Paten von Amsterdam wurden. Bis Anfang der 70er Jahre war Chinatown (damals keine 2.000 Chinesen) eine mehr stille und gesetzestreue Gemeinde. Die lukrativen Drogengeschäfte des „Einhorns" lockten aber auch andere Triaden nach Amsterdam, so das „Wo Syndikat" aus HK und das „Ah Kong Syndikat" aus Singapur. Nachdem die 14 K-Rivalen ihre Quartiere in den Niederlanden eingerichtet hatten, kam es Anfang der 70er Jahre in Amsterdams Chinatown zu wilden Straßenkämpfen, die wegen der oft benutzten Waffe als „Schrotflintenkriege" bezeichnet wurden. Der plötzliche Gewaltausbruch in Chinatown veranlaßte die Amsterdamer Polizei das „Einhorn" zu bitten, die Unruhen zu ersticken. Dieser gab der Polizei (TSCHUNG MON war persönlicher Informant des Amsterdamer Polizeipräsidenten GEROLD TOORENAAR) eine Liste mit Namen der angeblichen Rädelsführer der Gewalttaten. Am 3. März 1975 wurde TSCHUNG MON im Alter von 55 Jahren wahrscheinlich im Auftrag von Rivalen in Amsterdam durch Schüsse getötet.

Zitiert nach: Posner, Gerold L. (1991): Die chinesische Mafia, Gustav Lübbe Verlag, Bergisch Gladbach

nach den beunruhigenden Gewaltausbrüchen in Chinatown nicht verhindern, daß nicht nur die Amsterdamer Polizei gegen ihn ermittelte[123], sondern auch Rivalen ihm nach dem Leben trachteten. Am 3. März 1975 wurde „das Einhorn" in Amsterdam im Alter von 55 Jahren erschossen.[124] Zu seinem Nachfolger hatte das Hauptquartier in Hongkong TSCHAN YUEN-MUK (alias „Mao Tse-tung")[125] bestimmt, der als neuer 14 K-Drachenkopf bereits im April 1975 nach Amsterdam kam. Er regierte als Pate von Amsterdam Chinatown mit so harter Hand, daß deren Bevölkerung sich gegen den „Godfather" wandte. Diese Unzufriedenheit nutzte auch die Konkurrenz. In der Folge wurde zum Jahrestag der Ermordung seines Vorgängers TSCHAN YUEN-MUK in der Nähe des Yowlee-Casinos in Amsterdam am 3. März 1976 von einem aus Singapur eingeflogenen Mörder getötet. In einem Zeitraum von nur einem Jahr hatte damit die 14 K zwei Drachenköpfe verloren. Der nun folgende Dragonhead hatte die Order, ein Abkommen mit dem mächtiger werdenden Ah Kong Syndikat zu schließen, das auf einem Gleichgewicht der Kräfte beruhte.[126] Diese Vereinbarungen hielten bis Anfang der 80er Jahre. Ob der lukrativen Geschäfte kamen seit 1980 weitere Triaden als Konkurrenten in die Niederlande, insbesondere die Sun Yee On und andere Chiu Chao-Gruppen. Mitte der 80er Jahre begann die Big Circle Gang (VR China, extensive Mitgliedschaft) aus kleinen Zellen heraus in den Niederlanden zu wirken. In nur wenigen Jahren drängte sie hier traditionelle Triaden aus verschiedenen Deliktbereichen und dominierte bald im illegalen Glücksspiel. Heute ist die Big Circle Gang in fünf niederländischen Städten vertreten und organisiert von Amsterdam aus Treffen seiner Mitglieder in Europa, beispielsweise in Paris und Lille. Von Amsterdam aus soll Mitte der 90er Jahre auch die Einflußerweiterung über den Kanal in das Vereinigte Königreich erfolgen.[127)]

2.2.5.2 Vereinigtes Königreich

Parlamentarische Monarchie im Commonwealth seit 1921; 57,7 Millionen Einwohner (1992), darunter (Ende der 80er Jahre) rund 250.000 Chinesen. Hauptstadt: London (Zentrum) 6,8 Millionen Einwohner (1991), mit Chinatown (rund 50.000) in L.-Soho. Diese u.a. Chinesengemeinden sind in den 90er Jahre im Wachstum begriffen.

Kleine Chinesengemeinden im Lande, insbesondere die in der Hauptstadt des Königreiches, zogen schon vor über einem halben Jahrhundert geheime Bünde aus der Kronkolonie Hongkong (26.6.1843 bis 30.6.1997) nach Großbritannien. In den 1930er Jahren zum Beispiel die damals größte HK-Triade, die Wo Gruppe, deren Zweig Wo On Lok sich auch in London niederließ. Doch einen großen Teil ihres Einflusses verlor sie gegen den später ins Land gekommenen noch mächtigeren Zweig des HK-Syndikats, die Wo Shing Wo. Die heute mächtigste Triade in Großbritannien, die mit der in London-Soho operierenden Triade 14 K kooperiert, hat ihren Hauptsitz in Manchester. Großmanchester. (2,5 Millionen Einwohner) ist damit die Drachenstadt im Vereinigten Königreich, in dem sich nach Polizeieinschätzungen Ende der 80er Jahre vornehmlich in den chinesischen Einwanderervierteln in London, Manchester und Glasgow die HK-Triaden Wo On Lok und Wo Shing Wo

Chinatown London Soho:
Mitten in der Hauptstadt des UK (Greater London: 6,8 Millionen Einwohner 1991) entstand in Soho (mit Bezügen zum Red Light District) ein Chinesenviertel, dessen Bevölkerung Anfang der 90er Jahre auf 50.000 geschätzt wurde. Bereits in den 1930er Jahren zog es von Hongkong die „Wo On Lok" (Hauptzweig des „Wo Syndikats") hierher. Ein weiterer Hauptzweig, die „Wo Shing Wo" folgte später. Neben diesen zählt Scotland Yard heute noch die HK-Triade der Chiu Chao, die „Sun Yee On" und seit 1994 die „Big Circle Gang" und/oder „Tai Huen Chai" (VR China, extensive Mitgliedschaft) zu den Societies in London.

des Wo Syndikats, die 14 K und die Sun Yee On der Chiu Chao und ein Bund namens „Shui Fong“ bewegen. Seit 1994 sollen auch die Societies der Big Circle Gang und der Tai Huen Chai (VR China, extensive Mitgliedschaft) über die Niederlande kommend in Britannien aktiv sein. Die TIMES sprach im April 1994 dementsprechend von einem „powerful chinese criminal network“. Die Bünde, deren Mitgliederanzahl um 1988 in Großbritannien auf insgesamt rund 1.000 Drachen geschätzt wurde, sind in den klassischen Triaden-Deliktbereichen wie Kreditwucher, Prostitution, Drogenhandel und Schutzgelderpressung tätig.[128)]

Hinzu kommt seit einem guten halben Jahrzehnt die illegale Einschleusung von Chinesen ins Königreich. Schon 1988 wurde angenommen, daß jährlich rund 10.000 illegale Immigranten eingeschleust werden[129)], um dann in den chinesischen Einwandererviertelnabzutauchen. Seit einem halben Jahrhundert sind die Chinese Communities im Wachstum begriffen. Zählte man in den 1940er und 50er Jahren auf der Insel noch etwa 15.000 Chinesen, wurde ihre Anzahl Ende der 80er Jahre schon auf rund eine Viertelmillion geschätzt. Mitte Juni 1990 verabschiedete das Unterhaus ein Gesetz, das rund 50.000 Familien (insgesamt etwa 225.000 Menschen) aus der Kronkolonie Hongkong die volle britische Staatsbürgerschaft zuerkennt. Verbunden ist damit das Recht auf Niederlassung im Vereinigten Königreich. Dieses gilt auch für nicht enttarnte Triadenführer und ihre Drachen.

2.2.5.3 Frankreich

Republik seit 1875; 57,3 Millionen Einwohner (1992), davon 3,6 Millionen (= 6,3 % der Gesamtbevölkerung) Ausländer. Von diesen waren (1990) 3,5 % Asiaten, darunter (1995) rund 200.000 Chinesen. Hauptstadt Paris (Zentrum) 2,1 Millionen Einwohner (1990), mit Vorstädten (Area) 9,32 Millionen; mit Chinatown (über 80.000) im 13. und 20. Arrondisment.

In Frankreich werden die Überseechinesen „Chinois d'outre-mer“ genannt. Den größten Teil der Auslandschinesen (sog. huaquiao), die heute in der Republik leben, stellen die südchinesischen Kantonesen, aber auch die chinesisch-stämmigen Vietnamesen aus der einstigen Kolonie Französisch-Indochina. Insbesondere in der Hauptstadt Paris hat sich ein Chinatown im 13. Arrondisment entwickelt, dessen Bewohneranzahl Ende der 80er Jahre bereits auf 80.000 Menschen geschätzt wurde, unter denen – so die Polizei –

Chinatown Paris:
Der größere Standort der Chinesenkolonie liegt im Süden der Hauptstadt (P.-Zentrum: 2,1 Millionen / P.-Area: 9,32 Millionen Einwohner 1990) im 13. Arrondisment zwischen den Stationen Place d'Italie und Porte d'Ivry. In dieser Town, die sich ihren ethnischen Charakter weitgehend bewahrt hat, lebten 1989 um die 80.000 Chinesen/chinesisch-stämmige Franzosen. Unter diesen Auslandschinesen (huaqiao) stellen die Kantonesen den größten Anteil. Sie leben in vielen über 30-stöckigen Wohnblocks, die ein wenig an die Trabantenstädte in den New Territories in HK erinnern. Diese werden nicht nur von chinesischen Familien bewohnt, sondern sind auch im Besitz von nicht wenigen reichen Chinesen. Chinatown mit seinen Restaurants, Reiseagenturen, Wäschereien, Reinigungen und Großmärkten im 13. Arrondisment stellt bis heute eine geschlossene Gesellschaft dar. Im Osten der Stadt liegt im 20. Arrondisment ein zweites Chinatown mit der Metro-Station Belleville im Mittelpunkt. Doch mußten sich die Chinesen hier im sog. Belleville-Viertel den immer enger werdenden Wohnraum mit anderen (Menschen aus über 20 Nationen) teilen. In Chinatown Paris operiert (Times, April 1994) die „Big Circle Gang".

eine hochaktive „Mafia jaune" wirkte. Ein weiteres, aber kleineres Chinatown entstand im 20. Arrondisment, im sog. Belleville-Viertel. Die Triaden, in den 90er Jahren insbesondere die Big Circle Gang, haben sich in Chinatown Paris, das ein wenig an die Trabantenstädte in den New Territories von Hongkong erinnern, etabliert. Chinatown ist bis heute eine geschlossene Gesellschaft, die von den französischen „weißen Teufeln" kaum wahrgenommen wird. Dementsprechend werden hier auch die Deliktbereiche der Triaden wie Schutzgelderpressung, Organisation des verbotenen Glücksspiels und illegale Einschleusung in der Regel unerkannt betrieben. Auch Triaden-Treffen in Paris[130)] und Lille sind mehr Gerücht als gesichertes polizeiliches Wissen. Ähnlich der Kenntnisstand beim Nachbarn Deutschland.

2.2.5.4 Deutschland

Demokratisch-parlamentarische Bundesrepublik seit 1949; 81,3 Millionen Einwohner (Ende 1993), darunter 6,8 Millionen Ausländer (31.12.93). Von diesen waren 1995 rund 100.000 Vietnamesen (davon 60.000 legal) und rund 70.000 Chinesen (davon über 30.000 legal). Hauptstadt Berlin: 3,47 Millionen Einwohner (Ende 1993).

Nach BKA waren mit Stand Anfang 1993 in Deutschland 30.035 Chinesen amtlich gemeldet.[131)] Mit Illegalen wurde ihre Gesamtzahl 1995 auf rund 70.000[132)] geschätzt. Die Anzahl chinesischer Asylbewerber ist von 2.578 (1992) auf 4.396 (1993) überproportional gestiegen. Die polizeiliche Kriminalstatistik (PKS) wies bereits 1992 1.313 Staatsangehörige der VR China und Taiwans als Tatverdächtige aus. In den großstädtischen Zentren sind kleinere Chinese Communities enstanden. Legal lebten Mitte der 90er Jahre beispielsweise in der Hansestadt Hamburg um die 6.000 (1988: ca. 4.000) und in der Hauptstadt Berlin über 3.000 Chinesen. Während sich Chinesengemeinschaften, einschließlich der COC, im Vereinigten Königreich, in den Niederlanden, in Frankreich (und erst recht in den USA und in Kanada) in großen Chinatowns zentriert, hat sich in Deutschland die „chinese crime" vornehmlich (Stand Juni 1994) auf dem flachen Land eingenistet. Vor allem Bayern und das Rhein-Main-Gebiet gelten als Operationsfelder jener Societies, die bis Mitte der 90er Jahre aus den Chinatowns in Großbritannien und den Niederlanden fast immer gesteuert wurden. So operierte zum Beispiel die 14 K von den Niederlanden, die Wo Shing Wo von Großbritannien aus in Deutschland. 1993 soll es zwischen diesen beiden Gruppen in Hamburg zu Auseinandersetzungen gekommen sein.

1994 ging man davon aus, daß beide HK-Triaden selbständige Deutschlandableger unterhalten. Zu den in Deutschland tätigen Triaden wurden 1995 die 14 K (1968, 1991, 1993, 1994), die Wo Shing Wo (Anfang 70er Jahre, 1991, 1993, 1994), die Hong Men (1988, 1993), die Tai Huan Chai (1993) und die Big Circle Gang (1994) gezählt. Der erste Triadenkontakt überhaupt soll von Amsterdam aus 1968 durch die 14 K in Düsseldorf, seinerzeit nur sehr kurz, erfolgt sein. Anfang der 70er Jahre soll deren Konkurrenz, die Wo Gruppe aus Hongkong und das Ah Kong Syndikat aus Singapur, neben Rotterdam und Antwerpen auch in Koblenz ein Quartier eingerichtet haben.[133)] In der zweiten Hälfte der 80er Jahre war, so das BKA, eine „Asian Gang"[134)] in Wiesbaden, Frankfurt/Main, Offenbach, Düsseldorf, Gelsenkirchen, Bad Oeynhausen und Passau aktiv, die den Triaden Hong Men (Rote Tür) und Lujun (Alte Armee) angehören sollten, zu deren Führungsmitgliedern malayische Chinesen gehörten.

Mit der spektakulären Ermordung zweier chinesischer Geschäftsleute in Hamburg im September 1988, die zuerst asiatischen Geheimbünden zugerechnet wurde,[135)] rückte Ende der 80er Jahre das Thema „China-Mafia" in den Blickpunkt der Medienöffentlichkeit. Das traf auch auf den Süden der Republik zu. Hier hatte, so der OK-Fahnder Geißdörfer, das LKA Bayern schon seit zwei Jahren „ein besonderes Augenmerk auf die China-Szene", in der bis 1988 schon etwa 40 bis 50 Personen wegen krimineller Umtriebe aufgefallen waren. Ende August jenen Jahres konnte die Münchener Soko „China“ zwei Banden wegen Schutzgelderpressung und eines Raubüberfalles auf eine illegale Spielhölle festsetzen. Im selben Jahr hatten Fahnder des BKA nach monatelangen Ermittlungen eine „Asian Gang“ enttarnt, die in Sachen Einbruch, Raubüberfall und Erpressung in Hessen, Nordrhein-Westfalen und Bayern aktiv war. Zentralfigur dieses Kreises war ein malayischer Chinese, der in NRW ein China-Restaurant betrieb und – laut BKA – illegal eingereisten Landsleuten Unterschlupf gewährte. Jene Aktivitäten wurden den Bünden Rote Tür und Alte Armee zugeordnet. Diese fremden, geheimnisvollen Bünde wurden bundesweit und mit nachhaltiger, jahrelanger Wirkung Millionen Fernsehzuschauern durch einen Kriminalfilm bekannt, der vom 1. Deutschen Fernsehen als Tatort-Krimi („Die chinesische Methode“) am 10. November 1991 ausgestrahlt wurde.[136)] Einen Monat zuvor schon waren Erkenntnisse des LKA Bayern bekannt geworden, nach denen die meisten Chinarestaurants in Deutschland von Unterweltorganisationen erpreßt werden.[137)] Einige Landeskriminalämter und das BKA hatten Ende 1991 Hinweise auf Aktivitäten der Chinese crime in Frankfurt/M., Gelsenkirchen, Mannheim, München, Erlangen, Stuttgart, Hannover und Hamburg. Keine Erkenntnisse lagen damals in Münster, Berlin, Düsseldorf und Nürnberg vor. Doch wollten Polizeisprecher auch hier zumindest keine Schutzgelderpressungen ausschließen. Auch wenn manche chinesische Gangstergruppe den Namen einer gefürchteten Triade nutzte, ohne wirklich dazuzugehören, wurde doch der Trend deutlich, daß in den ersten 1990er Jahren chinesische Syndikate angefangen hatten, in deutschen Städten kleine Filialen einzurichten. Die internationalen Dimensionen der COC wurden seinerzeit durch den „Fall Ulbrich“ deutlich. Im Mai 1991 war an der Autobahn München-Würzburg EDUARD („EDDY“) ULBRICH, ein 33jähriger deutsch-chinesischer Gastwirt aus Erlangen, mit vier Schüssen in Kopf und Rücken ermordet gefunden worden. Als Hauptverdächtiger galt der Malaysier KAI LIM CHEONG. Die Spuren in diesem Fall führten auch nach Amsterdam, London, Hongkong, Macao und Kuala Lumpur, eben den Hochburgen diverser Bünde. In den Folgejahren kam es zu mehreren Großrazzien gegen chinesische Banden. Im November 1993 beispielsweise unter dem Codenamen „Morgensonne“. In einer „Aktion Morgenrot“ durchsuchten Polizeien mit insgesamt rund 1.300 Beamten etwa 300 Objekte (Wohnungen, Unterkünfte und über 90 Chinarestaurants) in Mittelfranken, Nordbayern, Thüringen und Sachsen. Sie stießen dabei auf umfangreiches Beweismaterial für Schutzgelderpressung, Geldwäsche und Menschenschmuggel.[138] Schwerpunkt dieser Anti-Triaden-Aktion war zwar Mittelfranken, doch wurden zeitgleich chinesische Gaststätten in Kelheim, Würzburg, Ochsenfurt, Görlitz und Weimar durchsucht. Ein knappes halbes Jahr später wurde im April 1994 ein internationaler, von Berlin (Flughafen Schönefeld) aus operierender Ring chinesischer Schleuser ausgehoben. Dem polizeilichen Erfolg waren fast zweijährige Ermittlungen vorausgegangen. In einem Großeinsatz mit 120 Beamten wurden Wohnungen, Restaurants und Gewerbeeinrichtungen in Berlin, Brandenburg und Baden-Württemberg durchsucht.[139] Die chinesische OK agierte und agiert unter ihren Landsleuten, von denen allein legal 31.000 Mitte der 90er Jahre in Deutschland lebten, vornehmlich in und von der Gastronomie. Die Anzahl der China-Restaurants, die nach der Wende 1989/90 auch in Ostdeutschland stark zunahm[140], wurde 1994 auf insgesamt 3.500 (davon knapp 400 in Berlin) geschätzt. Und obwohl von diesen, so die Einschätzung der Polizei, von Hamburg bis Bayern rund 95 Prozent um Schutzgelder erpreßt werden, attackierte 1994 eine „Interessensgemeinschaft der chinesischen Gastronomen in Nordbayern“ die Strafverfolger wegen der Razzien.[141]

Doch nicht nur in Sachen Schutzgelderpressung, auch in Deliktbereichen wie Drogenhandel, Schleusung, Geldwäsche, Paß- und Kreditkartenfälschung ermitteln die Polizeien seit Jahren. Im BKA-Computer waren dementsprechend schon im September 1993 über 8.300 Tatverdächtige aus Fernost.

Wie weit der Einfluß der chinesischen OK reicht, brachten sogenannte stille Ermittlungen der Berliner Polizei zutage, die sich an die schon erwähnte spektakuläre Aktion im April 1994 gegen Menschenschmuggler anschloß. Im Januar 1995 wurde nicht nur der mutmaßliche Boss der Schleuserbande festgenommen, sondern auch ein junger angehender Beamter verhaftet. Dem Regierungsinspektor zur Anstellung, der von der Berliner Senatsinnenverwaltung an das Landeseinwohneramt ausgeliehen worden war[142], wurde vorgeworfen, für mindestens 10.000,– DM falsche Visa-Bescheinigungen für die Einschleusung von mindestens fünf Chinesen ausgestellt zu haben. Dieser Fall des Verdachtes der Bestechlichkeit war nicht nur ein Fall mit größter Brisanz, sondern wurde auch mit größter Diskretion in der betroffenen Verwaltung und bei den Strafverfolgungsbehörden behandelt.[143] Weniger diskret war die Presse, die seinerzeit Schlagzeilen wie „Chinesische Mafia beim Senat erfolgreich?“ (Der Tagesspiegel) oder „China-Mafia besticht Beamten“ (Berliner Zeitung) schrieb.

2.2.5.5 Belgien/Luxemburg

Belgien: Parlamentarische Monarchie seit 1831; 10,0 Millionen Einwohner (1992), darunter 0,9 Millionen Ausländer (davon 60 % aus EU-Staaten); Hauptstadt: Brüssel mit 0,95 Millionen Einwohnern (1993) incl. Vorstädte.

Anfang der 70er Jahre soll die HK-Triade Wo Group in Antwerpen (465.102 Einwohner 1993) ein Quartier eingerichtet haben, um besser mit der in Amsterdam operierenden HK-Triade 14 K konkurrieren zu können. Danach wurde über zwanzig Jahre keine Triadenaktivität mehr bekannt. Erstmalig erschien in De Krant im Juni 1994 wieder ein Bericht über die „Chinese Mafia in Belgien“. Von Antwerpen aus soll die Big Circle Gang operieren.

Luxemburg: Parlamentarische Monarchie (Großherzogtum) seit 1866; 0,39 Millionen Einwohner (1992), außerdem 92.600 Ausländer (vornehmlich aus EU-Staaten). Hauptstadt: Luxemburg mit 75.377 Einwohnern (1991).

Seit Anfang der 90er Jahre ist sich die Polizei über den Exodus der Drachen zunehmend bewußt und vermerkt legalen Immobilien-Erwerb und illegale Geldwäsche. Zunahme der Chinarestaurants.

2.2.5.6 Spanien/Portugal

Spanien: Parlamentarische Monarchie seit 1978; 39,0 Millionen Einwohner (1992); 360.000 Ausländer, darunter gut 10.000 Chinesen allein in der Hauptstadt; Madrid: mit Vorstädten 4,95 Millionen Einwohner (1991) und einer kleineren Chinatown.

Chinesenkolonien sind insbesondere in der katalanischen Metropole Barcelona (Zentrum: 1,6 Millionen Einwohner / Area: 4,6 Millionen Einwohner 1991) und in der Hauptstadt Madrid (Zentrum 3,0 Millionen Einwohner 1994) entstanden. Letztere wurde bereits im Oktober 1994 auf 10.000 geschätzt. In dieser Community geschah im Frühjahr 1993 auch die Ermordung eines Chinarestaurant-Besitzers.[144)] Nach Polizeierkenntnissen werden von zahlreichen China-Lokalen Schutzgelder durch Landsleute erpreßt. Die Restaurants dienen außerdem einigen Bünden für die Einschleusung illegaler Einwanderer. In den letzten Jahren kommen diese insbesondere aus den Südprovinzen der VR China: aus Zhejiang, Fujian und Guang-dong. Triaden schleusen offenbar unter Verwendung von Pässen Toter illegal Chinesen ins Land. Auch in Spanien kommt es zu gewalttätigen Auseinandersetzungen zwischen Rivalen. So forderte Anfang Januar 1994 ein interner Bandenkrieg in der Mittelmeerstadt Gandia (Provinz Valencia) und Gava bei Barcelona sechs Tote.[145)] Es gibt Querverbindungen zu anderen Chinesen-Kolonien in Europa. Höchste Aufmerksamkeit ist Spaniens Nachbarn auf der iberischen Halbinsel zu schenken, Portugal.

Portugal: Republik seit 1976; 9,8 Millionen Einwohner (1992). Hauptstadt Lissabon, mit Vorstädten (Area) 2,13 Millionen Einwohner (1988). Seit gut 450 Jahren steht mit Macao chinesisches Territorium unter portugiesischer Verwaltung. Rückgabe an die VR China 1999.

Wegen der mit der VR China vereinbarten Übernahme Macaos zum 20. Dezember 1999 hat die Regierung in Lissabon, so ein Bericht des BKA[146)], den meisten der rund 300.000 Macao-Chinesen die portugiesische Staatsangehörigkeit zuerkannt, was mit den dementsprechenden Freizügigkeiten – die EU-Bürger haben – verbunden ist. Vier Jahre vor Übergabe der Überseebesitzung üben in Macao (6 Spielcasinos bringen 50 Prozent der Haushaltseinnahmen) die HK-Triaden 14 K und Sun Yee On Einfluß aus. Beide Triaden haben seit vielen Jahren bereits Stützpunkte in Europa (Vereinigtes Königreich, Niederlande).

2.2.5.7 Italien

Republik seit 1946; 56,8 Millionen Einwohner (1992), rund 927.200 Ausländer (Anf. 1993), darunter Tausende Chinesen. Hauptstadt: Rom: mit Vorstädten 3,66 Millionen Einwohner (1992).

Aktivitäten der chinesischen OK wurden im Zusammenhang mit dem Heroinschmuggel und einer potentiellen Zusammenarbeit mit der sizilianischen Cosa Nostra erstmals im September 1988 landesweit medienöffentlich.[147)] Einem vertraulichen Bericht zufolge sollen bereits 1992/93 HK-Triaden in den größeren Städten des Landes Fuß gefaßt haben: in der Hauptstadt Rom, der Touristen-Metropole Florenz und der Hafenstadt Genua. Von einer regelrechten Chinatown wird seit März 1992 in Mailand (1,3 Millionen Einwohner 1992) gesprochen, der „Chinatown milanese“ (la città nella città attraversata da via Canonica e Via Paolo Sarpi). Die chinesischen Drachen sind insbesondere mit der Erpressung von Landsleuten (Schutzgeld), Glücksspiel, Mädchenhandel und der illegalen Schleusung beschäftigt. Im letzteren Deliktbereich ist die Triade „Grüner Drachen“ (als Zweig einer HK-Triade) involviert, die von Italien aus – beispielsweise Lecce in Apulien – seit Mitte der 90er Jahre operierte. Nach Ankunft an apulischen Stränden werden die Flüchtlinge von Mitarbeitern der Triaden mit falschen Papieren ausgestattet, zu den nächsten Bahnhöfen verbracht, von wo sie in der Regel in die heimlichen Hochburgen chinesischer Immigranten in Italien fahren – eben nach Firenze und Milano.[148)]

2.2.5.8 Schweiz/Österreich

> *Schweiz:* Parlamentarische Bundesrepublik seit 1848; 6,9 Millionen Einwohner (1993); Hauptstadt Bern: 129.420 Einwohner (1993).

Seit der zweiten Hälfte der 80er Jahre wird die Eidgenossenschaft temporär im Zusammenhang mit verschiedenen Deliktbereichen von „Kriminaltouristen“ aus Hongkong erwähnt.[149)] Im Februar 1992 wurden vom Zürcher Obergericht sechs sog. Kriminaltouristen aus Hongkong wegen gewerbsmäßigen Betruges mit Kreditkarten, Urkundenfälschung und Fälschung von Ausweisen (Pässe aus Hongkong, Taiwan und Japan) zu Zuchthausstrafen zwischen 18 und 30 Monaten verurteilt. Zwei der Kriminaltouristen saßen bereits zwei Jahre zuvor in Südkorea wegen Kreditkartenbetrügereien im Gefängnis. Das Obergericht ging seinerzeit davon aus, daß diese zwei Hauptakteure nur Korporale in der Hierarchie einer professionellen, international tätigen Verbrecherorganisation waren.

> *Österreich:* Parlamentarisch-demokratische Bundesrepublik seit 1955; 7,9 Millionen Einwohner (1993); Hauptstadt: Wien (Zentrum) 1,5 Millionen Einwohner (1991) mit kleiner Chinatown.

Seit der zweiten Hälfte der 80er Jahre Zuwanderung von Chinesen, insbesondere nach Wien, wo sich mit Stand Januar 1994 314 von den über 600 China-Restaurants in Österreich befanden.[150)] Mit Ende des Kalten Krieges ist Österreich nach der sog. Wende seit 1990 zum wichtigen Standort für illegale Schleusung via Osteuropa nach Westeuropa (EU) von Chinesen der Südprovinzen der VR China (Guangdong, Fujian, Zhejiang) geworden. Im Dezember 1990 zerschlug die Wiener Polizei eine international tätige Schlepperorganisation. Fünf Chinesen wurden festgenommen, sieben illegal eingereiste Chinesen in ihre Heimat abgeschoben. Die Schlepper hatten von ihren Landsleuten umgerechnet jeweils 1.400,– DM kassiert. Dafür wurden sie zum Teil mit in Italien und Frankreich gestohlenen japanischen Reisepässen ausgestattet und in Budapest abgeholt.[151)] Eine weitere international operierende vietnamesisch-chinesische Schlepper-Bande wurde von Österreichs Polizei im September 1993[152)] zerschlagen. Die Gruppe hatte in den vorangegangenen fünf Jahren mindestens 7.500 Personen allein aus China nach Westeuropa gebracht. Die Triaden-ähnliche Organisation dürfte dabei umgerechnet rund 150 Millionen sFr umgesetzt haben. An der Aktion der Strafverfolger waren 400 Polizisten in fast ganz Österreich beteiligt.[153)] Die Schlepperbande, deren Kopf in Moskau vermutet wurde, hatte Verbindungen nach Italien, Frankreich, Deutschland und Tschechien. Nach damaligen Ermittlungen wurden die Opfer[154)] über die ehemaligen Ostblockstaaten in den Westen geschleust.

2.2.5.9 Osteuropa und Rußland

Ungarn: Republik seit 1989; 10,2 Millionen Einwohner (1993); unter 150.000 bis 200.000 Ausländern wohl über 10.000 Chinesen. Hauptstadt: Budapest mit 2,0 Millionen Einwohnern (1993) und kleiner Chinatown in Kobanya.

Schon kurz nach der Wende wurde die Hauptstadt für chinesische Schlepper interessant, die von hier Landsleute, die mit gestohlenen Papieren ausgestattet wurden, nach Österreich verbrachten. Seit April 1991 reisten relativ problemlos, da sie seinerzeit kein Visum benötigten, mehrere tausend Chinesen ein. Meist handelte es sich um Ingenieure, Lehrer, Facharbeiter, Köche und Geschäftsleute, die in Ungarn Geschäfte machen wollten und hierfür auch Bankkonten benötigten.[155)] Somit entstand in kurzer Zeit Osteuropas erste Chinatown in Budapest. Zur Keimzelle des Chinesenviertels wurde Kobanya, ein Arbeiterviertel im 10. Bezirk in der Stadt. Schon im August 1991 wurde die Anzahl der in der Hauptstadt lebenden Chinesen auf 2.000 bis 3.000 geschätzt. Nach Angaben der Stadtverwaltung hatten im ersten Halbjahr 1991 107 Chinesen eine Aufenthaltserlaubnis erhalten; weitere 200 Anträge wurden bearbeitet.[156)] Viele der Neueinwanderer machten China-Restaurants oder kleine Geschäfte auf. Mit 8.000 Anträgen bis Juli 1991 hatte die Einwanderungswelle den damals höchsten Stand erreicht. Nach Rumänen und Sowjetbürgern nahmen Chinesen bereits den dritten Platz als Einwanderer ein. Schon im Januar 1992 berichteten Korrespondenten[157], daß die Chinese connection immer prekärere Ausmaße annahm. Legal waren bis dahin 300 Chinesen in Ungarn zugelassen. Zu diesen gesellten sich allein in Little Chinatown in Budapest ohne Aufenthaltsgenehmigung mehr als 8.000 Familienangehörige. Auch der Polizei machte die Chinese Connection besonders zu schaffen. Das Rauschgiftdezernat machte schon im November 1992 darauf aufmerksam,[158] daß *„die Bosse der Drogen-Mafia ihre Leute in den wie Pilze aus dem Boden schießenden China-Restaurants unterbringen, um möglichst viele zum sicheren Umschlageplatz auszubauen“*. Budapest, so schien es, war zum Geheimtip internationaler Drogen- und Menschenhändler geworden. Um lukrative Deliktbereiche und Standortfragen ging es wohl auch bei Auseinandersetzungen zwischen russischen und ukrainischen „Mafiosniks“ einerseits und chinesische Drachen andererseits, über die im Februar 1995 die ersten beiden deutschen Fernsehprogramme berichteten.

Tschechische Republik (Tschechien): Republik seit 1993; 10,3 Millionen Einwohner (1992); Hauptstadt: Prag mit 1,2 Millionen (Zentrum) Einwohnern (1991).

Nach Erkenntnissen der Polizei im November 1993[159] sind chinesische Schlepperbanden an der Westgrenze der Landes äußerst aktiv. Chinesen der VR China, die von Peking nach Rußland oder in die Ukraine fliegen, werden dort von Triaden-Mitgliedern mit tschechischen Visa oder gefälschten Pässen nach Tschechien geschleust.

Bulgarien: Republik seit 1990; 8,4 Millionen Einwohner (1992); Hauptstadt: Sofia mit 1,1 Millionen Einwohnern (1992).

Nach Angaben der Regierung[160] im Juni 1991 strebten damals schon etwa 10.000 Hongkong-Bürger die bulgarische Staatsbürgerschaft an. Noch vor der Rückgabe der Kronkolonie an die VR China 1997 wollten die ausreisewilligen HK-Chinesen in den Besitz von Pässen kommen. Im Außenministerium war seinerzeit ungeklärt, ob Bulgarien die Einwanderungswilligen aufnehmen werde.

Rumänien: Republik seit 1991; 22,7 Millionen Einwohner (1992); Hauptstadt: Bukarest mit 2,0 (Zentrum) bzw. 2,3 Millionen (Area) Einwohnern (1992).

Nach Meldung des „Institute of East European Law and Russian Studies" der Universität im niederländischen Leiden wurden allein von Januar bis Juni 1995 über 134.450 Straftaten (gegenüber 1994: plus 20 Prozent) registriert. Davon machten Wirtschaftskriminalität und Korruption 42 Prozent aus. Die organisierten Straftaten wurden vor allem von Chinesen und Arabern begangen.

Russische Föderation: Föderale Präsidialrepublik seit 1991; 148,9 Millionen Einwohner (1992), davon 82,6 % Russen. Insgesamt mehr als 100 Nationalitäten und Völker, darunter rund 200.000 Chinesen (1995). Hauptstadt: Moskau: 9,0 Millionen Einwohner (1991).

In Moskau wird seit Jahren der Sitz (neben Bangkok) chinesischer Führer von Schlepperbanden (sog. snake heads) vermutet, die Landsleute insbesondere aus der VR China in die USA, via Europa in die USA und nach Westeuropa (EU) einschleusen. Der „Schlangenkopf" der vietnamesisch-chinesischen Schlepperbande, die im September 1993 in Österreich zerschlagen wurde, soll hier residieren. Die Washington Post berichtete unter Berufung auf US-Regierungskreise und Geheimdienstberichte Anfang Juni 1994,[161)] daß allein 60.000 illegal in Moskau lebende Chinesen darauf warteten, in die USA gebracht zu werden. Aber auch Rußland selbst ist Ziel chinesischer Einwanderer. Nachdem über Jahrzehnte die russische Grenze zur VR China abgeriegelt war, setzte mit der schrittweisen Öffnung seit Ende der 80er Jahre ein unkontrollierbarer Zustrom von Chinesen vornehmlich in den dünn besiedelten russischen Osten ein. Schätzungen zufolge[162)] lebten Anfang 1994 bereits über 200.000 Chinesen innerhalb Rußlands. Im April 1995 rechneten Beobachter bereits mit über einer Million. In den entstandenen Chinatowns agieren auch Triaden. Ihre Organisationen in den städtischen Ballungszentren, insbesondere in der Hauptstadt Moskau, scheinen so mächtig zu sein, daß selbst die ebenfalls mächtigen russischen „Bruderschaften" (Bratstwa) mit ihnen keine Auseinandersetzungen suchen. Der Einfluß der Triaden ist auch das Ergebnis ihrer Kooperationsbereitschaft, die zu einer Art Kriminalitäts-Netzwerk geführt hat.

2.3 Asian Crime Network – internationale Kooperationen der „Gelben Mafia"

Seit den Triaden-Kriegen und Aufständen in der ersten Hälfte der 50er Jahre haben bis zum heutigen Tage die großen Hongkong-Societies die Lehren begriffen, daß unmöglich eine einzige Triade die gesamte chinesische Unterwelt beherrschen kann. Wenn Syndikate expandieren wollen, müssen sie kooperieren. Dementsprechend kooperierten die Bünde mit asiatischen, aber auch nicht-asiatischen Tätergruppen, und arbeiteten selbst, wenn es erforderlich war, mit geheimen Nachrichtendiensten zusammen.

2.3.1 Kooperation mit asiatischen Tätergruppen

Kontakte bestanden und bestehen zu organisierten Tätergruppen ostasiatischer (Yakuza in Japan) und südostasiatischer, meist vietnamesischer Herkunft.

2.3.1.1 Zusammenarbeit mit japanischen „Yakuza“

Der Grundstein dieser Zusammenarbeit wurde möglicherweise in der Zeit der japanischen Besatzung der Kronkolonie Hongkong in den Jahren 1941 bis 1945 gelegt. Einige Triaden hatten damals mit den Invasoren Übereinkommen geschlossen. Die Japaner duldeten, daß die Bünde ihre Geschäfte ungehindert in Hongkong betrieben. Dafür wurden sie, insbesondere ihre Geheimpolizei „Kampeitei“, von den Triaden mit geheimen Informationen versorgt. Im Rahmen dieser Übereinkommen wurden während der Besatzungszeit auch der größte Teil der HK-Polizeiakten über die Triaden vernichtet. Vielleicht kam es in jener Zeit schon zu Kontakten mit Yakuza-Syndikaten, beispielsweise der 1915 gegründeten „Yamaguchi-Gumi“, der 1930 gegründeten „Motokyokuto Aioh Rengo-Kai“ und der 1945 (dem letzten Besatzungsjahr) gegründeten „Inagawa-Kai“.[163)]

Heute, fünfzig Jahre später, sind Yakuza-Syndikate auch in Hongkong, und Triaden wie die United Bamboo Gang (HQ: Taiwan) und die Big Circle Gang (VR China, extensive Mitgliedschaft) in Japan vertreten. In verschiedenen Deliktbereichen kommt es auch außerhalb Asiens, wo sowohl die japanische als auch die chinesische OK vertreten sind, temporär zur Zusammenarbeit. In Europa wurde in Sachen Geldwäsche in Frankreich kooperiert, wo die Polizei im April 1992 ein Schmuggelgeschäft aufdeckte. In einer Meldung der dpa hieß es damals:[164)] *„Die französische Polizei hat einen von der japanischen Mafia organisierten Schmuggel mit Luxuskoffern aufgedeckt. Wie aus Polizeikreisen verlautete, seien mit dem Schmuggel zugleich vermutlich mehr als 400 Millionen Franc (118 Millionen DM) Gewinn aus Rauschgifthandel, Glücksspiel und Prostitution ‘gewaschen’ worden. Über 100 von 300 Tätern wurden fest-*

genommen. Das 'heiße' Geld wurde über Banken in Luxemburg, der Schweiz und den britischen Kanalinseln nach Frankreich geleitet. Im Chinesenviertel von Paris heuerten die Gangstersyndikate hunderte Helfer an, die die Koffer legal kauften und zum Flughafen brachten, wo ein Komplize in der Zollverwaltung arbeitete. Die Koffer wurden in Japan mit hohen Gewinnen verkauft.“

2.3.1.2 Zusammenarbeit mit vietnamesischen Gruppen

Während des zweiten Indochinakrieges (1957 - 1975) war insbesondere im Vietnamkrieg (1964 - 1973) das Land zu einem regelrechten Testmarkt in Sachen Heroin für chinesische Bünde geworden. Zum Ende dieses Krieges waren nicht wenige kriminelle chinesischstämmige Vietnamesen von Saigon (wo auch ihre Polizeiakten angeblich vernichtet wurden) nach Thailand gegangen. In Bangkok gewannen sie rasch Einfluß. Als „Bangkok-Triaden“ kooperierten sie mit Hongkong-Triaden wie der 14 K und der Sun Yee On, die schon als Beobachter des Heroinmarktes in Südvietnam zu Kriegszeiten präsent waren. Mit vietnamesischen Boat people, die in der zweiten Hälfte der 70er Jahre in den USA eine neue Heimat fanden und sich hier auch zu Straßengangs in den großstädtischen Ballungszentren organisierten, arbeiteten einige Tongs in ihren Chinatowns zusammen: in San Francisco die vietnamesisch-chinesische Gang Wah Ching mit dem mächtigen Tong Hip Sing. In den 80er Jahren erkannten die Tongs den Vorteil, der ihnen der Einsatz der vietnamesischen Banden in die Hand gab. Wenn diese festgenommen wurden, traf der Vorwurf die gewalttätigen neuen Einwanderer aus Vietnam, und nicht die Tongs, die sie für gewalttätige und gefährliche Einsätze anheuerten. So wurde der polizeiliche Druck von den chinesischen Gemeinden genommen. Die vietnamesischen Gangs waren trotzdem zufrieden, wenn sie auch unter diesen Voraussetzungen für die Tongs arbeiten konnten. Schließlich bedeutete dies auch Zugang zur großen Verbrecherwelt.

In Europa, insbesondere in Deutschland, wird seit ein paar Jahren vermutet, daß hinter den im Zigarettenschmuggel operierenden gewalttätigen Vietnamesen-Banden die chinesische OK steht[165)] – die Vietnamesen-Mafia gewissermaßen eine Art Vorhut der HK-Triaden ist. In anderen Regionen wird wahrscheinlich auch noch mit anderen asiatischen Tätergruppen[166)] zumindest zeitweise kooperiert.

2.3.2 Kooperation mit nicht-asiatischen Tätergruppen

Pragmatischen Notwendigkeiten gehorchend haben Triaden in der zweiten Hälfte des 20. Jahrhunderts auch immer wieder in internationalen Deliktbereichen mit nichtasiatischen Tätergruppen zusammengearbeitet, im Rauschgiftgeschäft mit korsischen und italienischen Gruppen, in der Schleusung mit osteuropäischen Banden.

2.3.2.1 Zusammenarbeit mit korsischen Syndikaten

Zum Kolonialgebiet Französisch-Indochina (seit 1887) gehörten das heutige Vietnam, Kambodscha und Laos. Als der Führer einer 1931 gegründeten Untergrundbewegung, Ho Tschi Minh, 1945 in Hanoi die Demokratische Republik Vietnam (DRV) ausrief, begann Frankreich zur erneuten Sicherung seiner kolonialen Interessen 1946 den 1. Indochinakrieg, der auch Korsen nach Südostasien führte. Dieser Indochinakrieg ermöglichte es der sogenannten Union Corse, ab 1948 ein Drogennetzwerk aufzubauen. Das „milieu“ etablierte sich in Saigon (Vietnam) und Vientiane (Laos). Während des 1. Indochinakrieges (1946 bis 1954) und darüber hinaus hatten korsische Kriegsveteranen und Mitglieder des „milieus“ ein Schmuggelnetz aufgebaut, zum dem auch kleinere Fluglinien wie die „Air Opium“ von Gerald Labenskis und die „Babal Air Force“ von Rene „Babal“ Enjabal gehörten.[167)]

milieu / Union Corse:
In Frankreich hatten sich ab dem letzten Quartal des 19. Jahrhunderts Korsen-Clans, die sich einst in der unzugänglichen Bergwelt der Insel in ungezählten Bergdörfern gebildet hatten, vornehmlich im Süden Frankreichs niedergelassen, mit dem Zentrum Marseille. Nicht wenige arme Korsen hatten nichts anderes als den Schleichhandel gelernt, waren als Kinder unter Schmugglern und Rebellen großgeworden und kannten als einzig gültige Gesetze die Gesetze des Clans, in deren Mittelpunkt der Schweigekodex stand, zu denen aber auch die „Blutrache“ (Vendetta) gehörte. Mit dem Schmuggel, dem Bordellwesen und dem Einfluß auf die Schauerleute der Hafenstadt Marseille begann eine Corsican Underworld ab den 1870er Jahren zu wachsen. Nach der Jahrhundert-Wende erwuchs durch dieses „milieu“ der Korsen-Clans eine Struktur, aus der sich organisierte Kriminalität bildete. Diese als „Union Corse“ bekannte OK widmete sich bereits in den 1930er Jahren bis zum Beginn des 2. Weltkrieges dem Rauschgiftgeschäft. Mitte der 1950er Jahre bestimmten 15 Korsen-Clans in Frankreich als sog. French Connection das Heroingeschäft. In Marseille waren dies zu jener sog. goldenen Zeit die Clans der Francisci, Orsini, Venturi und Guerini. Das „milieu“ kooperierte auch in den französischen Überseebesitzungen/Kolonien mit dem dort ansässigen Verbrechen: im früheren Französisch-Indochina zum Beispiel mit chinesischen Bünden (Triaden).

Auch über die Zeit des 2. Indochinakrieges (1957 bis 1975) blieben Mitglieder des „milieus“ in der Region, die französische Verwaltung war aus Indochina längst abgezogen, und pflegten die gewachsenen korsisch-chinesischen Unterweltkontakte weiter. Doch riß mit der Zeit die einst enge Verbindung zwischen der Marseiller Unterwelt und den Triaden mehr und mehr. Diese hatte sich durch einige Vertreter nach dem 2. Indochinakrieg in Thailand in das Rotlichtmilieu der Hauptstadt eingekauft, indem es in Bangkoks Viertel Patpong Bars, Discotheken und ähnliche Geschäfte und Immobilien erwarb. Dorthin hatten sich auch chinesisch-stämmige Vietnamesen-Banden nach Ende des Vietnam-Krieges abgesetzt. Als Bangkok-Triaden arbeiteten sie hier wieder mit Korsen zusammen, insbesondere im Menschenhandel (Prostitution). Aber auch im Heroinhandel kam es zu Berührungen. So soll bereits um 1970 ein Unterführer des chinesischen Heroin-Paten MA SIK-YU („Weißes-Pulver-Ma“) einen Chef der French Connection, den korsischen Paten AUGUSTE RICORD, in Paraguay getroffen haben, um eine südliche Heroin-Schmuggelroute in die USA zu diskutieren.[168)] Triaden-Kontakte zum korsischen „milieu“ in Frankreich (insbesondere Marseille) und zu Exil-Korsen in den USA sind auch heute nicht unwahrscheinlich. Für die USA gilt dies auch für die La Cosa Nostra, grenzt doch in New York City Little Italy direkt an Chinatown an.

2.3.2.2 Zusammenarbeit mit italienischer organisierter Kriminalität (IOK) und La Cosa Nostra (LCN)

In N.Y.City's Chinatown herrscht der mächtige On Leong-Tong, im angrenzenden Little Italy die mächtigen Familien der LCN. Für beide arbeitet, so Erkenntnisse des FBI, die chinesische Ghost Shadows Gang. Berührungen zwischen beiden Unterwelten nahm der US-Regisseur ABEL FERRARA zum Anlaß für seinen Actionfilm „China Girl“[169)], der erst im Mai 1995 unter dem Titel „Krieg in Chinatown“ im Zweiten Deutschen Fernsehen ausgestrahlt wurde. Kontakte gab und gibt es nicht nur in den USA, sondern auch an den Kriegsschauplätzen in Asien, in denen die USA involviert waren. Von 1964 bis 1973 griffen die Amerikaner in den 2. Indo-chinakrieg ein. Wie das korsische „milieu“ im ersten Krieg, kam nun im zweiten Indochinakrieg die LCN nach Südostasien, suchte hier Kontakte zu chinesischen Bünden. Es wird berichtet[170)], daß zum Ende des Vietnamkrieges der Heroinpate MA SIK-YU Verbindungen zu den LCN-Männern ANTHONY TURANO (N.Y.City) und SANTO

La Cosa Nostra (LCN):
Cosa Nostra, ital. „unsere Sache"; eigentlich der Eigenname der „Ehrenwerten Gesellschaft" auf Sizilien. Bezeichnung der um die Jahrhundertwende in die USA mit-eingewanderten süditalienischen (kriminellen) Clans. Löste hier Anfang des 20. Jahrhunderts die Bezeichnung „Schwarze Hand" (Black Handers) ab, die für das 'mafiose Prinzip Süditaliens' stand. In den USA dominieren 24 LCN-Familien; davon fünf in New York, bekannt als „The Big Five" (GAMBINO, GENOVESE, LUCCHESE, COLOMBO und BONANNO) mit, lt. FBI, 1.700 bis 2.000 „eingeschworenen" (= geleisteter Bluteid auf die Familie) Mitgliedern. Auf jedes Mitglied kommen nochmals 10 Mitarbeiter, sog. Associates. Eine LCN-Familie umfaßt mit „Associates" zwischen 20 und 1.000 Menschen. Insgesamt werden in den USA der LCN rund 20.000 Menschen zugeordnet. Die LCN-Fam. begründeten 1934 das National Crime Syndicate. Das „Syndikat" wird von einer aus 9 Fam.-Paten (Don's) bestehenden „Commission" geführt. In der 2. Hälfte der 80er Jahre Machteinbußen der LCN; Profiteur dieser Entwicklung ist die asiatische OK.

TRAFFICANTE jun. aufgenommen haben soll. Letzterer wurde später wahrscheinlich im Auftrag einer Triade ermordet. Aber auch in Europa nahmen Triaden Kontakt zur italienischen organisierten Kriminalität (IOK) auf. Über Berührungen zur sizilianischen Cosa Nostra berichtete das Politmagazin Europeo in seiner Titelgeschichte „La Mafia Chinese A Palermo" am 23. September 1988. Untersuchungen zufolge haben chinesische Drachen in Sachen Heroin Geschäftsbeziehungen zur Cosa Nostra auf der Insel angebahnt. Im Mai 1995 erhärtete sich in Italien der Verdacht, daß neapolitanische Camorra-Clans und apulische Clans der Sacra Corona Unita mit Hilfe von Triaden und russischen Tätergruppen ein Vertriebsnetz für Drogen in Deutschland organisieren.[171)] Mit der IOK arbeiten chinesische Bünde Mitte der 90er Jahre wohl auch im Deliktbereich Schleusung zusammen. In diese Netzwerke sind beim Schmuggel von Chinesen nach Europa tschechische, albanische und andere nicht-asiatische Gruppen beteiligt. Im Schmuggel nach Nordamerika sind mittelamerikanische Gruppen aus Mexiko, Panama und Honduras involviert.

Italienische organisierte Kriminalität (IOK):
Synonym für das italienische (und darüber hinaus weltweite) organisierte Verbrechen steht der ital. Begriff „Mafia", der im palermitaner Dialekt soviel wie 'Stolz, Selbstbewußtsein' bedeutet. Zur IOK zählen nach Angaben des italienischen Innenministeriums 1990/91 die in den Südregionen des Landes (Sizilien, Kalabrien, Apulien und Kampanien) beheimateten Gruppen, die aus insgesamt ca. 450 Clans mit ca. 16.000 Aktivisten bestehen:
1. Sizilianische ***„Cosa Nostra"***, ital. „unsere Sache"; Eigenname der sog. Ehrenwerten Gesellschaft (Onorata Societá). Auf der Insel zählen dazu 186 Clans mit ungefähr 5.000 „soldati". Zentralistische Gesamtstruktur mit einer sog. Kuppel (La Cuppola) und einen Boss der Bosse (Capo di tutti Capi). Kontakte zu chi-

nesischen Bünden (Triaden) fanden auf Sizilien in der zweiten Hälfte der 1980er Jahre statt.
2. Kalabresische *„ 'Ndrangheta"*, altkalabresisch ein '(ehren)werter Mensch, der anderen hilft'. Mehrere Familien (Brother's Families) sind zum Clan zusammengeschlossen. Insgesamt rund 140 Clans mit 5.100 Aktivisten. Struktur weniger zentralistisch; Föderation autonomer Clans.
3. Kampanische ***„Camorra"***, altneapolitanisch soviel wie „Bluse"; Strafgefangene, proletarische „Blusenträger", die in den Gefängnissen Neapels in der ersten Hälfte des 19. Jahrhunderts den Schutzbund der C. gründeten. Entlassene Gefangene bildeten die „Straßencamorra". Zur C. gehören, einschließlich neuer (nuova) Gruppen, im Großraum Neapel rund 106 Clans mit 5.000 Gefolgsleuten.
Gruppen, die in den letzten Dekaden des 20.Jh. hinzugekommen sind:
4. Apulische ***„Nuova Sacra Corona"*** bzw. ***"Sacra Corona Unita"***, ital. die „Vereinigte Heilige Krone". Zur sog. apulischen Mafia, die Anfang der 1990er Jahre in den Zentren Brindisi, Lecce und Taranto von sich aufmerksam machte, zählen schätzungsweise 20 Clans mit 1.400 Mitgliedern.
5. Sizilianische ***„Stiddari"***, ital. „Sterne". Eine 1992 in Erscheinung getretene neue Spielart der IOK auf Sizilien. Kämpft gegen die alleinige Herrschaft der alten Cosa Nostra auf der Insel.

2.3.3 Kooperation mit Nachrichten(Geheim)diensten

Vornehmlich in Kriegszeiten, im bürgerkriegsgeschüttelten China der 1920er Jahre, im Kalten Krieg zwischen der VR China und Nationalchina und dem ersten Indochinakrieg der 1950er Jahre, kam es temporär immer wieder zur Zusammenarbeit zwischen chinesischen Syndikaten einerseits und Geheimdiensten andererseits, insbesondere mit asiatischen Nachrichtendiensten.

2.3.3.1 Zusammenarbeit mit asiatischen Geheimdiensten

Ein erster Hinweis dieser Zusammenarbeit findet sich im Jahr 1927. In Shanghai beherrschte der Drachenkopf TU YUEH-SCHENG mit seiner Grünen Bande (Green Pang Triad) die Unterwelt. Im Auftrag des KMT-Führers General TSCHIANG KAI-SCHEK ging seine Bande in jenem Jahr gewalttätig gegen die linken Gewerkschaftler in der Stadt vor. Nach dem Sieg der Kommunisten 1949 suchte die KMT-Regierung indirekt die Volksrepublik von der britischen Kronkolonie Hongkong aus zu destabilisieren. Dazu unterstützte sie finanziell und logistisch die dort operierende Triade 14 K. Deren umstürzlerisches Wirken während der sogenannten Oktober-Revolte 1956 scheiterte jedoch am energischen Durchgreifen der britischen Kolonialmacht. In der Folge wurden Tausende von Mitgliedern der 14 K und anderer Triaden 1957 aus Hongkong ausgewiesen und nach Taiwan abgeschoben, wo sie mit fördernder Hilfe der Kuo-mintang eine neue, die United Bamboo Gang gründeten. Dieser wird seit jener Zeit ein enger Kontakt zum taiwanesischen Nachrichtendienst nachgesagt, der bis in die heutige Zeit reicht und im extremen Fall auch Auftragsarbeiten wie Mord (sog. nasse Sachen) umfaßt. Über ein Beispiel berichtet Posner 1991:[172]

Im Oktober 1984 wurde der in den USA lebende taiwanesische Journalist Henry Liu (aus San Francisco) vor seinem Haus in einer Vorstadt erschossen. Es hatte des öfteren Kritik an der Regierung Taiwans geübt und gerade einen harten Artikel gegen Präsidenten Tschiang Tsching-Kuo (Sohn von Tschiang Kai-Schek) verfaßt. Der Mord, so US-Ermittlungen in Kalifornien und New York, war auf persönlichen Befehl des Dragonheads der United Bamboo Gang, Tschen Tschi-Li (alias „Trockene Ente"), von Triadenmitgliedern begangen worden. Taiwan lehnte das Auslieferungsbegehren der USA ab, machte Tschen in Taiwan mehr widerwillig einen Prozeß. Vor Gericht erklärte dieser, daß die United Bamboo Gang für diesen politischen Mord von Admiral Weng Hsi-Ling, einem Chef des taiwanesischen Nachrichtendienstes angeheuert wurde. Tschen, Admiral Weng und zwei weitere hochrangige Nachrichtendienstler wurden verurteilt. Nach FBI-Angaben soll Tschen schon ein Jahr später aus dem Gefängnis heraus die Triade weiter geführt haben. Taiwan nahm von der US-Beschwerde keine Notiz.

Im profitablen Deliktbereich Rauschgifthandel kam es zwischen Geheimdienst und Heroin-Syndikat schon eineinhalb Jahrzehnte zuvor zur Zusammenarbeit. Es wird berichtet,[173] daß 1968 General Li Wen-Huan, Kommandeur der 3. KMT-Armee, in Thailand einen Kontakt zwischen dem Heroinhändler Ma Sik-Yu (einem Chiu Chao der HK-Triade Sun Yee On) und dem Nachrichtendienst Taiwans hergestellt hat. Mitte der 70er Jahre unterhielt Ma (Der Ältere) ein Netz von mehr als 40 Agenten und berichtete Taiwan über die Vorgänge chinesischer Gemeinden in einem halben Dutzend südostasiatischer Staaten und alle anderen für Taiwan interessanten Entwicklungen. Sein jüngerer Bruder Ma Sik-Tschun gründete zu dieser Zeit die „Oriental Daily News", die in Hongkong in chinesischer Sprache erschien und zur Pro-Taiwan-Zeitung Nummer eins wurde. Als Dank für ihre Dienste versorgte KMT-General Li die Brüder Ma mit gutem Opium zu erheblichem Preisnachlaß. Angeblich glich Taiwan den entstandenen Preisunterschied durch zusätzliche Waffenlieferungen an die KMT-Armee Lis aus. 1974 war das Ma-Syndikat das größte Heroin-Syndikat in Hongkong, dessen Jahresumsatz auf 750 Millionen Dollar geschätzt wurde. Um Rauschgiftgeschäfte ging es auch in der Zusammenarbeit eines Syndikats chinesisch-stämmiger Flußpiraten mit dem französischen Geheimdienst.

2.3.3.2 Zusammenarbeit mit nicht-asiatischen Geheimdiensten

Auch nach dem zweiten Weltkrieg gab Frankreich seinen Kolonialanspruch auf Indochina nicht auf, mußte aber gegen eine immer stärker werdende Rebellion ankämpfen. Als die französische Regierung schließlich in Indochina das Opium verbot, ging der Geheimdienst SDECE mit dem Handel in den Untergrund. Die französische Militärführung hatte sich ausgerechnet, daß sie den Krieg gegen die Nordvietnamesen am besten mit Hilfe von Zehntausenden von Söldnern als konterrevolutionären Feldzug führen könnten. Und weiter heißt es bei POSNER:[174)] *„Da der Indochinakrieg in Frankreich äußerst unpopulär war, stellte die Regierung nur wenig Geld zur Verfügung. Führende französische Geheimdienstbeamte entschieden: Not kennt kein Gebot – und damit war die 'Operation X' geboren...“* Die „Operation X“ bestand im Aufbau eines Opiumvertriebsnetzes in der Zeit des ersten Indochinakrieges (1946 bis 1954). Über die Opiumpolitik des französischen Geheimdienstes wird weiter berichtet:[175)]

„... In jedem Frühjahr kauften SDECE-Agenten Opium zu Kampfpreisen von den Bergstämmen. Unter Umgehung des Zolls und der Polizeikontrollen flogen dann Berg-Guerilleros die Drogen illegal zu einer französischen Kriegsschule. Von dort wurden sie in Lastwagen nach Saigon transportiert, wo man sie einem Syndikat von Flußpiraten übergab, das für den SDECE arbeitete. In zwei großen

Erster Indochinakrieg (1946 - 1954) :
Nach dem 2. Weltkrieg war 1945 Vietnam auf der Potsdamer Konferenz in ein Nord- und ein Südvietnam am 16. Breitengrad geteilt worden. Im Norden hatte HO TSCHI MINH (1890-1969) den Chinesen Tongking entrissen und am 2. September 1945 in Hanoi die Demokratische Republik Vietnam (DRV) ausgerufen. Im Süden hatte Frankreich als Regierungschef BAO DAI wieder eingesetzt, der zuvor von den japanischen Besatzern Vietnams (1940-1945) als Marionetten-Kaiser eingesetzt und nach der Kapitulation der Japaner 1945 von HO TSCHI MINH gestürzt worden war. Trotz der Teilung des Landes versuchte Frankreich erneut als Kolonialmacht in Vietnam Fuß zu fassen. Doch gegen diese Restauration ihrer Kolonialherrschaft opponierten die USA und das sich noch im Bürgerkrieg befindende China. Als China 1949 kommunistische Volksrepublik wurde, unterstützten die USA nicht mehr Vietnam gegen Frankreich, sondern Frankreich gegen die Kommunisten und erkannten 1950 Ex-Kaiser BAO DAI als Regierung an. Mit Guerillataktik, zum Ende der 40er Jahre wurden unterirdische Geheimgänge nord-

westlich von Saigon (Cu Chi-Tunnelsystem) angelegt. Und mit Hilfe der VR China wehrte sich der Vietminh erfolgreich und schlug die Franzosen im Talkessel von Dien Bien Phu, einem historischen Durchgangsland nach China und Laos (Lebensraum des Bergvolkes der Meos), in einer verlustreichen Entscheidungsschlacht, in deren Folge die Franzosen am 8. Mai 1954 kapitulierten. Die Kriegsstatistik zählte 3.000 tote Franzosen und 200.000 tote Vietnamesen. Auf der folgenden Genfer Indochinakonferenz 1954 wurde wenige Monate später das einstige Französisch-Indochina aufgelöst mit Garantien für Laos, Kambodscha und Vietnam. Auf dieser Außenministerkonferenz wurde die Teilung Vietnams in die Demokratische Republik Vietnam im Norden und die Republik Vietnam im Süden (Trennungslinie am 17. Breitengrad) erneut bestätigt.

Saigoner Raffinerien verwandelten die Flußpiraten das Rohopium in eine zum Rauchen verwendbare Mixtur. Gewisse Mengen gingen in die Opiumhöhlen der Stadt. Den erheblichen Überschuß verkaufte man an chinesische Geschäftsleute mit Verbindung zu Triaden. Die enormen Gewinne wurden mit dem französischen Geheimdienst geteilt ...“ Auch wenn Frankreich den ersten Indochinakrieg 1954 gegen Nordvietnam verlor,[176)] behielt doch der Geheimdienst SDECE noch weiter seine profitablen Unterweltkontakte im Süden des Landes. Dieser wurde durch seine antikommunistische Haltung auch von den USA unterstützt. Deren Geheimdienst CIA wollte von den Opium-Erfahrungen des SDECE profitieren. In der Folge kam es zwischen den beiden Diensten 1955 in Vietnam zu einer militärischen Auseinandersetzung, die als erster und in dieser Art einziger „Geheimdienstkrieg“ in die Geschichte der Nachrichtendienste einging.

Geheimdienstkrieg:
Während des 1. Indochinakrieges (1946 - 1954) bauten die Franzosen über ihren Geheimdienst „Service de Ducumentation Extérieure et de Contre-Espionage“ (SDECE) von 1951 bis 1954 ein ausgeklügeltes Vertriebssystem für Opium auf. Damit wollten sie die Treue der Bergstämme gewinnen, aus denen sie ihre konterrevolutionäre Armee zu rekrutieren gedachten. Für den SDECE arbeitete insbesondere ein Syndikat von Flußpiraten. Nach Ende des Krieges 1954 erklärten sich die Franzosen bei der Unterzeichnung des Waffenstillstandes nur mit einem Abzug aus der Nordhälfte Vietnams einverstanden. Im Süden des Landes blieb der SDECE weiterhin Partner der Flußpiraten und erzielte dabei ungeheure Gewinne aus Opiumhöhlen, Bordellen und Spielcasinos. Für 1956 bereiteten die Franzosen eine Volksabstimmung vor. Die CIA, beratend für die südvietnamesische Generalität tätig, hatte die französischen Opiumoperationen genau verfolgt. Nun wollte sie die beabsichtigte Volksabstimmung verhindern, da bei einer Wahl mit dem Erfolg der Kommunistischen Partei Vietnams zu rechnen war. Darüber hinaus forderte die CIA ihre französischen Kollegen vom SDECE auf, sich aus ihren Unterweltgeschäften herauszuziehen und selbige den Amerikanern zu überlassen (wollte die CIA doch von den Opium-Erfahrungen des SDECE profitieren). Der SDECE lehnte diese Forderung ab und stellte in der Folge Anfang 1955 ein

kriegsstarkes Bataillon auf, das aus Flußpiraten und korsischen Söldnern bestand. Im April 1955 kam es zwischen der CIA im Verein mit der südvietnamesischen Armee in der Nähe des Run-Sat-Sumpfes zu einer offenen Feldschlacht gegen die SDECE-Streitkräfte. Es war der erste u. der letzte „Geheimdienstkrieg" seiner Art. Die CIA-Operationen leitete Colonel LANSDALE vom Präsidentenpalast, während sein Gegenspieler Captaine ANTOINE SAVANI für den SDECE vom Hauptquartier der Flußpiraten aus handelte. Nach der vom CIA gewonnenen Schlacht zählte man 500 Tote, 2.000 Verwundete und 20.000 Obdachlose. Mit diesem Sieg bekam der (von der CIA unterstützte) Führer der Südvietnamesen, NGO DINH DIEM, nicht nur Saigons politische Maschinerie, sondern auch die ausgedehnte Unterwelt (und damit auch den Rauschgifthandel) der Kapitale fest in den Griff.

Zitiert n. Posner, Gerald L. (1991): Die chinesische Mafia, Gustav Lübbe Verlag, Bergisch Gladbach, Seiten 112 bis 114

2.4 Anmerkungen

1) Zum chinesischen Sprachraum wird die Volksrepublik China, die Republik Taiwan, die britische Kronkolonie Hongkong und die portugiesische Übersee-besitzung Macao gezählt.

2) Die Anzahl der Auslands-Chinesen (außerhalb des chinesischen Sprachraums) wurde für 1995 mit 32 Millionen für Asien, 0,35 Millionen für Australien, 0,41 Millionen für Ozeanien, 4 Millionen für Amerika, 0,8 Millionen für Europa und 0,11 Millionen für Afrika angegeben (Quelle: GEO-Hongkong, special Nr. 4/August 1995, S. 138).

3) In die europäischen Sprachen ist der Name Hongkong aus einem chinesischen Dialekt übernommen worden, den unter den heutigen Einwohnern nur mehr eine Minderheit spricht, die Bootsbewohner „Tankas" (s.a. Stichwortkasten). In der vorherrschenden kantonesischen Aussprache klingt Hongkong dagegen wie Hönggong, und im Hochchinesischen heißt es gar Hsiang-kang, bzw. in offizieller Umschrift Xianggang. Die chinesische Schreibweise ist dabei die gleiche. Das zweite, für Kong stehende Zeichen bedeutet gewöhnlich „Hafen" und bezeichnet an der zerklüfteten südchinesischen Küste oft größere Buchten und Sunde, die durch umliegende Berge und Inseln gegen die starke ozeanische Brandung und den direkten Zugriff von Stürmen geschützt sind und sich dadurch als natürliche Häfen eignen. Der Name Hongkong bezog sich einst auf den heute „Victoria Harbour" genannten Hafen der Kolonie, ging aber schon früh auf die vorgelagerte Insel über. Das Zeichen des ersten Namensteils Hong kann als „Duft" und „wohlriechend", je nach Kontext aber auch „Weihrauch", „Gewürze" und anderes gedeutet werden. Gewöhnlich wird daher angenommen, daß Hongkong seinen Namen erhielt, weil hier früher besonders Räucherwerk und Gewürze gehandelt wurden.

(zitiert nach Schütte, Hans-Wilm: Über den Namen Hongkong, Merian „Hongkong u. Macao" 11/32, S. 151).

4) Auch dem „König der Piraten" CHANG PAO-TSAI, Herr über 1000 Kriegsdschunken mit 40.000 Mann Besatzung, soll dieser Küstenstrich nicht unbekannt gewesen sein.

5) Die britische Regierung hatte nach einer Vorbereitungszeit im April 1840 eine Invasionsstreitmacht zusammengestellt, die aus 16 Kriegsschiffen, 20 Transportschiffen und 4 Dampfschiffen mit insgesamt 540 Kanonen bewaffnet und 4.000 Mann bestand. Das Kommando hatte Admiral GEORGE ELLIOT. Anfang Juni 1840 traf die Kriegsflotte an den Küsten Chinas ein.

6) Dem schwachen chinesischen kaiserlichen Commisär QISHAN wurde von Captain CHARLES ELLIOT die „Konvention von Chuanbi" aufgezwungen. Neben der Gebietsabtretung erklärte sich QISHAN bereit, sechs Millionen Liang (1 Liang = 50 Gramm) Silber als Entschädigung an die Briten zu zahlen. Doch der so erkämpfte Handelsstützpunkt fand weder Gefallen in London noch in Peking. Der chinesische Mandarin QISHAN und der britische Offizier ELLIOT wurden von ihren Regenten zurückgerufen. QISHAN wurde nach Tibet, ELLIOT auf die Insel St. Helena verbannt. Die Nachfolge als britischer Bevollmächtigter in China trat im August 1841 Sir HENRY POTTINGER an.

7) Bis Mitte des 19. Jahrhunderts hatte Portugal Pacht für Macao gezahlt. 1849 kündigte die Kolonialmacht diese Pacht und annektierte Macao, was vom schwachen China 1887 anerkannt wurde. Durch den Aufschwung britisch Hongkongs verlor Macao in der zweiten Hälfte des 19. Jahrhunderts seine bis dahin führende Stellung als Handelsstadt.

8) einschließlich Stone Cutter's Island

9) Hongkong wuchs wegen weiterer Landaufschüttungen im 20. Jahrhundert ständig weiter, hatte 1993 eine Fläche von ca. 1.100 km^2.

10) Am 7.12.1941 griff eine Streitmacht von 350 japanischen Flugzeugen die US-Pazifik-Flotte im „Perlen-Hafen" (Pearl Habour) von Oahu auf Hawaii an und vernichtete in zwei Angriffswellen 179 US-Flugzeuge (die meisten auf dem Boden) und zerstörte 3 Schlachtschiffe und 11 Kriegsschiffe, jedoch keinen Flugzeugträger. Die Amerikaner verloren 2.729 Mann an Toten und 656 an Verwundeten. Am 7.Dezember griffen die Japaner auch Hongkong (britisch) und Malaya (britisch) an.

11) Portugal war in diesem Pazifik-Krieg neutral, deswegen ließen die Japaner deren Überseebesitzung in China, Macao, in Ruhe.

12) Die Japaner hatten zuvor schon „Drogen als Waffen" gegen Chinesen im Sinne einer faktischen „Narcotica-Invasion" eingesetzt. Seit 1907 überschwemmten sie China mit im eigenen Lande hergestellten Betäubungsmitteln (Morphin, Heroin). Durch den Hafen von Dairen auf dem Gebiet von Kwangtung, durch die Konzession von Tientsin, durch das Gebiet von Chunking (wo es 1931 rund 100 Morphiumfabriken gab) schleusten sie Rauschgifte in Massen ein. Ständig stiegen die Zahlen (BRAU, 1969) der von Japan in China eingeführten Morphinmengen, so von 1900 -1907: 5,0 t; 1915: 10,1 t, 1916: 15,8 t und 1917: 17,0 t. Als 1937 die japanische Armee in China eindrang, hatten die Drogen die Kräfte des Gegners schon beträchtlich reduziert.

13) Kampeitei hieß die japanische Militär(Geheim)polizei im Pazifik-Krieg Nippons, die ob ihrer Grausamkeit insbesondere in den von Japanern besetzten südost- und ostasiatischen Ländern gefürchtet war.

14) Verächtlich nannten die Chinesen die japanischen Männer „lang syin gou fei", was wörtlich soviel wie „Wolfsherz", „Hundelunge" hieß. Hintergrund dieser Beschimpfung war: die Chinesen kochten und aßen alles vom Fisch, Geflügel und anderen Tieren, ausgenommen Wolfsherzen und Hundelungen. Diese konnte man nicht würzen; und was immer man mit ihnen machte, sie stanken. „Lang syin gou fei" war damit Synomym für die verhaßten, nicht gewollten japanischen Männer (Besatzungssoldaten).

15) 1945 wollte die britische Regierung, so wird berichtet, die Kronkolonie dem KMT-Führer TSCHIANG KAI-SCHEK überlassen, was seinerzeit die Royal Navy zu verhindern wußte. 1948 und 1949 versuchte die nationalchinesische Regierung vergeblich, den Schmuggel von Gold und Wertsachen aus China nach Hongkong und den von Luxusartikeln in die umgekehrte Richtung zu unterbinden. Als die Kommunisten näherrückten, begannen die Briten zu fürchten, daß MAO TSE-TUNG ihnen Kowloon wegnehmen könnte. Würde dies geschehen, wäre Hongkong MAO ausgeliefert, ohne daß dieser auch nur einen Schuß abgefeuert hätte. Und wenn es den Kommunisten gelungen wäre, sich die Gewerkschaften in Hongkong gefügig zu machen (der Generalstreik gegen die britische Herrschaft von 1925 war noch in guter Erinnerung), hätte der Hafen mit Streiks und Unruhen lahmgelegt werden können. Angesichts dieser und anderer drohenden Möglichkeiten kamen Bankiers und Kaufleute der Kolonie zu der Folgerung, daß MAO von Hongkong nicht Besitz ergreifen würde, wenn sie ihrerseits Geschäfte mit dem roten China der Kommunisten machen würden. In der Folge erkannte Britannien die VR China an und Hongkong lieferte alles, was die Kommunisten bezahlen konnten. Im Jahr 1950, nach Ausbruch des Korea-Krieges (Britannien hatte 12.000 Soldaten in Korea, die zusammen mit US-Amerikanern und Südkoreanern gegen Nordkoreaner und mit denen verbündete Chinesen der VR China kämpfte), hatte Hongkong mehr Geld verdient denn je. Britannien befand sich mit dieser Politik in der Zwickmühle: es war gegen die Interessen der demokratischen Welt, daß Hongkong Kriegsmaterial an Rotchina lieferte. Aber es wäre auch gegen die Interessen der demokratischen Welt gewesen, Hongkong an Rotchina fallen zu lassen.

16) In chinesischen Überlieferungen ist der Drachen das Zeichen, welches Glück und Wahrheit in Besitz hält. Damit wurde er zum Symbol der Kaiser von China. Wie Kaiser regierten machtvolle Führer auch ihre Triaden. Vielleicht wurden und werden sie deswegen „Drachenköpfe" (dragon heads) genannt. Die Mitglieder der Gesellschaft heißen dementsprechend „Drachen" (dragons). Hat eine Triade in einer Stadt ihr Hauptquartier bzw. eine große Residenz, spricht man von einer „Drachenstadt" (dragon city).

17) 1949 erklärte nach ihrer Gründung die VR China alle „ungleichen Verträge" für ungültig. Bei den Vereinten Nationen verweigerte die VR China die Zustimmung, den „Fall Hongkong" dem UN-Entkolonialisations-Komitte vorzulegen. Hongkong, so die Begründung, sei keine Kolonie, sondern „heiliger chinesischer Boden".

18) Als Thailand ein Verbot für verschiedene Chemikalien erließ, spezialisierte sich ab 1979/80 die Chiu-Chau-Triade Sun Yee On auf den Vertrieb der verbotenen, für die Heroinraffinierung unerläßlichen chemischen Produkte.

[19] Die 1957 aus Hongkong nach Taiwan abgeschobenen Triaden-Mitglieder (meist Angehörige der 14 K), schlossen sich dort zu einer von der Kuo-mintang geförderten neuen Triade zusammen, die unter dem Namen United Bamboo Gang (Vereinigte Bambus Triade) bekannt wurde.

[20] Seit dieser Zeit ist es bei den Führern der großen Gesellschaften üblich, daß (fast) nie Krieg um Geschäftsanteile geführt wird. Die Drachenköpfe sind sich bewußt, daß „genug für alle da ist". Wenn es Streitigkeiten gab, setzte man sich nun zusammen und regelte die Ansprüche. In hohen Rängen wurde zum „Mord als letztem Mittel" nur noch selten gegriffen. Unter hohen, den Drachenköpfe nahestehenden, Triaden-Führern galt (und gilt) es als unehrenhaft zu zeigen, daß man sich fürchtet. Deswegen wurde in der Regel keine Waffe mehr getragen und man hielt sich nur noch wenige (bis keine) Leibwächter.

[21] Unruhen unter den Triaden Hongkongs entstand nur zeitweise. So 1969, als Angehörige der „Roten Garden" nach MAOS Kulturrevolution nach HK flohen und hier die Big Circle Gang (Bande des Großen Kreises) gründeten.

[22] „Bambusvorhang" wurde die chinesische Seite der etwa 27 km langen Grenze zwischen der VR China und der britischen Kronkolonie genannt. Gesichert war dieser „Vorhang" durch einen etwa 4 m hohen Stacheldrahtzaun. Diesen passierten im Mai 1962 (dem Jahr des hungrigen Tigers) rund 70.000 Menschen. Aus verschiedenen Gründen kam es zu diesem Massenexodus von Südchina nach HK. Militär u. Polizei der Kolonie drängten die Flüchtlingsmassen zurück. Doch abermals überquerte ein Teil, die Grenzposten der VR China ließen es erneut zu, die Grenze und verblieb in HK.

[23] Die Schätzungen über die Anzahl aller Mitglieder der 50 Triaden in HK variieren seit einem guten Jahrzehnt von 80.000 (100.000) bis 300.000. Bei BÖKEMEIER (1989) heißt es: Jeder 18. der 5,6 Millionen Hongkong-Einwohner soll ein 'Drache' sein, insgesamt rund 300 000. Im SPIEGEL Nr. 39 vom 26.9.1988 wurden gar mehr als 300.000 Triaden-Mitglieder allein für HK erwähnt. 1984 wurde für HK von der RHKP die Triaden-Mitgliederzahl mit 80.000 - 100.000 angegeben. Für HK und Taiwan zusammen schätzte das U.S. Justice Department (n. Walsh 1993) die Anzahl auf 100.000 oder mehr.

[24] Als die Briten vor rund 150 Jahren nach HK kamen, gab es dort einige kleine Fischerdörfer, in denen vor allem die „Tanka" lebten, die sich selbst „Wassermenschen" nannten, weil sie auf ihren Booten wohnten. Sie stammen von der malaiischen Halbinsel, die sie im 8. Jahrhundert verlassen haben sollen. Eine andere Gruppe von Fischern, auf Kantonesisch „Hoklo" genannt, kam im 18. Jahrhundert aus dem Norden der heutigen chines. Provinz Fujian, und siedelte sich von Hongkong über die Insel Hainan bis nach Südostasien an. Als die „Neuen Territorien" 1898 zu HK kamen, waren unter den gut 100.000 Siedlern 40 % „Hakka", die ursprünglich aus dem Norden Chinas stammten und im Laufe der Jahrhunderte immer weiter nach Süden wanderten, bis sie in der ersten Hälfte des 18. Jahrhundert hier ankamen

[25] Nach internen Konflikten 1956 war die „Tan Yee" zeitweise in eine neue (New Tan Yee) und eine alte (Old Tan Yee) Gruppe geteilt. Die Tan Yee war einer der Hauptrivalen der „Luen Shing Tong", eines Zweiges der grossen „Luen Gruppe".

26) Die „Ten Tiger Generals" war eine Sektion, die durch Zusammenschluß von Mitgliedern von vier Untergruppen (Wo On Lok, Wo Shing Yee, Wo Hop To, Wo Lee Kwan) der Wo Group gebildet wurde.

27) Zur „Chuen Group" gehörten in den 60er Jahren die sub-branches: Chuen Chui On und Chuen Yat Chi; weiterhin die small sub-branches: Chuen Chun Wah, Chuen Chung Yee, Chuen Hon Lok, Chuen Kung On, Chuen Kwong Hing, Chuen Lung Fat, Chuen Lung Shing, Chuen Tak Hing, Chuen Yau Luen und die Chuen Yee.

28) Die „Yuet Tung" war auch unter dem Spitznamen „Sin Yan Tong" bekannt. 1947 hatte sie eine Deckorganisation namens „Shing Kwan Athletic Association". Den Status einer Triade hatte sie ab 1955.

29) Die kleine und unabhängige Gruppe der „Ten Tigers" (Sap Fu Tong) wurde von Dienstboten gegründet, die zuvor in Diensten von Angehörigen der British Army in Hongkong standen.

30) Zitiert nach: Franz, Uli (1986): „Richtig reisen" Hongkong Macao Kanton, DuMont Buchverlag, Köln, Seite 129.

31) 1977 verließen die „Five Dragons", die 1974 von Hongkong nach Kanada geflohen waren, Kanada und gingen nach Taiwan.

32) NG SIK-HO, genannt „Hinkebein" (weil er sich in seiner Jugend bei einem Kampf unter Triaden eine Beinverletzung zugezogen hatte), stieg in nur fünfzehn Jahren vom unbedeutenden Bandenmitglied zum Führer der „Yi-Kwan-Triade", einer der stärksten Bruderschaften der Kronkolonie, auf. Diese hatte mit ihren Hauptquartieren in Hongkong und Thailand mit Heroingeschäften ein 500-Millionen-Dollar-Imperium aufgebaut. 1974/75 zerschlug die Polizei dieses Imperium des damals 45jährigen Drachenkopfes „Hinkebein". Der einstige Straßenverkäufer wurde vor Gericht gestellt und zu 30 Jahren Gefängnis verurteilt.

33) Die Brüder MA SIK-YU (später „Weißes-Pulver-Ma" genannt) und MA SIK-TSCHUN (später „der goldene Ma" genannt), kamen von Chinas Chiu Chao-(Swatow-)Region in die Siedlungsgebiete Hongkongs, wo sie als mittellose Straßenjungen den Aufstieg vom Kellnerlehrling über den Wachposten in Spielhöllen bis zum Führer einer kleinen Bande schafften. Ihr wahrer Aufstieg begann, als sie Mitglieder einer Chiu Chao-Triade wurden, die enge Verbindungen zur 14 K und dem Sun Yee On-Syndikat pflegte.1967 fingen sie als kleine Heroinhändler an. MA SIK-YU reiste nach Thailand/Goldenes Dreieck, um seine Rauschgifteinkäufe persönlich zu überwachen. Während dieser Expeditionen lernte er den KMT-General LI WEN-HUAN kennen. 1968 stellte dieser einen ersten Kontakt zwischen den Brüdern MA und dem Nachrichtendienst Taiwans her. 1972 waren die Brüder MA schon Spitzenagenten des Dienstes. Der ältere „weißes-Pulver"-MA leitete ein Spionagenetz, das über die Vorgänge chinesischer Gemeinden in einem halben Dutzend südostasiatischer Staaten und alle anderen für Taiwan interessante Entwicklungen berichtete. Um 1975 beschäftigte er mehr als 40 Agenten. Etwa zur selben Zeit gründete der jüngere „goldene" MA die „Oriental Daily News". Sie kam in chinesischer Sprache heraus und wurde bald die Pro-Taiwan-Zeitung Nummer eins. Als Dank für die Dienste der Brüder für Taiwan

versorgte General LI die beiden mit sehr gutem Opium zu erheblichem Preisnachlaß. Angeblich glich Taiwan den Preisunterschied durch zusätzliche Waffenlieferungen an die Opiumarmeen der KMT in Thailand aus. Mit dieser Hilfe wurde das MA-Syndikat 1974 zum größten Rauschgiftimperium in der Geschichte Hongkongs. Ihr auf jährlich 750 Mio Dollar Umsatz geschätztes Geschäft machte die Brüder MA Mitte der 70er Jahre zu hochangesehenen Persönlichkeiten. MA (der Ältere) finanzierte als Geschäftsmann eine Reihe von Unternehmen, von Restaurants bis zur Handelsgesellschaft für Gebrauchsgüter. Als leidenschaftlicher Wetter bei Pferderennen kaufte er sich in HK's berühmteste Rennbahn, das „Tschung Fat-pak" ein. Er wurde Mitglied im renommierten königlichen Jockey-Club HK. In seinem Anwesen auf Kowloon gab er großzügige Parties für politische Führer, Filmstars, erfolgreiche Geschäftsleute, Geheimdienstler und internationale Verbrecher. MA (der Jüngere) wurde zu einem prominenten Mitglied von Nachbarschaftskomitees und gesellschaftlichen Organisationen, z.B. Pfadfinder. Er schätzte das Nachtleben in der Kronkolonie und bekam in der Spieleroase des portugiesischen Macao den Spitznamen „der goldene Ma". In das Familienunternehmen nahmen die Brüder als dritten im Bunde den Neffen MA WOON-YIN auf. Das MA-Syndikat revolutionierte das Heroingeschäft für die Triaden (die nach Abzug der US-Truppen aus Vietnam versäumt hatten, ihre Beziehungen nach Übersee auszubauen und den Amerikanern Drogen ins eigene Land zu schicken). „Weißes-Pulver"-MA war einer der ersten Drachenköpfe, der das internationale Wesen der organisierten Kriminalität erfaßte. Obgleich er als größter Heroinhändler Hongkong fest im Griff hatte, wußte er, daß er mit anderen Bossen in anderen Ländern zusammenarbeiten mußte, wenn er sein Geschäft erweitern und seine Gewinne vermehren wollte. MA schickte seine Unterführer um den ganzen Erdball, um Zweigbüros für das Syndikat zu eröffnen und Verbindung zu anderen OK-Bossen zu knüpfen. Mit diesen Aktivitäten MA's bekamen die Triaden immer starkere internationale Bedeutung. Den Frieden unter den Triaden erhielt das Syndikat dadurch, indem sie jedem Bund einen Anteil am Handel zuteilten: so war die Wo Shing Wo für den Transport aus den Fischkutter-Gewässern nach HK zuständig. Die 14 K besaß die meisten Heroin-Labore, und die Sun Yee On überwachte die Zahlungen an Polizei und Zoll. 1976 wurde der Druck auf die RHKP so groß, daß sie schließlich Ermittlungen auch im großen Maßstab gegen das MA-Syndikat einleiten mußte. Anfang 1977 erfuhr „Weißes-Pulver"-MA, daß die Polizei bemüht war, ihn unter Anklage zu stellen (eine Verurteilung war beabsichtigt). Im Februar des Jahres floh er aus HK nach Taiwan. Hier machten sich seine Geheimdienstkontakte bezahlt. Trotz massiven, auch internationalen Drucks auf Taiwans Präsidenten TSCHIANG TSCHING-KUO (Sohn von TSCHIANG KAI-SCHEK) wurde MA Schutz gewährt.

34) WAI MAN LEE kam auf einer Dschunke im Hafen von HK zur Welt. Er war Fischer, später Straßenhändler, stieg dann ins Buchmachergewerbe ein. In der Luen Shing-Triade baute er in der ersten Hälfte der 70er Jahre ein Glücksspielimperium auf. In dieser Zeit diente er einerseits bei der Hilfspolizei u. brachte es andererseits zur hohen Mitgliedschaft in der Triade. Als er 1976 mit seiner Frau vor den polizeilichen Ermittlungen floh, kontrollierte die Luen Shing in HK sechs große Spielcasinos. WAI MAN LEE ging in die USA,

wo er – so Vermutungen der RHKP – Ende der 80er Jahre zwischen San Francisco und Taiwan pendelte.

35) Im Dezember (Weihnachten) 1953 vernichtete ein Feuer in einer Barackensiedlung Hongkongs den Wohnraum von etwa 60.000 Menschen, fast alle Flüchtlinge aus der VR China. Mit dieser Katastrophe geriet das Wohnungs- und Flüchtlingsproblem der Kolonie in den Blickpunkt der Öffentlichkeit. Die Regierung legte in der Folge ein umfangreiches Programm im sozialen Wohnungsbau vor, das bis heute dazu führte, daß etwas mehr als die Hälfte der 6 Millionen Bewohner in öffentlich geförderten Wohnungen (1995 befanden sich mehr als 52 Prozent aller Wohnungen in öffentlicher Hand) lebt. Die Zuteilung des Wohnraumes richtet sich u.a. nach dem Familieneinkommen und wird regelmäßig überprüft. Die Miete liegt beträchtlich unter dem (spekulativ aufgeblasenem Niveau) des privaten Wohnungssektors. Doch, so der Vorwurf der Society for Community Organization (SoCO), verabschiedet sich die Politik Stück für Stück aus der Vermietung von städtischem Wohnraum. Neubauten werden nicht mehr vermietet, sondern gewinnorientiert verkauft.

36) 1984 waren 55 Prozent der in HK-Gefängnissen Inhaftierten Triaden-Mitglieder. Im Januar 1986 hielten sämtliche Häftlinge in Hongkongs Ma Po Ping- Gefängnis auf Anordnung der Triaden-Führung einen Hungerstreik ab, weil vier prominente Bandenmitglieder verlegt worden waren.

37) So debattierte die gesetzgebende Versammlung des Territoriums am 9. Juli 1986 geplante Maßnahmen zur Verbrechensbekämpfung, nachdem Abgeordnete zahlreiche Berichte über die Infiltration der Schulen des Territoriums durch Triaden-Anwerber gehört hatten.

38) Zitiert nach Posner, Gerald L. (1991): Die chinesische Mafia, Lübbe Verlag, Bergisch Gladbach, Seite 268.

39) Von den täglich 226 Kriminalfällen im Jahr 1986 wurden über ein Drittel den Triaden zugerechnet. Drei Viertel der in diesem Jahr angeklagten Triaden-Mitglieder waren unter 21 Jahren alt.

40) Zu den chinesischen Mitgliedern im Royal Hongkong Jockey-Club gehörte Mitte der 70er Jahre beispielsweise der Chiu-Chao-Drachenkopf MA SIK-YU (Spitzname „Weißes-Pulver-Ma“), der mit Familienmitgliedern ein riesiges Heroin-Syndikat leitete und 1977 vor RHKP-Ermittlungen nach Taiwan floh.

41) Im Jahre 1988 fertigte der Luftfrachtkomplex 670.000 t Fracht ab; an einem einzigen Übergang in Scha Tau Kok brachten Lkw's p.a. 1,5 Mio t Fracht nach HK; weitere 1,6 Mio t kamen mit der Eisenbahn auf dem Schienenwege. Die Frachtmenge aller jährlich kommenden Schiffe ist noch größer. In den HK-Terminals werden über 32 Mio t Frachtgut gelöscht. Weitere 14 Millionen t werden als Export auf Schiffe verladen. Die kleineren Flußschiffe steuern noch 10 Millionen t bei (zitiert nach Posner, Gerald L. (1991): a.a.0.,S. 259-261).

42) Da die Rückgabe Hongkongs an China während des dortigen 2. Bürgerkrieges (1945-1949) nicht verwirklicht werden konnte, baute eine britische Militärverwaltung die Kronkolonie wieder (nach der japanischen Besetzung) auf und übergab sie erneut an einen Gouverneur Ihrer Majestät.

43) Neben Hongkong zählt die VR China zu den Sonderwirtschaftszonen im Süden des Landes die Insel Hainan, die Küstenstädte Zhuhai, Shenzen und Shantou in der Provinz Guangdong und die Küstenstadt Xiamen der angrenzenden Provinz Fujian sowie die „unmittelbare Stadt" Shanghai. Weitere „Enklaven der Marktwirtschaft" sind in Planung.

44) Zitiert n. Hehn, Jochen (1988): Die „Köpfe" kehren ihrem Paradies den Rükken, Die Welt Nr. 117, 20. Mai, S. 3.

45) Insbesondere in der kanadischen Drachenstadt Vancouver sollen enorme Kapitalsummen gelandet sein.

46) Nicht selten findet sich der neue Sitz in der Karibik, beispielsweise auf den Bahamas.

47) Zum Vergleich: in den USA teilen sich 70, im Vereinigten Königreich 610 Bewohner einen Quadratkilometer.

48) Zu den fünf Reichsten Hongkongs zählt STANLEY HO mit geschätzten 8 Mrd. Dollar. Der Milliardär ist der 'König des Glücksspiels von Macao', wo er „Casino Tycoon" genannt wird. Zum Vergleich: Anfang Juli 1988 zählte das US-Magazin 'Forbes' drei Familien des kolumbianischen Medellin-Kartells zu den vermögendsten der Welt: ESCOBAR (über 2 Mrd. $), OCHOA (über 2 Mrd. $) und GACHA (1,3 bis 3 Mrd. $).

49) Zitiert n. AP-Meldung: Hongkong ist die beste Geschäftsstadt der Welt (Der Tagesspiegel, 27.10.1994, S. 36).

50) Nach dem 2. Weltkrieg boten verschiedene portugiesische Regierungen die Rückgabe der Kolonie an China an, so etwa Diktator SALAZAR 1967 während der „Kulturrevolution" in China und 1974 auch die sog. Nelkenrevolutionäre. Doch erst nach der Einigung über Hongkong (1984) wurde ein ähnlicher Vertrag über Macao geschlossen, der China die Souveränität am 20. Dezember 1999 wieder überträgt.

51) Ob die „Overseas Youth Comrades Association" noch heute existiert, ist nicht bekannt.

52) Sechs Spielcasinos brachten 50 % der Haushaltseinnahmen (Der Fischer Weltalmanach 1995, Fischer, Frankfurt/Main 1994, Spalte 507); in einschlägigen Reiseführern werden die Spielcasinos benannt. Im Polyglott-Reiseführer „Hongkong Macao", München 1. Auflage 1995, auf S. 79 z.B.: Canidrome, Jai-Alai-Stadion, am Fährpier. Kam Pek, Avenida Almeida Ribeiro. Macao Palace, „Floating Casino" im Inneren Hafen. Holiday Inn Hotel, Taipa. Kingsway Hotel. Hotel Lisboa. Mandarin Oriental Hotel. Royal Hotel.

53) So wurde eine BKA-Einschätzung zur für 1999 vereinbarten Übergabe Macaos an die VR China im SPIEGEL Nr. 26 vom 27. Juni 1994 zitiert.

54) Hier der Bericht der President's Commission on Organized Crime (PCOC) 1986 über die Asian Organized Crime (AOC).

55) So instrumentalisierte KMT-Führer CHIANG KAI-SHEK 1927 die vom Drachenkopf TU geführte Triade Grüne Bande gegen kommunistisch geführte

Arbeiterorganisationen in Shanghai. 1956 wurde die 14 K logistisch und finanziell vom KMT-Geheimdienst Taiwans unterstützt. Während der sog. Oktober-Revolte in Hongkong ging die 14 K u.a. auch zerstörerisch gegen „von Kommunisten betriebene Unternehmen und linke Gewerkschaftsbüros" vor. In den USA sollen viele Tongs und Straßenjugendbanden politisch und finanziell durch die KMT mit dem Ziel unterstützt worden sein, linksgerichteten Gruppen in den US-Chinatowns keinen Einfluß zu gewähren. Offiziell dementierte Taiwan diese Hilfe, doch deuteten die zusammengetragenen Ermittlungen in den US-Regierungsakten das Gegenteil an.

56) Portugiesische Seefahrer tauften im 16. Jahrhundert die Insel auf den Namen Formosa, was soviel wie „schön" bedeutet.

57) Im Frühjahr 1950 befanden sich 2.000 KMT-Soldaten in Burma. Mit CIA-Unterstützung suchten sie 1951 und 1952 mehrmals die 1949 gegründete VR China zu bekämpfen, wurden von der Volksarmee Maos jedoch vernichtend geschlagen. Nach dem zweiten Fehlschlag gab der KMT-Kommandeur General Li den Gedanken einer Rückeroberung Chinas auf und fing nun an, Einfluß und Macht im „Goldenen Dreieck" auszubauen. 1961 verließen die KMT-Einheiten Burma und gingen nach Laos, wo u.a. die CIA sie bei antikommunistischen Geheimoperationen einsetzte. 1965 verlagerte die KMT ihre Operationen nach Thailand. Die 3. KMT-Armee unter General Li und die 5. KMT-Armee unter General Thuan (verstarb 1980), mit zusammen mehr als 10.000 Soldaten, wurden zur „Puffermacht" im Norden Südostasiens.

58) Nach PCOC Bericht 1986.

59) Als in Kanada gegen die „Fünf Drachen" ermittelt wurde, setzten sich diese 1977 nach Taiwan ab.

60) Wegen des Ermittlungsdrucks der RHKP floh im Februar 1977 Ma Sik-Yu („weißes-Pulver-Ma") aus Hongkong nach Taiwan, wo sich seine (seit 1968 bestehende) Geheimdienstkontakte auszahlten. Der Schutz Chiang Ching-Kuos, dem Sohn Chiang Kai-Cheks, hielt auch internationalem Druck wegen Mas Auslieferung stand. Am 18. September 1978 konnten sich auch der Bruder Ma Sik-Tschun („der goldene Ma"), und der Neffe der Ma-Brüder. Ma Woon-Yin, die in Hongkong nach Zahlung einer 200.000 $-Kaution freigelassen worden waren, nach Taiwan absetzen. Dort wurden sie, da ihre Pässe nicht in Ordnung waren, wegen illegaler Einreise festgenommen und erhielten für den Besitz gefälschter Dokumente je ein Jahr Gefängnis, waren aber nach 6 Monaten wieder auf freiem Fuß. Auf Taiwan richteten sich die Ma-Brüder neu ein, erwarben Immobilien in exclusiver Lage im Land und leiteten ihre Geschäfte verdeckt weiter (zitiert n. Posner, Gerald L. (1991): a.a.O., Seiten 251/252).

61) Der eigentliche Heroinhandel der Brüder Ma wurde jedoch außerhalb Taiwans in Hongkong und Bangkok abgewickelt.

62) Unklar ist in der Berichterstattung, ob es sich bei der Big Circle Gang und der Tai Huen Chai um zwei verschiedene, oder nur um einen „Großen Zirkel Menschen" handelt.

63) Zitiert n. Mann, Otto (1995): Triaden dringen in China wieder vor. Berliner Zeitung Nr. 3, 4. Januar, S. 7.

64) Die Behörden konstatieren offen eine eskalierende Gewaltbereitschaft und warnen vor der Gefährdung der Reformen und der inneren Stabilität durch militante Banden. In einer landesweiten Kampagne wurden innerhalb eines Monats 120.000 illegale Feuerwaffen beschlagnahmt und mehr als 460 Produktionsstätten illegaler Waffen und Munition ausgehoben. Die chinesische „Rechtszeitung" meldete schon im Herbst 1994 die Aufdeckung von allein 6.000 Fällen von schwerer Eisenbahnkriminalität (= Anhalten von Zügen und Ausrauben der Passagiere, Diebstahl von wertvollen Frachtgütern, Demontage von Bahntechnik und Gleisen und deren Verkauf); zitiert n. Mann, Otto (1995): o.a.O., S. 7.

65) Zitiert n. Meißner, W. (1993): Peking und die patriotischen Gangster. die tageszeitung, 13. Mai, S. 12.

66) Die VR China war zum ersten Mal Gastgeber einer Interpol-Versammlung. Die Organisation hatte 1989 nach der Niederschlagung der Studentenproteste in Peking eine Versammlung in China abgelehnt. Vor der 64. Interpol-Vollversammlung in Peking sagte am 4. Oktober 1995 Staatspräsident JIANG, daß „eine gemeinsame Verbrechensbekämpfung auch die Entwicklung und den Wohlstand weltweit fördere" (dpa, 5. Oktober 1995).

67) Nach DEA fuhr MA SIK-YU („weißes-Pulver-MA") persönlich nach Japan, um Yakuza-Syndikate als Partner zu gewinnen (was allerdings fehlschlug).

68) Aus der US-Army wurden allein in den Jahren 1969 und 1970 insgesamt 16.000 Soldaten wegen Drogenbesitzes unehrenhaft entlassen. Zu dieser Zeit hatte der Drogengebrauch in einigen Einheiten in Vietnam das Ausmaß einer Epidemie erreicht. Nach einem Bericht des Pentagon aus dem Jahre 1973 schätzte man, daß 35 % aller Wehrpflichtigen des Heeres in Vietnam Heroin (Nr.3, bekannt als „brown sugar") versucht hatten und 20 % dieser Leute mindestens einmal während ihrer Dienstzeit davon abhängig waren (Nam, 1988).

69) BTK als Kürzel für „born to kill" kritzelten einige GI's während ihres Einsatzes in Vietnam auf ihre Helme.

70) Dies erinnert an die Vorkommnisse im von Japan besetzten Hongkong (1941 - 1945), wo nach einem „Abkommen" zwischen den japanischen Besatzern und HK-Triaden ein großer Teil der HK-Polizeiakten über die Triaden bis 1945 vernichtet wurde.

71) Zu den „Opium War Lords" zählen bis in die 90er Jahre hinein die Shan-Führer KHUN SA (mit seiner Muang-Thai-Army) und LO HSING-HAN (mit den Freiwilligen Streitkräften der Shan-Staaten) sowie General LI WEN-HUAN, Kommandeur der 3. KMT-Armee.

72) Bis zur Eröffnung des Suez-Kanals (16.11.1869), der in der Folge den Schiffsverkehr zwischen Europa und Asien merklich beschleunigte, war der Seehandel der Stadt gänzlich von den Monsunwinden abhängig gewesen: In den ersten Wintermonaten kamen mit den Nordost-Monsunen die Dschunken aus China und Siam; ein halbes Jahr später, im Herbst, drehte der Wind und be-

lebte den Handel mit der Westseite der Malaiischen Halbinsel. Als die alten Windjammer nach und nach von den neuen Dampfschiffen verdrängt wurden, nahm der Welthandel einen enormen Aufschwung. Singapur wurde wichtiger Handelsumschlagsplatz, da die vom Monsun unabhängigen Dampfschiffe den Hafen das ganze Jahr über anlaufen konnten.

73) Die Vorfahren der „Babas“ waren in den Laderäumen der großen Sklavendschunken nach Singapur gekommen.

74) So wurde erst im März 1995 der 38 Jahre alte Chinese DANIEL CHAN CHI PUN, der 1990 auf dem Flughafen der Stadt mit 464 g Heroin festgenommen worden war, durch den Strang hingerichtet. Nach amtlicher Mitteilung war der Hongkong-Chinese die 99. Person, die wegen Rauschgiftvergehens in dem Stadtstaat zum Tode verurteilt worden war (Reuter-Meldung im „Grenz-Echo“ (Belgien) vom 11. März 1995).

75) In Südost- und Ostasien sind die Yakuza Mitte der 90er Jahre in Südkorea, Philippinen, Taiwan und – mit Querverbindungen zu Triaden – in Hongkong vertreten

76) So wurde z.B. im Mai '89 von der australischen Bundespolizei eine 15-köpfige asiatische Heroinschmugglerbande verhaftet, der enge Beziehungen zur auch in Hongkong vertretenen Big Circle Gang nachgesagt werden.

77) Zitiert nach: Stewart, Gerald (1995): Australien stoppt illegale Einwanderung aus China, Der Tagesspiegel Nr. 15.248, 24. April, S. 4.

78) Rund 280.000 Vietnamesen chinesischer Herkunft waren während des vietnamesisch-chinesischen Grenzkrieges in den Jahren 1978 bis 1979 in die VR China geflohen, die diesen Asyl gewährte. Etwa 12.000 von ihnen ließen sich in Qiaogang, einer Ortschaft nahe der Hafenstadt Beihai in der Provinz Guangxi, nieder. Von hier und von anderen Orten wird immer wieder versucht, illegal nach Australien einzureisen. So trafen von Januar bis April 1995 etwa 800 Chinesen illegal in Australien ein und beantragten Asyl. Die dortige Regierung wollte sie ausweisen und unter polizeilicher Bewachung zurück in die VR China fliegen. Die Volksrepublik ist im Prinzip damit einverstanden, verlangte von Australien aber umgerechnet 500.000,– DM, um die „Kosten der Wiederansiedlung“ zu decken.

79) Mitte der 90er Jahre hatten in Sydney-Cabramatta („Vietnamatta“) vietnames. bzw. chines.-vietnames. Gangs Namen wie „Ich hasse mein Leben, das mir übel mitspielt“, „Junger Mann ohne Heim und Familie“ oder „Five Ts“, wobei die „Ts“ für die fünf vietnamesischen Wörter Sex, Geld, Gefängnis, Mord und Anklage standen.

80) Zehntausende Chinesen waren vor den Blutbädern der 1851 begonnenen Taiping-Rebellion gegen die Mandschu-Herrscher geflohen, auch in die USA.

81) Dementsprechend suchten sie Unterhaltung bei Prostituierten und in Glücksspielen, was sich rasch in den Chinatowns ausbreitete. Um 1900 herum hatten die Chinatowns dementsprechend einen schlechten Ruf, der auch weiße US-Bürger der Mittelschicht anzog. In den Gemeinden in New York oder San Francisco kostete um 1900 eine chinesische Prostituierte ¼ $, eine weiße

Prostituierte in anderen Vierteln hingegen 1 $. Anfang des 20. Jahrhunderts betrieben die Tongs dementsprechend auch „weiße Hurenhäuser“. Die Anonymität der Chinatowns zog im wachsenden Maße „weiße Rotlichtmilieu“-Amerikaner an. Das hatte zur Folge, daß nicht wenige Chinesen, die ihre Towns nie verlassen hatten, bis in die 1930er Jahre glaubten, weiße Amerikaner wären „üble Charaktere“, die nur Vorlieben für billige Frauen und andere Laster hätten.

82) 1869 wurde die Pacific-Eisenbahn (Chicago-San Francisco), 1883 die Northern-Pacific- und die Southern-Pacific-Bahn (New Orleans - Los Angeles) eröffnet.

83) 1887 war den Chinesen per Gesetz die Einfuhr ihres Opiums untersagt worden. 1890 war ein Gesetz verabschiedet worden, das die Herstellung von Rauch-Opium (Chandoo) US-Staatsbürgern vorbehielt. 1909 wurde die Einfuhr von Chandoo generell verboten.

84) Der Abstieg der Chinatowns zu riesigen Zentren des Lasters fachte auch die Flammen der antichinesischen Bewegung an, die in den heidnischen Chinesen eine Bedrohung der Christenheit und der westlichen Zivilisation sahen. Diese Ansicht von den Chinesen als einer „verkommenen Gesellschaft“ führte zu verstärkten rassistischen Übergriffen. Ganze Gruppen von weißen jugendlichen Gewalttätern gingen oft abends in die Chinatowns, um „Schlitzaugen“ zusammenzuschlagen. Als 1871 zwei vergnügungssüchtige Weiße bei einem Tong-Krieg in Los Angeles verwundet wurden, zogen Banden von Weißen nach Chinatown, hängten 15 Chinesen an Laternenpfählen auf, erschossen weitere vier und plünderten Dutzende von Häusern und Geschäften aus. Die Tongs kamen zu dem Schluß, daß nur weiße Sicherheitskräfte den Chinesen das Leben mit den weißen Gangstern erleichtern könnten. Durch die Zahlung beträchtlicher Bestechungsgelder an die Stadtpolizei erreichten sie, daß diese gefährliche weiße Besucher festnahmen und gleichzeitig das einträgliche Geschäft in den illegalen Etablissements sicherten. (zitiert n. Posner, Gerald L. (1991): a.a.O., S. 324-325).

85) Die „boo how doy“ bildeten die ersten chinesischen Jugendbanden in den USA. Schon um die Jahrhundertwende arbeiteten sie unter der strengen Leitung der Tongs.

86) CHIANG KAI-CHEK wurde seinerzeit von CHARLIE SOONG, einem potenten Triaden-Finanzier, unterstützt

87) Trotz des Gesetzes aus 1943 hatten die einzelnen US-Bundesstaaten weitgehend freie Hand bei der Behandlung von Minderheiten. Der Bundesstaat Kalifornien z.B. mit der zahlenmäßig stärksten Chinesenbevölkerung verbot durch Gesetz sogar den in den USA geborenen Chinesen die Heirat mit einer weißen Frau. Traditionelle chinesische Geschäfte,wie z.B. Wäschereien, wurden mit Sonderabgaben belastet. Bei chinesischen Geldtransaktionen wurden ebenfalls Sondersteuern erhoben. Bis 1965 hatte das Gesetz aus 1943 eine jährliche Einwanderungsquote von nur 105 Chinesen festgesetzt.

88) Los Angeles (L.A.) erhielt wie San Francisco 1850 Stadtrechte. Der wirtschaftliche Aufschwung begann mit dem Anschluß an das Eisenbahnnetz

(1876 und 1885). Heute leben im L.A. Ballungsgebiet (Area) 14,5 Millionen Einwohner (1990), im L.A. Stadtgebiet rund 3,4 Millionen. In dem „Bündel von Kleinstädten (towns)“ liegen Little Tokyo (eine der größten Gemeinden von Japanern außerhalb Japans, mit Yakuza-Einfluß), Koreatown (rund 100.000 Koreaner) und Chinatown.

89) Aus Ostasien wanderten legal in den zehn Jahren von 1981 bis 1990 aus: 1) VR China: 346.747, 2) Südkorea: 333.746, 3) Vietnam: 280.782 und 4) Philippinen: 548.764 Menschen in die USA ein (Quelle: Immigration u. Naturalization Service, zitiert in Focus, 3. Jg. Nr. 1/2.1.1995, S. 144).

90) Auf Grund der Empörung in der Stadt nach dem Massaker (1977) bildete die Polizei in San Francisco ein Sonderkommando zur Bekämpfung der chinesischen Banden.

91) Unter Tony Young operierte die Wah Ching in San Francisco (USA) und Toronto (Kanada). Nach Kenntnissen des FBI sollen sich Mitte der 80er Jahre Wah Ching-Mitglieder zuerst in Los Angeles, dann auf Taiwan mit Triaden-Führern getroffen haben.

92) Mitte der 80er Jahre war Vincent Jew Boss der Wah Ching. Ende der 80er Jahre betrieb Jew eine legale Künstleragentur in San Francisco und vertrat mit Erfolg alle asiatischen Künstler, die in den USA auftraten. Sergeant John McKenna, früher Chef des Polizei-Sonderkommandos gegen das Bandenunwesen in San Francisco: *„... Er hat in dem Film 'Das Jahr des Drachen' mitgespielt; der gutaussehende, junge Mann im weißen Anzug, das war Vincent Jew. Und keiner konnte ihm etwas nachweisen ...“* (Zitat aus Posner, Gerald L. (1991): a.a.O.,S. 375).

93) Das US-Justizministerium machte 1984 auf die Zunahme asiatischer (= japanischer, chinesischer, vietnamesischer u.a.) Verbrecherbanden aufmerksam, deren Einfluß in den großen Städten an der West- und Ostküste bis hinauf nach Kanada zunahm. Präsident Reagan setzte eine Kommission zur Untersuchung dieses neuen Problems ein (dpa-Meldung im Tagesspiegel, Nr. 11.885, 25.10.1984, S. 26).

94) Jahr des Drachen (USA 1985), Regie: Michael Cimino, mit Mickey Rourke als Stanley White (einem nach Chinatown abkommandierten New Yorker Polizisten) und John Lone, der einen Gangster-König im New Yorker Chinesen-Viertel spielte. Der Actionfilm (129 Min.) sorgte für große Aufruhr. Einige Chinesen amerikanischer Abstammung verklagten den Regisseur wegen Rufmord auf 100 Millionen Dollar; Demonstranten forderten bei der Premiere zum Boykott auf. Vorwurf: Cimino habe in seinem Film die Chinesen pauschal als Drogenhändler und Schläger gezeichnet. In der Folge trug der Film im Nachspann einen Hinweis, der die Fiktivität des Erzählens beteuert.

95) David Thai wurde im Sommer 1991 verhaftet und zu 40 Jahren Gefängnis verurteilt.

96) Benny Ong, dessen genaue Herkunft und genauer Name im Dunklen liegen, war nach dem Ersten Weltkrieg in die USA gekommen. 1935 wurde er wegen Mordes verurteilt und saß danach 17 Jahre im Gefängnis. Nach der Haftentlassung übernahm er eine führende Rolle im Hip Sing- Tong. Später

ging ONG nochmals wegen Bestechung ins Gefängnis. 1975 übernahm er 66jährig die Herrschaft über den Hip Sing von seinem im selben Jahr verstorbenen Bruder SAM ONG. Über fast zwanzig Jahre war „Onkel Benny" der Pate von Chinatown, bis er im Alter von 87 Jahren am 6. August 1994 an Prostatakrebs starb. Der Sohn eines chinesischen Bauern war bis zuletzt mit illegalem Glücksspiel und Erpressung in Verbindung gebracht worden und galt als Drachenkopf des organisierten Verbrechens im Viertel, das nach seinem Tode „eine der größten Beisetzungen in Chinatown seit Menschengedenken" erlebte (AP Meldung, in Tagesspiegel, Nr. 15.008, 21. August 1994, S. 26).

97) Zitiert n. Posner, Gerald L. (1991): a.a.O., S. 335-336.

98) „Hung Mun", das kantonesische Wort für Geheimgesellschaften (in Mandarin: Hung Men) ist der korrekte Name für die Triad Society.

99) Dementsprechend faßt das FBI Tongs, Gang Organizations und Triad Societies zur Chinese Organized Crime (COC) zusammen.

100) Zitiert n. Posner, Gerald L. (1991): a.a.O., S. 333.

101) Nach FBI-Kenntnissen sind einige Gang Organizations auch unabhängig und arbeiten dementsprechend für verschiedene OK-Gruppen. In New York arbeiten z.B. die Ghost Shadows für den On Leong-Tong in Chinatown aber auch für die LCN im angrenzenden Little Italy.

102) Die politische und finanzielle KMT-Unterstützung von right-hand-Tongs und Gangs wurde von Taiwan offiziell dementiert, konnte aber durch die zusammengetragenen US-Ermittlungen belegt werden.

103) Die 5 Ex-staff-sergeants der Triad Society Division der RHKP waren: 1. CHOI BING LUNG, 2. CHEN CHUNG YOU, 3. NAM KONG, 4. HON KWING SHUM und 5. LAUI LOK.

104) „FAST EDDIE" TSCHANS Aufstieg in N.Y.City's Chinatown inspirierte zum Buch und Film „The Year of the Dragon" (USA 1985)

105) Unter Präsident RONALD REAGAN (1981-1989) fingen ab 1983 die Strafverfolgungsbehörden an, intensives Beweismaterial gegen die N.Y. Unterwelt und ihre Paten zu sammeln. 1984 setzte REAGAN dazu eine PCOC ein. 1985 schließlich reichten die zusammengetragenen Beweise zur Anklageerhebung aus. Zum ersten Mal in der US-Justizgeschichte konnten insgesamt 19 LCN-Führer, darunter fast alle Bosse der N.Y. „The Big Five", angeklagt werden. Der Prozeß begann am 30.9.1985 und fand mit der Strafverkündung Mitte Januar 1987 sein Ende. Unter den Schuldiggesprochenen waren der Chef der Genovese-Familie ANTHONY SALERNO (alias „Fat Tony"), der Chef der Colombo-Familie CARMINE PERSICO (alias „The snake") und der Chef der Lucchese-Familie ANTHONY CORALLA (alias „Tony Ducks"). In späteren Verfahren mußten sich die Chefs der Bonanno-Familie PHILIP RASTELLI (alias „Rusty") und der Gambino-Familie JOHN GOTTI (alias „Teflon John") verantworten. Damit war nach über 50 Jahren die LCN spürbar entmachtet worden. Die Entmachtung traf darüber hinaus die italo-amerikanische Connection insgesamt. Durch die Aussagen der Hauptbeteiligten in diesem LCN-Prozeß konnte auch die italienische Polizei Haftbefehle gegen weitere 366 Drogen-Händler ausstellen. Einen noch härteren Schlag mußte die „Pizza Connection" Ende 1988

einstecken. In einer gemeinsamen Fahndungsaktion unter der Leitung des (1992 ermordeten) sizilianischen Untersuchungsrichters GIOVANNI FALCONE und seines New Yorker Kollegen RUDOLPH GIORDANI wurden in der Polizeioperation (Codenamen „Iron Tower“) in den USA mindestens 52 und in verschiedenen Städten Italiens über 33 zur LCN gerechnete Personen verhaftet. Nach jahrelangen Ermittlungen konnte der Schlag vor allem gegen die mächtigen Clans der INZERILLO, GAMBINO und SPATOLA geführt werden, die im Heroinhandel zwischen Sizilien und den USA involviert waren.

106) Das Syndikat des 1988 verhafteten KON „JONNY“ YU-LEUNG soll fast eine halbe Tonne reines Heroin (Wert ca. 1 Mrd. US-$) in die USA eingeschmuggelt haben. Die Regierung beantragte die Einziehung von Milliarden Dollar aus KONS Besitzungen zwischen San Francisco u. N.Y. (zitiert n. Posner, Gerald L. (1991): a.a.O., S. 11).

107) Als „Teegeld“ wird ein kleinerer Geldbetrag (z.B. 100 $) bezeichnet, der in N.Y. City's Chinatown als Bestechungssumme an Türsteher, Rausschmeißer u.a. gezahlt wird, um in ein „Drogenlokal“ hereinzukommen.

108) Mitte der 70er Jahre floh auf Grund des Ermittlungsdruckes in Hongkong LAU WING-KUI, Drachenkopf der Kung Lok-Triade des Luen Syndikats und ließ sich in Kanada nieder, wo ihm „die Möglichkeiten des nordamerikanischen Marktes aufgingen“ (Posner, G.L. (1991):a.a.O.,S. 372).

109) Wegen des Ermittlungsdrucks in Hongkong waren die Ex-Polizisten über Taiwan 1974 nach Kanada geflohen, wo sie sich in Vancouver niederließen. Als deren Polizei einem der „Fünf Drachen“ mit einem Verfahren zur Auslieferung nach HK drohte, stellten diese ihre Operationen in Kanada ein und gingen 1977 nach Taiwan.

110) Von Mitte April bis Anfang Juni 1989 war es in Peking auf dem Platz des Himmlischen Friedens (Tienamen) immer wieder zu Demonstrationen für mehr Freiheit und Demokratie gekommen; am 18. Mai mit über einer Million Teilnehmern zur größten Demonstration seit Gründung der VR China. Nachdem aus immer mehr wichtigen Städten des Landes ähnliche Demonstrationen gemeldet wurden, verhängte der ständige Ausschuß des Politbüros das Kriegsrecht und beschloß den Einsatz von Militär. Dementsprechend ging am 3. Juni die 27. Armee (Wehrbezirk Nord-Provinz Hebei) unter dem Kommando von YANG BAIBING gegen die Demonstraten in Peking vor und richtete in der Nacht zum 4. Juni auf dem Tienamen-Platz unter den friedlichen Demonstranten ein Blutbad an: Während Beobachter von mindestens 3.000 Toten und weit über 100.000 Verletzten sprachen (manche Schätzungen gingen bis zu 20.000 Toten), nannte die Regierung am 6. Juni als Opfer „23 Studenten und über 300 Soldaten“. Letztere hatten beim Einsatz gegen „Konterrevolutionäre und kriminelle Elemente“ den Tod gefunden.

111) 1991 machten die Kanadier chinesischer Herkunft zwar nur 3 Prozent der Gesamtbevölkerung aus, doch gehörte diese zu der Mehrheit jener zehn Prozent aller Haushalte im Lande, die mehr als 200.000 Dollar Vermögen hatte.

112) Nach TIME im Februar 1993 hatte Kanada in den letzten fünf Jahren 115.283 immigration visas in Hongkong ausgestellt. Von den bis dahin eingereisten HK-Chinesen ließen sich rund 70 % in British Columbia nieder.

113) Als LAU WING-KUI in Kanada 1979 in einer Illustrierten als Triaden-Chef und Rauschgifthändler bezeichnet wurde, setzte er sich in die Dominikanische Republik ab. Von hier soll er 1981 nach Hongkong zurückgegangen sein. TSE-TSCHUI („FAST EDDIE") TSCHAN soll sich im Herbst 1984 wegen erheblichen Ermittlungsdrucks in den USA nach Angaben der N.Y.Polizei in die Dominikanische Republik abgesetzt haben und von dort aus die Reste seines Verbrecherimperiums an der US-Ostküste weitergeleitet haben.

114) Zitiert n. Posner, Gerald L. (1991): a.a.O., S. 359.

115) Die Einreise in die USA wird oft vor allem über die süd- bzw. mittelamerikanischen Flughäfen von La Paz und Belize organisiert (Focus, 5. April 1993)

116) Zitiert n. Posner, Gerald L. (1991): a.a.O., S. 306.

117) Das Einhorn gilt bei den Chinesen als Symbol magischer Kräfte. Diesen Namen verlieh die chinesische Unterwelt TSCHUNG MON in „Anerkennung seiner kriminellen Talente".

118) 1969 beschloß das 14-K-HQ in Hongkong, „das Einhorn" zur Bildung ihres europäischen Heroinstützpunktes einzusetzen. Dieser reiste als Präsident der „Gesellschaft der Chinesen in Übersee" häufig nach Hongkong und Taiwan, wo er 1970 auch eine (für das Heroingeschäft) vorteilhafte Freundschaft mit den Brüdern MA schloß.

119) Mit Ende des Vietnamkrieges hatten die USA, um den chinesischen Drogenanbietern effektiver entgegenwirken zu können, am 1. Juli 1973 als Bundesbehörde des Justizministeriums die „Drug Enforcement Administration" (DEA) als „zentral zuständige Bundesbehörde für die Bekämpfung der Rauschgiftkriminalität" gegründet. Schon im Gründungsjahr hatte sich die DEA in den Kampf gegen die Triaden in den Niederlanden eingeschaltet. Nach DEA-Einschätzung vertrieb „das Einhorn" bereits 1973 große Mengen von Heroin für den Straßenverkauf in den USA, England, Frankreich, Deutschland, Italien und Spanien. Weil sich die DEA in die Triadenbekämpfung in den NL einschaltete, wurde TSCHUNG MON nach Hongkong gerufen, wo ihn die 14-K-Führung über die neue Situation informierte. Vor diesem Hintergrund begann „das Einhorn" nach seiner Rückkehr nach Amsterdam Wohltätigkeitsorganisationen ins Leben zu rufen.

120) Insbesondere war er persönlicher Informant des Amsterdamer Polizei-Präsidenten GERALD TOORENAAR geworden, dem er Informationen über Unternehmen seiner Konkurrenten zuspielte, sich darüber hinaus 'für den Frieden in Chinatown verbürgte' und dafür 'in Ruhe gelassen' wurde.

121) Diese 14-K-Rivalen richteten ihre HQ in Rotterdam, Antwerpen und angeblich auch in Koblenz ein.

122) „Das Einhorn" sicherte sich das stillschweigende Einverständnis der Ah Kong dadurch, in dem er dem Syndikat aus Singapur eigene Heroin-Geschäfte gestattete, solange sie nicht der 14 K ins Gehege kamen und fünf Prozent der erzielten Gewinne an die 14 K abführten.

123) Anfang 1975 erfuhr TSCHUNG MON, daß in der Polizei, was ihn anging, ein Sinneswandel eingetreten war. Ausschlaggebend für die Amsterdamer Polizei

waren die in einem umfangreichen Dossier zusammengestellten Ermittlungsergebnisse der RHKP.

[124] TSCHUNG MONS Mörder wurden nie entdeckt. Interpol glaubte, es waren drei aus Hongkong stammende Berufsmörder gewesen, die von Rivalen gemietet wurden.

[125] TSCHAN YUEN-MUK wurde deswegen „Mao Tse-tung" genannt, weil er zum einen dem Vorsitzenden MAO phenotypisch ähnelte, und zum anderen wegen seines autoritären Auftretens. So ließ er als neuer Drachenkopf der 14 K in Amsterdam-Chinatown nach Amtsübernahme in den illegalen Spielhöllen höhere Abgaben erheben und wollte bei den konkurrierenden Syndikaten erreichen, daß sie für alle ihre – durch die Niederlande gehenden – Heroinlieferungen einen Prozentsatz an die 14 K abführten, worauf sich diese jedoch nicht einließen.

[126] Wie die Kolonialmächte im 19. Jahrhundert Asien unter sich aufgeteilt hatten, so teilten jetzt die Drachenköpfe der Triaden aus den früheren Kolonien (Singapur) und Hongkong nun Europa im 'kolonialistischen Stil' in Einflußsphären auf. Die Ah Kong-Triade behielt die Kontrolle über Amsterdam und erhielt den Einflußbereich Deutschland. Die 14 K bekam dafür in den Niederlanden Den Haag und Rotterdam und erhielt Einfluß in London und Paris. Die Vereinbarung hielt über ein halbes Jahrzehnt.

[127] Seit Mitte der 80er Jahre wird in den Niederlanden neben der Big Circle Gang auch die zweite, Ex-VR-chinesische Gruppe Tai Huan (Huen) Chai (Großer Zirkel Menschen) insbesondere im Deliktbereich der Schutzgelderpressung (von den rund 2.500 China-Lokalen in den Niederlanden sollen nach Polizeiangaben 95 % um Schutzgelder erpreßt werden) erwähnt, die sich Mitte der 90er Jahre ebenfalls von Amsterdam/NL aus nach England (London, Manchester) orientieren soll. Unklar ist, ob es sich um zwei verschiedene Triaden oder eine Triade mit unterschiedlichen Namen handelt.

[128] Nach NCIS-Angaben sind in London fast alle Chinarestaurants entweder im Besitz von Triaden oder gezwungen, Schutzgelder zu zahlen; teilweise bis zu 3.000 £ pro Woche.

[129] Nach NCIS-Angaben verlangen die Triaden pro eingeschleuste Person gewöhnlich umgerechnet rund 60.000 DM. Da die wenigsten Eingeschleusten über soviel Geld verfügen, werden sie gezwungen, in Restaurants oder Spielhöllen in den Chinatowns europäischer Metropolen (London, Paris, Rom) zu arbeiten, bis die Schuld getilgt ist, was bis zu zehn Jahren dauern kann.

[130] n. TIMES (April 1994) ist Paris Operationsbereich der Big Circle Gang, die Triadentreffen in Paris und Lille organisiert haben soll.

[131] Zitiert n. BKA-Bundeslagebild OK 1993, Wiesbaden 1994, S. 78.

[132] Zitiert n. GEO-Hongkong, special Nr. 4/August 1995, S. 138.

[133] Zitiert n. Posner, Gerald L. (1991): a.a.O., S. 298.

[134] Zentralfigur war ein Malaysier, der in Nordrhein-Westfalen ein Chinarestaurant betrieb.

135) Am 10.9.1988 wurde der Geschäftsführer der 'Great Wall China GmbH' TIE-XHONG LI und der Assistent YOUNG-QUING ZHANG in Hamburg ermordet. Als mutmaßliche Täter wurden im darauffolgenden Monat FAROOQ A. und AHMAD E., zwei afghanisch-stämmige Einzeltäter, ermittelt.

136) Tatort „Die chinesische Methode", TV-Krimi von VOLKER MARIA AREND und ANDREAS MISSLER-MORELL, ARD, Sonntag, 10. November 1988, 20.15 Uhr bis 21.45 Uhr. Zum Inhalt: Die Kommissare Batic (MIRO NEMEC) und Leitmayr (UDO WACHTVEITL) ermitteln in München gegen eine Bande von Schutzgelderpressern, die Chinarestaurants für viel Geld Zierfische „vermieten". Obwohl in allen Lokalen Aquarien unterhalten werden will keiner der Erpreßten chinesischen Wirte die 'Mauer des Schweigens' brechen.

137) Zitiert n. dpa-Meldung: Deutsche China-Restaurants von chinesischer Unterwelt erpreßt (Der Tagesspiegel, 25.10.1991, S. 31).

138) Im Rahmen der „Aktion Morgenrot" wurden 653 Personen überprüft, von denen 102 als Tatverdächtige vorläufig festgenommen wurden.

139) Im Rahmen dieser Aktion wurden 31 Chinesen, davon 23 in Berlin festgenommen. Der Schleuserring verlangte pro Ausreisewilligen 20.000,– DM.

140) Allein im Ostteil der Hauptstadt Berlin wurden von 1990 bis 1994 rund 150 Chinarestaurants eröffnet.

141) Diese Gruppe verglich sogar die Razzien mit der Judenverfolgung durch das Nazi-Regime, was vom Nürnberger Polizeisprecher PETER GRÖSCH mit Empörung zurückgewiesen wurde (zitiert n. DER SPIEGEL Nr. 26, 27. Juni 1994, S. 63).

142) Dort war der junge Beamte (zur Anstellung) eigentlich für Bürgerkriegsflüchtlinge aus dem früheren Jugoslawien zuständig.

143) Bereits im Januar 1995 weitete sich dieser Korruptionsskandal aus. Ein weiterer Beamter der Ausländerbehörde wurde festgenommen. Die Ermittlungen hatten ergeben, daß dieser gegen „höhere Summen" von 1989 bis 1992 der chinesischen Schleuserbande behilflich war. In der Folge richtete Innensenator HECKELMANN (CDU) im Februar 1995 die Sonderarbeitsgruppe „Innenrevision, Stichprobenkontrollen" ein.

144) Zitiert n. dpa-Meldung: China-Mafia erschießt sechs Landsleute, Der Tagesspiegel, 3. Januar 1994, S. 22.

145) Zitiert n. dpa-Meldung: China-Mafia erschießt ... , a.a.O., S. 22.

146) Zitiert n. DER SPIEGEL Nr. 26, 27. Juni 1994, S. 61.

147) Titelgeschichte des italienischen Magazins „Europeo": La Mafia Chinese A Palermo, Nr. 39, 23. September 1988, S. 41-44.

148) Zitiert n. Horvath, Daniela: Eine Armada der Armut, DER STERN, Heft Nr. 25, 14. Juni 1995, S. 113.

149) Zum Beispiel: Heroinschmuggel (Neue Zürcher Zeitung, 14. März 1987), Betrug und Fälschungen (NZZ, 14. Februar 1992).

150) Zitiert n. Hegyi, Hannelore: Beim Chinesen in Wien wird nicht nur Peking-Ente gebraten, Berliner Zeitung, 24. Januar 1994, S. 3.

[151] Zitiert n. dpa-Meldung: Chinesische Schlepperbande in Wien zerschlagen, Der Tagesspiegel, 11. Dezember 1990, S. 8.

[152] Zitiert n. dpa-Meldung: Internationale Schlepperbande zerschlagen, Neue Zürcher Zeitung, 15. September 1993.

[153] Bei dieser Aktion wurden 21 Personen, darunter der mutmaßliche Drahtzieher (ein europaweit gesuchter Chinese) verhaftet, zahlreiche weitere festgenommen. Sichergestellt wurden 95 Reisedokumente, diverses Fälscherwerkzeug (z.B. Behördenstempel von chinesischen Botschaften in Staaten des ehemaligen Ostblocks), Waffen, Sparbücher und Bargeld.

[154] Zwischenstopp für die Opfer im Menschenhandel sind oft die über 600 Chinarestaurants (314 allein in Wien) in Österreich, die von den Schleppern aber auch zur Geldwäsche benutzt werden. Noch vor den russischen u.a. OK-Gruppen sind die Chinesen „Meister der Geldwäsche“. Viele der Chinarestaurants haben kaum Gäste, zahlen aber Steuern wie ein florierendes Lokal.

[155] Zitiert n. AFP-Meldung: Immer mehr Chinesen zieht es nach Ungarn, Berliner Zeitung, 26. Juli 1991, S. 24.

[156] Chinesische Staatsangehörige brauchten (1991) für Ungarn kein Visum. Allerdings mußte nach 30 Tagen eine Aufenthaltserlaubnis beantragt werden (was die wenigsten nachgereisten Familienangehörigen der wenigen Legalen taten).

[157] Zitiert n. Hegyi, Hannelore: Little Chinatown wächst in Ungarns Hauptstadt, Berliner Zeitung, 25. Januar 1992, S. 7.

[158] Zitiert n. Hegyi, Hannelore: Polizisten aus Ungarn zur Schule nach Wien, Berliner Zeitung, 25. November 1992, S. 7.

[159] Zitiert n. dpa-Meldung: Chinesen zahlen 20.000 Dollar fürs Einschleusen, Der Tagesspiegel, 19. November 1993, S. 27.

[160] Zitiert n. Reuter-Meldung: Bulgarische Pässe in Hongkong begehrt, Der Tagesspiegel, 25. Juni 1991, S. 5.

[161] Zitiert n. AP-Meldung: Zehntausende Chinesen auf dem Weg in die USA, Der Tagesspiegel, 3. Juni 1994, S. 5.

[162] Zitiert n. Heine, Roland: China-Towns und Kosakendörfer, Berliner Zeitung, 13. April 1995, S. 6.

[163] „Kai“ bedeutet im Japanischen soviel wie Versammlung, Gesellschaft; „Gumi“ bedeutet Bande.

[164] Zitiert n. dpa-Meldung: Geldwäsche in Luxuskoffern, Der Tagesspiegel, 6. April 1992, S. 20.

[165] Zitiert n. Goldstein, P.: Gewalttätige Vietnamesen-Banden – dahinter die Chinesen-Mafia?, Berliner Morgenpost, 17. September 1993, S. 7.

[166] Sowohl in Südostasien als auch auf dem amerikanischen Doppelkontinent kommt es zu Berührungen (temporäre Kooperation?) mit Koreanern (die stärker mit den Yakuza zusammenarbeiten; einige Yakuza-Syndikate haben koreanische Mitglieder), Malayen und Philippinos.

167) Vgl. auch Lamberti, Michel und Lamour, Catherine: Die Opium-Mafia, Suhrkamp Verlag, Frankfurt/Main 1973, hier das 3. Kapitel: Die asiatische Konkurrenz, S. 52-66, insbesondere S. 64 ff: Eine neue korsisch-chinesische Zusammenarbeit?

168) Zitiert n. Posner, Gerald L. (1991): a.a.0., S. 249.

169) Chinagirl (US-Actionfilm von 1987); dt. Titel „Krieg in Chinatown". Regisseur ABEL FERRARA. Zum Inhalt dieser modernen Version der West Side Story: In New York's Lower East Side lernt der junge Italiener Tony (RICHARD PANEBIANCO) die junge Chinesin Tyan (SARI CHANG) kennen und lieben. Damit geraten beide zwischen die Fronten der gewalttätigen Jugendgangs.

170) Zitiert n. Posner, Gerald L. (1991): a.a.O., S. 249.

171) Zitiert n. Englisch, Andreas: Deutschland -Tummelplatz der Mafia, Berliner Morgenpost, 28. Mai 1995, S. 3.

172) Zitiert n. Posner, Gerald L. (1991): a.a.O., S. 332-333.

173) Zitiert n. Posner, Gerald L. (1991): a.a.O., S. 245 ff.

174) Zitiert n. Posner, Gerald L. (1991): a.a.O., S. 111-112.

175) Zitiert n. Posner, Gerald L. (1991): a.a.O., S. 112.

176) Anfangs stärkte die „Operation X" die militärischen Anstrengungen durch große Geldzuwendungen. Und solange die Bergstämme für ihr Opium hohe Preise bekamen, hielten sie treu zur französischen Sache. Doch als SDECE Angehörige von nicht zum Hochland zählenden Minderheiten als Mittelsmänner einsetzte, beklagten sich die Bergstämme. Sie fühlten sich übervorteilt. Die Franzosen mißachteten die Beschwerden. In dem Maße, wie der Geldfluß zu den Bergstämmen abnahm, schwand auch deren Unterstützung Frankreichs. So trug die Opiumpolitik des Geheimdienstes unwillentlich dazu bei, daß Frankreichs Rolle in Indochina bald ausgespielt war. Die Meo-Stämme, das Rückgrat der Söldnerarmee, waren mit den neuen Opiumpreisen so unzufrieden, daß sie die Nordvietnamesen in die Dschungel einrücken ließen, von wo aus sie den überraschenden Angriff auf Dien Bien Phu führten. Ohne Unterstützung des Meos mußten die Franzosen am 8. Mai 1954 kapitulieren. Zwei Monate später unterzeichneten sie den Waffenstillstandsvertrag (zitiert n. Posner, Gerald L. (1991): a.a.O., S. 112-113).

2.5 Literatur- und Quellennachweise

Adams, Nathan M. (1994):
EUROPA IM GRIFF DES ORGANISIERTEN VERBRECHENS
Das Beste, 48. Jg., Nr. 8 (August), S. 33-40.

AFP (1991):
IMMER MEHR CHINESEN ZIEHT ES NACH UNGARN
Berliner Zeitung Nr. 172, 26. Juli, S. 24.

AFP (1991):
BUDAPEST KÖNNTE BALD EIN CHINATOWN HABEN
Berliner Zeitung Nr. 189, 15. August, S. 32.

AFP (1994):
HONGKONGS „TRIADEN“ MACHEN LONDON UNSICHER – Scotland Yard befürchtet Schlimmes ab 1997
Berliner Morgenpost, 24. Januar, S. 30.

AP (1988):
SPIONAGEVORWURF DES FBI GEGEN CHINA
Der Tagesspiegel Nr.13.121, 22. November, S. 6.

AP (1993):
RAZZIA IN CHINESISCHEN RESTAURANTS
Der Tagesspiegel Nr. 14.735, 12. November, S. 28.

AP (1994):
ZEHNTAUSENDE CHINESEN AUF DEM WEG IN DIE USA
Der Tagesspiegel Nr. 14.929, 3. Juni, S. 5.

AP (1994):
GELEIT FÜR DEN BOSS VON CHINATOWN
Der Tagesspiegel Nr. 15.008, 21. August, S. 26.

Averesch, Sigrid (1994):
TRIADEN DRÄNGEN NACH EUROPA
Berliner Zeitung Nr. 242, 15. Oktober, S. 19.

Becker, Helmut (1987):
HONGKONGS DUNKLE SCHWESTER – Die portugiesische Kolonie und Spielhölle fällt ebenfalls an China
Die Zeit Nr. 15, 3. April, S. 30.

Berliner Zeitung (1994):
AUSTRALIENS ERSTER POLITISCHER MORD
Nr. 210, 7. September, S. 7.

Blank, Esther (1994):
AUSTRALIEN: DER BESCHÜTZER WURDE OPFER – Das Land ist schockiert über seinen ersten politischen Mord
Focus 2. Jg., Nr. 37, 12. September, S. 256.

BKA (1994):
CHINESISCHE ORGANISIERTE KRIMINALITÄT IN DEUTSCHLAND, in: Bundeslagebild OK 1993,
Bundeskriminalamt, Wiesbaden, S. 74-88.

Bork, Henrik (1993):
TAIWANS ZUKUNFT LIEGT AUF DEM FESTLAND
Der Tagesspiegel Nr. 14.434, 10. Januar, S. 3.

Bökemeier, Rolf (1989):
HONGKONG UNTER DER HAND,
in: GEO Nr. 2 (Februar), S. 86-108.

Burton, Sandra (1993):
THE TRIADS GO GLOBAL (Cover Story)
TIME No 5, February 1, p. 36-41.

Cebulka, Doris (1989):
STADT OHNE GESETZ,
in: ZEITmagazin Nr. 38, 15. September, S. 38-47.

ddp (1988):
HAMBURG IM CHINA-MAFIA-FIEBER
Süddeutsche Zeitung Nr. 215, 17. September, S. 12.

dpa (1983):
JUGENDBANDEN VERBREITEN ANGST UND SCHRECKEN IN CHINATOWN – New Yorker Polizei ist Kriminalität im Chinesenviertel nicht gewachsen
Der Tagesspiegel Nr. 11.354, 30. Januar, S. 32.

dpa (1984):
US-JUSTIZ BESORGT ÜBER ZUNAHME ASIATISCHER VERBRECHERBANDEN
Der Tagesspiegel Nr. 11.885, 25. Oktober, S. 26.

dpa (1987):
ZAHLREICHE VERBRECHERBANDEN IN PEKING ZERSCHLAGEN
Der Tagesspiegel Nr. 12.662, 21. Mai, S. 24.

dpa (1989):
TRIADEN TERRORISIEREN DIE CHINESEN IN GROSSBRITANNIEN
Der Tagesspiegel Nr. 13.203, 26. Februar, S. 32.

dpa (1990):
CHINESISCHE SCHLEPPERBANDE IN WIEN ZERSCHLAGEN
Der Tagesspiegel Nr.13.746, 11. Dezember, S. 8.

dpa (1991):
DEUTSCHE CHINA-RESTAURANTS VON CHINESISCHER UNTERWELT ERPRESST
Der Tagesspiegel Nr.14.010, 25. Oktober, S. 31.

dpa (1993):
CHINESEN ZAHLEN 20.000 DOLLAR FÜRS EINSCHLEUSEN
Der Tagesspiegel Nr. 14.741, 19. November, S. 27.

dpa (1994):
CHINA-MAFIA ERSCHIESST SECHS LANDSLEUTE
Der Tagesspiegel Nr. 14.783, 3. Januar, S. 22.

dpa (1994):
CHINA RÄUMT ÖFFENTLICH BANDENKRIMINALITÄT EIN
Der Tagesspiegel Nr. 14.855, 16. März, S. 5.

dpa (1994):
CHINA-MAFIA KOMMT VOR BERLINER GERICHT
Berliner Zeitung Nr. 177, 30. Juli, S. 19.

dpa (1995):
CHINA-MAFIA BESTICHT BEAMTEN
Berliner Zeitung Nr. 17, 20. Januar, S. 1.

Durm, Martin (1990):
DIE ZUKUNFT IST WIE GLÜCKSSPIEL – Unsicherheiten in Macao über die Aussichten im kommunistischen China
Der Tagesspiegel Nr. 13.761, 30. Dezember, S. 31.

Dzieciolowski, Zygmunt (1994):
RUSSLAND: DIE CHINESEN KOMMEN
Focus 2. Jg. Nr. 1, S. 126-128.

Englisch, Andreas (1995):
DEUTSCHLAND – TUMMELPLATZ DER MAFIA
Berliner Morgenpost, 28. Mai, S. 3.

Fagilot, R.U. u. Kauffer, R. (1988):
DER MEISTER DER SCHATTEN
Ehrenwirth, München

FBI (1987):
ASIAN ORGANIZED CRIME IN THE UNITED STATES
FBI Organized Crime Section / Criminal Investigation Division
U.S. Department of Justice, Washington

Felder, Karl (1991):
NEUES GELD AUS ASIEN – Einwandererstadt Vancouver
Rheinischer Merkur Nr. 42, 18. Oktober, S. 14.

Finkenzeller, Roswin (1993):
PANISCHE ANGST BEI DER VERNEHMUNG – Die 'härteste Nuß' für Bayerns Polizei sind die chinesischen Triaden
Frankfurter Allgemeine Zeitung, 25. November.

Follath, Erich (1994):
DIE GELDMASCHINE
Stern Heft Nr. 42, 13. Oktober, S. 180-188.

Frehner, Peter (1989):
MIT METHADON IN DEN RUHESTAND – Wie Opium-abhängige Chinesen in New York ihren Lebensabend beschließen
SuchtReport 3. Jg. Heft 4 (Juli/August), S. 26-31.

Franz, Uli (1986):
„RICHTIG REISEN": HONGKONG MACAO KANTON
DuMont Buchverlag, Köln, 2. Auflage

GEO – HONGKONG (1995):
GEO special Nr. 4, August.

Gesper, Jürgen (1994):
WARUM SO WENIG CHINESEN IN SPANIEN STERBEN
Die Welt, 25.Oktober.

Gruber, Peter (1995):
AMERIKAS NEUE SELBSTSUCHT
Focus 3. Jg. Nr. 1, 2. Januar, S. 142-145.

Haas, Michaela (1995):
DIE KÄFIGMENSCHEN VON DER SHU TAK STREET
Hongkong: Besuch im Hinterhof der Glitzermetropole
Süddeutsche Zeitung Nr. 156, 10. Juli, S. 3.

Hehn, Jochen (1987):
DER EXODUS DER „KÖPFE“ HAT SCHON BEGONNEN
Die Welt, 1. Juli, S. 3.

ders. (1988):
NACH 400 JAHREN BEGINNT MAN IN MACAO PORTUGIESISCH ZU LERNEN
Die Welt Nr. 103, 3. Mai, S. 3.

ders. (1988):
DIE „KÖPFE“ KEHREN IHREM PARADIES DEN RÜCKEN
Die Welt Nr. 117, 20. Mai, S. 3.

ders. (1994):
ZU „LACKIERTEN ENTEN“ NACH CHINATOWN
Die Welt Nr. 178, 2. August, S. 4.

Heine, Roland (1995):
CHINA-TOWNS UND KOSAKENDÖRFER – Hunderttausende Chinesen siedeln in Rußland
Berliner Zeitung Nr. 88, 13. April, S. 6.

Hegyi, Hannelore (1992):
„LITTLE CHINATOWN“ WÄCHST IN UNGARNS HAUPTSTADT
Berliner Zeitung Nr. 21, 25. Januar, S. 7.

dies. (1992):
POLIZISTEN AUS UNGARN ZUR SCHULE NACH WIEN
Berliner Zeitung Nr. 276, 25. November, S. 7.

dies. (1994):
BEIM CHINESEN IN WIEN WIRD NICHT NUR PEKING-ENTE GEBRATEN
Österreich ist nach dem Abbau des Eisernen Vorhangs zu einer Drehscheibe des internationalen Verbrechens geworden
Berliner Zeitung Nr. 19, 24. Januar, S. 3.

Höfer, Hans, Hrsg. (1983):
HONGKONG (Apa Guides)
Nelles Verlag, München.

Hermann, Kai u. Venzago, Alberto (1990):
YAKUZA – Portrait einer kriminellen Vereinigung
Rasch u. Röhring, Hamburg.

Horvath, Daniela (1995):
MENSCHENSCHMUGGEL: EINE ARMADA DER ARMUT
Der Stern Heft Nr. 25, 14. Juni, S. 110-114.

Jensen, Dierk (1995):
LEUNG CHU YAN IST EIN KÄFIGMENSCH – Hongkong – Leben auf zwei Quadratmetern in einer der reichsten Volkswirtschaften der Welt
Berliner Zeitung Nr. 183, 8. August, S. 3.

Johansen, Anatol (1988):
SELBST DIE WEISSEN AMEISEN HAT LEE UNTER KONTROLLE
Die Welt Nr. 82, 8. April, S. 3.

John, Barbara (1995):
KULTURELLE VIELFALT ALS LEBENSART
Der Tagesspiegel Nr. 15.300, 18. Juni, S. W3.

Kaplan, David E. u. Dubro, Alec (1987):
YAKUZA – The Explosive Account of Japan's Criminal Underworld
McMillan Publishing Company, New York

Kawamura, Gabriele (1994):
YAKUZA – Gesellschaftliche Bedingungen organisierter Kriminalität in Japan
(Hamburger Studien zur Kriminologie, Bd. 19)
Centaurus Verlagsgesellschaft, Pfaffenweiler.

Kelly, Robert J. u. Ko-Lin Chin u. Fagan, Jeffrey A. (1993):
THE DRAGON BREATHES FIRE – Chinese organized crime in New York City
Crime, Law and Social, 19, p. 245-269.

Kley, Hans Dieter (1987):
COUNTDOWN IM „DUFTENDEN HAFEN“ – In zehn Jahren wird Hongkong an China zurückgegeben
Der Tagesspiegel Nr. 12.683, 17. Juni, S. 10.

Knop, Doris (1988):
REISEN IN CHINA
Doris Knop-Verlag, Bremen, 3. Auflage.

Kolonko, Petra (1993):
JETZT LAUFEN SIE WIEDER – Pferdegruppen und Wettfieber in der britischen Kronkolonie Hongkong
Frankfurter Allgemeine Zeitung Nr. 46, 24. Februar, S. 9.

Kremb, Jürgen (1993):
WIR BRAUCHEN UND WIR HASSEN UNS – Über Handel und Schmuggel in Rußlands Fernen Osten
Der Spiegel 47. Jg. Nr. 5, 1. Februar, S. 152-158.

Krücker, Franz-Josef (1995):
HONGKONG MACAO
Polyglott-Verlag, München

Kuhn, Helmut (1993):
ASIEN AM HUDSON
Die Zeit Nr. 18, 30. April, S. 79.

Kunkel, Rolf (1994):
STADT IM WETTFIEBER
Focus 2. Jg. Nr. 40, 1. Oktober, S. 140-148.

Mann, Otto (1992):
GROSSBANDEN MACHEN CHINAS BAHN UNSICHER
Berliner Zeitung Nr. 192, 18. August, S. 7.

Mann, Otto (1995):
TRIADEN DRINGEN IN CHINA WIEDER VOR – Bandenkriminalität hat nun auch Peking erfaßt
Berliner Zeitung Nr. 3, 4. Januar, S. 7.

McCoy, Alfred W. (1972):
THE POLITICS OF HEROINE IN SOUTHEAST ASIA
Harper and Row, New York.

Meißner, Werner (1993):
PEKING UND DIE PATRIOTISCHEN GANGSTER
die tageszeitung (taz), 13. Mai, S. 12.

Morgan, W.P. (1960):
TRIAD SOCIETIES IN HONG KONG
The Government Printer at the Government Press, Hongkong.

Müller, Rodolf (1984):
GELBE ERPRESSER
Der Stern Heft Nr. 50, 6. Dezember, S. 16-22, 235.

Müller, Tilman (1994):
EXOTISCHES CHAOS – CHINATOWN
Stern (Extra) Heft Nr. 18, S. 118-119.

NAM – Die Vietnamerfahrung 1965 - 75 (1987/88):
Verlag Publicator Ltd., London.

NZZ (1992):
„GRATIS"-EUROPA-REISE MIT DESTINATION ZUCHTHAUS – 18 bis 30 Monate Haft für chinesische Kreditkartenbetrüger
Neue Zürcher Zeitung, 14. Februar.

O'Callaghan, Sean (1978):
THE TRIADS – the Mafia of the Far East
A Universal Book, W.H.Allen and Co., Ltd. London.

Ohlhoff, Kurt Jochen (1993):
DIE VEREINTEN NATIONEN VON TORONTO
Lufthansa Bordbuch 5, S. 6 ff.

Posner, Gerald L. (1991):
DIE CHINESISCHE MAFIA – Die Triaden – das gefährlichste Heroin-Kartell der Welt
Gustav Lübbe Verlag, Bergisch Gladbach.

Radasewsky, Werner (1989):
AUS DEM DORNRÖSCHENSCHLAF ERWACHT – Macaos Zukunft hat begonnen – Zehn Jahre vor der Rückgabe an China
Der Tagesspiegel Nr. 13.209, 5. März, Weltspiegel S. I.

Reinhard, Michael (1994):
DIE FAHNDER STEHEN VOR EINER MAUER DES SCHWEIGENS – Über den Einfluß chinesischer Triaden in Berlin haben Behörden nur wenig Erkenntnisse
Der Tagesspiegel Nr. 14.901, 4. Mai, S. 7.

Reuter (1990):
UNTERHAUS IN LONDON STIMMT HONGKONG-GESETZ ZU
Der Tagesspiegel Nr. 13.594, 15. Juni, S. 8.

Reuter (1991):
BULGARISCHE PÄSSE IN HONGKONG BEGEHRT
Der Tagesspiegel Nr. 13.906, 25. Juni, S. 5.

Rolnick, Harry (1980):
KEINER WILL MACAO
GEO Nr. 12 (Dezember), S. 140-156.

Roth, Jürgen u. Frey, Marc (1993):
IM NETZ DER GELBEN MAFIA – Über den Vormarsch chinesischer Geheimbünde. TV-Bericht in der Reihe „Zündstoff", ausgestrahlt im ZDF, Mittwoch, 13. Oktober, 22^{15} - 23^{00} Uhr.

Schmidt, W. u. Toeppen, H. (1995):
CHINESISCHE MAFIA BEIM SENAT ERFOLGREICH?
Der Tagesspiegel Nr. 15.156, 20. Januar, S. 7.

Schneider, Martin (1992):
TAIWAN IM UMBRUCH – Der kleine Tiger mag am liebsten Chips
Rheinischer Merkur Nr. 37, 11. September, S. 33.

Schutter, Hans-Wilm (?):
ÜBER DEN NAMEN HONGKONG
in: Merian „Hongkong und Macao", 11/32, S. 151.

Schwager, Christian (1994):
ERFOLGREICHER SCHLAG GEGEN DIE CHINESISCHE MAFIA
Berliner Zeitung Nr. 100, 29. April, S. 20.

Schöller, Peter u. Dürr, Heiner u. Dege, Eckart Hrsg. (1987):
OSTASIEN (Fischer Länderkunde Bd. 1)
Fischer Taschenbuch Verlag, Frankfurt/Main

Seidlitz, Peter (1986):
KRIMINELLE MIT LIZENZ – Die Gangstersyndikate verfügen über weltweite Verbindungen
Die Zeit Nr. 37, 5. September.

Shaplen, Robert (1980):
DREHSCHEIBE OSTASIEN – Völker und Staaten im Umbruch
R.Piper und Co. Verlag, München-Zürich.

Spiegel-Report (1991):
„GRASSANDALEN BEIM ZAHLESEL" – Über die kriminellen Geschäfte der chinesischen Mafia in Deutschland
Der Spiegel 45. Jg. Nr. 44, 28. Oktober, S. 111-126.

Spiegel-Serie (1993):
„PALERMO IST GANZ NAH" – TATORT DEUTSCHLAND
Teil IV: Schutzgelderpressung – das Delikt der Delikte
Der Spiegel 47. Jg., Nr. 36, 6. September, S. 138-147.

Spiegel (1994):
KRIMINALITÄT: DER ZEH DES DRACHEN
Der Spiegel 48. Jg., Nr. 26, 27. Juni, S. 61-63.

Stewart, Gerald (1989):
EINWANDERER AUS ASIEN NACH AUSTRALIEN – Wachsende Flut von Vietnamesen und Hongkong-Chinesen – Rassistischer Widerstand
Der Tagesspiegel Nr. 13.311, 9. Juli, S. 31.

ders. (1995):
AUSTRALIEN STOPPT ILLEGALE EINWANDERUNG AUS CHINA
Der Tagesspiegel Nr. 15.248, 24. April, S. 4.

Tagesspiegel, Der (1990):
MANCHMAL GEHT ES ZU WIE IM KRIEG – Hongkonger Hafenpolizei kämpft verzweifelt gegen hochgerüstete Schmuggler
Nr. 13.751, 16. Dezember, S. 33.

Tagesspiegel, Der (1993):
HONGKONGS UNTERWELT FÜRCHTET DIE MACHTÜBERNAHME PEKINGS – Kanada will Masseneinwanderung Krimineller verhindern
Nr. 14.504, 21. März, S. 36.

Taiwan Visitors Association (1993):
TAIWAN VISTOR'S GUIDE
Ministry of Transportation and Communications Tourism Bureau, Republic of China.

Tendler, Stewart (1994):
CONTINENTAL POLICE WARN LONDON AND MANCHESTER OF RUTHLESS RIVALS TO THE TRIADS: Chinese Gangsters aim to make a killing in Britain
The Times, April 2, p. 10.

Terzani, Tiziano (1987):
MACAO IST DIE ENDSTATION DER HOFFNUNG
Der Spiegel 41. Jg. Nr. 17, S. 150-154.

Thamm, Berndt Georg (1988):
OPIUM UND SOLDATEN – die 200jährige Drogenvergiftung Chinas
Vierteilige SuchtReport-Serie, Teil IV
SuchtReport 2. Jg. Nr. 3 (Mai-Juni), S. 26-34.

ders. (1993):
JETZT KOMMEN DIE MAFIOSNIKS
Rheinischer Merkur, Nr. 13, 26. März, S. 25.

ders. (1993):
DRACHEN NEHMEN DIE WELT IN BESITZ – Die Heroin-Triade
Zweiteilige SuchtReport-Serie, Teil II
SuchtReport 7. Jg. Nr. 3 (Mai-Juni), S. 38-49.

ders. (1994):
MEHRZWECKWAFFE RAUSCHGIFT – Von Kampfgiften, Verhördrogen und Wahrheitsseren
Verlag Deutsche Polizeiliteratur, Hilden.

Thamm, Berndt Georg (1995):
CHINESISCHE ORGANISIERTE KRIMINALITÄT (TRIADEN)/Chinese Organized Crime (COC)/Triads
Unveröffentl. Manuskript, Berlin im März.

ders. (1995):
VIETNAMESISCHE ORGANISIERTE KRIMINALITÄT / Vietnamese Organized Crime (VOC)
Unveröffentl. Manuskript, Berlin im August.

ders. (1996):
DIE SCHWERTER DER VIET KIEU – Die organisierte Kriminalität der Auslandsvietnamesen
Zweiteilige SuchtReport-Serie, Teil I
SuchtReport 10. Jg. Nr. 1 (Januar-Februar), S. 6-18.

Time (1972):
THE MILIEU OF THE CORSICAN GODFATHER'S
Time, September 4, p. 8-9.

Uhlig, Harald (1988):
SÜDOSTASIEN (Fischer Länderkunde Bd. 3)
Fischer Taschenbuch Verlag, Frankfurt/Main.

Voss, Helmut (1987):
GANGS IN UNTERIRDISCHEN GÄNGEN; wenige Polizisten – Chinatown in San Francisco: Eigene geheime Gesetze
Die Welt Nr. 263, 11. November, S. 18.

von Baratta, Mario, Hrsg. (1994):
DER FISCHER WELTALMANACH 1995
Fischer Taschenbuch Verlag, Frankfurt/Main.

Wa Shek Chan (1987):
BECOMING A TRIAD: A Naturalistic Study on
Secret Society Recruitment in Hongkong
A dissertation submitted to the Department of Sociology, University of HK.

Weitz, Regina (1993):
DIE GELBE MAFIA
Der Stern Heft Nr. 42, 14. Oktober, S. 256-257.

Wiedemann, Erich (1995):
SINGAPUR – JEDERMANN JEDERMANNS POLIZIST – Über Moral und Demokratie im südostasiatischen Musterstaat Singapur
Der Spiegel 49. Jg. Nr. 3, 16. Januar, S. 124-128.

Wong Shui Wai (1992):
YOUTH TRIAD-RELATED SUBCULTURES – Some Case Studies
A dissertation submitted to the Department of Sociology, University of HK.

Yaeger, Carl H. (1991):
ASIAN CRIMINAL ORGANIZATIONS
Tactical Response Vol. 3, No 1, March-April, p. 8-10.

3 Kriminalitätsbereiche der Hung Mun

- Deliktbereiche der Triaden
- Möglichkeiten und Grenzen der polizeilichen Triadenbekämpfung

Nach vorsichtigen Schätzungen sollen Triaden, so hieß es in einer Meldung der Deutschen Presseagentur bereits im Oktober 1991[1)], weltweit jährlich etwa 100 Milliarden US-Dollar umsetzen. Für Deutschland wurde der Jahresumsatz der „Gelben Mafia“ im Juni 1994[2)] auf über 300 Millionen DM geschätzt. Eine neue Generation von Triaden-Führern ist in steigendem Maße auch um legitime Geschäftsunternehmen bemüht[3)], was auch bei anderen Gruppen der Asian Organized Crime – insbesondere der Yakuza in Japan – in der letzten Dekade dieses Jahrhunderts beobachtet wird. Dennoch resultiert die Majorität des Umsatzes bis heute (1995) aus illegalen Geschäften.

Wohl zu den ältesten Deliktbereichen der Secret Societies gehört die politische und zivile Korruption, Wucherzins- und Kredithaigeschäfte, Schutzgeld, Prostitution und Glücksspiel. Bis in unsere Tage wird auch der Menschenhandel praktiziert. So werden zum Beispiel Knaben entführt, die dann an Banden in Thailand und auf den Philippinen verkauft werden, die sich auf Kinderpornographie spezialisiert haben. Zu den neueren Kriminalitätsbereichen gehört auch die Fälschung von Münz- und Papiergeld: angefangen von britischen Pfund, US- und HK-Dollar über japanische Yen und deutsche Mark bis hin zu pakistanischen und indischen Rupien, ja selbst britischen Pfundmünzen. Nachstehend werden wichtige und/oder lukrative Deliktbereiche der chinesischen organisierten Kriminalität, die beispielhaft für andere stehen, vorgestellt.

3.1. Menschenschmuggel (Schleusung)

Neben Hongkong-Chinesen (Auslöser: das zwischen Großbritannien und der VR China im Dezember 1984 vereinbarte Basisabkommen über die Rückgabe der Kronkolonie zum 1. Juli 1997) sind es insbesondere Bürger der VR China (Auslöser: das Massaker auf dem Platz des Himmlischen Friedens in Peking 1989), und hier vornehmlich aus den Südprovinzen Zhejiang, Fujian und Guangdong, die illegal auf Wasser-,[4)] Land- und Luftwegen nach Nordamerika (vornehmlich in die USA) und Europa (vornehmlich in die Europäische Union) eingeschleust werden. Diese „pipelines“ des Menschenschmuggels sind als „snakes“ bekannt. Die Schmuggler und deren Köpfe, „snake heads“ genannt, organisieren den Menschenschmuggel von Ost- und Südostasien, beispielsweise von Bangkok[5)] über große Sammelzentren in Eurasien, insbesondere in der Hauptstadt der Russischen Föderation. In Moskau wird der Sitz

Kriminalitätsbereiche der chinesischen Organisierten Kriminalität (Chinese organized crime) 1995

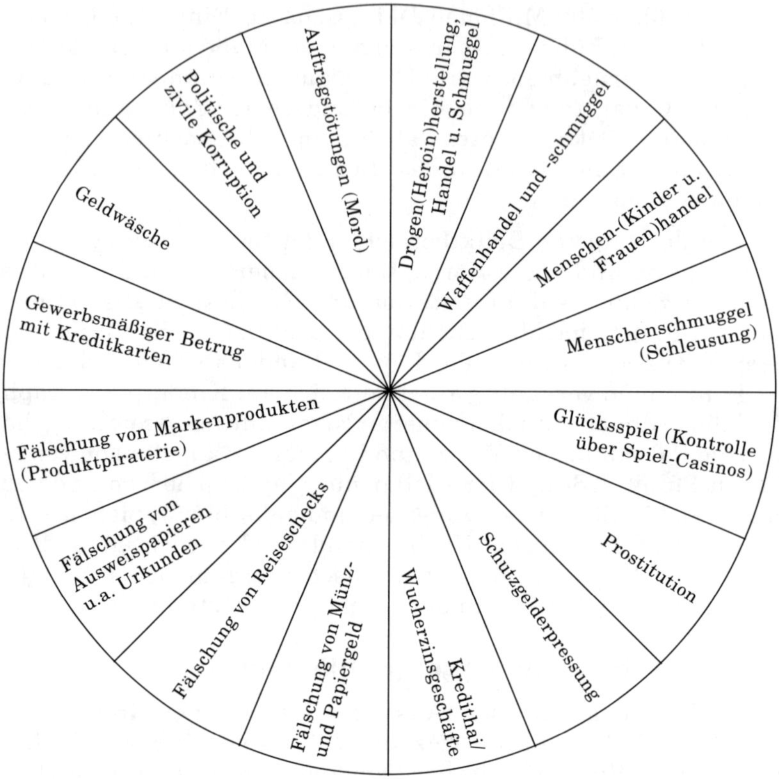

einiger „snake heads“ vermutet, die Chinesen via Europa in die USA einschmuggeln. Im Juni 1994 wurde berichtet[6)], daß allein hier 60.000 Chinesen illegal leben und auf die Einschleusung warten. Zur Geographie der „Schlange“: Nach Angaben des Immigration and Naturalization Service (INS) in Los Angeles kommen Mitte der 90er Jahre die meisten der illegalen Immigranten aus Hongkong an der US-Westküste, Großraum Los Angeles, an. Die Einreise in die USA auf dem Luftweg wird oft auch über süd- und mittelamerikanische Flughäfen (La Paz und Belize) organisiert. Die Triaden arbeiten offensichtlich mit Komplizen und professionellen Schlepperorganisationen in Mexiko, Panama und Honduras zusammen, wenn die Schleusung auf dem Land- und insbesondere auf dem Seeweg erfolgt.

Nach Europa führt die „Schlange" einerseits von Peking nach Moskau. Von Rußland, in einigen Fällen auch von der Ukraine, geht es dann in die osteuropäischen Reformstaaten Polen, Tschechien, Ungarn und Albanien. Über Polen und Tschechien wird nach Deutschland[7)], über Ungarn nach Österreich und über Albanien wird nach Italien eingeschleust. Andererseits führt die Schlange von Bangkok Menschen aus der VR China, Hongkong und Malaysia direkt nach Europa, häufig in die Hauptstadt Tschechiens[8)] – nach Prag. Hier werden die von Drachen begleiteten Kleingruppen von tschechischen und vietnamesischen Menschenschmugglern übernommen und auf dem Landweg in das EU-Mitglied Deutschland geschleust.[9)] In allen Fällen liegt die Gesamtverantwortung in chinesischer Hand. Die illegale Einschleusung ist ein „komplettes Serviceangebot". Der Service umfaßt, ob vorher bezahlt oder über Kredit vorgestreckt, sämtliche Reisekosten (z.B. Flugscheine), echte oder/und gefälschte Reisedokumente[10)] und Reisebegleitung bis zum Zielort. Die Schleusung kostet vom Dorf in der Südprovinz der VR China oder dem Slum in Hongkong bis ins Chinatown europäischer oder nordamerikanischer Städte zwischen 20.000 und 50.000 US-Dollar, so die Schätzungen im Jahre 1993[11)], und zwar pro Person!

Die Summe wird entweder von reichen Verwandten in den Chinatowns in New York, San Francisco oder London-Soho aufgebracht. In Einzelfällen legen auch ganze Dorfgemeinschaften in den armen Provinzen der VR China zusammen, um die Passage eines ihrer Bewohner zu bezahlen. In der Regel jedoch wird von den snake heads die Schleusung bezahlt.

Dieser „Schlepperkredit" wird bei Ankunft am Zielort von den snake heads beziehungsweise den Geschäftspartnern der „Schlangenköpfe" in Rechnung gestellt und vom Eingeschmuggelten durch harte Arbeit abgezahlt. Die Zeit der Abzahlung erstreckt sich nicht selten über fünf bis zehn Jahre. Sie findet, was Unterbringung und Arbeitszeit betrifft, oft unter menschenunwürdigen Bedingungen in ungezählten China-Restaurants, Kleinfabriken und Märkten statt; aber auch in Spielhöllen der Chinatowns europäischer Hauptstädte, wie London, Paris und Rom. Aus dem Vereinigten Königreich ist in diesem Zusammenhang auch bekannt, daß Frauen und

Töchter der Schuldner in Bordellen arbeiten müssen, einige Schuldner auch in Triaden eingegliedert werden. Zur Größenordnung des Geschäftes in den 90er Jahren: In die USA reisen (seit dem ersten Aufbringen eines Menschenschmugglerschiffes bei Guatemala 1991[12)]) jährlich allein aus der VR China schätzungsweise 80.000 Chinesen auf den See-, Luft- und Landwegen illegal ein. Zählt man die illegal immigrants (undocumented chinese) aus Hongkong, Taiwan und Malaysia hinzu, sind es wohl mehr als 100.000 Chinesen. Bei 20.000 bis 50.000 Dollar pro Kopf läge das Finanzvolumen dieses Geschäftes bei zwei bis fünf Milliarden Dollar – und das jährlich. Für Europa insgesamt gibt es nicht einmal Schätzungen zur Größenordnung. Für Italien schätzt die Polizia, daß von den chinesischen Immigranten bis zu 30 Prozent illegal ins Land kommen. In das Vereinigte Königreich sollen jährlich rund 10.000 Chinesen durch Schleusung und damit illegal kommen.[13)] Von der im September 1993 in Österreich zerschlagenen chinesisch-vietnamesischen Schlepperbande wurde angenommen, daß sie in fünf Jahren allein aus China 7.500 Personen illegal nach Westeuropa gebracht hatte.[14)] Die Strafverfolgungsbehörden in Europa und in Nordamerika gehen davon aus, daß das Geschäft der Schleusung zumindest noch bis Ende dieser Dekade – wahrscheinlich noch mit zunehmender Intensität – betrieben wird.

3.2 Kredithai- / Wucherzins-Geschäfte

Geldverleih zu Wucherzinsen ist eines der ältesten Geschäfte. Schon im 11. Jahrhundert hatte in China der Reformer WANG ANSHI die Leihhäuser unter staatliche Kontrolle gestellt, um den besonders von buddhistischen Klöstern betriebenen Wucher einzudämmen.[15)] Heute sind Zinsen in Höhe von 700 bis 1300 Prozent allgemein üblich.

3.3 Kreditkartenbetrug

Schon Ende der 80er Jahre gingen weltweit Geschäftsleuten, Banken und Versicherungen durch Kreditkarten-Betrug jährlich rund 2,5 Milliarden DM verloren.[16)] Im Januar 1990 hatte laut Interpol dieser Deliktbereich nach den USA in Ostasien Hochkonjunktur. Kreditkartenfirmen sprachen damals von einem „tödlichen Dreieck“, und meinten damit die Städte Hongkong, Bangkok und Singapur.[17)]

3.4 Glücksspiel / Casinokontrollen

Neben ungezählten „Spielhöllen" in den Chinatowns Europas, Amerikas und Asiens sind es die legalen Spielcasinos, die verschiedene Triaden interessieren. Einfluß, besser noch die Kontrolle dieser Casinos bringt für die Bünde höchste Profite. In Macao beispielsweise stellen sechs Spielcasinos rund 50 Prozent der Haushaltseinnahmen der bis 1999 unter portugiesischer Verwaltung stehenden Stadt, in der heute insbesondere die HK-Triaden 14 K und Sun Yee On Einfluß ausüben. Begehrt ist die Monopollizenz für die Spielcasinos Macaos, die von der portugiesischen Regierung vergeben wird. 1962 entbrannte ein regelrechter Kampf um das Anrecht auf diese einträgliche Lizenz zwischen der reichen Familie FU (den Besitzern des Hotels Furama in Hongkong) und der „Gesellschaft für Tourismus und Unterhaltung in Macao (STDM)", die durch STANLEY HO[18)], einem chinesischen Händler in Macao, vertreten wurde. Um 1988, ein Vierteljahrhundert später, gehörten HO 25 Prozent von STDM. Er hatte in Grundbesitz, Transportwesen und eben Spielcasinos in Asien, Europa und Australien investiert.[19)]

Von den Casinos in Macao[20)] können auch Millionenbeträge an Bargeld für Spielchips telegraphisch überwiesen werden, ohne daß eine Regierungsbehörde davon unterrichtet wird. In diesem Zusammenhang werden Casinos in Macao, Las Vegas und Atlantic City (USA) und eine von Triaden (Luen Group oder Sun Yee On?) gekaufte Spielbank in der Dominikanischen Republik genannt.

3.5 Prostitution

Weit über einhundert Jahre alt ist das Geschäft mit zur Prostitution gezwungenen Frauen und Mädchen. Im 20. Jahrhundert zieht es sich wie ein roter Faden von den Hurenhäusern der Tongs in den Chinatowns amerikanischer Küstenstädte um die Jahrhundertwende, über die „Versorgung" japanischer Besatzer durch Triaden in den 1940er Jahren in Hongkong, bis in die letzte Dekade, wo das Bordellwesen zu den etablierten Deliktbereichen der chinesischen organisierten Kriminalität gehört.

Wie Mädchen von der chinesischen OK gegen ihren Willen zur Prostitution gebracht werden, ist von POSNER 1991 beschrieben worden:[21)] *„Ein Mädchen wird von einer ganzen Bande vergewaltigt ('wir stempeln die Ware'). Das Mädchen leidet so stark unter der Schande und dem Schock, daß es sich kaum widersetzen wird, wenn man* *seine Familie zwingt, es ans Pornogewerbe oder als Prostituierte zu verkaufen. Die Triaden verkaufen die Mädchen dann weiter an einen der Tausende von 'Fischständen' weiter, die es in Hongkong gibt. Der Preis, den das Bordell für ein Mädchen zahlen mußte, wird diesem auf ein Schuldkonto geschrieben. Das Mädchen muß dieses abarbeiten, indem ihm zehn Prozent seiner Einnahmen gutgeschrieben werden. So kommt es, daß ein Mädchen mindestens zehn Jahre braucht, um wieder frei zu sein."*[22] Prostitution spielt nicht nur bei kriminellen Auslands-Chinesen, sondern auch in der sozialistischen VR China eine Rolle. Nachdem die Kommunisten die Prostitution nach ihrer Machtübernahme 1949 angeblich rasch ausgerottet hatten, kehrte sie in den vergangenen Jahren mit der Lockerung der Wirtschaft, den zahlungskräftigen Privathändlern und der wachsenden Mobilität immer stärker zurück. Ein Gegensteuern gegen dieses „Übel" 1989 durch einen Feldzug gegen „Pornographie" und darüber hinaus durch neue landesweite Kampagnen[23] konnten und können die erneute Verbreitung der Prostitution nicht verhindern. Anfang September 1991 meldete die amtliche Nachrichtenagentur Xinhua, daß allein im Sommer jenen Jahres über 30.000 Personen wegen Prostitution verhaftet wurden.[24] Für das offizielle China war an dieser Entwicklung noch 1992 der „dekadente Westen" schuld.[25]

3.6 Schutzgelderpressung

Nicht nur in Hongkong und auf Taiwan, sondern auch in den Chinatowns nordamerikanischer und europäischer Großstädte hat die Erpressung von sogenannten Schutzgeldern durch Schutzgeldbanden der Triaden eine lange Tradition. In den USA beispielsweise teilten sich in der ersten Hälfte der 1980er Jahre in New York City's Chinatown Gangs wie die Flying Dragons, Ghost Shadows, Grandpa's Boys und White Tigers das Viertel in profitable Erpresserzonen auf. So mußten hier in der Canal Street auch kleine Straßenhändler (Obst, Unterwäsche, Spielzeug, Souvenirs) seinerzeit für ein kleines Stück Bürgersteig (ihr Verkaufsbereich) bis zu 2.000 Dollar im Monat zahlen. An der Westküste der USA soll in den Chinatowns in San Francisco, nach den Erkenntnissen der Los Angeles Division des FBI Mitte der 80er Jahre, die größte Gang in California, die Wah Ching (Youth of China) bis zu 80 Prozent der Geschäfte im Chinesenviertel erpreßt haben. Ganz ähnlich die Situation in Europa: Mit legaler und insbesondere illegaler Zuwanderung ab Mitte der 80er Jahre hat in einem Zeitraum von nur zehn Jahren in nicht wenigen Staaten Europas die Anzahl der China-Restaurants deutlich zugenommen. In den Niederlanden soll es, nach Schätzungen von 1991, rund 2.500 davon gegeben haben. Strafverfolger waren der Meinung, daß 95 Prozent dieser Restaurants Schutzgebühren zahlen. In Deutschland ging man im April 1994 davon aus, daß es um die 3.500 China-Restaurants gibt, knapp 400 allein in der Hauptstadt Berlin. Im selben Jahr schätzte man die Anzahl der Restaurants in Österreich auf über 600, rund die Hälfte davon in Wien. Im Februar 1995 war in einem Gastronomiebericht über Frankreich zu lesen, daß von den 700 Restaurants in Straßburg 100 China-Lokale sein sollen. Eine Zunahme der Chinarestaurants wurde und wird auch aus Spanien (Madrid, Barcelona), Italien (Rom, Mailand, Florenz), Ungarn (Budapest), Tschechien (Prag) und schon vor Jahren aus dem Großherzogtum Luxemburg notiert. Zählt man die Gastronomiebetriebe in britischen und französischen Chinatowns hinzu, kommt man für Europa im Jahr 1995 auf eine Gesamtzahl von China-Restaurants, die jenseits der 10.000 liegt. China-Restaurants werden jedoch nicht nur von chinesischen, in Einzelfällen auch von vietnamesischen Tätern[26] um Schutzgeld erpreßt. Sie sind auch idealer Standort für Deliktbereiche wie Schleusung und Geldwäsche. Nicht selten ist auch die Immobilie in den Händen chinesischer Geschäftsleute. Doch nicht nur die Gastronomie, sondern „alles, was sich beschützen läßt" wird von chinesischen Tätern gegen Gebühr beschützt.

Mehrfachnutzung der China-Restaurants durch die chinesische Organisierte Kriminalität (unabhängig von Schutzgeldgebühr)

3.7 Rauschgifthandel und Schmuggel

Wie kaum eine andere Gruppe des Organisierten Verbrechens hat die chinesische OK eine lange Tradition im Drogenschmuggel mit ihrem quasi direkten Zugriff auf eines der größten Schlafmohn-Anbaugebiete und gewachsenen internationalen Verbindungen – auch außerhalb des chinesischen Sprachraumes. Diese Gegebenheiten haben sich für den Deliktbereich Rauschgifthandel als ideal erwiesen, zunehmend im letzten Drittel des 20. Jahrhunderts. Doch schon lange davor, beginnend mit den 1920er Jahren, entdeckten kriminell gewordene geheime Bünde die Profitabilität des Geschäftes mit dem Betäubungsmittel Opium.

3.7.1 Der Bürgerkrieg der feindlichen Brüder

Nach Ende des Kaiserreiches 1911 wurde China nicht nur von Machtkämpfen rivalisierender „Warlords" (1916 bis 1928) geschüttelt, sondern auch durch die langjährigen Bürgerkriege zwischen der Nationalen Volkspartei (Kuo-min-tang) und der kommunistischen Partei, die lediglich durch einen gemeinsamen antijapanischen Widerstandskrieg (1937 bis 1945) unterbrochen waren. In der Zeit des ersten Bürgerkrieges (1927 bis 1935) suchte der Führer der KMT, General Chiang Kai-Shek, auch Kontakte zu den zu Banden mutierten Geheimgesellschaften Rote Bande (Red Pang Triad) und Grüne Bande (Green Pang Triad). Letztere hatte ihr Hauptquartier in Shanghai und war dort, aber auch in anderen großen Städten, mit 20.000 bis 100.000 Mitgliedern vertreten. Diese „Gang von Shanghai", auch Grüner Zirkel oder Grüner Kreis genannt, war seinerzeit im Sklavenhandel, in Entführung, Erpressung, Glücksspiel, Waffenschiebereien, Erzwingung von Schutzgeldern und nicht zuletzt auch im Opiumschmuggel tätig. Als der Führer der Grünen Bande, Tu Yueh-Scheng, dem KMT-Führer Chiang 1927 in der Bekämpfung kommunistisch geführter Gewerkschaften in Shanghai behilflich war, wurde er vom Generalissimus nicht nur mit dem Rang eines Generalmajors in der KMT belohnt. Tu erhielt damals auch freie Hand im von Chiang kontrollierten China, seine Stellung als Opiumkönig zu festigen. Seine Erfahrungen mit dem Opiumgeschäft brachte die Grüne Bande unter der Führung des Drachenkopfes Tu als sogenannte Festland-Triade auch Ende der 40er Jahre mit nach Hongkong. In der britischen Kronkolonie, Fluchtort für nicht wenige Triaden nach der Machtübernahme der Kommunisten in China 1949, war schon 1946 vom staatlichen Opium-Monopol auf ein generelles Einfuhrverbot umgestellt worden. Das hatte zur Folge, daß Opium-Süchtige in die härtere Heroinszene gedrängt wurden. Für die Grüne Bande war das Heroingeschäft noch lukrativer. Vielleicht war es die damit verbundene Macht, die die Grüne Bande ermutigte, die etablierten Hongkong-Triaden herauszufordern, was 1953 zu einem harten Triaden-Krieg führte. Nach diesem widmeten sich andere große Triaden wie die 14 K und die San Yee On zunehmend dem Geschäft mit Drogen, operierten doch auch schon seit längerer Zeit Chiu-Chau-Gangster in den Schlafmohnanbaugebieten des „Goldenen Dreiecks". In diese Regionen hatten sich auch nach dem verlorenen zweiten Bürgerkrieg in China (1945 bis 1949) Einheiten der besiegten KMT-Armee vor den Truppen Maos abgesetzt.

3.7.2 Die Nationalchinesen und der Opiumhandel

Nach dem Sieg der Kommunisten 1949 floh KMT-Generalissimus Chiang Kai-Shek mit 500.000 Soldaten und zwei Millionen Zivilpersonen nach Taiwan.[27)] Doch nicht alle Flüchtlinge kamen in diesem Exil an. Teile der von KMT-General Li geführten 3. und von KMT-General Thuan geführten 5. Nationalchinesischen Armee waren nach ihrer Flucht im Norden Thailands verblieben. 5.000 KMT-Soldaten kamen ins ehemalige Französisch-Indochina, wo sie entwaffnet, interniert und 1953 nach Taiwan geschickt wurden. Zwischen 1.500 und 2.000 KMT-Soldaten ließen sich in Burma, nur zehn Kilometer von der thailändischen Grenze, nieder. Mit CIA-Unterstützung suchten sie 1951 und 1952 mehrmals die 1949 gegründete VR China zu bekämpfen, wurden jedoch von der Volksarmee Maos vernichtend geschlagen. Nach dem zweiten Fehlschlag gab der KMT-Kommandeur General Li den Gedanken einer Rückeroberung Chinas auf und fing nun an, Einfluß und Macht im „Goldenen Dreieck" auszubauen. So und anders zerstreuten sich die Reste geschlagener KMT-Armeen. Viele chinesische Soldaten vermischten sich mit der in jenen Regionen (Grenzraum von Nordost-Burma, Nord-Thailand und Nordwest-Laos) beheimateten Bevölkerung, heirateten Frauen der Lahu-, Yao- und Schanvölker. Aber über 6.000 KMT-Soldaten blieben als Militäreinheit zusammen. Dieses Kuo-mintang-Korps übernahm 1952 de facto die Macht im Osten Burmas. Diese „vergessene Armee" bildete hier eine Art autonomer nationalchinesischer Einheit. 1961 verließen die KMT-Einheiten Burma und gingen nach Laos, wo unter anderen die CIA sie bei antikommunistischen Geheimoperationen einsetzte. Die laotischen Kommunisten (Pathet Lao) finanzierten hier ihren Kampf gegen die (von der CIA unterstützten) Regierungstruppen um die Vorherrschaft im Lande.[28)] Nachdem die „Pathet Lao“ 1964 die strategisch wichtige „Ebene der Tonkrüge“ eroberten und ein Putsch der Rechten im darauffolgenden Jahr scheiterte, verlagerte die KMT 1965 ihre Operationen nach Thailand.[29)] Die schon vorher hierher geflüchteten KMT-Soldaten hatten sich sich mittlerweile auch angesiedelt. Vom nationalchinesischen Taiwan im Stich gelassen, hatten sie gelernt, alleine zu überleben. Sie hatten sich dem Opiumhandel gewidmet. bis dahin hatten dies, sozusagen mehr laienhaft, die Kaufleute der dort lebenden Völker (Haws, Burmesen, Thais und Shan) getan. Ihre Stämme hatten das Opium aufgekauft und an chinesische Händler, die schon seit langer Zeit auch in Südostasien ansässig waren, in kleinen Mengen weiterverkauft.

Die Kuo-min-tang setzte diesem traditionellen Treiben ein Ende. Als militärische Organisation organisierten sie nun auch den Opiumhandel militärisch. Dieser wurde rasch auf eine viel breitere Basis gestellt. Bereits Mitte der 50er Jahre arbeitete die KMT im Opiumhandel einerseits mit thailändischen Polizisten zusammen, andererseits förderte sie den Mohnanbau in den gegen die Zentralregierung rebellierenden Shan-Staaten[30)]. Hier übte sie nun selbst Kontrolle aus und vermochte die Opiumproduktion in jener Region von 40 t im Jahre 1949 auf 350 t im Jahre 1959 zu steigern. Bald hatte die Kuo-min-tang eine Opiumvertriebsorganisation aufgebaut, die vom burmesischen Zwischenhändler über die Kontrolle der burmesisch-thailändischen Grenze bis zum Weitertransport nach Bangkok und in andere asiatische Länder reichte. Die chinesischen Opiumhänd-ler mit ihren Triaden-Kontakten bewegten sich in einer politisch instabilen Region, zu der im einstigen Französisch-Indochina Vietnam wie kein zweites Land gehörte.

3.7.3 Die Indochinakriege und die Chinese Connection

Laos gehörte seit 1893 zusammen mit Kambodscha und Vietnam zu Französisch-Indochina (1883 - 1939). Über die Jahre hatten sich in dieser Kolonie auch Mitglieder des „milieus“, also der korsischen Unterwelt, niedergelassen, die hier enge Kontakte zu Mitgliedern chinesischer Bünde pflegten, die ihrerseits wieder Zugriff auf Opiumbestände hatten, die – um ein Beispiel zu nennen – in Lagerhäusern in der Xang Road der laotischen Hauptstadt Vientiane gelagert waren. Diese „Corsic-Chinese Connection“ hielt auch über die Zeit des ersten Indochina-Krieges (1946 bis 1954) und darüber hinaus. Als wenige Jahre später der zweite Indochina-Krieg (1957 bis 1975) begann[31)], hatten bis zu diesem Zeitpunkt korsische Kriegsveteranen und Mitglieder des „milieus“ ein regelrechtes Drogenschmuggelnetz aufgebaut. Sie flogen die Drogen von Laos auch nach Südvietnam. Als in diesen Krieg die USA 1964 eintraten („Vietnamkrieg“), setzte für die chinesischen Drogenprofis in Laos und Thailand[32)] ein noch besseres Geschäft ein. Die günstige

Französisch-Indochina (1883 - 1939) :
Schon im 17. Jahrhundert waren im von Kaisern regierten Vietnam französische Jesuiten tätig; beispielsweise Pater DE RHODES, der das lateinische Alphabet zum Zweck der Missionierung einführte. In der Zeit der Nguyen-Kaiserdynastie berieten Franzosen den ersten offiziellen Kaiser von Vietnam, GIA LONG, ab 1802. Das von der Kaiserstadt Hue aus regierte Vietnam wurde zerrissen in 1.) ein Lager der konservativen Beamtenschaft, die ihre Unterwürfigkeit dem chinesischen Kaiserhaus kundtat, und 2.) in eine 'fortschrittliche' (von Frankreich bezahlte) Partei, die einen modernen Staatsaufbau anstrebte. Die Christenverfolgungen in Annam (Mittelvietnam) beantworteten die Franzosen mit Angriffen. Damit begann der gewaltsame Einbruch Frankreichs. 1858 liefen französische Kriegsschiffe in Danang (franz. Name: Tourane) ein. 1867 wurde das Mekong-Delta im Süden (Cochin-China) franz. Provinz. Schon 1859 waren in Saigon französische Truppen angelandet und hatten hier den Sitz ihrer Regierung von Cochin-China errichtet. 1883 wurde Annam, ein Jahr später Tongking französische Protektorate. 1887 wurden die Besitzungen zur Indochinesischen Union (= Französisch-Indochina) zusammengefaßt. Von 1887 bis 1902 wurde die Verwaltung Franz.-Indochinas unter Generalgouverneur PAUL DOUMER völlig neu (mit der Hauptstadt Hanoi) geordnet. 1893 wurde Laos mit Kambodscha Indochina angegliedert, was eine britisch-französische Krise auslöste. Diese wurde 1896 durch ein Abkommen beider Kolonialmächte beendet. Die kolonialen Wirtschaften wurden im 1. Weltkrieg (1914 - 1918) als „Zulieferer für die Kriegsführenden“ gestärkt und selbständiger. Aus Französisch-Indochina nahmen am 1. Weltkrieg fast 100.000 Vietnamesen als Soldaten und Arbeitsdienstverpflichtete teil. Ab 1918 wachsender Nationalismus; z.B. 1925: Gründung der „Revolutionären Partei des jungen Annam“, 1930: Gründung der KP Vietnam, und zunehmende Agitation gegen das französische Regime in Tongking (Nordvietnam). Ab 1931 unter HO CHI-MINH (1890 - 1969) Untergrundbewegung. Nach Beginn des 2. Weltkrieges (1939 - 1945) Besetzung Französisch-Indochinas durch die Japaner von 1940 bis 1945 mit Genehmigung der Vichy-Regierung. Nach dem 2. Weltkrieg, Vietnam war auf der Potsdamer Konferenz 1945 in Nord- und Südvietnam geteilt worden, versuchte Frankreich erneut als Kolonialmacht Fuß zu fassen. Hier saßen aber im Norden die Kommunisten mit HO CHI-MINH in ihrer in Hanoi 1945 ausgerufenen Demokratischen Republik Vietnam (DRV) an der Macht. Der Versuch der Restauration französischer Kolonialmacht führte ab 1946 zum 1. Indochina-Krieg, der 1954 mit einer Niederlage für die Franzosen endete. Auf der folgenden Indochinakonferenz 1954 wurde das einstige Französisch-Indochina mit Garantien für Laos, Kambodscha und (ein erneut in Nord und Süd geteiltes) Vietnam aufgelöst.

geographische Lage ihres Standortes – gemeinsame Grenze mit den Opiumproduzenten Südchina, Burma und Thailand – und die steigende Nachfrage der Abnehmerländer Kambodscha und Südvietnam, hatten Laos zum Hauptumschlageplatz für die fast gesamte Rauschgiftproduktion Südostasiens gemacht. Das Rohopium dieser Region wurde, von chinesischen Kaufleuten organisiert, mitten im Indochinakrieg ab 1969 in ungezählten kleinen, unzugänglichen Dschungellaboren zu Heroin Nr. 3 raffiniert, das wegen seines

Zweiter Indochinakrieg (1957 - 1975) :
Mit der Bestätigung der 1. Teilung Vietnams (Potsdamer Konferenz 1945) durch die Genfer Indochinakonferenz 1954, wurden die USA zur Schutzmacht der von Ngo Dinh Diem diktatorisch geführten Republik Vietnam im Süden des Landes. Die Demokratische Republik Vietnam (DRV) im Norden hingegen band sich politisch an die kommunistischen Großmächte UdSSR und VR China. Die auf der Genfer Außenministerkonferenz für 1956 vereinbarten gesamtvietnamesischen Wahlen (Volksabstimmung) wurde vom Südvietnamesen Diem aus Furcht vor einem Sieg der Kommunisten (Gründung der KP Vietnam 1930) abgesetzt. Daraufhin verübten von Nordvietnam gesteuerte Guerillas (Vietcong) die ersten Aktionen in Südvietnam. Damit begann 1957 der 2. Indochinakrieg. Als Schutzmacht der südlichen Republik schickten die USA 1961 zunächst Militärberater, um dann 1964 offiziell in den Krieg gegen die kommunistische DRV (aus vietnamesischer Sicht der „Amerikanische Krieg"; aus amerikanischer Sicht der „Vietnamkrieg") einzutreten. Im März 1965 wurden die Militärberater durch erste Einheiten von US-Marines verstärkt. In der Folge kamen immer mehr Einheiten. Ende 1968 war mit 543.000 Soldaten der höchste Entsendungsstand erreicht. Ab Februar 1967 hatten die USA mit ihren „Entlaubungsaktionen" (giftige Chemikalien wie 'Agent Orange') gegen den Vietcong begonnen. Hinzu kam ein Bombenhagel, der 25 Millionen Krater hinterließ. Sowohl der verheerende Napalmeinsatz, als auch Massaker an der Zivilbevölkerung (z.B. gegen das südvietnamesische Dorf My Lai, in dem im März 1968 507 Frauen, Kinder und Alte getötet wurden) führten zu weltweiten Protesten/Demonstrationen gegen den „Vietnamkrieg" der Amerikaner. Trotz jahrelanger Einsätze vermochte die Supermacht USA es nicht, Nordvietnam und die von der DRV gesteuerte südvietnamesische Nationale Befreiungsfront zu besiegen. Im Januar 1973 unterzeichneten die USA ein Waffenstillstandsabkommen mit der DRV und zogen innerhalb von 60 Tagen ihre Truppen aus dem geteilten Land ab. Dieser „Vietnamkrieg" (1964 - 1973) kostete die USA über 58.000 Tote. Bis heute (1995) ist das Schicksal von 1.600 (bis 2.200) während ihres Kriegseinsatzes verschollenen GI's nicht geklärt. Nach dem Abzug der US-Truppen eroberten Vietcong und DRV-Armee weite Teile des Südens. Am 29. April 1975 flogen die letzten Angehörigen der US-Botschaft (zusammen mit CIA-Agenten und hohen südvietnamesischen Militärs) aus Saigon aus. Nach Einmarsch nordvietnamesischer Truppen einen Tag später erklärte am 30. April 1975 Südvietnams Präsident General Van Minh gegenüber dem Norden die bedingungslose Kapitulation. Am 15. Mai 1975 wurde in Saigon (inzwischen in Ho-Chi-Minh (= HCM)-City umbenannt) die Siegesparade abgehalten. Der Krieg hatte rund 1,1 Millionen Soldaten des Nordens sowie der Befreiungsfront und rund 2 Millionen Zivilisten das Leben gekostet. Das geteilte Land wurde am 2. Juli 1976 zur Sozialistischen Republik Vietnam vereinigt.

Brown Sugar/Hongkong Rocks:
Während des 2. Indochinakrieges (1957 - 1975) insbesondere in der Zeit des „Vietnamkrieges" (1964 - 1973) der USA in Indochina aufgetauchtes und den GI's angebotenes Heroin Nr. 3, das wegen seines an Rohzucker erinnernden Aussehens (grau-braune, körnige und krümelige Substanz) von den GI's den Namen „brown sugar" erhielt (die britische Rockgruppe Rolling Stones sang über „brown sugar" in ihrer LP „Sticky Fingers" 1971). Das aus südostasiatischen Laboren stammende Heroin-Hydrochlorid (wasserlöslich und injizierbar), bis 60 % – in der Regel aber nur 20-30 % – rein, enthält zur Kupierung der atemdrepressiven Nebenwirkung des Heroin bis etwa 1,3 % des als Analeptikum wirkenden Krampfgiftes Strychnin. Nach Ende des Indochinakrieges wurde „brown suguar" in der 2. Hälfte der 70er Jahre von chinesischen Tätergruppen von Amsterdam (Chinatown) aus in Europa unter dem Namen „Hongkong Rocks" an BTM-Verbraucher abgegeben.

bräunlich-kristallinen Aussehens von den in Vietnam kämpfenden GI's den Namen „brown sugar" erhielt. Anfang der 70er Jahre erreichte der Drogengebrauch in einigen US-Einheiten in Vietnam epidemische Ausmaße, wobei auf die drogenpolitische Rolle der CIA in jener Zeit[33)] hier nicht näher eingegangen werden kann. In einem Bericht des Pentagon aus dem Jahre 1973 wurde geschätzt, daß 35 Prozent aller Angehörigen des Heeres in Vietnam Heroin versucht hätten und daß mindestens 20 Prozent dieser Soldaten wenigstens einmal während ihrer Dienstzeit davon abhängig waren. Anfang der 70er Jahre war Vietnam zu einem regelrechten Testmarkt für chinesische Bünde geworden. Eine führende Stellung in Saigon hatte die Cholon-Triade. Hongkong-Triaden wie die 14 K und die Wo Shing Wo hatten Beobachterstatus. Drachenköpfe aus Hongkong, wie der Chiu Chao Ma Sik-Yu, besprachen Schmuggelkontakte mit aggressiven vietnamesischen Straßensyndikaten wie den „Saigoner Cowboys". Die Strategie dieser Chinese Connection – also der Kuomin-tang, der Opium-Kaufleute und der Drachen der Triaden – stellte auf die Fortsetzung des Indochinakrieges unter Mitwirkung der US-Streitkräfte ab. Doch diese Strategie ging nicht auf. Während Anfang der 70er Jahre die Heroin-Versorgung des Marktes in Vietnam durch chinesische Anbieter immer besser organisiert wurde, nahm die Anzahl der amerikanischen Abnehmer durch Truppenabzüge deutlich ab, zogen sich doch die USA nach und nach bis 1973 aus ihrem Vietnamkrieg zurück. Schon 1972 sollen chinesische Drogenhändler auf beträchtlichen Opium- und Heroinvorräten sitzengeblieben sein. Als die letzten US-Soldaten Vietnam verließen, setzte die Chinese organized Crime ab Mitte der 70er Jahre dem abgewanderten Verbrauchermarkt nach. In Europa wurde Chinatown in Amsterdam zum neuen Zentrum chinesischer Heroinpolitik.

3.7.4 Die „War Lords" und das „Goldene Dreieck"

Zu den für die Heroinherstellung wichtigsten Mohnanbauländern der Welt gehören heute die Opiumproduzenten im sogenannten Goldenen Dreieck (The golden triangle) der Staaten Burma (Myanmar), Laos, Thailand und Teile der Südprovinz Yünnan der VR China. In dieser zweitgrößten Anbauregion der Welt wurde allein für das Erntejahr 1990/91 die Ausbeute an Rohopium auf rund 2.700 Tonnen geschätzt. In dieser Region beheimatete Völker chinesischen und sinoburmesischen Ursprungs widmeten sich traditionell dem Mohnanbau. Über lange Zeit führten diese Stämme vorwiegend ein Nomadenleben. Den Mohnanbau betrieben sie auf abgebrannten Waldflächen (Mohn-Brandrodung-Wirtschaft). Der Handel mit dem Mohnsaft galt über Jahrhunderte als ebenso ehrenhaft wie der Verkauf von Tee. Die bevölkerungsschwachen Minoritäten Südostasiens betrieben die Mohnkultur völlig unabhängig von den jeweiligen Regierungsformen und den politischen Ausrichtungen der Gesellschaften. Eine gravierende Änderung dieser uralten Ordnung trat erst Mitte dieses Jahrhunderts ein. So war die relative Unabhängigkeit der Bergstämme seit den 1950er Jahren den Zentralregierungen im thailändischen Bangkok[34)], burmesischen Rangun und laotischen Vientiane ein Dorn im Auge, zumal viele Stämme in den unwegsamen Bergregionen der ohnehin unsicheren Grenzgebiete

Mohn-Brandrodungs-Wirtschaft:
Der Anbau von Schlafmohn eignet sich am besten für die Landwirtschaftsmethoden der Bergstämme, z.B. der Shan in Birma und der Hmong (Meo) in Thailand. Nach der Regenzeit fällen die Bauern mit Buschmessern und Äxten Bäume u.a. wilde Vegetation, lassen Holz und Busch fast einen Monat lang trocknen und verbrennen es dann. So überziehen jedes Jahr viele kleine Brände das „Goldene Dreieck". Wenn sie erloschen sind, graben die Bergbauern die obere Bodenschicht um und streuen die zu Pulver zermahlene Asche auf die frische Erde, ein idealer Dünger. Die Mohnpflanzen verbrauchen jedoch rasch alle im Boden enthaltenen Nährstoffe, so daß diese Methode der Brandrodungs-Wirtschaft das ackerfähige Land in eine unfruchtbare Gegend verwandelt. In wenigen Jahren wird der Boden vollständig ausgelaugt. Es dauert 10 bis 15 Jahre, bis er sich wieder erholt. In dieser Zeit verlassen die halbnomadischen Gebirgsstämme ihre nunmehr öden Hügelkuppen und abgeholzten Hänge und ziehen weiter, um sich woanders niederzulassen. Noch heute leben im Grenzraum von Nordost-Burma, Nord-Thailand, Nordwest-Laos und Südchina (Südprovinz Yünnan der VR China) rund 1 Million Bergbauern (unterschiedlicher ethnischer Minoritäten zugehörig) vom Mohnanbau.

Schlafmohn-Anbaugebiete in Südostasien, dem sogenannten Goldenen Dreieck (Golden Triangle) (nach DEA)

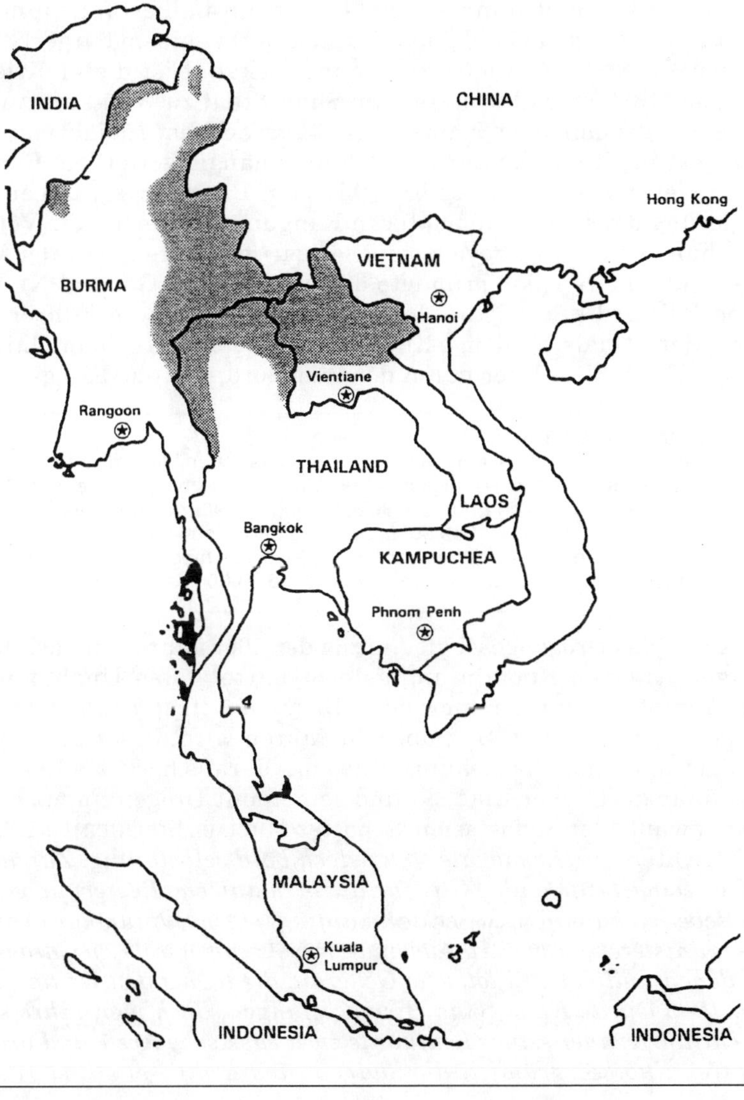

lebten. Man begann, die Stämme zu unterdrücken, sie ihrer bis dahin legalen Einnahmequelle Opium durch Verbote zu berauben. Einige Stämme nahmen daraufhin den Kampf um ihre Unabhängigkeit auf – und finanzierten selbigen mit Opium. Führer dieser Unabhängigkeits-Bewegungen wurden „War Lords“ genannt. Einer von ihnen schreibt nunmehr bald über ein halbes Jahrhundert Kriegs- und Drogen-Geschichte, ist aber unter seinem bürgerlichen Namen CHANG SI-FU weniger bekannt. Bekannt ist dieser Kriegsherr, der 1933 im ostburmesischen Shan-Staat zu Welt kam, unter seinem angenommenen Namen KHUN SA. Nach fast 100jähriger britischer Annektion war Burma 1948 unabhängig geworden. In dem Staat vieler Völker kam es bis 1954 zum Bürgerkrieg. Gegen die Regierung der Unions-Republik in Rangun rebellierten die Völker der Shan (8,5 Prozent Bevölkerungsanteil), der Karen (6,2), der Mon (2,4) und andere. 1958 gründete der birmanische General NE WIN seine Militärdiktatur. Ein Jahr später gründete ein Führer der Shan, der damals 26jährige KHUN SA, die sogenannte Shan-United-Army (SUA). Mit dieser nahm der War Lord, der das Kriegshand-

SUA (Shan-United Army):
1959 vom Shan-Führer KHUN SA (gegen den burmesischen Militärdiktator General NE WIN) gegründet. Ursprünglich 4.000 Mann stark (mit Zugriff auf 10.000 Reservisten). Nannte sich Ende der 80er/Anfang der 90er Jahre „Muang Thai-Army“ (MTA), von der DEA 1989 auf über 7.000 Bewaffnete geschätzt. Im Dezember 1993 rief der „Opium-War-Lord“ KHUN SA die burmesische Shan-Provinz zum eigenen Shan-Staat aus, in dem er über rund 20.000 Kämpfer gebot.

werk und das Drogengeschäft Anfang der 50er Jahre von nach Burma geflüchteten Kuomintang gelernt hatte[35)], den Unabhängigkeitskampf gegen die regierenden Birmanen (fast 70 Prozent Bevölkerungsanteil) auf. Seit über 35 Jahren wird dieser mehr oder weniger mit Opium beziehungsweise mit daraus hergestelltem Heroin finanziert. Über KHUN SA und seinen mit Drogen finanzierten Kampf wußte der Südostasien-Reporter MICHAEL SONTHEIMER 1991[36)] zu berichten: „ ... *Er machte sich jedoch bald selbständig. Zunächst ließ er seine Truppe als Miliz für die birmanische Regierung gegen die Rebellen kämpfen. Als er dann anfing, eigene Opiumkarawanen zu organisieren, kam es zu Auseinandersetzungen mit den Chinesen, bei denen schließlich laotische Generäle die lachenden Dritten waren. 1969 wurde KHUN SA in Birma gefangen, doch vier Jahre später entführte einer seiner Leutnants zwei russische Ärzte und preßte ihn frei. KHUN SA gründete die Shan United Army – er stilisiert sich bis heute als Freiheitskämpfer, der gegen die birmanische Regierung für die Autonomie der Bergvölker des Shan-Staates kämpft. Er erhebe nur Zölle auf das Rauschgift, behauptet er, weil er keine andere Möglichkeit habe, seinen gerechten Kampf zu finanzieren. Die siebziger Jahre sahen den unaufhaltsamen Aufstieg des KHUN SA. Er heiratete eine Thai, kaufte in einem noblen Viertel Bangkoks eine Villa, die er bis heute besitzt. Ganz offensichtlich genoß er die Protektion eines thailändischen Premierministers und fühlte sich schließlich so stark, daß er zwei amerikanische Agenten ermorden ließ. Damit hatte er freilich den Bogen überspannt. Die amerikanische Regierung setzte die Generäle in Bangkok derart unter Druck, daß sie 1982 KHUN SA'S Hauptquartier in Ban Hin Taek in der Provinz Chiang Rai angriffen und ihn nach mehrtägigen Gefechten zum Rückzug nach Birma zwangen. Im März 1987 inszenierte die Armee einen weiteren Feldzug gegen den KHUN SA-Stützpunkt um Doi Lang. 1988 traf sich ein Emissär KHUN SA'S in Bangkok mit HENRY KISSINGER. Er schlug dem ehemaligen US-Außenminister vor, daß sein Chef aus dem Drogenhandel aussteigen würde, vorausgesetzt, die Vereinigten Staaten zahlten ihm jährlich für sechs Jahre eine Wirtschaftshilfe in Höhe von 95 Millionen Dollar. Die Amerikaner winkten ab, und KHUN SA vertreibt bis heute sein hochwertiges Heroin „Super 100 %“. Am 15. März 1990 erging durch den US-Generalstaatsanwalt RICHARD THORNBURGH ein Haftbefehl gegen KHUN SA wegen des Verdachts des fortgesetzten Heroinhandels. Doch der Versuch, ihn von Rebellen kidnappen zu lassen, schlug fehl. ... Gefahr droht dem Drogenkönig derzeit höchstens von der Konkurrenz im Shan Staat, von einer Generation neuer Opium-war-lords, deren Heroinproduktion von den birmenischen Militärs toleriert wird. Diese Newcomer schmuggeln ihre Ware auch nicht mehr via Thailand nach Übersee, sondern über die Volksrepublik China ...“*

Zugriff auf den Mohnanbau beziehungsweise auf die Opiumernten hat KHUN SA, der dementsprechend als „Opium-war-lord“ und „Fürst der Finsternis“ bezeichnet wird, im Siedlungsgebiet seines Volkes, in dem traditionell Mohn angebaut wird. Schon 1977 sollen die Shan und Karen im burmesischen Teil des „Goldenen Dreiecks“ gut 400 Tonnen Opium geerntet haben. Ein Dutzend Jahre später wurde vom BND für die gesamte Region die Opium-Jahresernte auf rund 2.700 Tonnen geschätzt. Zum Konkurrenten in diesem Geschäft wurde KHUN SA's einstiger Militärausbilder – die Kuomin-tang. Mitte der 60er Jahre hatte die KMT ihre Operationen von Laos nach Thailand verlagert. Die 3. KMT-Armee unter General LI

Chinesische Heroin-Warenzeichen (Heroin Labels)/ Heroin-„Sorten“, die nach dem 2. Weltkrieg in die USA eingeschmuggelt wurden

Quelle: James A, Inciardi: The war on drugs, Mayfield Pub. Comp., Palo Alto, Cal. 1986

Chinesische Heroin-Warenzeichen (Heroin Labels)/ Heroin-„Sorten“, die nach dem 2. Weltkrieg in die USA eingeschmuggelt wurden

Quelle: James A, Inciardi: The war on drugs, Mayfield Pub. Comp., Palo Alto, Cal. 1986

Schlafmohn-Anbauflächen im „Goldenen Dreieck" in ha (nach DEA)					
	1989	1990	1991	1992	1993
Burma (Myanmar)	142.700	150.100	160.000	153.770	165.800
Laos	42.130	30.580	29.625	25.610	26.040
Thailand	4.075	3.435	3.000	2.050	2.880

und die 5. Armee unter General THUAN wurden mit ihren mehr als 10.000 Soldaten zur Puffermacht im Norden. Von 1985 bis 1986 kämpfte General LI, General THUAN war 1980 verstorben, auf thailändischem, burmesischem und laotischem Boden gegen die Armee der Vereinigten Shan-Staaten unter General KHUN SA. Ende 1986 kam es zu einem bis heute gültigen Waffenstillstand zwischen KMT und KHUN SA.[37)] Ein gutes halbes Jahrzehnt später rief KHUN SA im Dezember 1993 die Shan-Provinz Burmas zum eigenen Shan-Staat aus. Im selben Monat schickte THAN SHWE, seit 1992 Staatsoberhaupt und Regierungschef von Myanmar[38)], über 600 Regierungssoldaten ins „Shanland", von denen in Kämpfen mit der Muang-Thai-Army (MTA) KHUN SA's etwa 100 getötet wurden. Der War Lord warf den burmesischen Militärs vor, mit ihren Angriffen auf seine Provinz von der eigenen politischen Fehlleistung in Rangun nur ablenken zu wollen. Er, KHUN SA, hätte nichts mit Opiumanbau oder Heroinschmuggel zu tun, würde aber Steuern auf Opium erheben, das durch sein Territorium ginge.[39)] Im Januar 1994 kam wieder einmal eine überraschende Meldung aus der Region. Kriegsherr KHUN SA hätte angeblich den Heroinhandel aufgegeben. Er soll die Regierungen in Bangkok und Washington um Mithilfe gebeten haben, das „Goldene Dreieck zur heroinfreien Zone" zu machen.

3.7.5 Die Chinese Connection und der Heroinhandel

In der „Chinesischen Rauschgift-Kette" sind die Bergstämme[40)], die die Mohnpflanzungen abernten, nur das erste Glied. Privatarmeen kaufen das Rohopium und lassen es von eigens dafür angestellten erfahrenen chinesischen Chemikern in Dschungellaboren zu Heroin raffinieren. Auf den Rücken von Maultieren und Pferden wird das Rauschgift dann an die Grenzen mehrerer asiatischer Länder[41)] transportiert, wo es dann von den Drachen der Triaden übernommen wird.[42)] Nach Ende des Vietnamkrieges[43)] wurde ab der zwei-

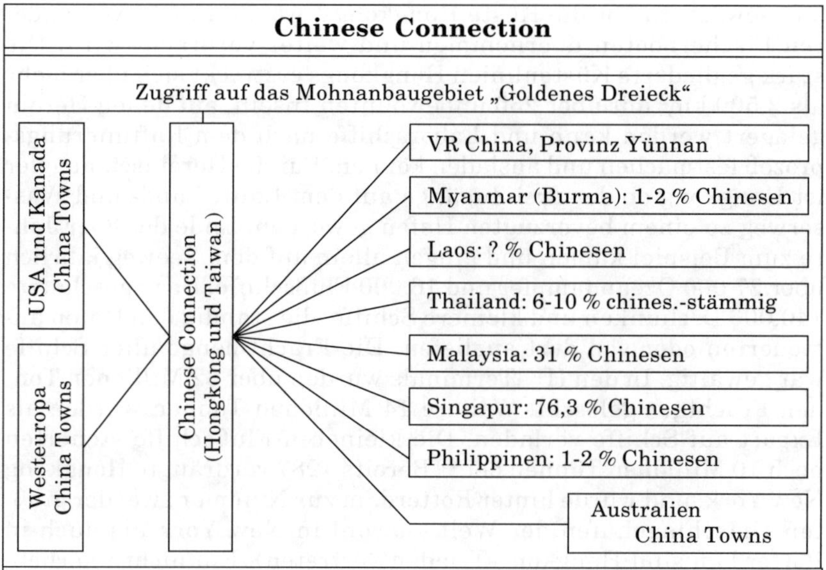

Quelle: Freiberg/Thamm: Das Mafia-Syndrom, Verlag Deutsche Polizeiliteratur, Hilden, 1992, S.169

ten Hälfte der 70er Jahre insbesondere Thailand zum günstigen Standort chinesischer Bünde, die sich des Rauschgiftgeschäftes angenommen hatten. Hongkong-Triaden bauten unter Bangkoks Chinesen blühende Zweigbetriebe auf. Seit 1980 beobachtet die Hauptstadtpolizei einen verstärkten Einfluß der 14 K. In den Spitzenrängen, so polizeiliche Insider, kooperieren die Hongkong-Triaden mit den ortsansässigen Bangkok-Triaden.[44] Keine anderen haben ein so auf gegenseitiges Vertrauen gegründetes System wie die Chinesen.

Hier in Bangkok, aber auch in Thailands zweitgrößter Stadt Tschiang Mai, kaufen die HK-Triaden entweder das Endprodukt Heroin (das in diversen Dschungellaboren hergestellt wurde) oder das Ausgangsprodukt Rohopium, das sie seit 1980 nach Einschätzungen der DEA auch auf schwimmenden Laboren (Schiffe) auf See zu Heroin raffinieren lassen. Die chinesischen Chemiker sind in der Heroinherstellung mittlerweile so erfahren, daß sie selbst die Herkunft der Ware professionell verschleiern können.[45] Fischerboote (1988 waren an Thailands Küsten schätzungsweise 15.000 davon in Betrieb, die meisten davon nicht registriert) schmuggeln das Heroin (portioniert: Minimum 200 kg pro Schiff) von Thailands Küstengewässern vor die Küste Hongkongs, wo die Fracht von anderen Fischerbooten übernommen und weiter verbracht wird. Die stark gegliederte Küstenlinien Hongkongs erstreckt sich über mehr als 2.500 km² mit über 250 unbewohnten Inseln, auf denen Heroin gelagert werden kann und Laborschiffe nach dem Raffinierungsprozeß festmachen und ausladen können. Für die Heroinschmuggler ist Hongkong ob der drei Zugänge auf dem Luft-, Land- und Wasserweg zu einem bevorzugten Hafen geworden. Ende der 80er Jahre zum Beispiel kamen und gingen allein auf dem Seeweg jährlich über 27.000 Ozeandampfer und 16.000 Flußschiffe. Dazu geschätzte 140.000 Dschunken und kleinere Schiffe, die ständig den Hafen ansteuerten oder von dort ausliefen. Die Frachtmenge aller Schiffe war gewaltig. In den HK-Terminals wurden über 32 Millionen Tonnen Frachtgut gelöscht. Weitere 14 Millionen Tonnen wurden als Export auf Schiffe verladen. Die kleineren Flußschiffe steuerten noch 10 Millionen Tonnen bei.[46)] Bereits 1987 verdrängte Hongkong New York, und wurde hinter Rotterdam zur Nummer zwei der größten Umschlagehäfen der Welt (sowohl in New York als auch in Rotterdam sind Hongkong-Triaden vertreten). Ein nicht unerheblicher Teil des Heroins nimmt seit den 80er Jahren seinen Weg vom Goldenen Dreieck, insbesondere über Tschiang Mai und Bangkok (Thailand) – unter Beteiligung von Triaden in Bangkok, Hongkong aber auch Taiwan – in die USA. Von dem Heroin, das auf dem Markt in New York umgeschlagen beziehungsweise abgesetzt wurde, stammten 1983 nur 3 Prozent aus Südostasien. 1987 war der Anteil schon bei 40 Prozent; 1988 war er auf fast 70 Prozent gesprungen. In jenem Jahr wußte der Sprecher der N.Y.-Rauschgift-Fahndungsbehörde zu berichten, daß *„in Hongkong und Bangkok angesiedelte Schmugglerringe schätzungsweise 70 Prozent des Marktes übernommen hätten und New York überwiegend mit Heroin aus Thailand, Laos und Burma beliefern würden. Der Marktanteil der von der Mafia beherrschten Einfuhren aus Iran, Afghanistan und Pakistan sei innerhalb von fünf Jahren von 96 Prozent auf 30 Prozent gesunken.“*[47)] Im Februar 1989 wurde mit über sieben sichergestellten Zentnern im New Yorker Stadtteil Queens der bis dahin größte polizeiliche Heroinfang in den USA gemacht. Als Boß der Schmuggler- und Dealerorganisation wurde ein seit langem in Chinatown von N.Y. ansässiger Geschäftsmann bezeichnet. Im Zusammenhang mit der erfolgreichen Razzia wurde Strafanzeige gegen 31 Personen aus New York, Los Angeles, Detroit, San Francisco, Hongkong, Singapur und den kanadischen Städten Toronto,

Calgary und Vancouver erstattet. Davon saßen 14 Personen bereits vor den New Yorker Razzien in Detroit, Buffalo, Toronto und Hongkong in Haft. Vorausgegangen waren eineinhalbjährige Ermittlungen mit dem Ziel, den chinesischen Schmuggler- und Verteilerring in New York auszukundschaften. Nach Bundesanwalt MALONEY hätten im Heroingeschäft asiatische Ringe nun die alten Mafia-Familien abgelöst.[48)] Anfang April 1994 sprach Unterstaatssekretär ROBERT GELBARD (für das Außenministerium in Washington) gar davon, daß in der amerikanischen Rauschgiftszene eine Umschichtung im Gange wäre. Nachdem über ein Jahrzehnt lang Kokain aus Südamerika die Modedroge war, würde nun zunehmend Heroin aus Asien auf den US-Markt drängen. In dem Bericht[49)] hieß es, daß in den letzten fünf Jahren eine stetige Zunahme des Zustroms von Heroin beobachtet wurde, das auch in immer größerer Reinheit angeboten werde. Die größte Schwierigkeit sei, daß die USA in den Ländern, in denen Heroin hauptsächlich hergestellt werde[50)], kaum Einfluß hätten. Das lukrative Geschäft[51)] liegt in den Händen der Triaden.

Triaden im Rauschgiftgeschäft 1993
(nach TIME Map von JOE LERTOLA und PAUL J. PUGLIESE)

Name	Heimat Basis Standort	Unter-gruppen	Mitglieder	Operationsgebiete außerhalb der Basis
Sun Yee On	Hongkong	?	40.000	Kanada, USA, Dominkanische Republik, VR China, Thailand, Vietnam, Macao, Australien
Wo Group	Hongkong	10	20.000	Kanada, USA, VR China, Australien
14 K	Hongkong	45	20.000	Kanada, USA, Paraguay,Großbritannien, Niederlande, VR China, Taiwan, Macao, Philippinen, Australien
United Bamboo Gang	Taiwan	?	20.000	Kanada, USA, Saudi-Arabien, Thailand, Philippinen, Hongkong, Japan, Australien
Big Circle Gang	VR China	?	Extensive Mitgliedschaft	Kanada, USA, Niederlande, Thailand, Taiwan, Hongkong, Japan, Philippinen, Australien
Flying Dragons	New York	–	200	USA, Kanada
Ghost Shadows	New York	–	185	USA

Quelle: Burton, Sandra „The Triads go global“ (Cover Story) TIME № 5/February 1, 1993, p. 36-41

3.8 Geldwäsche

Sowohl die Wäsche von Geldern deliktischer Herkunft als auch die Investitionen gewaschener Gelder finden in der Regel in den geopolitischen Aktionszentren der Chinese Organized Crime (COC) statt, die – wie dargestellt – von Ost- und Südostasien über Australien bis nach Nord-, Mittel- und Südamerika und weiter nach West- und Osteuropa reichen.

3.8.1 Geldwäsche – Beispiele aus Hongkong

Die britische Kronkolonie Hongkong gehört bis heute (1995) zu den wichtigsten Fiananzplätzen und den reichsten Städten der Welt. Hongkongs Standortvorteile für Banker und andere Finanziers sind[52] a) das Bankensystem unterliegt von Seiten der Regierung keinerlei Einschränkungen; b) es gibt keine Meldepflicht für Geldtransaktionen. Die britische Verwaltung beobachtet nicht einmal, wieviel Geld die Kolonie verläßt; c) es gibt keine Zentralbank und keine Wechselkurskontrolle. Im Zusammenhang mit dem Verdacht auf Geldwäsche wurden unter anderen die Liu Tschong Hing-Bank (HQ: Hongkong, Zweigstelle in den USA in San Francisco) und die Firma King Lung Commodities Limited (HQ: Hongkong; zahlreiche Filialen in Asien, Europa und Amerika) genannt, die nach Ermittlungen Gelder wie folgt wuschen:

Beispiel 1: Liu Tschong Hing-Bank (eine der größten Familienbanken Asiens mit 27 Filialen in Hongkong):

- unter dem Namen von Scheinfirmen wurden getrennte Kunden-Konten durch Rechtsanwälte eröffnet;
- Gelder wurden in Beträgen transferiert, die nicht unter das Meldegesetz der USA fielen;
- in einer Reihe computergesteuerter Transaktionen schleuste die Bank die Gelder durch Scheinfirmen und geheime Konten;
- die Hongkong-Bänker überwiesen die Gelder telegraphisch durch ein Labyrinth von Konten und Firmen von San Francisco bis Vancouver zurück nach Hongkong, von dort wieder nach Seattle zur vorletzten Station in Zürich und schließlich wieder in die USA,
- wo es als „sauberes“ Geld ankam und investiert werden konnte.[53]

Beispiel 2: *King Lung Commidities Limited* (die Firma hat zahlreiche Filialen, z.B. in Singapur, Amsterdam und Vancouver. In der US-Filiale in Seattle wurde in den 1980er Jahren wegen Veruntreuung von Kundengeldern ermittelt):

– eine Triade kaufte für eine Million US-Dollar zweiseitige Gold-Terminverträge. Sie spekulierte dabei auf ein Steigen des Goldpreises;
– da das Geld in starkem Maße für Warendollargeschäfte eingesetzt wurde, konnte die Investition von einer Million Dollar oft innerhalb eines Jahres zwischen 30 und 40 Mio. Dollar einbringen, wenn der Einleger auf günstige Warenpreise spekuliert hatte;
– bewegte sich der Markt in eine bestimmte Richtung, dann vernichtete die Bank die Verlusttickets, änderte die Eintragungen in den Büchern und der Verbraucher erzielte einen großen Gewinn an Bargeld, das dadurch gewaschen war.

Für diesen Service erhob die King Lung je nach Höhe der Einlage Gebühren von zwei bis sechs Prozent des „sauberen“ Geldes.[54)]

Die Secret Societies (Triaden) nutzen zur Geldwäsche jedoch nicht nur legale Finanzhäuser und Firmen. In Relation zu allen anderen großen Gruppen der organisierten Kriminalität ziehen sie Nutzen aus einem „Untergrund-Banksystem“[55)], das ausschließlich Chinesen vorbehalten, und Verbrechergruppen anderer Nationalität unbekannt ist. Dieses chinesische System gründet sich auf das ethnisch und geschichtlich gewachsene Vertrauen, sowie auf die Verwandtschaftsbeziehungen chinesischer Großfamilien.

Untergrund-Banksystem, Chinesisches:
Es entstand wohl aus dem geschichtlich begründeten Mißtrauen der Chinesen gegenüber offiziellen Banken. Wegen Benachteiligungen von Auslands-Chinesen in ihren Auswanderungsländern, der Rückgabe Hongkongs 1997 an die VR China u.v.a. Gründen wurde das System weiter ausgebaut, das neben den offiziellen Banken Milliarden über Maklerbüros, Investitionshäuser, Import- und Exportfirmen, Reisebüros u.a. einschleust. Durch diese „Untergrundbanken“ schleusen die Schmuggler Kreditbriefe, die dann in allen Filialen der Welt gleichzeitig auftauchen. Zum Geldtransfer benutzt das System Telefonleitungen mit Zerhackeranlagen, Kuriere und ein geheimes Funknetz. Dieses System kann im Zeitraum weniger Stunden Gelder von einem Land ins andere transferieren, wobei Kunde und Geld absolut anonym bleiben. Nebenbei kann das System Geld in Edelmetalle (Gold), Edelsteine (z.B. Diamanten) und eine beliebige andere Geldwährung umtauschen. Aufzeichnungen gibt es bei dem Untergrund-Banksystem kaum. Codierte Zettelmitteilungen berechtigen zur Ein- und Auszahlung. In der zweiten

Hälfte der 1980er Jahre fiel der Royal Hongkong Police in Hongkong ein kleines Blatt Papier mit dem Bild eines Elefanten in die Hände. Dieses Stück Papier war die Anweisung auf 3 Millionen Dollar in einem Goldgeschäft. Wenn man den (überprüften) Zettel vorzeigt, wird einem das Geld anstandslos ohne Rückfragen ausgezahlt. Grundsätzlich gründet sich das System auf das ethnisch und geschichtlich gewachsene Vertrauen, sowie auf die Verwandtschaftsbeziehungen (z.B. in dem von Chinesen beherrschten Heroinproduktionsgeschäft). Bis heute (1995) konnte noch kein „Gwei-lo“ (fremder Teufel) bzw. „Fan Kuai Lo“ (weißer Barbar) bzw. „Fan Qui“ (fremder Teufel/Barbar) Einblick in das System gewinnen. Mit diesem System genießen die chinesischen Bünde (Triaden) einen Vorteil, der nichtchinesischen Gruppen der organisierten Kriminalität unbekannt ist.

Zitiert n. Posner, Gerald L. (1991): Die chinesische Mafia, Lübbe, Bergisch Gladbach, S. 359

3.8.2 Investitionen gewaschener Gelder

Kenner der chinesischen organisierten Kriminalität wie GERALD L. POSNER[56)] berichteten, daß allein in den USA unter anderen im Bau von Bürogebäuden, in vielstöckige Luxusapartmenthäuser, Nachtclubs, Einkaufszentren (im ländlichen Amerika), in neue Spielcasinos, Hotels, Boutiquen (mit europäischer Mode), aber auch in luxuriöse Kur-Einrichtungen, Silber- und Goldminen, Pferdefarmen und natürlich in Banken investiert wurde. Zu den größten und wohl auch umfangreichsten Investitionen bis in die zweite Hälfte der 90er Jahre hinein gehört der Erwerb von Immobilien. Dazu einige Beispiele:

Immobilienerwerb in Kanada:

- 1991 gehörten im Zentrum Vancouvers bereits zwei Drittel der Hotels fernöstlichen Unternehmen;
- bis Ende 1990 addierten sich die Direktinvestitionen aus Hongkong in Kanada auf insgesamt 1,2 Milliarden Dollar (15 Prozent mehr als im Vorjahr);
- hinzu kamen Geldanlagen in Immobilien, die (mit Stand von Oktober 1991) auf mehrere Milliarden Dollar geschätzt wurden;
- es ist unstrittig, daß Kanadier chinesischer Herkunft zu den begütertsten Bewohnern des Landes gehören. 1991 machten sie drei Prozent der Gesamtbevölkerung aus, doch gehörten sie mehrheitlich zu jenen zehn Prozent aller Haushalte im Lande, die mehr als 200.000 Dollar Vermögen auswiesen;
- die Bank of Hongkong ist seit geraumer Zeit die größte und dynamischste Auslandsbank in Kanada (noch vor der US City

Bank) mit Filialen in Vancouvers Chinatown. Die Kundenzahl hat sich von 1987 bis 1991 von 4.000 auf mehr als 14.000 erhöht.

Die Einwanderungsbestimmungen sind großzügig. Wer mindestens 100.000 Dollar mitbringt und im Gastland investiert, bekommt eine Aufenthaltsgenehmigung. Das brachte und bringt den Zuzug vieler tausend Zahler. Die neue, aktive chinesische Unternehmerschicht hält nach wie vor Verbindungen zu Asien.

Immobilienerwerb in den USA:
- New York City Chinatown: viele Geschäftsleute investieren in Immobilien. Chinatown hat seine ursprünglichen Grenzen zwischen Bowery und Baxter, Canal und Worth Street gesprengt und frißt sich langsam in die benachbarten Viertel (Little Italy und Lower East Side). Neue Chinatowns in N.Y.City entstehen in Brooklyn und in Queens.
- San Francisco Chinatown: viele Geschäftsleute investieren in Immobilien. Das ursprüngliche Chinatown (Dai Fao = Big City) hat seine Grenzen gesprengt, geht zum Richmond District über, wo ein neues Chinatown (Wah Fao = Young City) entsteht.

Immobilienerwerb in der Dominikanischen Republik:
- Die Republik hat ein Bankgeheimnis und kein Auslieferungs-Abkommen mit Hongkong. Immobilien(Casino)erwerb durch Triaden.

Immobilienerwerb in den Niederlanden:
- Von den 1991 im Königreich geschätzten rund 2.500 China-Restaurants gehört ein nicht unerheblicher Teil direkt beziehungsweise indirekt chinesischen Besitzern.

Immobilienerwerb in Frankreich:
- Im Chinatown des 13. Arrondisments der Hauptstadt, das sich von der Place d'Italie nach Südosten erstreckt, sind viele der über 30stöckigen Wohnblocks ausschließlich in chinesischer Hand (und werden von chinesischen Familien bewohnt). Immobilien in chinesischer Hand sind weiterhin Restaurants, Reiseagenturen, Wäschereien und Reinigungen.

Immobilienerwerb in Deutschland:
- Seit Anfang der 90er Jahre beobachten Polizeien der Länder (z.B. in Berlin) und das Bundeskriminalamt, daß ein nicht zu unterschätzender Teil krimineller Gewinne von chinesischen, aber

auch vietnamesischen Personen in Immobilien wie Chinarestaurants und Asia Shops investiert werden.[57)]

Doch nicht nur in Immobilien, auch in ausgesprochenen Zukunftsbranchen, zum Beispiel der Nachrichtentechnik, wird investiert. Dazu ein Beispiel:
Seit 1992 ist es in Sachen Satelliten-TV zum sogenannten Satelliten-Krieg um drei Milliarden potentieller TV-Zuschauer in Asien (von Japan bis Israel) gekommen.[58)] Es ist nicht auszuschließen, daß in diesem „Krieg" auch Finanzmittel von einigen Drachenköpfen eingebracht wurden. Auch noch heute wird die Anzahl der Millionäre unter den gut sechs Millionen Hongkong-Einwohnern (1995) auf rund 100.000, die der Multimillionäre auf 500 geschätzt. Wie viele dieser Millionäre und Milliardäre mit Triaden (Hongkong ist Sitz von gut 50 Triaden mit mindestens 100.000 Mitgliedern) korrespondieren, zusammenarbeiten, selbst Mitglieder oder gar Drachenköpfe sind, kann nicht einmal vermutet werden.

3.9 Möglichkeiten und Grenzen polizeilicher Triaden-Bekämpfung

Wie keine andere Polizei auf der Welt hat die im Jahre 1844 gegründete Royal Hongkong Police (RHKP) über nunmehr 150 Jahre Erfahrungen mit den geheimen chinesischen Bünden (Triaden) als Gegenüber sammeln können. Deren organisierte Kriminalität definierte ROBIN J.C.JOLLY, Chief Inspector der Anti-Triad-Squad in der RHKP, 1989 wie folgt:[59)] *„Organisiertes Verbrechen ist ein Produkt fortgesetzter und sich stets selbsterneuernder krimineller Verschwörung mit dem Ziel, unserer Gesellschaft maßlose Profite abzupressen – auf jede erdenkliche Weise, sauber oder unsauber, legal oder illegal. Es lebt von Furcht und Korruption. Auf die eine oder andere Art nutzt es in hohem Maße den Schutz des Gesetzes. Als eine besondere Daseinsform übt es strikte Disziplin auf die unteren Glieder aus, damit diese die schmutzige Arbeit tun und Spitzenleute des organisierten Verbrechens sich so von der kriminellen Tat fernhalten und der Strafverfolgung entziehen können."* Interpol vergleicht die chinesische Secret Society plastisch mit einem Gebäude:[60)] *„Die Triaden hingegen operieren auf verschiedenen Ebenen. Ein Geheimbund ist wie ein mehrgeschossiges Gebäude, in dem die Bewohner des einen Stockwerks nicht wissen, wo die Treppe zum nächsthöheren ist – bis auf einen Großen Bruder auf der jeweiligen Etage, der jeder von ihnen sein kann, den aber keiner kennt."*

Die polizeiliche Bekämpfung des obersten Stockwerks (The big fraud) obliegt in Hongkong dem Commercial Crime Bureau (CCB). Doch bis hierher vorzudringen, ist faktisch unmöglich. Erst recht für die Polizei der „weißen Teufel". So sagt ein Superintendent der RHKP:[61] *„Und als Weißer kann man überhaupt nicht eindringen... Es ist eine völlig geschlossene Gruppe von Verbrechergesellschaften..."*

Im 20. Jahrhundert zieht sich wie ein roter Faden eine Triaden-Regel durch: Stelle dich gut mit der Verwaltung und den Polizeibeamten. Das wurde und wird auf unterschiedlichen Wegen praktiziert, zum Beispiel durch eine sogenannte stille Übereinkunft. Über diese schrieb Bökemeier 1989:[62] *„Die Erfolgsstatistik der Anti-Triad-Einheiten sähe dabei miserabel aus, gäbe es in ihren Reihen nicht auch Geheimbundmitglieder nach einer stillen Übereinkunft von den Triaden an die Polizei ausgeliehen, die weiß, daß sie nicht zu stark auf die ihnen 'reingehängten blauen Laternen' – so ein kantonesischer Constable – blasen darf."*

Direkter ist die Instrumentalisierung der Korruption. Triaden nutzten dabei den Umstand, daß über lange Zeit insbesondere chinesische Polizisten der RHKP außerordentlich niedrige Gehälter bezogen, die durch gezielte Bestechung spürbar aufgebessert wurden. Aber auch höhere Beamte wurden bestochen. 1969 kam es schon nach einer bloßen Ankündigung eines Anti-Korruptions-Feldzuges in Hongkong zu einer Welle von Rücktritten bei höheren chinesischen Sergeants, selbst bei britischen Kriminalbeamten. Der Fall des korrumpierten britischen Polizeikommandeurs Peter Godber 1973 führte in der Folge zur Gründung der unabhängigen Kommission gegen Korruption ICAC.[63] Und was diese Mitte der 70er Jahre an den Tag brachte, veränderte die Ansicht der Öffentlichkeit über die königliche Polizei in Hongkong nachhaltig. Korruption ist eine regelrecht klassische Triaden-Strategie, die nicht nur im asiatischen Raum praktiziert wurde und wird, sondern auch in den Ländern der „weißen Teufel".[64] Auch schwierige Situationen – zum Beispiel Zeiten, in denen Kriegs- oder Besatzungsrecht galt – wußten Triaden und analoge Syndikate zu nutzen. So wurden in Hongkong während der japanischen Besatzungszeit 1941 bis 1945 polizeiliche Akten über Triaden vernichtet. Jahrzehnte später passierte selbiges zum Ende des zweiten Indochinakrieges im Süden Vietnams, wo um 1972 und 1973 Polizeiakten in Saigon über chinesische Verbrecher und kriminelle chinesisch-stämmige Vietnamesen,

die sich nach Thailand abgesetzt hatten, sämtlich vernichtet wurden, jedenfalls nach späteren Behauptungen der Nordvietnamesen.[65)]
Außerhalb Asiens fing die polizeiliche Triaden-Bekämpfung etwas intensiver erst in den 1980er Jahren an. In den USA lag das FBI in der Triaden-Bekämpfung lange Zeit weiter hinten. Erst 1985 veröffentlichte es einen Bericht über das Problem. Zum ersten Mal seit seinem Bestehen führte das 1908 gegründete FBI (chinesische Tongs waren in den USA schon im letzten Drittel des 19. Jahrhunderts aktiv) 1986 die „Chinese organized Crime (COC)" in der Prioritätenliste polizeilicher Ziele auf. Die Ermittlungsarbeit gestaltet sich schwierig, sind doch von den 10.479 FBI-Mitarbeitern (Stand Anfang 1993) nur 158 asiatische Amerikaner, von denen die meisten bereits in zweiter und dritter Generation in den USA leben.[66)] Doch es mangelt nicht nur an chinesischen beziehungsweise chinesisch-stämmigen polizeilichen Bekämpfern; es mangelt auch an Sachkunde, was das chinesische Wort (allein im New Yorker Chinatown werden etwa 200 verschiedene chinesische Dialekte gesprochen)[67)] und insbesondere die Schrift betrifft. Zur Identifizierung chinesischer Straftäter, das wissen erfahrene Fahnder, reicht in der Regel nicht nur der Fingerabdruck aus, sondern es wird – als sicherer Identitätsbeweis – das chinesische Schriftzeichen (keine englische oder andere Übersetzung!) für seinen Namen gebraucht. Und hier nun fangen die Schwierigkeiten an. Dazu TONY LEE, Ex-Superintendent in der Aufklärungsabteilung der RHKP:[68)] *„...Doch für uns ist etwas genauso wichtig wie der Fingerabdruck (als sicherer Identitätsbeweis). Das ist das chinesische Schriftzeichen für seinen Namen. Da es keine verbindliche englische (oder deutsche, A.d.V.) Übersetzung für chinesische Schriftzeichen gibt, werden die Namen in verschiedenen Polizeiakten auch völlig unterschiedlich geschrieben. Das chinesische Schriftzeichen für den Namen, der 'Ing' ausgesprochen wird, wird von jeden anders geschrieben. Beispiel 'Eng' und am häufigsten 'Ng'. Aber ich habe auch schon erlebt, daß er als 'Ong', als 'Eing' und sogar als 'Enq' wiedergegeben wurde."* Insbesondere für europäische Ermittler ist der Umstand schwierig, daß im Gegensatz zu westlichen Sprachen das Chinesische nicht auf einem Alphabet, sondern auf Silben basiert. Die Schrift besteht aus Tausenden von Piktogrammen und Symbolen. Hinzu kommen andere Sprachhürden, die sich aus einer Vielzahl von Dialekten ergeben. Es gibt beispielsweise im Peking-Dialekt, der chinesischen Hochsprache, rund vierzig Schriftzeichen, die wie 'Wang' ausgesprochen

werden. Für die meisten Dialekte gibt es genormte Methoden, um die Zeichen in Buchstaben zu übersetzen. Der Peking-Dialekt etwa kann anhand von zwei Systemen bearbeitet werden, die Wade-Giles und Pinyin genannt werden.[69)] Bis 1979 hielten sich Interpol, FBI und BKA an das Wade-Giles-System. Seither gilt das von Peking vorgegebene Pinyin-System. In der Praxis vor Ort schreiben Polizeibeamte aber nicht selten den Namen eines Verdächtigen im Alltag auch nur so hin, wie er für ihre Ohren klingt. Ein Zahlencode, eine vierstellige Zahl für jedes Schriftzeichen, soll den Fahndern nun weiterhelfen. Dazu hieß es im Hamburger Nachrichtenmagazin DER SPIEGEL Ende Oktober 1994:[70)] *„Ratlos waren Transkriptions-fachleute aus 30 Staaten, als das Thema im Sommer auf einer Uno-Tagung im kanadischen Montreal anstand. Die Experten wollten einen weltweiten Standard mit hochintelligenten Computernetzen erreichen; doch die Gespräche blieben oberflächlich, weil Pekings Vertreter zu der Konferenz nicht erschienen waren. Um die vielfältigen Mißverständnisse zwischen den Fahndern in West und Fernost auszuräumen, haben FBI-Experten dem BKA einstweilen empfohlen, sich an ein Buch zu halten, das den sogenannten Standard-Telegramm-Code enthält. Jedem chinesischen Zeichen entspricht dort eine vierstellige Zahl. Der Mann, der sich mal Jian, Chien, Kin oder Gan schreibt, wird zur Nummer 1696. Ein Wang Jianguo, selbst wenn er sich Wong Kin-kwok nennt, läßt sich weltweit als Nummer 3769/1696/0948 verfolgen. Doch längst nicht jeder Kripo-Mann beherrscht den Zahlen-Code, kann chinesische Zeichen übersetzen oder die Ziffernfolge in sprechbare Buchstaben verwandeln. Zudem können Kriminelle mit kleinen hinzugefügten Strichen ein original chinesisches Namenszeichen ganz simpel verändern. Ein winziger Haken, von deutschen Polizisten kaum zu erkennen, verursacht im Code kaum entwirrbaren Zahlensalat.“*

In der VR China haben, was dieses Thema betrifft, Wissenschaftler andere Sorgen. In einer Anfang Oktober 1992 vorgestellten Studie waren die Autoren DU RUOFA und YUAN YIDA um die Namensvielfalt besorgt. Von den ursprünglich 10.000 Familiennamen würden nur noch 3.600 gebraucht. Etwa 350 Millionen Chinesen, so hieß es, würden einen der fünf gebräuchlichsten Nachnamen tragen. Sie hießen entweder Li, Wang, Zhang, Liu oder Chen.[71)] Zwei Jahre später beklagten Wissenschaftler zu viele Li (allein 87 Millionen Menschen trügen diesen Namen) und Wang. Das stiftet Verwirrung und führt dazu, daß die Polizei falsche Li verhaftet.[72)]

3.10 Anmerkungen

[1] Zitiert nach dpa-Meldung: Deutsche China-Restaurants von chinesischer Unterwelt erpreßt, Der Tagesspiegel, 25.10.1991, S. 31.

[2] zitiert n. Brost, Hauke: China-Mafia, Hör Zu, Heft 26, 24.6.1994, S. 16.

[3] Die neue Generation von Drachenköpfen verwandelt ihre Syndikate in steigendem Maße in legitime Geschäftsunternehmen. Sie haben ihre Bünde auch dazu gebracht, in das Gebiet der Wirtschaftsverbrechen einzusteigen. Dazu gehören z.B. umfangreiche Kreditkarten- und Geschäftsbetrügereien, Geldfälschung und Unterschlagungen. Zitiert n. Posner, Gerald L. (1991): a.a.O., S. 269.

[4] Beispielsweise kommen aus der armen Südprovinz Fujian Chinesen auf dem Seeweg nach Süd- und Mittelamerika (Mexiko, Panama, Honduras), von wo sie – in Zusammenarbeit mit dort operierenden professionellen Schlepper-Banden – weiter an die Küsten der USA verbracht werden (Stand Juni 1993).

[5] So brüstet sich der Thai-Gangster und Syndikats-Chef MA (Bangkok) damit, daß sein Syndikat 80 bis 90 % der Chinesen in die USA, Deutschland und Frankreich einschmuggelt. Zitiert nach Time, February 1, 1993, p. 40.

[6] Zitiert nach AP-Meldung: Zehntausende Chinesen auf dem Weg in die USA, Der Tagesspiegel, 3.6.1994, S. 5.

[7] Der Bundesgrenzschutz (BGS) nahm 1992 insgesamt 274 illegal eingereiste Chinesen fest. In den ersten neun Monaten 1993 waren es schon 494.

[8] Nach Erkenntnissen der tschechischen Kriminalpolizei im November 1993 sind chinesische Schlepperbanden an der Westgrenze des Landes äußerst aktiv. Nach einem Flug von Peking nach Rußland (Moskau)/Ukraine werden die zu Schleusenden, ausgestattet mit einem tschechischen Visum oder einem falschen Paß, nach Tschechien gebracht.

[9] Schon in Thailand (Bangkok) erhalten die aus HK und der VR China gekommenen Chinesen Flugscheine und gefälschte Reisedokumente. Meist Pässe aus Japan, Singapur und Malaysia; eben Staaten, deren Bürger ohne Visa nach Deutschland einreisen dürfen.

[10] Im September 1993 stellte z.B. die österreichische Polizei bei einer chinesisch-vietnamesischen Schlepperbande u.a. diverses Fälscherwerkzeug wie Behördenstempel von chinesischen Botschaften in Staaten des ehemaligen Ostblocks sicher.

[11] Pro Kopf lagen die Kosten der Schleusung bei 20.000 - 30.000 US-$ (nach US Coast Guard/Walsh 1993), 30.000 - 50.000 US-$ (nach Focus v. 5.4.1993), bis zu 20.000 US-$ nach Österreich/Deutschland (Schätzung im November 1993) und bis zu 50.000 US-$ in die USA (nach Newsweek v. 21.6.1993).

[12] 1991 wurden 20 illegal in die USA eingewanderte Chinesen festgenommen. 1992 waren es schon 613. Deren Zahl stieg bis Juni 1993, also in einem Zeitraum von insgesamt 18 Monaten, auf rund 2.000.

[13] Zitiert nach Adams, Nathan M.: Europa im Griff des organisierten Verbrechens. Das Beste, Heft 8/1994, S. 39.

14) Der Kopf der „snake heads“ wurde in Moskau vermutet. Die triadenähnliche Organisation hatte Verbindungen nach Deutschland, Italien, Frankreich und Tschechien.

15) Zitiert nach Bork, Henrik: Die Kunst des Wucherns erlebt eine neue Blüte, Der Tagesspiegel, 26.6.1992, S. 24.

16) Zitiert nach Adams, Nathan M. (1994): a.a.O., S. 39.

17) Zitiert nach Der Spiegel Nr. 2, 8.1.1990, S. 94.

18) STANLEY HO ist als König des Glücksspiels von Macao der „Casino Tycoon“ schlechthin. Mit seinem geschätzten Kapital von 5 Mrd. US-$ zählt er zu den reichsten Hongkong-Chinesen und ist heute einer der einflußreichsten Geschäftsleute in Ost- und Südostasien. Zitiert nach Bökemeier (1989): a.a.O., S. 108.

19) Zitiert nach Posner, Gerald L. (1991): a.a.O., S. 272, 273.

20) Piraten hatten am 13. Juni 1995 ein Tragflächenboot in ihre Gewalt gebracht, das mit 129 Passagieren vom Spielerparadies Macao nach Hongkong unterwegs war. Dabei erbeuteten die Täter 2,5 Millionen DM. Die Piraten dirigierten die „Guia“ in chinesische Gewässer. Dort luden sie die Geldkassetten einer chinesischen Bank um und verschwanden. Passagiere wurden nicht beraubt. Zitiert nach Reuter-Meldung im Tagesspiegel, 14.6.1995, S. 28.

21) Zitiert nach Posner, Gerald L. (1991): a.a.O., S. 242.

22) Bis zu 10 Jahren dauert es auch, bis illegal in die Europäische Union eingewanderte Chinesen ihre „Schleusungs-Schuld“ (bis ca. 60.000,- DM) durch Arbeit in China-Restaurants, „Spielhöllen“ etc. getilgt haben.

23) In neuen, landesweiten Kampagnen wurde 1989/90 den „sechs Übeln“: 1. Prostitution, 2. Pornographie, 3. Frauen- und Kinderhandel, 4. Drogenhandel und -konsum, 5. Glücksspiel und 6. Geschäfte mit dem Aberglauben, der Kampf angesagt.

24) Zitiert nach dpa-Meldung: 30.000 Verhaftete wegen Prostitution in China, Der Tagesspiegel, 7.9.1991, S. 28.

25) Zitiert nach Mann, Otto: Jugendbanden und Prostitution in China, Berliner Zeitung, 6.2.1992, S. 39.

26) In Deutschland wurde z.B. in Berlin ein China-Restaurant im Bezirk Neukölln im Mai 1995 von fünf Vietnamesen überfallen. Die 23 bis 29 Jahre alten Täter stachen den 48jährigen Gastwirt nieder, fesselten ihn dann sowie seine Tochter und eine Angestellte und flohen mit den Einnahmen aus der Kasse. Wenige Tage später konnte von der Polizei der Raubüberfall durch Festnahme der fünf, von Zeugen identifizierten Täter aufgeklärt werden. Zitiert nach ADN-Meldung in Berliner Zeitung, 31.5.1995, S. 21.

27) Die Insel war mit Ende des für China verlustreichen antijapanischen Widerstandskrieges (1937 - 1945) wieder chinesischer Verwaltung unterstellt worden.

28) Während in Laos die Laoten selbst immer wenig Rauchopium (Chandoo) geraucht hatten, war doch der Anbau des Schlafmohns bei den Stämmen der Meos und Yaos, aber auch der Lahus und Lisus seit Jahrhunderten Tradition. Anbau und Handel mit Opium galten offiziell als ebenso ehrenwert wie der Verkauf von Tee. Die Hauptanbaugebiete lagen in den Provinzen Phong Saly, Sam Neua, Xieng Khouang, Luang Prabang und in der Gegend von Ban Houai. Nach der Angliederung von Laos 1893 an Französisch-Indochina hatte die französische Verwaltung eine ihrer Nation zuträgliche Opiumpolitik betrieben. Vor dem 2. Weltkrieg kaufte die französische Regierung Opium in Afghanistan und Indien und lagerte es in Hanoi. Während des Krieges wurde der Import unmöglich. Daraufhin förderten die Franzosen den laotischen Mohnanbau, um die chinesischen, vietnamesischen und französischen Raucher ihrer Kolonie weiter versorgen zu können. In den Jahren 1939 bis 1945 arbeiteten nicht wenige Oberhäupter großer Meofamilien für die „Régie francaise de l'opium". In jeder Provinz hatte die französische Verwaltung Ankaufsbüros eingerichtet. Über chinesische Zwischenhändler (aber auch über reich gewordene Vietnamesen, Laoten und Meos) bekam so der Kolonialherr das Opium, ohne selbst Kontakt zu den Mohnbauern zu haben. Vor dem 2. Weltkrieg lieferte Laos 40 bis 100 t Opium im Jahr. Um 1950 sollen es 65 t gewesen sein. Während des 1. Indochina-Krieges drangen 1953 die 'Vietminh' in Laos ein. Ein Jahr später wurde das Land (von den Franzosen) unabhängig. In Laos kämpften in der Folge die kommunistische 'Pathet Lao' gegen General NOVASAN und seine Regierungs-Truppen um die Vorherrschaft. Eine Vermittlung der Vereinten Nationen blieb erfolglos. Die Kommunisten finanzierten ihren Kampf mit Opium. Schon auf Grund des chronischen Devisenmangels war der Vier-Millionen-Staat an dieser Einnahmequelle interessiert. Im Opiumgeschäft leisteten Ableger korsischer Syndikate Hilfe, die sich im Lande etabliert hatten. Mitte der 60er Jahre stieg auch die Regierung in das Opiumgeschäft ein, brauchte doch auch sie im Kampf gegen die Kommunisten immer mehr Geld. Nach UN-Schätzungen lag zu dieser Zeit die laotische Opiumernte schon bei 80 bis 150 t. Von 1966 bis 1972 zogen sich (parallel zum „Vietnamkrieg") die Kämpfe zwischen Kommunisten u. Regierungstruppen. 1973 gab es zwischen beiden Parteien ein Friedensabkommen. 1975 übernahm die 'Pathet Lao' die Macht u. proklamierte die Volksdemokratische Republik Laos mit der Hauptstadt Vientiane. Mit der Machtübernahme hatte sich in Sachen Opium wenig geändert. Von der Liste der strategischen Güter hatten die Kommunisten zwar Kaffee, Zinn und Holz, aber nicht Opium gestrichen. Nach Aussagen von nach Thailand geflüchteten Pathet Lao-Funktionären soll Laos 1976 ungefähr 125 t Rohopium exportiert haben: 50 % davon, also etwa 60 t, gingen über die VR China in den Welthandel; 40 %, also rund 50 t, gingen an die Sowjetunion 10 %, gut 10 t, nach Vietnam. Dabei leisteten weder Moskau noch Hanoi direkte Zahlungen an die Regierung in Vientiane. Mit den laotischen Opiumlieferungen wurde vielmehr die Kriegshilfe abgegolten und die laufenden Importe ausgeglichen. Und – aus den laotischen Verkäufen an die chinesischen Händler speiste sich der im Aufbau befindliche Heroinmarkt Europas.

29) Die 3. KMT- und die 5. KMT-Armee wurde hier mit zusammen mehr als 10.000 Soldaten quasi zur „Puffermacht" im Norden Südostasiens.

30) Vgl. auch Lamberti, M. und Lamour, C.: Die Opium-Mafia, Suhrkamp Verlag, Frankfurt/Main 1973; hier inbesondere das 7. Kapitel: Eine neue Geheimarmee: die Kuomintang.

31) Der 1. Indochinakrieg fand sein politisches Ende durch die Konferenz der Außenminister 1954 in Genf, auf der nicht nur die Auflösung Indochinas mit Garantien für Laos, Kambodscha und Vietnam, sondern auch eine Volksabstimmung im geteilten Vietnam beschlossen wurde. Nach Ablehnung dieser Volksabstimmung durch die Südvietnamesen begann 1957 der 2. Indochinakrieg.

32) Anfang der 1960er Jahre hatten die von der CIA geförderten Thai-chinesischen Syndikate das Goldene Dreieck zum größten Mohnanbaugebiet der Welt gemacht. Begonnen hatte diese Entwicklung mit der Flucht von KMT-Einheiten in den an Thailand angrenzenden ostbirmanischen Shan-Staat nach 1949. Die CIA schickte Agenten, Geld und Waffen, um die desperate Truppe wieder aufzubauen. Ein paar Jahre später war ein Großteil der KMT-Kämpfer von der birmanischen Armee nach Thailand getrieben worden. Dort begannen die Soldaten, sich ungefährlicheren und einträglicheren Geschäften zu widmen. Die KMT-Generäle unterwarfen die Bergstämme und preßten ihnen Steuern ab, die meist in Opium zu entrichten waren. Sie holten sich Chemiker aus Hongkong, denen es rasch gelang, hochwertiges Heroin zu kochen. Für den Vertrieb sorgte ein potenter Verbündeter in Bangkok, General PHAO SRIYANONDA, Chef der thailändischen Polizei, die großzügig von den USA aufgerüstet worden war. General PHAO lieferte amerikanische Waffen an die KMT, und seine Polizisten transportierten das Heroin der Chinesen bis auf die Schiffe, die es dann nach Hongkong oder Singapur brachten. Ab Mitte der 60er Jahre fand sich zahlungskräftige Kundschaft auch im benachbarten Südvietnam – unter den jungen amerikan. GI's , die dortKrieg führen sollten. Die von der CIA an die Macht gebrachten vietnamesischen Antikommunisten hatten dabei ebenso ihre Finger im Geschäft, wie die amerikanischen Schützlinge in Laos und Kambodscha ... Zitiert nach Sontheimer, Michael: Die Blumen des Bösen, Merian Heft „Thailand",Dezember 1991, S. 98.

33) Vgl. auch McCoy, Alfred W.: The Politics of Heroin in Southeast Asia, Harper & Row, New York 1972 (Reprinted 1989).

34) Nach Paul u. Elaine Lewis (1984) erkennt die thailändische Regierung sechs Volksgruppen als „Bergstämme" (Chao khao, wörtl. Bergvolk) in Thailand an: 1) Karen (Kariang, Yang), 2) Hmong (Meo), 3) Mien (Yao), 4) Lahu (Mussur), 5) Akha (Kaw) und 6) Lisu (Lisaw)

35) Zitiert n. Sontheimer, Michael (1991): Die Blumen des Bösen, a.a.O., S. 100.

36) Zitiert n. Sontheimer, Michael (1991): Die Blumen des Bösen, a.a.O., S. 100.

37) Vgl. Posner, Gerald L. (1991): Die chinesische Mafia, Gustav Lübbe Verlag, Bergisch Gladbach; hier insbesondere das Kapitel 6: Fürsten der Finsternis, S. 127-155, und Freemantle, Brian (1987): The Fix, TOR Book, New York; hier insbesondere Chapter 10: Warlord of the Golden Triangle, p. 151-165.

38) 1989 wurde Birma bzw. Burma in Myanmar umbenannt

39) DEA-Ermittler schätzten KHUN SA'S Steuer-Einnahmen aus dem Opium-Transit auf umgerechnet etwa 17 Millionen DM.

40) Dennoch ist der Mohnanbau der Bergstämme kein sehr einträgliches Geschäft für die nomadisierenden Bauern. Oft erfolgt die Zahlung der chinesischen Händler oder der sog. Opium-Armeen an die Bergstämme in Form von Haushaltsgütern wie Salz, Zündhölzer, Töpfe, Pfannen und Kleidung. Haben die Bergstämme zusätzlichen Bedarf an Haushaltswaren oder an Bargeld, leihen ihnen die Händler das notwendige Geld zu einem Zinssatz von 20 % oder mehr.

41) Z.B. nach Tschiang Mai. Die zweitgrößte Stadt Thailands ist am Südrand des „Goldenen Dreiecks" gelegen. In jedem Frühjahr kommen die Mittelsmänner der Triaden hierher, um die Abkommen zu bekräftigen, in denen festgelegt ist, wo die nächste Opiumernte vertrieben werden soll.

42) Zitiert nach Posner, Gerald L. (1991): a.a.O., S. 24.

43) Mit Ende des Vietnamkrieges 1972 und 1973 kamen auch chinesische Verbrecher aus Vietnam nach Thailand. Die Nordvietnamesen behaupteten, daß die Polizeiakten in Saigon sämtlich vernichtet worden wären, so daß man nicht mehr überprüfen könnte, wer von diesen Chinesen damals in Vietnam kriminell tätig war. Nach geheimen Thai-Statistiken (aus 1988 ?) sind von zehn unter Verdacht stehenden Drogenhändlern acht Chinesen. Die anderen zwei haben chinesische Verbindungen und arbeiten mit chinesischen Mittelsmännern zusammen.

44) In Thailand leben bis zu neun Millionen Chinesen und chinesisch-stämmige Bürger (1995). Auf Grund ihrer Abstammung sehen sie sich nicht als Thais, auch wenn sie thailändische Namen annahmen (mußten, was das Gesetz bei Einbürgerung vorschreibt). Die seit Generationen in Thailand lebenden Chinesen haben ihre eigenen Triaden. Diese verkaufen zwar auch Heroin u.a. an die US Cosa Nostra oder an korsische Syndikate, aber die besten Geschäfte zu den besten Bedingungen behalten sie ihren Landsleuten vor.

45) 1985 entdeckten Beamte bei zwei Razzien in Hongkonger Heroin-Laboren detaillierte Beschreibungen, nach denen die Chemiker das Produkt „China White" so herstellen können, als wäre es im Libanon oder in Mexiko oder in anderen Gegenden hergestellt, die auf der DEA-Prioritätenliste ganz oben stehen ... Durch Hinzufügen oder Weglassen einiger weniger Chemikalien haben die führenden chinesischen Heroin-Chemiker ihr Produkt so getarnt, daß die DEA-Labore in Washington die Quelle nicht mehr einwandfrei bestimmen können (vgl. auch Posner, Gerald L.: Die chinesische Mafia, Lübbe, Bergisch Gladbach 1991).

46) Zitiert nach Posner, Gerald L. (1991): a.a.O., S. 260-262.

47) Zitiert n. AP-Meldung: Mafia verlor Vormachtstellung auf New Yorker Heroinmarkt, Der Tagesspiegel, 27.2.1988, S. 24.

48) Zitiert n. AP-Meldung: 360 Kilogramm Heroin aus Südostasien in New York sichergestellt, Der Tagesspiegel, 23.2.1989, S. 24.

49) Zitiert nach AP-Meldung: USA – Mehr Heroin statt Kokain, Der Tagesspiegel, 6.4.1994, S. 1.

[50] Als größter Opiumproduzent der Welt (US-Außenministerium 1994) gilt Burma, das wahrscheinlich 60 Prozent des Heroinbedarfs der Süchtigen in den USA abdeckt. Dahinter liegen Afghanistan an zweiter, Laos an dritter und Pakistan an vierter Stelle.
Nach US-Unterstaatssekretär ROBERT GELBARD wird (Stand April 1994) 35 bis 40 Prozent allen Heroins, das in die USA gelangt, von Nigerianern eingeschmuggelt.

[51] Was den Rauschgifthandel für verschiedene, meist asiatische Standorte so interessant macht, ist die Fähigkeit der Triaden, die Frachtpapiere so zu fälschen, daß bei Handelsgütern, in denen Heroin versteckt ist, die Herkunft aus einem „Opium erzeugenden Land" wie z.B. Thailand nicht erkennbar ist. Vielmehr erwecken die Handelsgüter den Eindruck, sie kämen aus einem Exportland, das kein Rauschgift produziert, wie z.B. Südkorea. Zusätzlich fälschen Triaden auch Frachtpapiere bei legitimen Gebrauchsgütern derart, daß es aussieht, als kämen sie aus verdächtigen Ländern. Auf diese Weise hoffen sie, daß Zollbeamte in Europa und den USA beim Prüfen harmloser Fracht ihre Zeit verschwenden. Dieses Verwirrspiel mit den Frachtpapieren bewirkt, daß Heroin am Bestimmungsort mit größerer Wahrscheinlichkeit unkontrolliert durchkommt (vgl. auch Posner, Gerald L.: Die chinesische Mafia, Lübbe, Bergisch Gladbach 1991).

[52] Zitiert nach Posner, Gerald L. (1991): a.a.O., S. 349.

[53] Zitiert nach Posner, Gerald L. (1991): a.a.O., S. 346.

[54] Zitiert nach Posner, Gerald L. (1991): a.a.O., S. 358.

[55] Zitiert nach Posner, Gerald L. (1991): a.a.O., S. 359.

[56] Zitiert nach Posner, Gerald L. (1991): a.a.O., S. 343.

[57] Über Chinarestaurants in ganz Europa hat sich in den letzten Jahren der Immobilienbesitz diverser chinesischer Geschäftsleute gemehrt. Mittlerweile werden diese Geschäftsinteressen über Interessengemeinschaften auch öffentlich vertreten. In Deutschland beispielsweise über die „Interessensgemeinschaft der chinesischen Gastronomie in Nordbayern". Selbige Interessensvertretung kritisiert dann dementsprechend Polizeirazzien u.ä. der Strafverfolgungsbehörden, die in Chinarestaurants gegen chinesische Straftäter bzw. wegen diverser Delikte durchgeführt wurden.

[58] Zu den großen Anbietern gehören u.a. Television Broadcasts (TVB) Ltd., Sitz Hongkong, Besitzer RUN RUN SHAW, ROBERT KUOK und die Star TV, Sitz Hongkong; Besitzer ist der HK-Milliardär LI KA-SHING und der australisch-amerikanische Medien-Tycoon RUPERT MURDOCH, der LI im Juli 1993 für 0,525 Mrd. US Dollar 63 Prozent der Star-TV-Anteile abkaufte; zitiert nach Venzky, Gabriele: Über Asien tobt nun ein Krieg im Äther, Der Tagesspiegel, 2.9.1993, S. 6.

[59] Zitiert nach Bökemeier, Rolf: Hongkong unter der Hand, GEO Nr. 2, Februar 1989, S. 105.

[60] Zitiert nach Bökemeier, Rolf (1989): a.a.O., S. 102.

[61] Zitiert nach Posner, Gerald L. (1991): a.a.O., S. 19, 20.

62) Zitiert nach Bökemeier, Rolf (1989): a.a.O., S. 106.

63) 1973 flüchtete PETER GODBER, der erste britische Polizeikommandeur, nach England, um einem Untersuchungsverfahren zu entgehen. Dabei sollte aufgedeckt werden, wie er 880.000 Dollar auf seinem Bankkonto ansammeln konnte, obwohl sein gesamtes Gehalt in zwanzig Jahren nur 180.000 Dollar ausmachte. GODBER wurde nach Hongkong zurückgebracht u. wegen Bestechlichkeit verurteilt. Der Fall war für die britische Verwaltung so peinlich, daß sie eine „Independent Commission Against Corruption (ICAC)" gründete. In einem Jahr führten 600 hauptamtliche Mitarbeiter mehr als 500 größere Ermittlungen durch; zitiert nach Posner, Gerald L. (1991): a.a.O., S. 278, 279.

64) In Europa sah sich in den Niederlanden die Polizei in Amsterdam 1976 mit Korruptionsvorwürfen konfrontiert.

65) Zitiert nach Posner, Gerald L. (1991): a.a.O., S. 217.

66) Zitiert nach Burton, Sandra: The Triads go global, Time, Febrary 1, 1993, p. 39.

67) Zitiert nach Müller, Tilman: Exotisches Chaos, Stern (18/94) Extra, S. 119.

68) Zitiert nach Posner, Gerald L. (1991): a.a.O., S. 393.

69) Das eine System, im 19. Jahrhundert von den britischen Missionaren WADE und GILES entwickelt, versieht die zwei Silben eines Vornamens mit einem Bindestrich. Das andere seit 1979 von Peking international verwendete System fügt sie zu einem Wort zusammen. So kann der Name Li Yu-Lung auch als Li Youlong geschrieben werden.

70) Zitiert nach Der Spiegel Nr. 44, 31.10.1994, S. 92.

71) Zitiert n. Reuter-Meldung: Namensvielfalt in Gefahr, Der Tagesspiegel, 5.10.1992, S. 24.

72) Zitiert n. dpa-Meldung: Wissenschaftler beklagen zu viele „Li" und „Wang", Der Tagesspiegel, 9.12.1994, S. 32.

3.11 Literatur- und Quellennachweise

Adams, Nathan M. (1994):
EUROPA IM GRIFF DES ORGANISIERTEN VERBRECHENS
Das Beste Jg. 48, Heft 8 (August), S. 33-40.

AP (1988):
MAFIA VERLOR VORMACHTSTELLUNG AUF NEW YORKER HEROIN-MARKT
Der Tagesspiegel Nr. 12.897, 27. Februar, S. 24.

AP (1989):
360 KILOGRAMM HEROIN AUS SÜDOSTASIEN IN NEW YORK SICHERGESTELLT
Der Tagesspiegel Nr. 13.200, 23. Februar, S. 24.

AP (1994):
USA: MEHR HEROIN STATT KOKAIN
Der Tagesspiegel Nr. 14.873, 6. April, S. 1.

Bökemeier, Rolf (1989):
HONGKONG UNTER DER HAND
GEO Nr. 2 (Februar), S. 86-108.

Bork, Henrik (1992):
DIE KUNST DES WUCHERNS ERLEBT EINE NEUE BLÜTE – nach 40 Jahren gibt es in China wieder die einst so verhaßten Pfandhäuser
Der Tagesspiegel Nr. 14.241, 26. Juni, S. 24.

Brost, Hauke (1994):
CHINA-MAFIA – TATORT DEUTSCHLAND
Zweiteilige Hör Zu-Serie
Hör Zu Heft 26 (24. Juni) S. 14-16 und Heft 27 (1. Juli) S. 10.

Burton, Sandra (1993):
THE TRIADS GO GLOBAL
(Cover Story) Time, February 1, p. 36-41.

Dauth, Jürgen (1991):
DER BOSS PRÄSENTIERT SICH GERN MIT WEISSER WESTE – Im Kampf gegen die Opium-Könige im „Goldenen Dreieck" rücken Thailands und Birmas Militärregierungen enger zusammen
Frankfurter Rundschau Nr. 159, 12. Juli, S. 11.

dpa (1989):
CHINA SAGT PROSTITUTION DEN KAMPF AN
Der Tagesspiegel Nr. 13.421, 15. November, S. 30.

dpa (1991):
30.000 VERHAFTETE WEGEN PROSTITUTION IN CHINA
Der Tagesspiegel Nr. 13.970, 7. September, S. 28.

dpa (1991):
DEUTSCHE CHINA-RESTAURANTS VON CHINESISCHER UNTERWELT ERPRESST – Die Triaden haben weltweit fast 100.000 Mitglieder
Der Tagesspiegel Nr. 14.010, 25. Oktober, S. 31.

dpa (1992):
US-KÜSTENWACHE BRINGT FRACHTER MIT FLÜCHTLINGEN AUS CHINA AUF
Der Tagesspiegel Nr. 14.420, 24. Dezember, S. 32.

dpa (1993):
„BOAT PEOPLE" AUS CHINA VOR DEN USA FESTGEHALTEN
Der Tagesspiegel Nr. 14.613, 13. Juli, S. 20.

dpa (1994):
SCHLEPPER QUÄLEN ILLEGALE CHINESISCHE EINWANDERER
Der Tagesspiegel Nr. 14.877, 10. April, S. 28.

dpa (1994):
WISSENSCHAFTLER BEKLAGEN ZU VIELE „LI“ UND „WANG“
Der Tagesspiegel Nr. 15.116, 9. Dezember, S. 32.

Focus (1993):
MENSCHENSCHMUGGEL: SCHLEUSER AUS CHINA
1. Jg. Nr. 14, 5. April.

Freemantle, Brian (1987):
THE FIX – Inside the world Drug Trade
TOR, A Tom Doherty Associates Book, New York.

Holberton, Simon (1995):
HO SURVEYS EMPIRE THAT GAMBLING BUILT
Financial Times Weekend, May 20, May 21.

Katzung, Walter (1994):
DROGEN IN STICHWORTEN
ecomed verlagsgesellschaft, Landsberg a. Lech.

Keller, Will, Hrsg. (1991):
THAILAND Merian Monatsheft Dezember
Hoffmann und Campe Verlag, Hamburg.

Koar, Jürgen (1993):
DIE REISE INS PARADIES WIRD ZUM ALPTRAUM – Banden schleusen jährlich 100.000 Chinesen in die USA
Der Tagesspiegel Nr. 14.589, 19. Juni, S. 28.

Köhler, Angela (1994):
JAGD AUF DEN „PRINZEN DER FINSTERNIS“
Berliner Zeitung Nr. 127, 2. Juni, S. 16.

Lamberti, Michel und Lamour, Catherine (1973):
DIE OPIUM-MAFIA
Suhrkamp Verlag, Frankfurt/Main.

Lewis, Paul und Elaine (1984):
VÖLKER IM GOLDENEN DREIECK – Sechs Bergstämme in Thailand
edition hansjörg mayer, Stuttgart-London

Liu, Melinda u.a. (1993):
NEW TRADE IN HUMAN SLAVES
Newsweek June 21, p. 20-24.

Mann, Otto (1992):
JUGENDBANDEN UND PROSTITUTION IN CHINA
Berliner Zeitung Nr. 31, 6. Februar, S. 39.

McCoy, Alfred W. (1972, Reprinted 1989):
THE POLITICS OF HEROIN IN SOUTHEAST ASIA
Harper and Row, New York

Moreau, Ron (1995):
THE SHAN CONNECTION
Newsweek April 3, p. 17.

Müller, Tilman (1994):
EXOTISCHES CHAOS
Stern (Heft 18) Extra, S. 118-119.

Posner, Gerald L. (1991):
DIE CHINESISCHE MAFIA – Die Triaden, das gefährlichste Heroin-Kartell der Welt
Gustav Lübbe Verlag, Bergisch Gladbach.

Reichle, Denis (1983):
WILLKOMMEN IM SHAN-STAAT – Besuch beim Opiumkönig Khun Sa im Goldenen Dreieck
Der Spiegel 37. Jg. Nr. 10, S. 148-157.

Reuter (1992):
NAMENSVIELFALT IN GEFAHR
Der Tagesspiegel Nr. 14.341, 5. Oktober, S. 24.

Reuter (1993):
FLÜCHTLINGE AUS CHINA WOCHENLANG AUF HOHER SEE
Der Tagesspiegel Nr. 14.472, 17. Februar, S. 24.

Reuter (1995):
PIRATEN RAUBEN FÄHRE VOR HONGKONG AUS
Der Tagesspiegel Nr. 15.296, 14. Juni, S. 28.

Schröter, Lorenz u. Martin, Uli (1994):
SATELLITEN-TV: STAR WARS ÜBER ASIEN
Focus 2. Jg. Nr. 34, 22. August, S. 124-125.

Sontheimer, Michael (1991):
DIE BLUMEN DES BÖSEN
in: Merian Monatsheft Dezember, „Thailand", S. 94-100.

Spiegel, Der (1987):
BURMA: SCHMUTZIGER KAMPF
41. Jg. Nr. 13, 23. März, S. 170-171.

Spiegel, Der (1990):
„PLUS 88, GELB 520, ROT 16"
44. Jg. Nr. 2, 8. Januar, S. 94-98.

Spiegel, Der (1992):
MEDIEN: STERN ÜBER HONGKONG
46. Jg. Nr. 46, 9. November, S. 302-303.

Spiegel, Der (1993):
GOLDENES WAGNIS
47. Jg. Nr. 24, 14. Juni, S. 149 f.

Spiegel, Der (1994):
FAHNDUNG: MUTTER ODER PFERD
48. Jg. Nr. 44, 31. Oktober, S. 92.

Terzan, Tiziano (1994):
DER PRINZ DER FINSTERNIS – Über das Reich des Opiumkönigs Khun Sa in Burma
Der Spiegel 48. Jg. Nr. 5, 31. Januar, S. 130-139.

Thamm, Berndt Georg (1988):
DROGENREPORT – Und nun auch noch Crack?
Gustav Lübbe Verlag, Bergisch Gladbach.

ders. (1994):
MEHRZWECKWAFFE RAUSCHGIFT – Von Kampfgiften, Verhördrogen und Wahrheitsseren
Verlag Deutsche Polizeiliteratur, Hilden.

Venzky, Gabriele (1993):
ÜBER ASIEN TOBT NUN EIN KRIEG IM ÄTHER
Der Tagesspiegel Nr. 14.664, 2. September, S. 6.

Welt, Die (1992):
SELBST MEIN TOD LÖST DAS DROGENPROBLEM NICHT – Ein Besuch bei Khun Sa im Goldenen Dreieck: Drahtzieher des ostasiatischen Rauschgift-Geschäfts oder Freiheitskämpfer ?
(Interview mit Welt-Redakteur Michael Stoessinger) Nr. 102, 2. Mai, S. 16 ff.

Namenverzeichnis

Durch die Verwendung unterschiedlicher Quellen sind die chinesischen Namen sowohl nach dem alten Wade-Giles-System (z.B. Mao Tse-tung) als auch nach dem neueren Pinyin-System (z.B. Mao Zedong) geschrieben.

Stichwortverzeichnis

Letzter Nachtrag zum Thema Triaden

100.000 Gangster aus Hongkong, Macao, Japan, Vietnam und den USA sind am Sonntag, 10. Februar 1996, zur Beerdigung von zwei Bandenchefs der „Four Seas Gang" nach Taipeh gekommen. Die beiden Bosse waren am 15. Januar von bisher unbekannten Tätern in einem Restaurant der Hauptstadt Taiwans erschossen worden. Die „Four Seas Gang" und die „United Bamboo Gang" sind die größten Gangsterbünde (Triaden) auf der Insel. Die Mitglieder arbeiten über die ganze Welt verteilt in allen Berufsgruppen. Ihr Einfluß reicht nach Angaben von Kennern in Wirtschaft und Politik hinein.

Zitiert nach dpa in der Berliner Tagespresse vom 12. Februar 1996